穿越 中国隧道及地下工程修建关键技术研究书系

盾构始发与到达
——端头加固理论研究与工程实践
（第2版）

江玉生　江　华　杨志勇　王春河　易　觉　等 编著

Theoretical Research & Engineering Practice of
Ground Improvement
at TBM Launching & Break-through Areas
(2nd Edition)

人民交通出版社股份有限公司
北　京

内 容 提 要

本书以盾构始发与到达端头加固范围与加固方法研究为主线,分别从端头加固理论研究、数值模拟、端头加固方法、成功与失败工程案例以及密闭式钢套筒平衡始发与到达技术等方面对盾构始发与到达端头加固技术进行了系统的论述。

全书共分为10章。第1~9章分别为绪论、盾构始发与到达施工技术简介、端头加固土体强度研究、端头加固土体稳定性研究、端头加固的几何准则与渗透性关系研究、数值模拟在盾构始发与到达中的应用、端头加固方法、盾构始发与到达端头典型事故分析和盾构端头加固成功案例分析。第10章是第2版新增的内容,主要介绍了近十年来广泛应用于工程实践的盾构平衡始发与到达技术,其中密闭式钢套筒平衡始发与到达技术占主要部分,由广东华隧建设集团股份有限公司发明并首次使用,相关资料主要由广东华隧建设集团股份有限公司提供,最后补充了北京地铁的两个工程案例。

本书可供从事盾构隧道工程科研、设计、施工的专业技术人员参考,亦可供高等院校相关专业的研究生学习使用。

图书在版编目(CIP)数据

盾构始发与到达:端头加固理论研究与工程实践/江玉生等编著. —2版. —北京:人民交通出版社股份有限公司,2021.4

ISBN 978-7-114-17191-8

Ⅰ.①盾… Ⅱ.①江… Ⅲ.①盾构—施工机械 Ⅳ.①U455.43

中国版本图书馆CIP数据核字(2021)第058181号

Dungou Shifa yu Daoda——Duantou Jiagu Lilun Yanjiu yu Gongcheng Shijian

书 名:	盾构始发与到达——端头加固理论研究与工程实践(第2版)
著 作 者:	江玉生 江 华 杨志勇 王春河 易 觉 等
责任编辑:	李 梦
责任校对:	赵媛媛
责任印制:	张 凯
出版发行:	人民交通出版社股份有限公司
地 址:	(100011)北京市朝阳区安定门外外馆斜街3号
网 址:	http://www.ccpcl.com.cn
销售电话:	(010)59757973
总 经 销:	人民交通出版社股份有限公司发行部
经 销:	各地新华书店
印 刷:	北京印匠彩色印刷有限公司
开 本:	787×1092 1/16
印 张:	21.75
字 数:	515千
版 次:	2011年5月 第1版 2021年4月 第2版
印 次:	2021年4月 第2版 第1次印刷 总第2次印刷
书 号:	ISBN 978-7-114-17191-8
定 价:	168.00元

(有印刷、装订质量问题的图书由本公司负责调换)

第2版前言

《盾构始发与到达——端头加固理论研究与工程实践》一书于2011年5月由人民交通出版社出版发行,至今已经有近10年的时间。在此期间,国内外盾构工程大量开工建设,盾构直径越来越大(如香港屯门隧道盾构直径17.6m、美国西雅图SR99工程Bertha盾构直径17.45m、深圳春风路隧道盾构直径15.8m等),盾构承受的水压力越来越大(如土耳其伊斯坦布尔下穿博思普鲁斯海峡盾构隧道承受的水压力已经超过1MPa),盾构隧道遇到的地质条件越来越复杂;特别是我国的盾构隧道工程,近10年来可以用"井喷式"发展来描述。这样大量的盾构隧道工程建设,极大地推动了盾构设计与施工技术的快速发展和进步,当然也促进了盾构始发与到达端头加固理论研究与工程实践的快速发展与进步。盾构始发与到达的新技术、新工艺大量涌现,使得再版本书有了技术上的理由。同时,我们在盾构始发与到达端头加固理论研究与工程实践方面也有一些新的进展,比如钢套筒始发与钢套筒接收技术就是一个很好的例子。本书第1版的印刷数量有限,已经有不少读者买不到这本书了,为了满足读者的需求,修订再版这本书也是有必要的!

限于作者水平和能力,再版书中难免存在缺点和不足,敬请各位专家、学者和同仁批评指正!

作　者　　2020年3月
中国矿业大学(北京)

第1版前言

进入21世纪以来，随着国民经济和社会生产力的快速发展，发展中国家城市化进程不断加快，城市人口聚集与城市地面交通基础设施落后之间的矛盾日益凸显，为了缓解这一矛盾，现代化的城市建设逐渐开始发展立体式交通，使得城市地下空间的开发和利用越来越多地受到人们的关注和重视。如今，在土木与建筑工程领域流传这样一种声音，19世纪是桥的世纪，20世纪是高层建筑的世纪，21世纪将是地下空间的世纪，尤其是城市地下空间的开发和利用，将会得到空前的发展。

盾构法因其具有机械化程度高、掘进速度快、对周围环境影响小、施工安全性相对较高等优点，在城市地铁、市政、电力等地下隧道修建过程中得到了广泛的应用。盾构始发与到达是盾构法的主要施工工序之一，也是盾构施工中最容易发生事故的环节，直接关系盾构隧道能否顺利实施与及时贯通。目前，随着城市地下工程的快速发展，盾构隧道的直径和埋深不断加大，地层和环境条件越来越复杂，盾构始发与到达施工过程中的塌方、透水等工程事故有不断增多的趋势。因此，盾构始发与到达前必须根据地层条件及其变化情况进行端头加固设计和相关的调整，确定合理的加固范围，并选定合理的辅助工法后才能进行施工作业。

作为隧道及地下工程领域的科研人员，我们同各界隧道建设工作者一道，共同攻坚克难，力求解决盾构法隧道始发与到达施工中的技术难题，同时将研究成果用于工程实践。在解决盾构始发与到达端头加固工程中遇到的技术难题的同时，解决实现这些技术的工艺问题。工作之余，我们注意收集成果资料，并对全国具有典型代表性的盾构始发与到达成功与失败的工程案例进行汇编整理，在我国地铁工程蓬勃发展之际，定稿出版，希望这些资料与研究成果能为推动我国盾构隧道的安全、有序施工提供助力。

  本书共分为9章,以盾构始发与到达端头加固范围研究为主线,分别从端头加固理论、数值模拟、端头加固方法、成功与失败工程案例等方面对盾构始发与到达端头加固进行了系统的论述。第1章为绪论,简要介绍了盾构的分类、技术特点、盾构法的发展历史、技术现状及发展前景;第2章为盾构始发与到达施工技术简介,分别介绍了盾构始发与到达的分类、工作流程、关键技术及施工要点,同时对盾构始发与到达所涉及的土工问题进行了分析;第3~5章分别从强度、稳定性及渗透性三个方面系统地对盾构始发与到达端头加固的理论基础、技术要点及设备构造特征的影响等进行研究,给出了端头加固范围的求解方法及计算公式;第6章介绍了数值模拟在盾构始发与到达中的应用;第7章介绍了盾构法施工中常用的端头加固范围,并对各种工法的加固机理、优缺点及适用地层进行了论述;第8章介绍了国内盾构始发与到达施工中的典型事故,简述了事故发生过程,并对事故原因进行了分析;第9章为盾构端头加固成功案例分析,介绍了国内成功案例的端头加固方案、施工工艺及加固检测手段等。

  本书在编著过程中,得到了北京市轨道交通建设管理有限公司、天津轨道交通集团有限公司、南京地铁集团有限公司、广州地铁集团有限公司、广州轨道交通建设监理有限公司、广州地铁设计研究院股份有限公司、中铁六局集团有限公司盾构分公司、中铁一局集团有限公司、中铁三局集团有限公司、北京住总市政工程有限责任公司、北京城建集团有限责任公司、北京市政路桥集团有限公司、北京建工集团有限责任公司、徐州中大注浆工程有限公司、中铁隧道局集团有限公司等单位有关领导及工作人员的支持和帮助,作者在此深表谢意!同时非常感谢中国矿业大学(北京)力学与建筑工程学院提供的良好科研与工作环境,感谢所有为本书提供帮助的老师和同学们!

  诚然,尽管我们尽了最大努力,本书可能仍会存在缺点甚至错误,希望得到更多专家和读者的批评指正。

作　者 | 2011年4月
中国矿业大学(北京)

目 录

第1章 绪论 ·· 1
  1.1 盾构的定义 ·· 1
  1.2 盾构的分类 ·· 2
    1.2.1 按盾构掘削断面的形状分类 ············ 2
    1.2.2 按盾构掘削面的挡土形式分类 ·········· 3
    1.2.3 按加压稳定掘削面的形式分类 ·········· 5
    1.2.4 组合分类法 ································ 5
    1.2.5 按盾构断面尺寸分类 ····················· 6
    1.2.6 按盾构适用的地层分类 ·················· 6
  1.3 典型盾构简介 ····································· 6
    1.3.1 全部敞开式盾构 ·························· 6
    1.3.2 部分敞开式盾构 ·························· 9
    1.3.3 封闭式盾构 ······························· 10
    1.3.4 复合式盾构 ······························· 22
  1.4 盾构技术的发展 ································ 23
    1.4.1 盾构设备的发展趋势 ·················· 23
    1.4.2 盾构技术的发展方向 ·················· 24
  1.5 盾构工法概述 ··································· 24
    1.5.1 基本概念 ·································· 24
    1.5.2 主要技术特点 ··························· 25
    1.5.3 主要优点 ·································· 26
  1.6 盾构隧道的发展历程 ························· 27
    1.6.1 盾构隧道的发展简史 ·················· 27
    1.6.2 盾构隧道的技术现状 ·················· 29
    1.6.3 盾构隧道的发展前景 ·················· 29
  1.7 盾构隧道在中国的发展与应用 ············ 30

第2章 盾构始发与到达施工技术简介 ············ 34
  2.1 概述 ·· 34
  2.2 盾构始发技术 ··································· 35
    2.2.1 盾构始发施工分类 ····················· 35
    2.2.2 盾构始发流程 ··························· 36
    2.2.3 盾构始发关键技术 ····················· 37
    2.2.4 盾构始发掘进基本要点 ·············· 40
  2.3 盾构到达技术 ··································· 41
    2.3.1 盾构到达施工分类 ····················· 41
    2.3.2 盾构到达流程 ··························· 42
    2.3.3 盾构到达准备工作 ····················· 43
    2.3.4 盾构到达施工要点 ····················· 43
  2.4 盾构始发与到达的土工问题 ················ 44

第3章 端头加固土体强度研究 ······················ 45
  3.1 概述 ·· 45
  3.2 弹性薄板理论 ··································· 45
    3.2.1 板的简述 ·································· 45
    3.2.2 基尔霍夫假设 ··························· 46
    3.2.3 薄板弯曲的基本方程 ·················· 46
    3.2.4 薄板的边界条件 ························ 46
    3.2.5 薄板理论的可行性研究 ·············· 47
  3.3 端头土体加固强度研究 ······················ 48
    3.3.1 力学模型 ·································· 48
    3.3.2 荷载等效模型的力学求解 ·········· 51
    3.3.3 均布荷载作用下加固土体的力学
         求解 ······································· 51
    3.3.4 三角形反对称荷载作用下加固土体
         的力学求解 ····························· 55
    3.3.5 梯形荷载作用下加固土体的力学
         求解 ······································· 56
    3.3.6 黏土地层端头加固研究 ·············· 58
    3.3.7 砂土地层端头加固范围 ·············· 61
  3.4 实例计算与敏感性分析 ······················ 65
    3.4.1 黏土地层算例分析 ····················· 65
    3.4.2 砂土地层算例分析 ····················· 67
    3.4.3 砂土与黏土地层算例对比 ·········· 69
  3.5 本章小结 ·· 70

第4章 端头加固土体稳定性研究 ··················· 71
  4.1 基础理论概述 ··································· 71
    4.1.1 土的破坏理论 ··························· 71
    4.1.2 莫尔—库仑破坏准则 ·················· 72
    4.1.3 朗肯土压力理论 ························ 73
    4.1.4 条分法在黏性土坡稳定分析中的
         应用 ······································· 73
  4.2 端头加固土体稳定性模型的建立 ········ 74
    4.2.1 黏性土体模型 ··························· 75

4.2.2 砂性土体模型 …… 80
 4.3 端头土体横向扰动研究 …… 82
  4.3.1 盾构隧道上下侧加固范围 …… 82
  4.3.2 盾构隧道左右两侧加固范围 …… 83
 4.4 本章小结 …… 84
第5章 端头加固的几何准则与渗透性关系研究 …… 85
 5.1 端头加固几何准则研究 …… 85
  5.1.1 盾构无水始发 …… 85
  5.1.2 盾构有水始发 …… 86
  5.1.3 盾构无水到达 …… 88
  5.1.4 盾构有水到达 …… 89
 5.2 端头加固土体渗透性研究 …… 91
  5.2.1 概述 …… 91
  5.2.2 土的渗透定理——达西定理 …… 91
  5.2.3 渗透系数的测定 …… 92
  5.2.4 加固土体对渗透性的要求 …… 100
第6章 数值模拟在盾构始发与到达中的应用 …… 101
 6.1 盾构法隧道数值分析的发展概况 …… 101
 6.2 数值模拟软件的选择 …… 101
  6.2.1 数值模拟软件的基本要求 …… 101
  6.2.2 数值模拟方法的比选 …… 102
 6.3 有限差分法的理论背景 …… 102
  6.3.1 概述 …… 102
  6.3.2 有限差分基本方程 …… 103
  6.3.3 平面有限差分原理 …… 104
  6.3.4 三维有限差分原理 …… 106
  6.3.5 基本方法 …… 107
 6.4 本构模型的选择 …… 110
  6.4.1 零模型 …… 110
  6.4.2 莫尔—库仑(Mohr-Coulomb)模型 …… 110
  6.4.3 德鲁克—普拉格(Drucker-Prager)模型 …… 114
  6.4.4 修正的剑桥黏土模型 …… 118
  6.4.5 常用本构模型的比选 …… 122
 6.5 盾构始发与到达数值模拟的实现 …… 123
  6.5.1 三维模型的建立 …… 123
  6.5.2 边界条件的确定 …… 124
  6.5.3 模型参数的选取 …… 124
  6.5.4 计算结果分析 …… 125
第7章 端头加固方法 …… 130
 7.1 旋喷桩加固法 …… 130
  7.1.1 概述 …… 130
  7.1.2 基本原理 …… 134
  7.1.3 旋喷桩加固的施工管理 …… 136
  7.1.4 旋喷加固质量检测 …… 141
 7.2 深层搅拌加固技术 …… 142
  7.2.1 概述 …… 142
  7.2.2 基本原理 …… 143
  7.2.3 深层搅拌施工技术 …… 145
  7.2.4 搅拌桩加固质量检测 …… 154
 7.3 注浆加固法 …… 155
  7.3.1 概述 …… 155
  7.3.2 基本原理 …… 156
  7.3.3 注浆材料 …… 163
  7.3.4 袖阀管注浆加固 …… 167
  7.3.5 水平注浆加固 …… 171
第8章 盾构始发与到达端头典型事故分析 …… 175
 8.1 南京地铁元通站盾构到达 …… 175
  8.1.1 工程概况 …… 175
  8.1.2 盾构到达端头加固简介 …… 175
  8.1.3 事故过程、分析与处置 …… 176
  8.1.4 初步结论 …… 181
 8.2 南京地铁油坊桥站—中和村站盾构始发事故 …… 181
  8.2.1 工程概况 …… 181
  8.2.2 盾构始发端头加固简介 …… 182
  8.2.3 事故过程、分析与处置 …… 182
  8.2.4 初步结论 …… 186
 8.3 天津海河共同沟隧道始发事故 …… 186
  8.3.1 工程概况 …… 186
  8.3.2 始发端头加固简介 …… 187
  8.3.3 始发事故过程、分析与处置 …… 187
  8.3.4 二次端头加固 …… 189
  8.3.5 初步结论 …… 195
 8.4 广州地铁珠江新城旅客自动输送系统3标盾构始发事故 …… 196
  8.4.1 工程概况 …… 196
  8.4.2 始发端头加固简介 …… 196
  8.4.3 事故过程、分析与处置 …… 197
  8.4.4 初步结论 …… 198
 8.5 北京地铁黄村火车站右线到达端头塌方事故 …… 198
  8.5.1 工程概况 …… 198
  8.5.2 到达端头加固简介 …… 199
  8.5.3 事故过程、分析与处置 …… 199
  8.5.4 初步结论 …… 201
 8.6 北京地铁高米店南站盾构始发塌方事故 …… 201
  8.6.1 工程概况 …… 201
  8.6.2 始发端头加固简介 …… 202
  8.6.3 事故过程、分析与处置 …… 202

	8.6.4	初步结论 ·················	204

- 8.7 广州地铁高增站—新机场南站盾构到达事故 ················· 205
  - 8.7.1 工程概况 ················· 205
  - 8.7.2 到达端头加固简介 ················· 205
  - 8.7.3 事故过程、分析与处置 ················· 207
  - 8.7.4 初步结论 ················· 210
- 8.8 广州地铁人和站盾构到达事故 ················· 210
  - 8.8.1 工程概况 ················· 210
  - 8.8.2 端头加固简介 ················· 210
  - 8.8.3 事故过程、分析与处置 ················· 213
  - 8.8.4 初步结论 ················· 214

第9章 盾构端头加固成功案例分析 ················· 216

- 9.1 深圳地铁2号线土建2202标盾构始发与到达端头加固 ················· 216
  - 9.1.1 工程概况 ················· 216
  - 9.1.2 端头加固方案 ················· 217
  - 9.1.3 端头加固主要施工工艺 ················· 220
  - 9.1.4 加固质量及效果检测 ················· 222
  - 9.1.5 分析和结论 ················· 224
- 9.2 天津滨海轻轨西段SZn标段盾构到达端头加固技术 ················· 225
  - 9.2.1 工程概况 ················· 225
  - 9.2.2 端头加固方案 ················· 225
  - 9.2.3 水平前进式深孔注浆施工工艺 ················· 228
  - 9.2.4 端头加固质量检测 ················· 231
  - 9.2.5 分析和结论 ················· 231
- 9.3 广州地铁3号线北延段10标人和站盾构到达端头加固 ················· 232
  - 9.3.1 工程概况 ················· 232
  - 9.3.2 端头加固方案 ················· 232
  - 9.3.3 加固质量检测 ················· 233
  - 9.3.4 经验与教训 ················· 236
- 9.4 北京地铁大兴线01标黄村火车站盾构到达端头加固 ················· 237
  - 9.4.1 工程概况 ················· 237
  - 9.4.2 端头加固方案设计 ················· 239
  - 9.4.3 端头加固方案实施情况 ················· 241
  - 9.4.4 端头加固质量检测 ················· 244
  - 9.4.5 分析与结论 ················· 244
- 9.5 广州地铁3号线北延段施工10标人和接收井端头加固 ················· 244
  - 9.5.1 工程概况 ················· 244
  - 9.5.2 原设计端头加固简介 ················· 245
  - 9.5.3 原设计施工难点和解决办法 ················· 245
  - 9.5.4 水平加固方案 ················· 246
  - 9.5.5 分析和结论 ················· 247
- 9.6 本章小结 ················· 248

第10章 盾构平衡始发与到达技术 ················· 249

- 10.1 概述 ················· 249
- 10.2 回填式平衡始发与到达技术 ················· 250
  - 10.2.1 回填式平衡始发技术 ················· 250
  - 10.2.2 回填式平衡到达技术 ················· 257
  - 10.2.3 盾构回填平衡式始发与到达案例 ················· 262
- 10.3 密闭式钢套筒平衡始发与到达技术 ················· 267
  - 10.3.1 盾构密闭始发与到达接收装置设计制造及安装技术 ················· 267
  - 10.3.2 盾构密闭始发与到达接收装置的试压检测技术 ················· 269
  - 10.3.3 盾构密闭始发与到达接收装置内模拟土层回填技术 ················· 269
  - 10.3.4 密闭式平衡始发与到达装置防变形技术 ················· 270
  - 10.3.5 密闭式平衡始发技术 ················· 271
  - 10.3.6 密闭式平衡到达技术 ················· 273
  - 10.3.7 盾构密闭始发与到达接收装置的拆解技术 ················· 275
  - 10.3.8 盾构密闭始发与到达接收成功案例 ················· 276
- 10.4 可切削式围护结构的研究 ················· 287
  - 10.4.1 可切削材料及相关施工技术的引进 ················· 287
  - 10.4.2 可切削材料的再创新 ················· 290
- 10.5 盾构平衡始发与到达的特殊注浆技术 ················· 296
  - 10.5.1 无缝灌浆材料的性能特点 ················· 296
  - 10.5.2 水泥混凝土砂浆与无缝灌浆材料的性能对比 ················· 298
- 10.6 围护结构不能直接切削时的处理措施 ················· 299
- 10.7 北京地铁8号线三期天桥站—永定门外站区间盾构钢套筒接收施工 ················· 303
- 10.8 北京地铁8号线三期永定门外站—木樨园桥北站区间盾构钢套筒接收施工 ················· 320

参考文献 ················· 332

第1章 绪论

1.1 盾构的定义

盾构是一种用于软土、土岩混合、岩石等地层内隧道暗挖施工的机械设备,具有金属外壳,外壳及以内是整机及其辅助设备,通过外壳的掩护进行地层开挖、渣土(石)排运、整机推进和管片安装或其他支护等作业,使隧道一次成型。传统意义上,用于土层或土岩混合地层的称为盾构,用于岩石地层的称为岩石隧道掘进机(国际上简称岩石TBM)。在欧美地区,一般将上述两种情形统称为TBM;而在日本、中国和东南亚地区,仍习惯有盾构和TBM之分。

盾构是一种隧道掘进的专用工程机械,现代盾构集机、电、液、传感、信息等技术于一体,具有开挖切削地层、输送渣土、拼装隧道衬砌(一般是管片或锚喷、支架支护)、测量导向纠偏等功能。盾构已广泛用于城市地铁、铁路、公路、市政、水电隧道等工程中[1]。

在盾构和TBM的发展历史上,曾经在很长一段时间里一直将盾构定义为在土体内修建开挖隧道的机械化设备,而将TBM定义为在岩石地层中开挖隧道的机械化设备。随着社会的不断发展,工程建设大规模展开,施工建设条件更加复杂,在采用掘进机开挖隧道的过程中,经常遇到隧道断面为土岩混合的情况,同时在全岩隧道开挖中大量出现软硬不均(岩石的无侧限抗压强度相差较大,国际上一般定义为岩石单轴抗压强度比为10以上)的地层情况,土层隧道开挖中出现断面内土体性质差异较大的复合地层等情况,因此国际隧道与地下空间协会(ITA)已经将软土地层中使用的盾构和硬岩地层中使用的TBM统称为TBM[2]。图1-1和图1-2分别为传统的盾构和敞开式TBM刀盘及其外部结构。

图1-1 盾构刀盘及其外部结构[3]

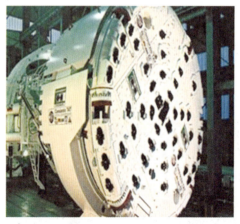

图1-2 敞开式TBM刀盘及其外部结构[3]

为了统一使用外文译文中的盾构和 TBM 这两个词,同时也为了规范国内对盾构设备的用语,我国已在一些相关规范或规程中将历史上曾经的"盾构机"一词统称为"盾构"(shield)。尽管国际隧道与地下空间协会(ITA)已经将传统意义上的盾构和岩石 TBM 统称为 TBM,但相信在我国"盾构"和"TBM"的称谓仍然会继续争论一段时间,例如混合式盾构、混合式 TBM、泥水平衡盾构、泥水 TBM 等。

1.2 盾构的分类

盾构的分类方法较多,可按盾构掘削断面的形状、盾构掘削面的挡土形式、加压稳定掘削面的形式、盾构断面尺寸大小、盾构适用的地层条件等标准进行分类,简介如下。

1.2.1 按盾构掘削断面的形状分类

盾构根据其掘削断面形状的不同可分为单圆盾构、双圆盾构、多圆盾构以及非圆盾构,非圆盾构又可分为矩形盾构、椭圆盾构、马蹄形盾构、半圆形盾构、子母盾构等。一般将双圆盾构、多圆盾构和非圆盾构统称为"异形盾构"。各种断面形式的盾构如图 1-3 ~ 图 1-8 所示[3],这些异形盾构一般源于日本。近些年来,我国研发并在工程实践中成功应用了类矩形盾构和马蹄形盾构,如图 1-9 和图 1-10 所示。

图 1-3 单圆盾构[3]

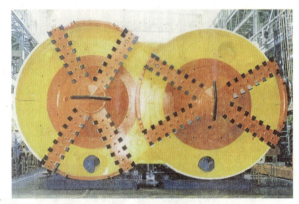

图 1-4 双圆盾构[3]

图 1-5 三圆盾构[3]

图 1-6 敞开式马蹄形盾构[3]

图 1-7 矩形盾构[3]

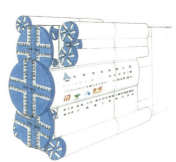 

图 1-8 多圆组合异形盾构[3]

图 1-9 土压平衡式马蹄形盾构　　　　图 1-10 土压平衡式类矩形盾构

1.2.2 按盾构掘削面的挡土形式分类

按盾构掘削面的挡土形式,盾构可分为全部敞开式、部分敞开式、封闭式三种。

（1）全部敞开式:即盾构掘削面全部敞开,并可直接看到掘削面的土体掘削方式。

全部敞开式盾构不设隔板,其特点是掘削面全部敞开,根据盾构掘削土体的形式不同可分为手掘式、半机械式、机械式三种。这种类型的盾构适用于掘削面自立能力好的地层。掘削面缺乏自稳性时,一般不推荐使用全部敞开式盾构;需要使用时,可用压气等辅助工法防止掘削面坍落,稳定掘削面。图 1-11[3]和图 1-12[3]分别为全部敞开手掘式盾构和机械式盾构。

图 1-11 全部敞开手掘式盾构[3]　　　　图 1-12 全部敞开机械式盾构[3]

（2）部分敞开式：即盾构掘削面不完全敞开，而是部分敞开的掘削方式。

部分敞开式盾构，即隔板上开有取出掘削土层出口的盾构，通常又称挤压式盾构，如图1-13和图1-14所示[3]。我国上海地区曾经使用的网格式盾构，就是一种典型的部分敞开式盾构。

图1-13　部分敞开半机械式盾构[3]　　　　图1-14　部分敞开挤压式盾构[3]

（3）封闭式：即盾构掘削面封闭，不能直接看到掘削面，而是依靠各种装置间接地掌握掘削面信息的方式。

封闭式盾构是一种设置封闭隔板的机械式盾构。掘削土体是从位于掘削面和隔板之间的土舱内取出，利用外加压力与掘削面上的土压来维持盾构隧道掘削面的稳定。常见的封闭式盾构主要有土压平衡盾构和泥水平衡盾构两种。图1-15为海瑞克的S-300盾构，用于修建马德里公路隧道，盾构直径15.2m，是当时（2011年）世界上直径最大的土压平衡盾构；图1-16为海瑞克的S-317/S-318盾构，用于修建我国上海崇明岛越江隧道，盾构直径15.43m，是当时（2011年）世界上直径最大的泥水平衡盾构。图1-17是目前世界上直径最大的可变径泥水平衡盾构，用于我国香港屯门隧道的修建，德国海瑞克公司制造，最大直径达17.6m。图1-18是目前我国内地最大的泥水平衡盾构，由中铁工程装备集团有限公司制造，直径达15.8m，用于深圳春风路隧道的修建。

图1-15　当时(2011年)直径最大的　　　　图1-16　当时(2011年)直径最大的
　　　　　土压平衡盾构　　　　　　　　　　　　　　泥水平衡盾构

图 1-17 目前世界上直径最大的泥水平衡盾构（可变径）——香港屯门隧道盾构[①]

图 1-18 目前我国内地直径最大的泥水平衡盾构——深圳春风路隧道盾构[②]

1.2.3 按加压稳定掘削面的形式分类

按掘削面的稳定方式，可以将盾构分为气压平衡式、泥水平衡式、土压平衡式、全部敞开式和部分敞开式 5 种。

(1) 气压平衡式：即向掘削面施加压缩空气，用该气压稳定掘削面。
(2) 泥水平衡式：即用外加泥浆向掘削面加压稳定掘削面。
(3) 土压平衡式：即用刀盘切削下来的土体压力稳定掘削面。
(4) 全部敞开式：掌子面自稳性好，不需要外力就能自我平衡。
(5) 部分敞开式：掌子面稳定性不好，需要部分外力才能保证掌子面平衡，如网格式盾构等。

1.2.4 组合分类法

将第 1.2.2 节、第 1.2.3 节两种分类方式组合起来的命名分类方法叫作组合分类法。这种分类法目前使用较为普遍，是日本《隧道标准规范（盾构篇）》中使用的分类法。该分类法的实质是根据盾构是否存在分隔掘削面和作业舱的隔板。具体分类情况如图 1-19[1] 和表 1-1[2] 所示。

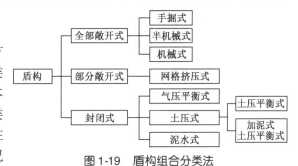

图 1-19 盾构组合分类法

盾构组合分类法　　　　表 1-1

盾构前方构造方式		形　式	掘削面的稳定机构
盾构	封闭式	气压平衡式	气压＋面板或辐条
		土压式　土压平衡式	掘削土＋面板
			掘削土＋辐条
		土压式　加泥式土压平衡式	掘削土＋添加材料＋面板
			掘削土＋添加材料＋辐条

---
①图片来源：德国海瑞克公司宣传资料。
②图片来源：中铁工程装备集团有限公司内部资料。

续上表

盾构前方构造方式		形 式	掘削面的稳定机构
盾构	封闭式	泥水式	泥水+面板
			泥水+辐条
	部分敞开式	网格挤压式	隔板
	全部敞开式	手掘式	前檐
			挡土装置
		半机械式	前檐
			挡土装置
		机械式	面板
			辐条

1.2.5 按盾构断面尺寸分类

(1) 微型盾构：直径 $D \leqslant 1m$。

(2) 小型盾构：$1m <$ 直径 $D \leqslant 3m$。

(3) 中型盾构：$3m <$ 直径 $D \leqslant 6m$。

(4) 大型盾构：$6m <$ 直径 $D \leqslant 14m$。

(5) 特大型盾构：$14m <$ 直径 $D \leqslant 17m$。

(6) 超特大型盾构：直径 $D > 17m$。

1.2.6 按盾构适用的地层分类

按适用的地层不同，盾构可分为软土盾构、硬岩盾构及复合盾构。

(1) 软土盾构：即切削软土的盾构。

(2) 硬岩盾构。

(3) 复合盾构：既可切削土体，又能掘削岩石的盾构。

1.3 典型盾构简介

1.3.1 全部敞开式盾构

全部敞开式盾构也称为工作面敞开盾构，其英文名称为"Open Face Shield"或"Open TBM"，简称 OF 盾构[1]。全部敞开式盾构一般适用于开挖掌子面地层自稳性较好的隧道。如果施工中隧道周围地层自稳定性不好，必须借助相关的辅助手段或措施使隧道周围地层稳定。

全部敞开式盾构用于开挖地下水位以下的隧道或周围地层有渗漏的隧道时，须采用相应辅助工法降低地下水位(如井点降水法等)，或采用注浆、冻结等辅助方法对地层进行加固处理，使得隧道围岩在开挖过程中满足强度、稳定性和渗透性等要求。

全部敞开式盾构适用于各种非黏性和黏性无水地层。其优点是当隧道工作面上部分或全部由岩石或漂石组成时也可以使用,并且可用手工或半机械化掘进非圆形断面。根据机械化程度及其开挖方法的不同,全部敞开式盾构分为手掘式盾构、半机械式盾构以及机械式盾构三种类型。

1) 手掘式盾构

全部敞开手掘式盾构掘削面一般采取自然的堆土压力支护或者利用机械挡板支护。采用此类型盾构,应具备的基本条件是掘削面自稳能力好,至少在开挖阶段无坍塌,如图 1-20 和图 1-21 所示[3]。

图 1-20　手掘式盾构(一)[3]　　　图 1-21　手掘式盾构(二)[3]

因盾构前部敞开,故顶部设置了可防止掘削面顶端坍落的活动前檐和使其伸缩的千斤顶。掘削面上每隔一定距离(如 2～3m)设一道工作平台,支承环柱上安装有正面支承千斤顶,掘削从上往下,掘削时按顺序调换千斤顶,掘削渣土从下部通过皮带输送机输出,入渣土车。

该类型盾构便于观察地层和清除障碍,易于纠偏,简易价廉,但劳动强度大,效率低,如遇隧道正面塌方或透水等事故时,易危及人身及工程安全,在含水地层中需辅以降水、气压或其他土体加固措施。

采用这种盾构的基本条件是:开挖面至少要在挖掘阶段无坍塌现象。

敞开手掘式盾构从砂性土到黏性土地层均能适用,适用地层较广。由于手掘式盾构掘进速度慢,劳动强度高,劳务费用高,因此目前这种盾构已经基本被淘汰,只在短程掘进,开挖面有障碍物、巨大砾石、漂石,土层稳定性很好等少数情形使用。

2) 半机械式盾构

全部敞开半机械式盾构是在手掘式盾构的基础上发展起来的,主要在原有手掘式盾构上安装挖土机械和出土装置,以替代人工作业。盾构的顶部与手掘式盾构相同,其掘土装置有铲斗、掘削头及两者兼备三种形式,可根据土质状况、掘削面的自稳程度、保证操作人员安全等条件进行选择,如图 1-22 和图 1-23 所示。

半机械式盾构是介于手掘式和机械式盾构之间的一种形式,它更加接近于手掘式盾构。它是在手掘式、敞开式盾构的基础上安装掘土机械和出土装置,以替代人工作业,因此具有省力和相对高效等特点。半机械式盾构的开挖装置有如下几种形式:

(1)盾构工作面下半部分装有铲斗、铣锄头等。

(2)盾构工作面上半部分装有铲头、下半部分装有铣锄头等。

(3)盾构中心装有铣削头。
(4)盾构中心装有铲头。

图1-22 半机械式盾构(一)[①]

图1-23 半机械式盾构(二)[①]

半机械式盾构也适用于掘进非圆形断面的隧道。日本铁道建设公司高崎建设局在北陆新干线上使用了ECL盾构,隧道断面形式为马蹄形,隧道长3580m。ECL是"Extruded Concrete Lining"的缩写,意为挤压混凝土衬砌,即以现浇混凝土代替传统的管片衬砌。ECL盾构法即挤压混凝土衬砌法,掘进与衬砌同时进行施工,不使用常规的管片,而是在掘进的同时将混凝土压入围岩与内模板之间,构筑成与围岩紧密结合的混凝土衬砌。由于用现浇混凝土直接施作衬砌,所以不需要进行常规盾构法的管片安装和壁厚同步注浆等施工。ECL盾构法设备和成型隧道分别如图1-24和图1-25[3]所示。到目前为止,世界上的异形盾构基本上是在日本研制和进行工程应用的。

图1-24 ECL盾构[3]

图1-25 ECL盾构隧道[3]

3)机械式盾构

全部敞开机械式盾构是一种采用紧贴着掘削面的旋转刀盘进行全断面开挖的盾构。因前端装有旋转刀盘,故掘削能力大增,刀盘同封闭式一样有面板式和辐条式两种。采用面板式刀盘的设备通过面板维持掘削面稳定,通过开口率解决块石、卵砾石的排出问题;辐条式则一般

[①]图片来源:中华铁道网(http://www.chnrailway.com)。

用于掘削面易于稳定的小断面盾构,针对块石、卵砾石使用。掘削下来的渣土由装在刀盘上的旋转铲斗,经过斜槽送到螺旋输送机。由于掘削和排土连续进行,故工期缩短,作业人员减少。关于机械式盾构,后面将会结合土压平衡和泥水平衡两种模式进行详细介绍。

1.3.2 部分敞开式盾构

部分敞开式盾构也称普通闭胸式盾构(Closed Face Shield,简称 CF 盾构),或称普通挤压式盾构,其主要有两种类型:

(1)正面全部胸板封闭,挤压推进;留有可调节进土孔的面积,局部挤压推进。

(2)正面网格上覆全部或部分封板,或装调节开挖面积的闸门,挤压或局部挤压推进。

挤压式盾构在日本也称为"盲式盾构(Blind Type Shield)"。挤压式盾构在挤压推进时,对地层的扰动较大,地面容易产生较大的融陷变化,在地面有建筑物的地区不宜使用。

挤压式盾构仅适用于自稳性很差、流动性很大的软黏土和粉砂质地层,不适用于含砂率高的围岩和硬质地层。若液限指数过高,则流动性过大,也不能获得稳定的开挖面。由于适用地质范围狭窄,目前最常使用的是网格挤压式盾构。

网格挤压式盾构曾经在我国上海地区软土地层中使用,它的特点是进土量接近或等于全部隧道出土量,往往带有局部挤压性质,盾构正面装钢板网格,在推进中可以切土,而在停止推进时可起稳定开挖面的作用。切入的土体可用转盘、皮带输送机、矿车或水力机械运出。这种盾构如在土质较适当的地层中精心施工,地表沉降可控制在较小的程度。在含水地层中施工,需要辅以疏干地层的措施。

网格挤压式盾构是利用盾构切口的网格将正面土体挤压并切削成为小块,并以切口、封板及网格板侧向面积与土体间的摩阻力平衡正面地层侧向压力来稳定开挖面,具有结构简单、操作方便、便于排除正面障碍物等特点。

网格挤压式盾构正面网格开孔出土面积较小,适宜在软弱黏土层中施工,当处在局部粉砂层时,可在盾构土舱内采用局部气压来稳定正面土体。根据出土方式的不同,网格挤压式可分为出土和水力出土两种类型。图 1-26、图 1-27 为网格挤压式水力机械盾构。

图 1-26 网格挤压式盾构(一)[①]

图 1-27 网格挤压式盾构(二)[①]

[①]图片来源:中华铁道网(http://www.chnrailway.com)。

1.3.3 封闭式盾构

封闭式盾构目前主要有压缩空气盾构、土压平衡盾构、泥水平衡盾构三种，相比土压平衡盾构和泥水平衡盾构而言，压缩空气盾构目前应用较少。现简介三种形式的盾构如下。

1.3.3.1 压缩空气盾构

压缩空气盾构的原理是利用空气压力平衡地下水的静水压力，故也称为"气压平衡盾构"，简称 APB(Air Pressure Balanced)盾构。1886 年，Greathead 首次在盾构施工中引入了这种工法。但空气压力不能直接抵抗土压，土压由自然或机械的支撑承受。

图 1-28 压缩空气盾构

压缩空气盾构适用于黏土、粉质黏土及多种松软地层，包括所有采取以压缩空气为支护材料的盾构，开挖方式可以是手掘式、机械式，断面形式可以采用全断面也可以采用部分断面开挖。早期的压缩空气盾构施工时要在隧道工作面和止水隧道之间封闭一个相对较长的工作舱，大部分工人经常处于压缩空气环境下工作，对身体极其不利。后来开发的压缩空气盾构只是开挖舱承压，称为局部气压盾构，日本称为"限量压缩空气盾构"。图 1-28 为压缩空气盾构。

压缩空气的压力应高于或等于隧道工作面底部的水压，由于水压有明显的梯度，因此在顶部过剩的压力会使空气进入地层，当土壤颗粒由于气流失去平衡时，覆土层较浅的隧道工作面就会泄漏而引起"喷发"，并可能引起灾难性的后果，现已被泥水平衡盾构取代。压缩空气盾构现在一般很少应用，20 世纪 90 年代，曾经在埃及开罗的地下工程施工中使用过全隧道封闭压缩空气配合一般盾构施工，试图解决高压地下水的问题。

1.3.3.2 土压平衡盾构

1) 概述

土压平衡盾构(Earth Pressure-balanced Shield)简称 EPB 盾构，是在机械式盾构的前部设置隔板，使土舱和排土用的螺旋输送机内充满切削下来的土体，依靠推进缸的推力给土舱内的开挖渣土加压，使土压力作用于盾构开挖面以平衡地层中水土合力，如图 1-29 和图 1-30 所示。随着社会经济的快速发展，近年来大直径土压平衡盾构得到了快速发展，如一台直径 15.55m 的海瑞克土压平衡盾构已经用于 2011 年动工扩建连接博洛尼亚(Bologna)至佛罗伦萨(Florence)的 A1 高速公路。在德国 Schwanau 生产的这个庞然大物成为当时世界上直径最大的土压平衡盾构，如图 1-31 所示。

土压平衡盾构的工作原理[1,6,23,24]为：盾构刀盘旋转切削开挖面的土体，被切削下来的渣土通过刀盘开口处进入土舱，在盾构推力作用下于舱内被挤压，用以平衡盾构开挖面的水土压力，同时渣土进入到土舱底部后，通过螺旋输送机运送到皮带传输带上，然后输送到停在轨道上的渣土车上(轨道运输方式)或皮带运输设备上(皮带运输方式)。盾构在推进油缸的推力作用下向前推进，盾壳对挖掘出土且还未衬砌的隧道围岩(或土体)起着临时支护的作用，承受周围土层的土压、地下水的水压,同时将地下水挡在盾壳外面。掘进、排土、衬砌等作业均在盾壳的保护下进行。土压平衡盾构的构造如图1-32所示[4]。

图1-29　土压平衡盾构(一)

图1-30　土压平衡盾构(二)

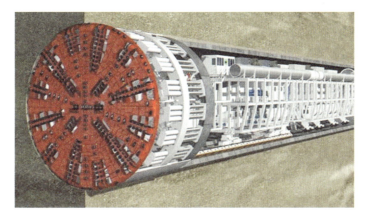

图1-31　当时(2011年)世界上直径最大的土压平衡盾构①

图1-32　土压平衡盾构构造示意图[4]

①图片来源:海瑞克(中国)网站(http://www.herrenknecht.com/cn)。

2) 土压平衡盾构的构造形式

土压平衡盾构的构造从开挖面向后依次可分为切口环、支承环和盾尾三部分,通过盾构外壳钢板连成整体[10,15,22]。

(1) 切口环

切口环是盾构开挖和挡土部分,它位于盾构的最前端,施工时最先切入地层并掩护开挖作业,部分盾构切口环前端设有刃口以减少掘进时对地层的扰动。切口环主要用于维持工作面的稳定,并作为开挖下来的渣土输送到后方的通道。

切口环的长度取决于盾构正面支承、开挖的方法。对于机械化盾构,切口环内按不同的需要安装各种不同种类的机械设备,这些设备用于正面土体的支护及开挖,而各种不同种类的机械设备由盾构形式而定。

对于土压平衡盾构而言,切口环主要有切削刀盘,刀盘后方至隔板的空间,也称为土舱,刀盘后方土舱空间内设置搅拌装置。土舱底部设有进入螺旋输送机的排土口。一般土舱上留有添加材料的注入口。此外,当有更换刀具、排除障碍物、地中对接等作业需要时,隔板上应考虑设置人孔和压气闸。

(2) 支承环(主要为前盾和中盾)

支承环是盾构的主体结构,是承受作用于盾构上全部荷载的骨架。它紧接于切口环,位于盾构中部,通常是一个刚性很好的圆形结构。地层压力、所有千斤顶的反作用力以及切口入土正面阻力、衬砌拼装时的施工荷载等均由支承环来承受。

在支承环外缘布置有盾构千斤顶,中间布置管片拼装机及液压设备、动力设备、操纵控制台。当切口环压力高于常压时,在支承环内要启用已经布置好的人行加、减压舱。

支承环的长度应不小于固定盾构千斤顶所需的长度,同时还必须考虑安装切削刀盘的轴承装置、驱动装置和排土装置等空间。

(3) 盾尾

盾尾即盾构的后部。盾尾为管片拼装空间,该空间内装有拼装管片的举重臂(或称管片拼装机)。为了防止周围地层中的土砂、地下水及壁后注入的填充浆液进入该部位,特别设置盾尾密封装置。盾尾的内径与管片外径的差称为盾尾间隙,计作 x,其值的大小取决于管片的拼装裕度、曲线施工、摆动修正必需的裕度,主机外壳制作误差及其管片的制作误差。

盾尾间隙(x)加上盾尾外壳钢板的厚度(t)以及刀盘超挖部分的量值(h),构成盾构推进后管片和地层间产生的空隙(ΔD),该空隙称为构筑空隙,即 $\Delta D = x + t + h$。由于构筑空隙直接造成地层沉降,故必须在盾构推进后立即对该空隙进行注浆填充。因此 ΔD 越小越好。这也是盾构施工一定会引起地表沉降的重要原因,只是随着盾构隧道埋深的变化和土层的差异,这个沉降值有所变化。对于经典的派克公式(Peck 公式)中的土体损失率取值,在土压平衡的前提下,主要应考虑此构筑空隙中充填的浆液量、质量、初凝时间等因素来综合确定。

3) 土压平衡盾构的主要机械装置

土压平衡盾构整个系统由许多机械设备组装而成,主要有刀盘、开挖面土体改良装置、盾构千斤顶、螺旋输送机、同步注浆系统、盾尾密封系统、管片拼装系统、设备自身润滑密封系统等。

(1) 盾构刀盘

刀盘是机械化盾构的掘削机构,刀盘结构应根据地质适应性的要求进行设计,必须适合围岩条件的变化,特别是在确保开挖面稳定的情况下,提高掘进速度。刀盘设计时,应充分考虑刀盘的结构形式、刀盘支撑方式、刀盘开口率、刀具的布置等因素。盾构刀盘通常具有三大功能:

① 开挖功能。刀盘切削盾构隧道掌子面的土体,对掌子面的地层进行开挖,开挖后的渣土通过刀盘的开口进入土舱。

② 稳定功能。刀盘的骨架结构还可用于支撑掌子面,具有稳定掌子面的功能。

③ 搅拌功能。对于土压平衡盾构,刀盘对土舱内的渣土进行搅拌,使渣土具有一定的流塑性,从而进行部分土体改良。

盾构刀盘的结构形式与工程地质条件有着密切的关系,不同地层应采用不同的刀盘结构形式。土压平衡盾构的刀盘有三种形式——面板式、辐条式以及辐条面板混合式。

面板式刀盘在中途开舱换刀时比辐条式刀盘安全可靠,但开挖土体进入土舱的通路不如辐条式畅通,易黏结、易堵塞,并容易在刀盘上形成泥饼(如果土层中存有黏土细颗粒的话)。面板式刀盘如图 1-33 所示。辐条式刀盘如图 1-34 所示,开口率大,辐条后设有搅拌叶片,渣土流动顺畅,不易堵塞。但是不能安装滚刀,且中途换刀安全性差,需严格加固土体并确保加固土体的稳定,费用高。辐条式刀盘对砂、土等单一软土地层的适应性比面板式刀盘强;但由于不能安装滚刀,在土岩混合的软硬不均地层或硬岩地层,只能采用面板式刀盘,且刀盘的开口率将随着岩石强度的增大而逐渐减小。

图 1-33　面板式刀盘　　　　图 1-34　辐条式刀盘

因此,辐条加面板式刀盘能更好地解决单一面板和辐条刀盘带来的不利,优势更加明显,适用范围更广,如图 1-35 所示。

(2) 膨润土添加系统与泡沫系统

膨润土添加系统和泡沫系统是盾构掘进的调节媒介。采用该系统,对于不良的地质条件,通过添加流塑化改性材料,改善盾构土舱内切削土体的流塑性,即可实现平衡开挖面水土压力,又能向外顺畅排土,拓宽了土压平衡盾构的适用范围,是土压平衡盾构重要且有效的组成部分。

图 1-35　辐条面板混合式刀盘

（3）盾构千斤顶

盾构推进的动力来自液压系统带动若干个千斤顶工作所提供的推动力。盾构千斤顶是盾构的基本构造之一，它的选择和配置应根据盾构的灵活性、管片的构造、拼装衬砌的作业条件等来决定。盾构千斤顶如图 1-36 和图 1-37 所示。

 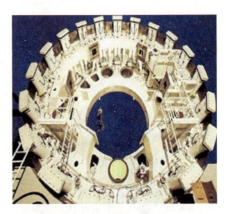

图 1-36　盾构千斤顶　　　　　　图 1-37　盾构千斤顶

（4）螺旋输送机

螺旋输送机由伸缩筒、出渣筒、液压马达、螺旋轴、出渣闸门组成，如图 1-38 所示，是土压平衡盾构的排土装置，主要有以下三个功能。

①将盾构土舱内的土体向外连续排出。

②土体在螺旋输送机内向外排出的过程中形成密封土塞，阻止土体中的水分散失，保持土舱内土压的稳定。

③随时调整向外排土的速度，实现盾构土舱内连续的动态土压平衡过程，确保盾构连续正常向前掘进。实际施工中，土压平衡盾构的螺旋输送机是调节土压力和维持土压力的重要且十分有效的手段，用好螺旋输送机，土压平衡盾构施工就成功了一半。

（5）同步注浆系统

同步注浆的目的主要有以下三个方面：

①及时填充盾尾构筑空隙,支撑管片周围土体或岩体,有效的控制地层位移与地表沉降。

②凝结的浆液作为盾构施工隧道的第一道防水屏障,防止地下水或地层的裂隙水向管片内泄漏,增强盾构隧道的防水能力。

③为管片提供早期的基本稳定并最终使管片与周围地质体一体化,限制隧道结构非正常变形,且有利于盾构姿态的控制,并能确保盾构隧道的最终稳定。

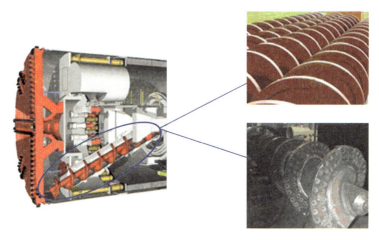

图 1-38　土压平衡盾构螺旋输送机

(6)盾尾密封系统

盾尾密封系统是盾构正常掘进的关键系统,盾构法隧道施工所发生的安全事故经常在盾尾。铰接式盾构的盾尾密封系统包括铰接密封和盾尾密封。

①铰接密封。铰接密封一般有三种形式:采用一道或多道橡胶式唇口密封;采用石墨石棉或橡胶材料的盘根加气囊式密封;双排气囊式密封。

②盾尾密封。盾尾止水采用钢丝刷密封装置,是集弹簧、钢丝刷及不锈钢金属网于一体的结构。盾尾油脂泵向每道钢丝刷密封之间供应油脂,以提高止水性能,一般盾尾设三道钢丝密封刷。如图 1-39 所示。

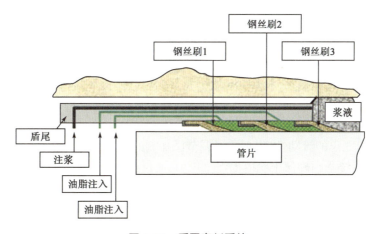

图 1-39　盾尾密封系统

(7)管片安装机

管片安装机俗称举重壁,是盾构的主要设备之一,常以液压为动力。为了能将管片按照所需要的位置安全、迅速地进行拼装,拼装机在钳捏住管片后,还必须具备沿径向伸缩、前后平移和旋转等功能。

拼装机的形式有环型、中空轴型、齿轮齿条型等,一般常用的是环型拼装机。这种拼装机安装在支承环的后部,或者盾构千斤顶撑板附近的盾尾部,它如同一个可以自由伸缩的支架,安装在具有支承滚轮、能够转动的中空圆环上。该形式中间空间大,便于安装出土设备。

管片安装机抓紧管片的形式有两种:机械抓取式和真空吸盘式。目前,大直径盾构单个管片的质量较大,常采用真空吸盘式,具有管片钳捏简便、拼装平稳及碎裂现象少等优点。

4)土压平衡盾构开挖面稳定机理

土压平衡盾构就是将刀盘开挖下来的渣土填满土舱,在切削刀盘后面及其隔板上各焊有能使土舱内渣土强制混合的搅拌棒。借助盾构推进缸的推力通过隔板进行加压,产生泥土压力,这一压力作用于整个作业面,使得作业面稳定,刀盘切削下来的渣土量与螺旋输送机向外输送量相互平衡,使土舱内压力稳定在预定的范围内。

土舱内的土压力通过土压传感器进行测量,并通过控制推进力、推进速度、螺旋输送机转速来控制。

盾构在粉质黏土、粉质砂土和砂质粉土等黏性土层中掘进时,由刀盘切削下来的土体进入密封土舱后,可对开挖面地层形成被动土压力,与开挖面上的水平土压力相抗衡。在密封土舱和螺旋输送机内有足够多的切削土体时,产生的被动土压力即可与开挖面上的水平土压力大致相等,使开挖面的土层处于稳定。密封土舱内的土压力与开挖面的土压力保持平衡的状态下,在盾构向前推进的同时,启动螺旋输送机排土,使排土量等于开挖量,即可使开挖面的地层始终保持稳定。排土量一般通过调节螺旋输送机的转速和出土闸门的开度进行控制。

在黏性土层推进时,当含砂量超过某一限度时,泥土的流塑性明显变差,土舱内的土体因固结作用而被挤密,导致渣土难以排送。此时,可向土舱内注入水、泡沫、泥浆等,以改善土体的流塑性。

在砂土地层施工时,由于砂土流动性差、砂土的摩擦阻力大、渗透系数高、地下水丰富等原因,土舱室内压力不易稳定,所以需进行渣土改良。向开挖的土舱里注入膨润土或泡沫剂,然后进行强制搅拌,将砂质土泥土化,使其具有良好的塑性和不透水性,从而使土舱内的压力容易稳定。

土压平衡盾构开挖面稳定如图1-40所示[4],由下列各因素综合作用而维持:

(1)土舱内的土压力平衡地层压力和水压力;

(2)螺旋输送机调节排土量;

(3)适当保持泥土的流动性,根据需要调节添加剂的注入量。

开挖面稳定系统必须确保土舱内的泥土压力,通过调节排土量,以便能平衡开挖面的地层土压力和水压力。

5)土压平衡盾构的地层适应性

土压平衡盾构主要应用在黏质土层中,该类型土壤富含黏土、亚黏土或淤土,渗透性低。这种土质在螺旋输送机内压缩形成防水土塞,使土舱和螺旋输送机内部产生土压力来平衡掌子面的土压力和水压力。土压平衡盾构主要适用地层情况如图 1-41[4,5] 所示。

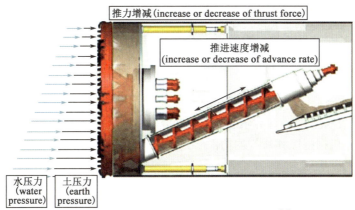

图 1-40　土压平衡盾构开挖面平衡示意图[4]

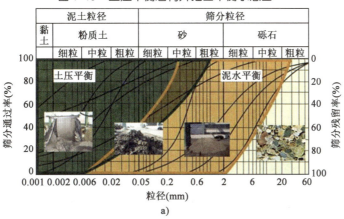

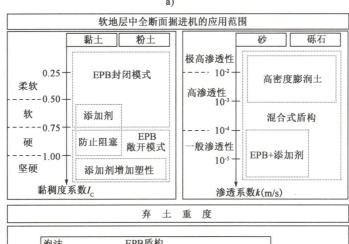

图 1-41　盾构设备地层适用性示意图[4,5]

a) 各种松散土壤粒径筛分曲线；b) 盾构选型控制参数

土压平衡盾构用开挖出来的渣土作为支撑开挖面稳定的介质,对作为支撑介质的渣土需具有良好的塑性、优良的黏稠性能、较小的内摩擦角及较低的渗透系数。一般渣土不完全具有这些特性,需进行改良。改良的方法通常可加水、膨润土、黏土、聚合物或泡沫等,具体情况根据实际地层情况选定。

1.3.3.3 泥水平衡盾构

1) 概述

泥水平衡盾构(Slurry Pressure-balanced Shield)简称SPB盾构,如图1-42和图1-43所示。泥水平衡盾构是在机械掘削式盾构的前部、刀盘后侧设置隔板,使之与刀盘之间形成泥水室,将加压的泥浆送入泥水压力室,当泥水压力室充满泥浆后,通过加压作用和压力保持机构,来谋求开挖面的稳定。盾构推进时由旋转刀盘切削下来的渣土经搅拌装置搅拌后形成高浓度泥浆,用流体输送方式输送到地面,这是泥水平衡盾构的主要特征。目前发展较快的是气垫式泥水平衡盾构,它将泥水舱分割为两个:一个是原来传统意义上的泥水舱,另一个是泥浆与气垫混合的气垫舱,用调节气体压力的方式对泥水舱内的压力进行调节,其气压调节精度更高,可控性更好。

图1-42 泥水平衡盾构(一)

图1-43 泥水平衡盾构(二)

在地面泥浆拌和槽中,将泥浆调整到适合地层土质状态后,经泥水输送泵加压、管路送到盾构开挖面泥水压力室,泥浆在稳定开挖面的同时,将刀盘切削下来的渣土搅拌成浓泥浆,再由排泥泵经管路输送到地面。被送到地面的泥浆,根据渣土颗粒直径,经过一次分离设备和二次分离设备将土砂分离并脱水后,排去分离后的水,经泥浆拌和槽再次调整,使其成为优质泥浆再循环到隧道开挖面。排出的土砂量由排泥量测定装置进行测定,由此来推测开挖面的情况。

泥水平衡盾构最适宜开挖难以稳定、止水困难的砂层、含水率高的松软黏性土层及隧道上方有水体的场合。泥水平衡盾构施工流程如图1-44所示[6]。

2) 泥水平衡盾构的构成

泥水平衡盾构最主要的特色是,隧道施工中在稳定开挖面的同时,把盾构掘进、输送渣土、分离土砂与水、处理砾石等各方面的作业作为一个整体进行综合管理,这些作业都是在一个流程内进行并完成。

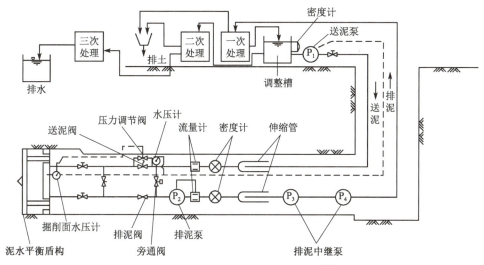

图 1-44　泥水平衡盾构施工流程图[6]

泥水平衡盾构自成一个体系,在一个流程内完成各项作业,所以能够比较安全地施工。当发生异常情况时,这类盾构还具有能快速转换成敞开式掘进的显著优点。泥水平衡盾构的构造如图 1-45[4] 所示。

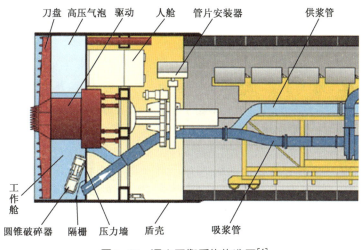

图 1-45　泥水平衡盾构构造图[4]

泥水平衡盾构通常由以下五大系统构成。

(1) 盾构掘进系统:一边利用刀盘挖掘整个开挖面、一边推进盾构前进的掘进系统。

(2) 泥水加压和循环系统:可调整泥浆物性,并将其送至开挖面,保持开挖面稳定的泥浆循环系统。

(3) 综合管理系统:综合管理送排泥状态、泥浆压力及泥浆处理设备运转状况的综合管理系统。

(4) 泥浆分离处理系统:将掘削下来的渣土形成泥浆,通过流体进行输出;经分离系统分离成土砂和水,最后将渣土排弃的处理系统。

(5)壁后同步注浆系统:当盾构拼装完管片后,及时向壁后间隙注入浆液的系统,主要用于控制地层位移和地表沉降,防止向管片内漏水,使得土压作用均匀以及使管片组成的衬砌环早期稳定(类似于土压平衡盾构)。

3)泥水平衡盾构开挖面稳定机理

第一,以泥浆压力来平衡开挖面的土压力和水压力以保持开挖面的稳定,同时控制开挖面地层的变形。

第二,在开挖面形成弱透水性泥膜,保持泥浆压力有效作用于开挖面。

第三,随着加压后的泥浆不断渗入土体中填充空隙,可形成渗透系数非常小的泥膜。由于泥膜形成后减小了开挖面的压力损失,泥浆压力可有效地作用于开挖面,从而可防止开挖面的变形和崩塌并保持开挖面的稳定。因此,在泥水平衡盾构施工中,控制泥浆质量和控制泥浆压力是两个非常重要的课题。

此外,由于泥浆中的黏粒受到上述压力差的作用在开挖面形成一层泥膜,且该泥膜的形成是在很短的时间内完成的,这对提高开挖面的稳定性起到至关重要的作用,尤其在砂层中稳定作用尤为显著。泥浆的重度随着土层的不同而不同,在黏性土中重度可小一些,在砂土与砂砾石中重度要大一些。

(1)泥膜的形成机理

泥水平衡盾构是通过在支承环前面装置隔板的密封舱中,注入适当压力的泥浆,使其在开挖面形成泥膜,支承正面土体,并由安装在正面的刀盘切削土体表面泥膜,与泥浆混合后,形成高密度泥浆,然后由排泥泵及管道把泥浆输送到地面处理。整个过程是通过建立在地面中央控制室内的泥水平衡自动控制系统统一管理。

在泥水平衡理论中,泥膜的形成是至关重要的,当泥浆压力大于地下水压力时,按照达西定律,泥浆渗入土壤,形成与土壤间隙成一定比例的悬浮颗粒,被捕获并积聚于土壤与泥浆的接触表面,形成泥膜。随着时间的推移,泥膜的厚度不断增加,渗透抗力逐渐增强。当泥膜抵抗力远大于正面土压时,产生泥水平衡效果。

(2)泥膜形成的基本要素

泥水平衡盾构施工时稳定开挖面的机理为:以泥浆压力来抵抗开挖面的土压力和水压力以保持开挖面的稳定,同时控制开挖面变形和地层沉降;在开挖面形成低渗透性泥膜,保持泥浆压力有效作用于开挖面。从泥水平衡理论可以看出,在泥水平衡盾构施工中,尽快形成低渗透性的泥膜是一个相当关键的环节。

在开挖面,随着加压后的泥浆不断渗入土体,泥浆中的黏土颗粒填入土体孔隙中,可形成低渗透性的泥膜。而且由于泥膜形成后缩小了开挖面的压力损失,泥浆压力可有效作用于开挖面,从而防止开挖面的变形和坍塌,并确保开挖面的稳定。因此,在泥水平衡盾构施工中,控制泥浆质量与控制泥浆压力同等重要,是泥水平衡盾构施工中的两个重要课题。

从泥水平衡理论可以看出,在泥水平衡盾构法施工中,尽快形成低渗透性泥膜是一个相当关键的环节。为了保持开挖面稳定,必须迅速可靠地形成泥膜,以使压力有效地作用于开挖面。要形成泥膜必须满足下列四项基本条件[1]:

①泥浆密度——为保持开挖面的稳定,即把开挖面的变形控制到最小限度,泥浆密度应比较高。从理论上讲,泥浆密度提高能使泥浆屈服值升高,同时能使泥膜的稳定性增强。试验证

明高密度的泥浆可以产生高质量的泥膜,泥浆密度最好能达到开挖面土体的密度。高密度的泥浆会引起泥浆泵超负荷运转以及泥浆处理困难;而低密度的泥浆虽可减轻泥浆泵的负荷,但因泥粒渗透流失量增加,泥膜形成慢,对开挖面稳定不利。因此,在选定泥浆密度时,必须充分考虑土体的地层结构,在保证开挖面稳定的同时也要考虑设备能力。

②含砂量——在强透水性土体中,泥膜形成的快慢与掺入泥浆中砂粒的最大粒径以及含砂量有密切的关系,这是因为砂粒具有填堵土体孔隙的作用。为了充分发挥这一作用,砂粒的粒径应比土体孔隙大而且含量适中。

③泥浆的黏性——土体一经盾构开挖,其原有的应力即将释放,并将产生变形。此时,为控制地基沉降,保持开挖面稳定,必须向开挖面施加一个相当于释放应力大小的力,泥水平衡盾构中由泥浆压力用以抵消开挖面的释放应力。

泥浆必须具有适当的黏性,以便起到防止泥水中的黏土、砂粒在泥水舱底部沉积、保持开挖面稳定的效果;提高泥浆黏性,增大阻力,使开挖下来的弃土以流体输送,经泥水处理设备将泥水分离。

④泥浆压力——虽然渗透流失的量随着泥浆压力的上升而上升,但该增加量远小于压力的增加量,因此增加泥浆压力将提高作用于开挖面的有效支承压力,使得开挖面处在高质量泥浆条件下,有利于保持开挖掌子面的稳定性。

(3) 盾构掘进速度与泥膜的关系[6]

泥水平衡盾构在开始掘进的状态时,刀具并不直接切削原状土体,而是对刀具正面已形成的泥膜土体进行切削。在切削后的瞬间,又形成了下一层薄泥膜。由于盾构刀盘转速一般为一定值,且盾构推进速度最大能力受到一定限制,因此掘进速度只和切入土体的深度有关。但是当泥水平衡盾构在不正常掘进状态时,特别当泥浆质量和泥浆压力达不到设计要求时,泥膜经过较长时间才能形成,这样约束了掘进速度。高质量的泥浆形成泥膜的时间为1~2s,甚至更短,但形成泥膜的厚度也很薄。

(4) 泥水平衡盾构的地层适用范围[6,7]

泥水平衡盾构最初是在冲积黏土和洪积砂土交错出现的特殊地层中使用,由于泥浆对开挖面的作用明显,因此在软弱的淤泥质土层、松动的砂土层、卵石砂砾层、砂砾和坚硬土的互层等地层中均适用。

根据目前泥水平衡盾构在工程实践中应用情况,泥水平衡盾构掘进过程中适应的地质情况可以分为以下几种情况:

①江、河、海、湖泊及运河等水体以下地层。
②滞水砂层、滞水砾石层及其他松散地层。
③施工区域内同时存在冲积层黏土和洪积层硬土两种地层。
④滞水砂砾层和黏性土层的互层地层。
⑤高水压层或高承压水层。
⑥带有大直径砾石的地层。
⑦砾石直径不大,但是砾石含量较多且含有地下水的地层。

泥水平衡盾构刀盘开口率一般较低,如图1-46所示,此盾构为德国易北河第四隧道所使用的 $\phi 14.2m$ 泥水平衡盾构。

1.3.4 复合式盾构

图1-46 复合式盾构

敞开式盾构、压缩空气盾构、泥水平衡盾构和土压平衡盾构分别适用于各自相应的土层结构。当某一段隧道穿越不同地层结构时，用以上任一形式的盾构都很难将此段隧道掘进贯通，而根据相应土层情况用两台或多台盾构，在掘进长度较短的隧道时很不经济，或由于条件限制使布置多台盾构非常困难。此时需将以上不同形式的盾构进行组合，在结构空间允许的情况下，将不同形式盾构的功能部位同时布置在一台盾构上，掘进过程中可根据地质情况进行功能和工作方式的切换与调整，如图1-47所示。这样一台盾构在不同的地层经转换后可以不同的工作原理和方式运行，这类盾构称为复合盾构，也称为双模或多模盾构。

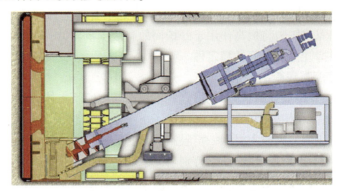

图1-47 混合可转换模式盾构[4]

复合盾构最大的优点为可根据工程地质条件和水文地质条件对工作模式进行调整，即对开挖面支护的支撑方式、掘削方式以及刀具、出渣运输系统和其他设备进行调整。

常用的复合盾构的组合模式主要有压缩空气/敞开式盾构、泥水式/敞开式盾构、土压平衡/敞开式盾构、泥水式/土压平衡盾构、敞开式/泥水式/土压平衡盾构、敞开式/压缩空气/土压平衡盾构等。

复合盾构既适用于软土，又适用于硬岩，主要用于既有软土又有硬岩的复合地层。复合盾构的主要特点是刀盘既安装有切刀和刮刀等软土刀具，又可根据需要安装滚刀等硬岩刀具。复合盾构的另一个主要特点是一般具有两套出渣系统。从开挖舱内输出开挖土渣，泥水平衡盾构、土压平衡盾构、敞开式盾构是完全不同的，一般泥水平衡盾构使用泥浆管，土压平衡盾构使用螺旋输送机，敞开式盾构使用皮带输送机。因此在混合式盾构中至少装有两种出渣系统。

对于泥水式/土压平衡盾构，转换到泥水平衡模式时，必须安装一台碎石机或靠人工去除大砾石。设计在泥水式/土压平衡模式下都可以使用的刀盘是完全可能的，即使要更换刀盘也不存在问题，只要有竖井即可。

现在复合式盾构投入实际工程应用的案例越来越多，它必定是盾构发展的方向之一。

1.4 盾构技术的发展

1.4.1 盾构设备的发展趋势

国际上盾构设备日趋完善，盾构的发展趋势主要为微型和超大型化、形式多样化、高度自动化以及高适应性[1,9-12]。

(1) 微型和超大型化

从发展趋势来看，盾构发展趋于两极化，为适应隧道及地下工程建设的发展需要，盾构的断面尺寸具有向超大、微型两个方向发展的趋势。1988 年运营的日本东京湾道路隧道采用了 8 台 ϕ14.14m 的泥水平衡盾构施工；2003 年建成的德国易北河第四隧道采用 1 台 ϕ14.2m 泥水平衡盾构施工；2004 年贯通的荷兰绿色心脏隧道采用一台 ϕ14.87m 泥水平衡盾构施工；2009 年贯通的上海沪崇隧道使用的泥水平衡盾构直径达 ϕ15.43m，2018 年完成的香港屯门隧道采用的盾构直径为 17.6m，且直径可变，由德国海瑞克公司生产。目前拟用于琼州海峡隧道的直径 18m 的泥水平衡盾构已在预研制中。同时，大直径盾构的分块设计制造和部件运输组装也将成为盾构技术的主要趋势之一。

同时直径 200mm 的微型盾构也已在工程中得到应用。为降低成本，日本大成建设公司开发出了适用于立体交叉工程的小型盾构。这种小型盾构特别适用于隧道小断面挖掘工程。其挖掘特点是将隧道断面分为若干个小断面，然后采用这种小型盾构将各断面分别挖掘成仅剩薄壁的小隧道，最后把各薄壁打通即可。与传统的隧道断面挖掘相比，采用这种小型盾构分断面挖掘方法可以降低成本 30%以上。通常，盾构的价格昂贵，如果挖掘的隧道长度较短，则经济上不合理，而采用日本大成建设公司的这种小型盾构将隧道断面分成若干个小隧道断面进行挖掘，实际上等于长距离的隧道挖掘，所以可能比较经济。

(2) 形式多样化

为适用不同的地质条件，既要设计能适合复杂地质条件使用的多模式复合盾构，又要制造用于地质条件简单的功能单一软土盾构。为适应不同工程的需要，盾构的形式越来越多，目前，已生产了断面为圆形、矩形、双圆形、三圆形、球形的盾构和子母盾构等。

(3) 高度自动化

未来盾构的发展方向之一是高度自动化。盾构的设计制造在一定程度上反映了一个国家的综合科学技术和工业水平，体现了计算机、新材料、自动化、信息传输和多媒体等技术的综合和密集水平。目前，国际先进盾构采用了类似机器人的技术、计算机控制技术、网络远程通信遥控技术、现代传感检测技术、激光导向技术、超前地质探测技术、通信计算技术等。随着计算机技术的快速发展，盾构的自动化程度越来越高，施工数据采集功能，盾构姿态管理功能，施工数据管理功能，设备管理功能，施工数据实时远程传输功能等都已经实现。可自动检测盾构的位置和姿态，并利用模糊理论自动进行调整，可自动实现平衡压力的控制和管片的拼装等。目前，实现在办公室控制盾构操作，在办公室可以直接从计算机屏幕上获取原地施工的盾构施工图像和盾构施工参数，并可以发出指令进行控制。

(4) 高适应性

随着盾构技术的不断发展,软土盾构技术和硬岩掘进机相互渗透、相互融合,使盾构的地质适应能力大大增强。

随着大数据和人工智能技术(AI技术)的快速发展,盾构施工设备实现无人化施工隧道的梦想,预计很快会变成现实!

1.4.2 盾构技术的发展方向

世界盾构技术正朝着超大断面化、异形断面化、超大深度化、超长距离方向发展,向着施工快速化方向发展,向着操作的高度自动化方向发展[9-12]。超大深度盾构、超大断面盾构、超长距离掘进盾构、高度自动化、快速掘进盾构、异形断面盾构是世界盾构技术的发展方向。目前我国盾构技术的发展方向主要为:

(1) 土压平衡盾构系列化

土压平衡盾构是一种先进实用的软土掘进盾构,能适用于各种软土地层,即使含有砾石、卵石、硬岩也能掘进。结合各城市的不同工程地质和水文地质条件,设计制造各种型号的土压平衡盾构,更符合中国的国情,也符合一般的技术和经济发展规律要求和环保要求。

土压平衡盾构系列化的研究应按用途进行机械型系列化、直径系列化、界面系列化划分,系列范围内进行模块化和标准设计研究,大大降低成本。

土压平衡盾构系列化的目的是使得土压平衡盾构在技术上能够满足不同用途和不同断面隧道的需要,同时使得土压平衡盾构技术得到进一步优化。

目前土压平衡盾构在我国的应用比例占80%以上,土压平衡盾构系列化研究应是今后一段时间的主要目标之一。

(2) 大直径泥水平衡盾构的研制和应用

世界盾构技术的超大断面化,使得大直径泥水平衡盾构的研制和应用将成为一种发展方向,且大直径泥水平衡盾构对于开发我国沿江、沿海、沿河及许多城市的经济发展具有十分重要的战略意义。因此,抓紧和加快大直径泥水平衡盾构技术的研究,进而掌握大直径泥水平衡盾构的设计、制造和施工技术能极大提高市场竞争力,是我国与国际接轨的重要战略之一,也是我国的盾构技术尽快跻身于世界盾构技术先进行列的基础。近年来我国已经基本掌握了大直径和超大直径泥水平衡盾构的制造技术,并将其成功应用于过江、过河、跨海隧道工程上。

(3) 复合盾构的研制和应用

复合盾构采用不同的掘进模式及不同的刀具布置以适应不同地层,由于复合盾构的地质适应性非常广,在我国北京、深圳、广州、成都、重庆以及其他城市的部分区域具有广阔的应用前景。

1.5 盾构工法概述

1.5.1 基本概念

盾构工法简称盾构法,是以盾构为核心的一整套完整修建隧道的施工方法总称,是暗挖隧道的一种高效施工方法,是用盾构在地下一边掘进,防止软基开挖面土砂崩塌和保持开挖面稳定的同时,一边在机内安全地进行隧道的开挖作业和衬砌作业,从而构筑成隧道的施工方法[15-19]。

通常意义上,盾构工法是由稳定开挖面、盾构开挖和衬砌三大要素组成,盾构工法的施工过程一般可以分为三个阶段:盾构的始发与到达、盾构的掘进以及盾构的隧道贯通后联络通道、风道、泵房等辅助设施的施工。本书将重点研究盾构始发与到达技术。

盾构工法是尽可能在不扰动围岩的前提下完成施工,最大限度地降低盾构施工对地面建(构)筑物及地层内埋设物的影响。盾构在推进过程中,通过盾构外壳和管片来支撑四周围岩防止土砂崩塌,闭胸式盾构是用泥土加压或泥水加压来抵抗开挖面的土压力和水压力以维持开挖面的稳定性,敞开式盾构是以开挖面自稳为前提,然后借助相关的辅助措施。盾构工法的大致施工过程如下:

(1)建造盾构始发竖井和到达竖井,或者车站(始发或到达工作井与车站合建)。

(2)把盾构主机和配件分批吊入始发竖井中,并在预定始发掘进位置上将盾构设备组装成整机,随后调试其性能使之达到设计要求。

(3)盾构从竖井或车站预留洞门处始发,沿着隧道设计轴线掘进。盾构掘进时靠盾构前部的旋转掘削刀盘切削土体,切削土体过程中必须始终保持开挖面的稳定。为了满足这个要求必须保证刀盘后面土压舱或泥水舱内对地层的反作用压力大于来自地层的水土压力;依靠舱内的出土机械出土;依靠中部的千斤顶推动盾构前进;由后部的管片安装机拼装管片(也称隧道衬砌);随后再由尾部的壁后注浆系统向衬砌与地层间的缝隙中注入填充浆液,以防止隧道和地面的下沉。

(4)盾构掘进到达预定终点的竖井或车站时,盾构进入该竖井或车站接收工作井,掘进结束,随后将盾构解体,吊出地面。

1.5.2 主要技术特点

用盾构法修建隧道具有自动化程度高、节省人力、施工速度快、一次成洞、不受气候影响、地表沉降量可控,施工对地面建(构)筑物影响小等特点,在隧道较长、埋深较大的情况下用盾构工法施工更为经济合理[9-11,14-18]。

盾构法的主要施工特点如下:

(1)施工对周围环境影响较小

除盾构竖井处需要一定的施工场地以外,隧道沿线不需要施工场地,无须进行拆迁,对城市的商业、交通、住居等影响小。可以在地层深部穿越地上建筑物、河流;在地下穿过各种埋设物和已有隧道而不对其产生不良影响或产生很小的影响,施工不需要采取地下水降水等措施,噪声、振动等施工污染较小。

(2)盾构是一种"量身定做"的专用设备

盾构是适合于某一区间隧道的专用设备,必须根据施工隧道的断面大小、埋设条件、围岩的基本情况进行设计、制造或改造。当将盾构用于其他区间或其他隧道时,必须考虑断面大小、开挖面稳定机理、围岩粒径大小等基本条件是否相同或相近,有差异时要进行有针对性的改造,以适应其他地质条件。盾构必须以工程为依托,与工程地质条件紧密联系在一起。

(3)对施工精度要求高

区别于一般的土木工程,盾构施工对施工精度的要求非常高。管片的制作精度近似于机械制造的精度,由于断面不能随意调整,对隧道轴线的偏离、管片拼装精度也有很高的要求。

(4)盾构施工一般不可后退

盾构施工一旦开始,盾构就无法后退。由于管片内径小于盾构外径,如果要后退必须拆除已拼装好的管片,这是非常危险的,势必会对隧道的整体结构稳定性产生影响。另外,盾构后退也会引起开挖面失稳、盾构止水带损坏等一系列的问题。所以,盾构施工的前期工作是非常重要的,一旦遇到障碍物或刀具磨损等问题只能通过实施辅助施工措施后,打开隔板上设置的人闸从压力人舱进入土舱进行处理,或在刀盘前面施工工作竖井进行处理。我国天津曾经出现过一次盾构人工后退的例子,源自盾构主轴承出现问题,且盾构设备还未完全进入土体(实际上盾构的尾盾仍然有 3.5m 位于始发井内)。只有在这种情况下,盾构才有可能进行后退。

1.5.3 主要优点

现代化城市地表建(构)筑物和地下管线布置错综复杂,人口密集,无论从影响城市交通布局还是从保护环境的角度出发,明挖工法已经不太适合运用在城市中心区进行大规模的地下工程建设,越来越多的城市地下隧道工程采用暗挖法施工,盾构法作为一种新型的暗挖施工方法,由于具有机械化程度高,对地层扰动小,掘进速度快,地层适应性强,对周围环境影响小等特点,逐渐成为地铁隧道建设的主要施工方法[6-12]。

盾构法施工具有如下主要优点:

(1)对环境影响小。

①出土量控制容易,施工过程中对周围地层、建(构)筑物影响小。

②不影响地表交通、不影响商店营业、无经济损失;无须切断、搬迁地下管线等各种地下设置,故可节约搬迁费用。

③对周围居民生活、出行影响小。

④空气、噪声、振动污染较小。

(2)施工不受地形、地貌、江河水域等地表环境条件的限制。

(3)地表占地面积较小,征地费用少。

(4)适用于大深度、大地下水压施工,相对而言施工成本低。

(5)施工一般不受天气条件限制。

(6)挖土、出土量少,有利于降低成本。

(7)盾构法构筑的隧道的抗震性好。

(8)适用地层范围广,软土、砂软土、软岩直到岩层均可使用。

1.6 盾构隧道的发展历程

1.6.1 盾构隧道的发展简史

盾构的发展概况如图 1-48 所示。盾构隧道起源于英国。1818 年,法国工程师布鲁内尔(Brunel)首先开始研究盾构隧道施工技术,并获取了盾构隧道的发明专利,至今已经有 200 多年的历史。1823 年布鲁内尔在英国泰晤士河下首次用矩形盾构建造隧道,建设期间由于技术上的原因,多次发生工程事故,经历了多次失败,但是布鲁内尔并没有气馁,不断吸取失败的教训,总结经验,对盾构进行了多次改造,历经 16 个春秋,1841 年,全长 458m、世界上第一条盾构隧道终于贯通。自首条盾构隧道贯通以后,盾构隧道技术前后又经历了近 30 年的发展和完善。1869 年英国工程师格雷脱海特(Greathead)成功地修建了第二条横贯英国泰晤士河的盾构隧道(Tower 水底隧道),断面形式为圆形,此后盾构隧道才得到普遍的关注。1874 年在英国伦敦城南线修建隧道时,格雷脱海特创造了比较完整的用压缩空气来防水的气压式盾构施工工艺,使水底隧道有了惊人的发展,并为现代化盾构隧道的发展奠定了坚实的基础。

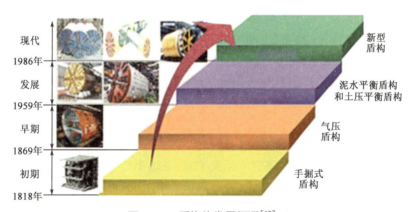

图 1-48 盾构的发展概况[13]

19 世纪末盾构工法在全世界得到了推广与普及,逐渐得到了隧道建设者和研究学者的认可。1892 年美国对传统的盾构工法进行了改善,发明了封闭式盾构,同年在法国,盾构工法的支护形式也发生了变化,混凝土管片成功应用到盾构隧道的建设中。1896 年德国建设柏林隧道时使用了钢管片。1931 年苏联引进英国盾构,用于建设莫斯科地铁,施工中还使用了冻结的辅助工法;1948 年苏联在建设彼得格勒地铁时再次使用盾构施工技术。日本最早使用盾构工法建设隧道是在 1917 年的国铁羽越线,但是后来因地质条件的原因改用其他工法;1939 年直径 7m 的关门隧道贯通,成为日本第一条真正意义上的盾构隧道;1957 年日本又采用封闭式盾构建设了东京地铁隧道。这一时期盾构施工技术虽也有进步,但是总体特点是盾构工法在全世界的普及和推广的过程。

20 世纪 60 年代~80 年代盾构工法在全世界范围内不断完善与发展,开发了多种新型盾构工法,主要以泥水平衡盾构和土压平衡盾构为主,特别是日本,随着国民经济的发展,基础设施建设迎来了高峰,促使这一时期盾构施工技术在日本得到了飞速的发展,短短20多年的时间里,日本的盾构技术走到了世界的前列,成为盾构施工技术的引领者。

1960年英国伦敦开始使用滚筒式隧道掘进机;同年美国纽约最先使用油压千斤顶盾构;1964年日本埼玉隧道中最先使用泥水平衡盾构;1969年在日本东京首次使用加泥式土压平衡盾构施工;1972年日本成功开发土压平衡盾构;1975年日本成功推出泥土加压盾构;1978年日本成功开发高浓度泥水平衡盾构;1981年日本成功开发气泡盾构;1982年日本成功开发ECL工法;1988年日本成功开发泥水式双圆搭接盾构工法;1989年日本成功开发HV工法、注浆盾构工法。总之这一时期的特点是开发了多种新型盾构工法,以泥水平衡式、土压平衡盾构工法为主[1,2,6-9,22]。

20世纪80年代以后,盾构工法的技术进步极为显著,这一时期盾构隧道总结起来可以归纳为以下几个典型特点:

1)盾构隧道长距离化、大直径化

1993年英法两国政府共同出资建设的长约48km的英吉利海峡海底隧道成功贯通,该隧道采用了直径8.8m的土压平衡盾构;

1996年,采用直径为14.14m的泥水平衡盾构修建的日本东京湾隧道竣工,长约15.1km;

同年,海峡连接工程全长18km,采用4台直径为8.782m的土压平衡盾构修建的丹麦斯多贝尔特海峡隧道顺利竣工,长约7.9km;

2003年,采用一台直径为14.2m的泥水平衡盾构修建的德国易北河第4条隧道竣工;

2004年,直径为14.87m的荷兰绿色心脏工程泥水平衡盾构隧道竣工。

在欧洲,欧洲隧道公司于1999年底向英法两国政府提交了关于修建第二座英吉利海峡隧道的可行性研究报告。报告中提出了公路隧道的建议,欧洲隧道公司在获得Maunesell Scetaurouate顾问的支持后,为英吉利海峡隧道选定了两种方案:一种为普通车用的双层公路隧道;另一种为设有隔墙的隔开轨道复线铁路隧道。公路隧道选用宽3.5m的双车道,加上2.5m宽的路边带构成的行车横断面,设定隧道外径为15m,采用土压平衡盾构掘进,而铁路隧道方案是以一个方向运转的轨道相隔开的隧道,隧道内径不小于13m,外径为15m。该隧道采用直径为15m的土压平衡盾构施工。近10年来在我国长江沿岸主要城市,如南京、武汉等,修建隧道大都采用了大直径泥水平衡盾构;在珠三角地区,也有不少大直径泥水平衡盾构在工程中大量应用并取得了成功。

2)盾构断面形式和功能的多样化

这一时期随着科技的发展,日本开始研究各式各样的盾构,从断面形状方面看,出现了矩形、马蹄形、椭圆形、双圆搭接、多圆搭接形、三圆搭接等多种异形断面盾构;从功能上看,出现了球体盾构、母子盾构、扩径盾构、变径盾构、分岔盾构、途中更换刀具(无需竖井)盾构、障碍物直接切除盾构等特种盾构;从盾构的掘削方式上看,出现了摇动、摆动掘削方式的盾构。类矩形盾构和马蹄形盾构分别在我国宁波地铁和蒙华铁路建设中得到成功应用。

3)施工机械化程度越来越高

施工中设备自动进行管片供给、运送和组装等,机械化程度不断提高,隧道建设中危险性不断降低,大量的工作均可以采用机械设备代替人工;盾构掘进方向、姿态实现了自动化控制。信息化施工管理系统、自动化操作管理系统应运而生,并成功地运用于工程实践;施工故障自诊断系统的诞生减少了盾构故障的发生率,大大提高了施工效率[1,2,8-12]。

1.6.2 盾构隧道的技术现状

(1)当前虽然土压平衡盾构和泥水平衡盾构技术得到了最大限度的普及和推广,但部分技术细节还有待进一步的分析研究、不断完善和改进。

(2)各种断面形式、各种功能的盾构设备的相继诞生,越来越多的领域和地层开始使用盾构工法,有了更好的发展前景。但是特殊工法问世时间较短,工程实际应用较少,适应性较差,很多施工技术有待优化。

(3)随着经济社会的发展,迫切需要建造更多更大直径盾构隧道来满足交通、下水道、共同沟等工程的需求,所以大直径、长距离、高速等施工技术、施工设备的研发和成功应用也较为迫切[1,2,6]。

1.6.3 盾构隧道的发展前景

随着我国综合国力的不断增强,社会和经济得到了空前的发展,国家可持续发展战略、城市化战略和高速铁路发展战略得到实施,21世纪以来我国的基础设施进入了规模化建设时期。

地下空间的开发,由于具有不占用地面资源、缓解地面交通、不影响景观、有利于环境保护等优点,因此铁路隧道、公路隧道、城市地铁、过江隧道、地下行人通道、地下商场的建设方兴未艾。作为目前世界最大的隧道及地下工程施工市场,中国的市场潜力正在迅速释放。国内城市建设和轨道交通的迅猛发展,使盾构隧道具有广泛的市场前景,建设市场目前拥有的地铁盾构约2000台。

1)城市地铁前景

北京、天津、上海、广州是我国最早拥有地铁的城市,其地铁运营总量大大超过发达国家,拥有地铁这个事实已经足以令这些城市拥有更好的投资环境和吸引力。20世纪末期,深圳、南京这两个城市也幸运地搭上了当时号称的地铁项目末班车。随后,沈阳、武汉、杭州、成都、苏州、西安、郑州、长春、哈尔滨、宁波、昆明、青岛、大连等城市也相继开始了地铁的建设。

我国城市对地铁的渴望首先体现在线路长度上,几乎所有城市都在实施一期工程后修改了原先立项的地铁长度。1990年后,盾构隧道开始大面积在城市快速交通(地铁)中得到广泛的运用,如北京、上海、广州、深圳、南京、天津、沈阳、成都、杭州、长春、郑州等。国家"十三五"规划期间,大部分城市地铁都已开工建设。我国近期地铁盾构施工市场主要分布情况如下。

(1)区域地区经济龙头城市:以北京、上海、广州、深圳等城市为代表。

(2)经济发达的大城市:以宁波、青岛、苏州、杭州等城市为代表。

(3)人口密集的大城市:以天津、南京、武汉、哈尔滨、沈阳、重庆、成都等城市为代表。

目前,已获批建设地铁的41个城市的新建里程合计为6000多km,正在申报和正在编制轨道交通规划等待批复的城市10个,到2050年规划建成轨道交通9000km。近期,国家正在规划和审批新一轮的城市轨道交通建设项目,涉及的城市已经从一、二线到三线城市。据预测,近五年内我国地铁盾构的需求量将在2500台次以上。

2)过江隧道前景

我国江河湖海众多,越江、跨海隧道大有发展前景。泥水平衡盾构已经广泛应用于越江和跨海等隧道工程。上海崇明岛越江隧道、南京长江公路隧道、武汉长江公路隧道等工程都已经成功贯通，并投入使用大直径泥水平衡盾构。同时，上海、南京、重庆、武汉等长江流域主要城市正在筹建新的越江隧道，构筑城市发展的立体交通网络和南北交通的快速通道，长三角地区也规划和建设了多条跨海越江隧道，如珠海马骝洲隧道、汕头苏埃通道隧道、广深城际狮子洋隧道，以及正在建设的深圳春风路隧道等。近十年来，我国计划新建和正在修建越江隧道约30条，总长度超过300km，需要大直径泥水平衡盾构40台以上。

3) 引水隧道前景

我国水资源丰富，但是分布不均匀，北方地区水资源严重短缺，因此进行跨区域调水十分必要。引水工程不可避免会遇到各种各样引水隧道的施工问题，而选择盾构或TBM硬岩掘进机施工是最佳的手段之一。南水北调中线工程输水隧道建设中，使用大直径泥水TBM，已取得了良好的施工效果。正在建设的新疆EH引水工程，使用盾构和TBM共计18台，隧道长度超过500km，珠三角水资源项目的盾构和TBM隧道长度71.2km，使用盾构和TBM共计50台以上。据不完全统计，未来5～10年，我国计划使用盾构或TBM修建的引水隧道约800km。

4) 铁路隧道前景

随着"十四五"规划的实施和川藏铁路的开工建设，铁路隧道的数量将会大幅增加，其中盾构或TBM隧道会越来越多，遇到的盾构或TBM始发与到达的问题也会越来越多。

1.7 盾构隧道在中国的发展与应用

相比国外将近200多年的盾构技术发展历史，我国盾构法隧道施工起步较晚，到20世纪50年代才开始使用盾构工法进行隧道建设，盾构隧道在我国的发展大致可以分为以下三个阶段[1,2,6,14]。

(1) 20世纪50～60年代：盾构隧道的初级发展阶段

盾构工法开始引入中国，但是本阶段我国盾构技术还处于起步阶段，主要以手掘式盾构为主，机械化程度较低，应用范围较窄，修建的隧道直径较小，里程较短。

1956年，东北阜新煤矿用 $\phi2.6m$ 的手掘式盾构及小型混凝土预制块修建疏水巷道，揭开我国盾构技术发展的序幕。

1957年，北京市市政下水道工程采用直径分别为2.0m和2.6m的盾构修建下水道。

1962年，上海城建局隧道公司结合上海软土地层对盾构进行了系统的试验研究，并研制了1台 $\phi4.16m$ 的手掘式普通敞胸盾构，在两种有代表性的地层进行掘进试验，用降水和气压来稳定粉砂层及软黏土地层。在经过反复论证和地面试验后，选用由螺栓连接的单层钢筋混凝土管片作为隧道衬砌，环氧煤焦油作为接缝防水材料。隧道掘进长度68m，试验获得成功，并采集了大量的盾构法数据资料。

(2) 20世纪60～90年代：盾构隧道的平稳发展阶段

盾构隧道施工技术开始进入一个新的发展阶段，越来越多的领域和工程开始使用盾构工法进行隧道建设，以上海隧道股份为首的国内大型施工单位首先在上海开始盾构的研发和设计，同时率先利用盾构技术在上海修建地铁隧道，相继出现了网格挤压式盾构、气压式盾构和土压平衡盾构等，逐渐开始了长距离、大直径盾构隧道的研究和建设，盾构施工技术的整体水平较20世纪50年代有了较大的发展。

这一时期我国盾构技术发展的焦点主要集中在上海,盾构技术在上海得到了快速发展和普及。

1965年3月,由上海隧道工程设计院设计、江南造船厂制造的2台φ5.8m的网格挤压式盾构,于1966年完成了两条平行的隧道,隧道长660m,地面最大沉降达10cm。

1966年5月,中国第一条水底公路隧道——上海打浦路越江公路隧道工程主隧道采用由上海隧道工程设计院设计、江南造船厂制造的φ10.22m的网格挤压式盾构施工,辅以气压稳定开挖面,在水深为16m的黄浦江底顺利掘进隧道,掘进长度约1322m。打浦路隧道于1970年底建成通车。此次所用的网格盾构有所改进,敞开式施工可转换为闭胸式施工。

1973年,采用一台φ3.6m的水利机械化出土网格盾构和2台φ4.3m的网格挤压式盾构,在上海金山石化总厂修建了1条污水排放隧道和2条引水隧道,共掘进了3926m海底隧道,首创了垂直顶升法建筑取排水口的新技术。

1980年,上海市进行了地铁1号线试验段施工,研制了1台φ6.412m网格挤压式盾构,采用泥水加压和局部气压施工,在淤泥质黏土地层中掘进隧道1130m。

1982年,上海外滩的延安东路北线越江隧道工程1476m圆形主隧道采用上海隧道工程股份有限公司(以下简称上海隧道股份)设计、江南造船厂制造的φ11.3m网格挤压水力出土盾构施工。

1985年,上海隧道股份设计、江南造船厂制造的φ11.3m网格形水力机械出土盾构成功用于掘进上海延安东路越江隧道工程。

1985年,上海芙蓉江路排水隧道工程引进一台日本川崎重工制造的φ4.33m土压平衡盾构,并掘进了1500m。

1986年,中铁隧道局集团有限公司研制出半断面插刀盾构,并成功用于修建北京地铁复兴门折返线。

1987年,上海隧道股份研制成功了我国第一台直径4.35m加泥式土压平衡盾构,用于市南站过江电缆隧道工程,掘进长度583m,并穿越黄浦江底粉砂层。

(3)20世纪90年代以后:盾构隧道快速发展阶段

进入20世纪90年代以后,随着我国综合国力的不断提升,经济和社会得到了快速的发展,我国的盾构施工技术也进入了一个前所未有的飞速发展阶段,国内包括北京、上海、广州、深圳、南京在内的20多个城市陆续开始建设地铁,而且其中使用盾构工法建设的工程占了所有工法的60%以上,数量之多,规模之大,世界上任何一个国家都无法比拟。我国盾构技术发展也和世界上其他国家一样,朝着大直径、长距离、信息化施工的方向发展。

1990年,上海地铁1号线全线开工,总长18km的区间隧道采用7台由法国FCB公司、上海隧道股份、上海隧道工程设计院、上海造船厂联合制造的φ6.34m土压平衡盾构。每台盾构月掘进200m以上,地表沉降控制在-3~1cm。

1996年上海地铁2号线再次使用原先1号线7台盾构,并又从又从法国NFM公司引进2台土压平衡盾构,用于建设24km区间隧道,上海地铁2号线的10号盾构为上海隧道股份自行设计制造。

20世纪90年代,上海隧道股份自行设计制造了6台φ3.8~6.34m的土压平衡盾构,用于地铁隧道、取排水隧道、电缆隧道等,掘进总长度约10km。

20世纪90年代中,$\phi1.5\sim3.0m$的顶管工程也采用小刀盘和大刀盘土压平衡顶管机,在上海地区使用了10余台,掘进管道约20km。

1996年,上海延安东路隧道南线工程1300m圆形主隧道采用从日本引进的一台$\phi6.14m$泥水平衡盾构和1台$\phi6.14m$的土压平衡盾构。

1996年广州地铁1号线工程全线开工,日本青木建设采用了两台$\phi6.14m$的泥水加压盾构和一台$\phi6.14m$的土压平衡盾构开始修建长18km区间隧道。

1998年,上海黄浦江观光隧道工程购买国外二手$\phi7.65m$铰接式土压平衡盾构,经修复后性能良好,顺利掘进隧道644m。

1999年5月,上海隧道股份研制成功国内第一台$3.8m\times3.8m$矩形组合刀盘式土压平衡顶管机,在浦东陆家嘴地铁车站掘进120m,建成2条过街人行地道。

2000年,广州地铁2号线区间隧道采用上海隧道股份改造的2台$\phi6.14m$复合型土压平衡盾构,在珠江底风化岩层中掘进。

自2001年起,广州地铁2号线、南京地铁2号线、深圳地铁1号线、沈阳地铁1号线先后从日本和德国引进14台直径$6.14\sim6.34m$的土压平衡盾构和复合盾构,掘进地铁隧道将近50km。

2003年,上海地铁8号线首次采用双圆隧道新技术,从日本引进两台$\phi6.52m$、宽11.12m双圆形土压平衡盾构,掘进黄兴路站至开鲁路站长约2.6km的盾构区间隧道。

2004年,上海上中路越江隧道工程引进世界当时最大直径的$\phi14.87m$的泥水加压盾构,在黄浦江掘进施工两条隧道,隧道结构为双层4车道。

盾构法隧道已经成为我国城市地铁隧道的主要施工方法之一。

以广州地铁为例:1号线采用了两台泥水平衡盾构、1台土压平衡盾构施工;2号线采用6台土压平衡盾构施工;3号线采用了13台土压平衡盾构、2台泥水平衡盾构施工;4号线采用了10台土压平衡盾构施工;5号线采用了24台土压平衡盾构、2台泥水平衡盾构施工;6号线采用14台土压平衡盾构、1台泥水平衡盾构施工;2、8号线延长线采用了8台土压平衡盾构、2台泥水平衡盾构施工;3号线北延段采用了12台土压平衡盾构、2台泥水平衡盾构施工;观光线采用了6台土压平衡盾构施工;广佛线采用了12台土压平衡盾构、2台泥水平衡盾构施工。

2005年,成都地铁1号线、西安地铁2号线、沈阳地铁1号线、杭州地铁1号线等相继开工建设,并采用盾构法施工。

2006年贯通的上海翔殷路隧道采用$\phi11.58m$的泥水平衡盾构施工。

2004年开工、2006年盾构下井,并于2008年4月贯通的武汉长江公路隧道采用了2台$\phi11.38m$泥水平衡盾构施工。

上海长江口越江隧道工程(也称上海沪崇隧道工程)采用南隧北桥的施工方案,其中于2004年开工的南段隧道于2006年采用$\phi15.43m$的大直径泥水平衡盾构施工。

2007年,广深港客运专线狮子洋隧道采用4台$\phi11.18$的泥水平衡盾构施工。

后奥运时代北京地铁建设进入了一个新的高峰,分别为北京地铁近期和远期的地铁规划图,面对如此大规模的地铁建设工程,从2007年开始北京市轨道交通建设管理有限公司组织国内相关单位,如北京城建设计研究总院、中国矿业大学(北京)、北京城建勘测设计研究总院有限公司、北京安捷工程咨询有限公司、中国中铁隧道股份有限公司、解放军理工大学等开始建设北京市轨道交通建设安全风险技术管理体系。

北京地铁建设中,盾构法是主要的施工工法之一,大约总工程量的65%将采用盾构法施工。为了促进北京市轨道交通工程建设安全风险管理工作的系统化、规范化和信息化,最大限度规避风险,2007年9月,北京轨道建设管理有限公司与中国矿业大学(北京)联合攻关,开始构思并开发盾构施工信息化管理系统,将盾构法信息化施工提到议事日程上。目前这套系统已经成功应用于北京、天津、沈阳、青岛、深圳、广州、乌鲁木齐地铁盾构工程中,并取得了良好的效果。

2008年8月,北京地铁盾构施工信息化管理系统正式运用在北京地铁盾构施工中,该系统依托互联网技术,通过网络远程实时监测监控盾构施工过程,为我国盾构信息化施工开辟了新思路,提供了较为有效的盾构施工风险控制理论、技术和方法。该系统现在已成功应用于北京市轨道交通建设管理有限公司所管辖的所有盾构施工中,用于控制盾构施工工程风险,并取得了良好的效果。

2008年,北京铁路地下直径线采用ϕ11.97m泥水平衡盾构施工。

2010年,天津铁路地下直径线采用ϕ11.97m泥水平衡盾构施工。从2011年开始,我国许多工程开始大量采用大直径泥水平衡盾构进行穿江越海隧道工程的施工,有多条穿越长江、珠江等水域的大直径隧道工程相继开工建设并按期完工,扬州的瘦西湖隧道工程、湖南常德的沅江隧道工程、珠海的马骝洲隧道工程、汕头的苏埃通道工程等就是这些工程中的一部分。截至2020年底,我国共修建了245条水下隧道,其中171条采用盾构法施工。深圳的春风路隧道、北京的东六环改造工程等超大直径盾构隧道工程也正在建设中。

当前来看,全世界除中国大陆之外的所有盾构工程之和,没有中国大陆盾构工程数量多,可见未来3~5年内,世界盾构工程的中心仍然在中国。

第 2 章 | 盾构始发与到达施工技术简介

2.1 概述

盾构始发是指在盾构始发工作竖井内利用反力架和临时组装的负环管片等设备或设施，将处于始发基座上的盾构推入端头加固土体，然后进入地层原状土区段，并沿着设计线路掘进的一系列作业过程。盾构始发如图 2-1 和图 2-2 所示。

图 2-1　盾构始发洞门　　　　　　图 2-2　盾构始发施工

盾构到达是指盾构在掘进过程中由原状土进入到达竖井端头加固土体区域，然后将盾构推进至到达竖井的围护结构处后，从竖井外侧破除井壁进入竖井内接收台架上的一系列作业过程，盾构到达如图 2-3 和图 2-4 所示。上述的盾构工作竖井，如果是与地铁车站合建的话，一般是指车站端头扩大段。

图 2-3　盾构到达洞门　　　　　　图 2-4　盾构到达施工

根据盾构的施工特点,可以将盾构施工过程分为三大部分:盾构始发与到达施工,盾构正常掘进施工,联络通道、风井以及泵房等附属结构的施工,其中盾构始发与到达施工作业是盾构施工中最容易产生事故的工序,直接关系到盾构隧道能否顺利贯通。盾构设备机型不同,竖井井壁始发与到达洞门的构造不同,始发与到达的施工工序也不同。本章主要以土压平衡盾构和泥水平衡盾构为主简介封闭式盾构的始发与到达施工过程。

在20世纪60年代手掘式盾构施工方法鼎盛时期,盾构始发与到达施工方法主要是用部分拆除的竖井临时墙,顺次建设挡土墙以防止地层坍塌。进入20世纪70年代,泥水平衡式、土压平衡式等闭胸型盾构得到了广泛的应用,这类盾构的前面为封闭结构,不能像手掘式盾构施工方法那样施工,为此,必须让盾构全断面贯入地层,通过泥浆循环或渣土的塑性流动进行开挖。盾构工法施工的进步在于对地层进行了很好的保护,减少了施工对地层的扰动,但是盾构始发与到达施工过程并没有得到简化,相反却使得始发与到达施工过程变得更为复杂[1]。

目前,盾构隧道的直径和埋深不断加大,地层和环境条件越来越复杂,由此引起盾构隧道的始发与到达必须借助相关的辅助工法进行施工作业,且对辅助工法的依赖性越来越大,很多工程已经到了没有辅助工法就不能进行盾构始发与到达施工的状况。同时,与此相应的辅助工法也在不断地发展进步,从最初的单一式到如今的复合式地层改良方法,辅助工法也在随着盾构技术的发展日新月异。

2.2 盾构始发技术

2.2.1 盾构始发施工分类

根据破除洞门围护结构和防止开挖面地层塌陷的方法不同,目前盾构始发施工主要有以下几种类型,如图2-5所示。

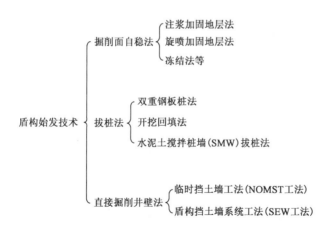

图2-5 盾构始发技术分类[6]

(1)掘削面自稳法

掘削面自稳法是采取加固措施对盾构始发端头地层进行加固处理,使开挖面地层自稳,随后将盾构推进到加固过的自稳地层中掘进。端头加固方法主要有旋喷加固法、注浆加固法、冻结法、降水地层自稳法等。目前我国在盾构始发与到达施工时主要采用这种方法。

(2) 拔桩法

拔桩法根据具体的工艺材料不同又可以分为双重钢板桩法、开挖回填法、SMW拔芯法三种,具体如下:

钢板桩盾构始发,是把盾构始发竖井的钢板桩挡土墙做成两层。拔除内层钢板桩后盾构掘进,由于外层钢板桩的挡土作用,可以确保外层土体不会坍塌,即确保盾构稳定掘进。当盾构推进到外层钢板桩前面时,盾构停止推进拔除外侧钢板桩,由于内外钢板桩间的加固土体具有一定的自稳能力,完全可以维持外侧钢板桩拔除后盾构的正常掘进。

开挖回填法,是把盾构始发竖井做成长方形,长度一般大于盾构主机的2倍长度,竖井中间设置隔板(或者构筑两个并列竖井),一半作盾构组装始发用,当盾构推进到另一半竖井时回填,由于回填土的支撑作用可以确保拔除终边井壁钢板桩时地层不坍塌,为盾构安全贯入地层提供可靠的保障。

SMW拔芯法是用SMW工法把挡土墙施作在竖井始发墙体内侧衬砌中,盾构始发前拔除芯材工字钢,最后盾构始发掘削没有芯材的井壁。

(3) 直接掘削井壁法

直接掘削井壁法主要有MOMST工法和SEW工法两种,是可以用盾构刀盘直接掘削始发的工法。

NOMST工法的特点是始发洞门墙体材料特殊,可用刀盘直接切削,但不损坏刀盘与刀具,该工法始发作业简单,无需辅助工法,安全可靠性好;

SEW工法的原理是盾构始发前,通过电蚀手段,把挡土墙中的芯材工字钢腐蚀掉,给盾构直接始发掘削带来方便,优点与MOMST工法相同。

但是这两种工法造价较高,因此在国内盾构法施工中使用较少。

2.2.2 盾构始发流程

盾构始发是指利用反力架和负环管片,将处于始发基座上拼装调试完的盾构,由始发基座推入地层,开始沿设计线路掘进的一系列施工作业过程。盾构工法的始发施工,在施工中占有相当重要的位置,是盾构施工中的关键技术环节之一,其主要内容包括:始发前竖井周围端头地层加固、安装盾构始发基座、盾构组装与调试、安装反力架、安装洞门密封、凿除洞门临时墙及围护结构、盾构姿态复核、拼装负环管片、盾构贯入开挖面建立土压和试掘进等。归纳起来,盾构始发流程可以分为准备作业、临时围护结构拆除、始发掘进三个过程,如图2-6所示。

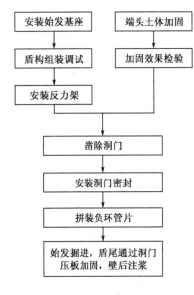

图2-6 盾构始发流程图[1]

(1) 盾构始发准备作业

采用泥水平衡盾构时,需配备泥水处理设备、泥水输送设备、壁后注浆设备、搬运设备等。如为土压平衡盾构,需配备出土设备、壁后注浆设备、搬运设备等。在进行这些作业的同时,还要进行其他相关的始发准备作业。

盾构始发准备作业包括始发架设置、盾构组装、洞门密封系统安装、反力架设置、后配套台车设置、盾构试运转等。如采用拆除临时挡土墙随后盾构掘进的始发方式,则需对地层加固。要注意作业规划和进度管理的科学性。

(2)拆除临时围护结构

因为盾构始发洞门的破除作业易造成地层坍塌,地下水涌入等事故,故拆除前要确认地层自稳性、止水性等的完好状况。随后本着对土体扰动尽可能小的原则,把围护结构分成多个小块,按照先两边后中间,先下边后上边的原则依次拆除(如果是围护桩,可视情况采取整桩吊出的方案)。拆除时应注意掌子面的稳定及必要的临时支护,拆除作业要迅速连续。

(3)盾构始发掘进

围护结构拆除后,立即推进盾构,如采用泥水平衡盾构,由于临时围护结构残渣堵塞泥水循环,故必须在确认障碍物已清除干净后才能推进。

盾构进入地层后,对掘削面加压,同时密切观测与监控洞门处密封装置(一般为橡胶帘布和压板,根据压力不同而有不同的结构设计)状况,缓慢提高压力,直到预设压力值。盾尾通过洞门密封装置时,因密封装置容易改变状态,所以应引起高度重视,同时盾构应低速推进,盾构整体进入洞门后即可进行壁后注浆,密封稳定洞门。

2.2.3 盾构始发关键技术

2.2.3.1 端头加固

洞门破除后,端头土体暴露,端头地层受力平衡被打破,端头土体的结构、作用荷载和应力将发生变化,端头土体有可能发生潜在滑移破坏。对于自稳时间较短的土体,如松散砂土、粉土以及饱和的软黏土,始发掘进前端头加固非常重要。

端头地层加固的目的是防止拆除临时围护结构时的振动影响,在盾构刀盘顶到掌子面并建立土压之前,能使得围岩自稳及防止地下水流失,防止开挖面坍塌,出现地表沉降过大、坍方等,总结起来端头加固的目的主要有以下几点:

(1)加固土体满足强度的要求。
(2)加固土体满足整体稳定性的要求,其中整体稳定性包括:
①加固土体的静态稳定,包括施工期稳定和长期稳定性。
②加固土体在振动作用下的稳定,亦即破洞门时振动对加固土体的扰动影响。
(3)加固土体满足渗透性的要求,特别对于富水砂土地层(地层中同时有水有砂有压力的情况)。
(4)加固土体满足变形特征的要求,通常指盾构土舱内土压力建立前。

目前国内较常用的端头加固方法主要有高压旋喷法、深层搅拌法、水平深孔注浆法、冻结法、降水稳定地层法等,其相关内容将在本书第7章详细介绍。

盾构法隧道施工中,端头土体加固是盾构始发、到达技术的一个重要组成部分,端头失稳、坍塌是盾构始发、到达施工的常见事故,端头土体加固成功与否直接关系到盾构能否安全始发、到达。因此,端头加固方法的选取、端头加固范围的确定以及端头加固效果的检测检查是保证盾构顺利始发与到达的关键环节。

端头加固与一般地基加固的不同之处是,端头土体加固后不仅仅有强度与稳定性的要求,还要满足渗透(止水)的要求,同时在此基础上根据盾构工法的自身施工特点,端头加固还必须考虑设备几何构造特征对端头加固的影响。

由于冻结法造价高、解冻后存在沉降问题等缺点,冻结法应用较少,通常是端头加固最后的选择。目前端头加固中最常用的主要有高压旋喷桩和深层搅拌桩两种。但是当端头地层和施工环境条件较为复杂时,旋喷桩与搅拌桩加固效果不甚理想,目前国内影响较大的始发与到达事故,均与旋喷桩和搅拌桩加固未能取得理想的加固效果有关。

当前,国内盾构法隧道建设中,一种新型的端头加固方法——全断面前进式水平深孔注浆加固技术逐渐被认为是一种高效、安全的端头加固方法并已在广州、天津、深圳、北京等城市复杂地层端头加固工程中得到广泛应用,取得了很好的效果。

目前,国内端头加固最常见的问题主要有两个:

(1)端头加固范围设计不当,造成始发、到达时水土流失,出现透水、淹井、坍方等工程事故。以前国内对端头加固范围的研究较少,端头加固范围的选取一般凭借工程经验,理论基础薄弱,端头加固设计的加固范围通常为:隧道衬砌轮廓线外左右两侧各3.0m,顶板以上3.0m,底板以下3.0m,纵向加固长度通常取为6m。

合理的端头加固范围应根据地层条件确定,应该能够同时满足强度、稳定性要求,同时富水流砂地层中还应该满足盾构几何构造(纵向加固长度大于盾构主机长度)和渗透性的要求。

(2)端头加固方法选择不合理,地层适应性较差,端头加固效果不理想,破除洞门时造成端头地层塌陷。

为了保证盾构能够安全始发,必须解决以上两个方面的问题,使得加固后地层应该具有良好的均匀性和整体性,在凿除洞门后地层能自稳,且具有较好的堵水和防渗透功能。

端头加固完成后,应进行钻孔取芯试验以检查加固效果,取芯试样的无侧限制抗压强度应达到 $q_{cu} \geq 0.8$ MPa。在加固区钻水平孔和垂直孔检查渗水量,水平孔分布于盾构隧道断面上的质量和数量,视具体地质条件确定。渗透系数不大于 1.0×10^{-5} cm/s,其渗水量总计不大于10L/min。

2.2.3.2 洞门破除

当盾构始发端头地层条件较差时,破除洞门围护结构时容易造成端头地层塌陷、地下水涌入盾构工作井等工程事故,因此破除洞门前要根据端头土体的自稳能力、地下水状况等因素制订相关的洞门破除施工方案,提前对端头土体进行加固,同时为了减少洞门破除对端头土体的扰动,把挡土墙分成多个小块,盾构始发工作井洞门混凝土凿除前,端头加固土体必须达到设计所要求的强度、稳定性和渗透性的要求后,方可开始凿除洞门,洞门破除时应注意在盾构前面及时进行支护设置,破除作业工作要迅速、连续。

洞门壁混凝土采取人工用高压风镐凿除,凿除工作通常分为两步进行:

第一步,先凿除内层混凝土并割除钢筋及预埋件,保留最外层钢筋;内层凿除工作先上部后下部,钢筋预埋件割除需彻底,以保证预留洞门的直径。

第二步,当盾构组装调试完成,并推进至距离洞门处1.0~1.5m时,凿除外层围护结构,外层凿除方法根据断面大小的不同将其分割成 9~20 块不等。通常将洞门分割为 12 块或 9 块(一般地铁盾构地下连续墙洞门分为 9 块的情况较多),如图 2-7 所示,具体操作时首先在洞门中心位置上凿三条水平槽,沿洞门周围凿一条环槽,然后开两条竖槽。

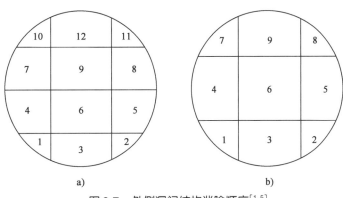

图 2-7　外侧洞门结构凿除顺序[1,5]
a)洞门分 12 块破除；b)洞门分 9 块破除

2.2.3.3　洞门密封设置

为了防止盾构始发时泥土、地下水从端头地层透过盾壳和土体之间的间隙涌入盾构工作竖井,以及注浆浆液通过盾尾的流失,盾构始发时均需安装洞门密封。

洞门密封的施工分两步进行：

第一步:洞门结构(包括临时结构和永久结构)施工时,做好洞门预埋件工作,预埋件必须与结构的钢筋连接在一起；

第二步:盾构正式始发前,应先清理洞门处的渣土,然后进行洞门密封装置的安装。

洞门密封装置由帘布橡胶、扇形压板或翻板、垫片和螺栓等组成。安装洞门密封之前,应对帘布橡胶的整体性、硬度和老化程度等进行检测,对圆环板的成圆螺栓孔位等进行检查定位,并提前把帘布橡胶的螺栓孔加工好,然后将洞门预埋件的螺栓孔清理干净,最后按照帘布橡胶板、圆环板、扇形压板或翻板的顺序进行安装。

为了防止盾构进入洞门时刀盘损坏帘布橡胶,可在帘布橡胶板外侧涂抹一定量的黄油。随着盾构向前推进需根据情况对洞门密封压板进行调整,以保证密封效果。

泥水平衡盾构始发时,除防止泥水平衡盾构始发掘进时泥土、地下水从盾体和洞门的间隙处流失外,还要防止循环泥浆的流失,同时为建立一定的泥水压力,在盾构始发时一般需要安装两道相同密封组成的洞门临时密封装置,适当时配以人工钢丝刷密封等结构,如南水北调穿黄工程、铁路地下直径线工程、狮子洋隧道工程等的始发,均在两道临时密封装置外侧采用了人工钢丝刷结构进行密封,确保了盾构始发的安全。这种非常规的临时结构,一般都在泥水压力较大的泥水平衡盾构中采用。

盾构进入预留洞门前,须在刀盘周边和帘布橡胶板外侧涂润滑油,当盾构刀盘全部通过第一道密封后,开始向泥水舱内加压,压力仅满足泥浆循环即可,然后在两道密封间利用预留注脂孔向内注油脂,使油脂充满两道帘布橡胶间的空隙。当盾尾通过第一道密封且压板下翻后,进一步加注油脂,使洞门临时密封起到很好的防水效果。当盾尾通过第二道密封且压板下翻后,要及时利用注脂孔向内继续注油脂,使油脂压力始终高于泥水压力至少0.1MPa以上,从而使盾构顺利始发并减少始发时的地层损失。

2.2.3.4 负环管片的拼装

当完成洞门凿除,洞门密封装置安装及盾构组装调试等工作后,要组织相关人员对盾构设备、反力架、始发基座等进行全面检查与验收。验收合格后,开始将盾构向隧道方向推进,并开始安装负环管片。

(1)在盾尾处盾壳内安装管片支撑垫块,为管片在盾尾内的定位做好准备。

(2)从下至上一次安装一环管片,注意管片的转动角度一定要符合设计要求。

(3)安装拱部的管片时,由于管片支撑不足,一定要及时稳固管片。

(4)第一环负环管片拼装完成后,用推进缸把管片推出盾尾,并施加一定的推力把管片压紧在反力架上。

(5)管片在被推出盾尾时,要及时支撑加固,防止管片下沉或失圆。同时也要考虑到盾构推进时可能产生的偏心力,因此支撑应该尽可能地稳固。

2.2.4 盾构始发掘进基本要点

(1)盾构始发前必须对工作井周围的端头土体进行提前加固处理,确保端头土体加固后能满足强度、稳定性和渗透性的要求。端头加固是盾构始发技术中最为重要的环节,必须加以重视。

(2)盾构始发掘进时的总推力应控制在反力架所能承受的范围内,同时确保在此推力下刀具切入地层所产生的扭矩小于始发基座所能提供的反扭矩。

(3)在盾构推进建立土压过程中应该注意洞门密封、始发基座、反力架及反力架支撑的变形,对渣土状态等情况进行认真观察,严格控制盾构的施工参数,发现异常,应该迅速调整土压力(泥水压力)、盾构推力、推进速度、刀盘扭矩等相关施工参数,或马上停止掘进,查清原因,寻找解决办法。

(4)由于始发基座轨道与管片存有一定空隙,为了避免负环管片全部脱离盾尾后下沉,可在始发基座导轨上焊接外径与理论间隙相当的圆钢,使圆钢将负环混凝土管片拖起。

(5)随着负环管片的拼装,应该不断准备好的木楔填塞负环管片与始发基座轨道及三角支撑之间的间隙,待洞门围护结构拆除后,盾构应快速通过洞门进行始发掘进施工。

(6)当盾构掘进至第60~100环时(视地层、设备总长度与同步注浆情况确定具体数值),可拆除反力架及负环管片。盾构施工中,始发掘进长度应尽可能缩短,但不短于以下两个长度中较长的一个:一是管片外表面与同步注浆浆液(凝固后)之间的摩擦力应大于盾构的推力,根据管片环的自重及管片与浆液之间的摩擦系数,计算出此长度;第二是盾构的始发长度应至少能容纳盾构及后配套台车。

(7)盾构始发过程中,严格控制同步注浆浆液的质量和严格进行渣土管理,防止由于浆液质量问题或者由于渣土管理控制不当造成地表沉降或隆起;盾构始发过程中必须加强监控量测,及时调整盾构掘进参数。

(8)盾尾完全进入洞门密封后,调整洞门密封,及时通过同步注浆系统对洞门进行注浆,封堵洞门圈,防止洞门密封处出现漏泥水和所注浆液外漏现象发生。

(9)盾构始发阶段也是盾构设备的磨合阶段,要注意推力、扭矩、土压力等参数的控制,同时要注意各部位油脂(特别是各种润滑油脂系统是否正常的检验)的有效使用。

(10)洞门破除以后,应该立即推进盾构。若采用泥水平衡盾构,由于临时洞门破除过程留下的混凝土残渣容易堵塞泥水循环管路,因此,必须在确定障碍物已经完全清除干净后才能进行始发掘进。

(11)盾构刀盘完全进入地层后,逐渐开始对掘削面加压,在监控洞门密封状况的同时缓慢提高土压力,直到达到预设压力值。盾构刀盘和尾部通过洞门密封装置时,易造成密封装置状态不正,从而导致密封装置局部破坏,此时应更加密切注意监控,如有局部破坏,应立即采取相应处理措施,尤其是对泥水平衡盾构或土压平衡盾构洞门处存在水沙情况时。同时盾构宜保持慢速推进,待整个盾构主机完全进入洞门后,及时进行壁后同步注浆封堵洞门,确保端头土体的稳定性。

2.3 盾构到达技术

2.3.1 盾构到达施工分类

盾构的到达施工通常有两种,一种是盾构到达后拆除到达竖井的围护结构(刀盘顶上围护结构),或者是围护结构可以由盾构刀盘直接破除,然后将盾构推进至指定位置;另一种是事先拆除围护结构,再将盾构推进到指定位置[5,6]。

(1)盾构到达后拆除围护结构再推进的盾构到达施工

这种方法是当盾构刀盘顶到达竖井端头处的围护结构后,利用地层加固措施使得土体自稳,同时拆除围护结构,再将盾构推进到指定位置。

当端头土体自稳性较好,地层中无地下水,使用该工法时,可以不对地层进行预先加固,但是必须控制盾构到达掘进参数,掌握好洞门破除时间。

该方法破除洞门围护结构时,盾构刀盘与到达竖井间的间隙小,故端头土体自稳性好,工序少,施工容易,能较好地保证盾构到达施工的安全,因而被广泛采用,多用于地层稳定性较好的中小型断面盾构工程。

需要特别注意的是:如果盾构到达端的地层中存有地下有水管线(如雨污水管、上水管、热力管等)时,无水地层也应按照有水地层对待处理。这种方法的另外一种变化形式即为盾构水中到达技术,一般为泥水平衡盾构到达时使用,如上海的沪崇隧道等,或土压平衡盾构紧急情况下不得已而为之。

(2)先拆除围护结构再盾构到达的施工

盾构刀盘顶上围护结构之前预先拆除洞门处的围护结构,端头土体将直接暴露出来,如果地层条件较差,很容易发生端头土体失稳,因此采用此工法进行盾构到达施工时必须采用相应的土体改良措施提前对盾构到达竖井附近的端头地层进行加固处理,使端头加固土体满足强度、稳定性和渗透性的要求。

该工法盾构不用停机再启动,能较好地防止地层坍塌,洞口处的防渗性也较强,但是地层加固规模较大,一般在地层较差、盾构开挖断面较大的到达施工中采用。

这种方法的关键是根据端头的地层条件,选取合适端头加固方法,确保端头加固范围和加固效果满足要求。

2.3.2 盾构到达流程

盾构到达是指盾构沿设计线路通过区间隧道贯通前100m至盾构进入接收井、上接收架的整个施工过程。盾构到达一般遵照下列程序进行:到达端头加固、接收基座安装定位、洞门密封安装、洞门凿除、到达掘进、盾构接收,如图2-8所示[5,6,10]。

按施工过程,盾构到达可以分为以下三个阶段:

（1）盾构到达竖井前的掘进

盾构到达之前,要充分地进行基线测量,以确保盾构的准确定位。由于盾构必须严格按照到达洞门的设计线路轨迹进入洞门,因此一般应在盾构到达前50～100m时严格进行隧道贯通测量,以便精确定位,确定盾构具体纠偏方向和各环的纠偏量,保证线形无误。

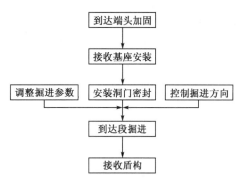

图2-8 盾构到达施工流程

盾构推进至洞门附近时,洞门的衬砌及其围护结构容易发生变形,对于特别容易变形的板和桩之类的围护结构,应预先进行加固,防止受到盾构推力的作用而影响整体稳定性。当盾构刀盘逐渐接近工作竖井时,应对洞门处的围护结构和衬砌的变形状态进行实时监测并及时校核盾构推进姿态,确保盾构推进线路与设计线路之间的误差在允许的范围内,特别是开挖面土压力逐渐下降时容易造成出土量控制困难而导致发生地层垮落或地面塌陷,故需要综合考虑盾构的位置、地层加固范围、围护结构的位移、地表面沉降量等因素,来确定掘削面的压力。

需要说明的是:对土压平衡盾构而言,盾构刀盘进入加固区后即可将上土压降至零并逐渐减少下部土压的数值。实际操作时,应特别注意不要因为土压力值过大,将盾构到达前的部分土体推入接收井内而产生地面坍塌的灾害。

（2）盾构到达

刀具不能切削或推力上升等机械操作方面的变化,可以提醒我们盾构刀盘已经到达临时的围护结构,但为了确保安全,仍建议从到达竖井的临时围护结构钻孔来测量以确定盾构的准确位置,再确定是否停止推进。盾构到达前应采取足够的措施确保到达处地层的稳定,特别是水砂压力并存情况的存在与否,然后确定是否进行盾构到达施工。

（3）临时围护结构的拆除

在拆除临时围护结构之前,首先应该在临时围护结构上开几个检查口,以确定地层状况和盾构到达的位置。围护结构的拆除与盾构始发基本类似,地层的自稳性可能随着时间的推移而有所变化,故盾构到达施工作业应该迅速进行,力求稳定端头地层。特别是在拆除了临时围护结构后将盾构向工作竖井推进的过程中,应仔细监测地层变形状况,谨慎、快速、平稳地施工到位。

2.3.3 盾构到达准备工作

1) 盾构到达应考虑的重要问题

(1) 详细了解盾构到达端头地层条件,确定端头土体是否需要加固和怎样进行加固处理,同时确定洞门部位是否需要设置密封装置和设置什么样的密封装置。

当地层中水砂压力并存时,必须对到达端头土体进行加固处理,包括水中接收的盾构。

如果地层中无地下水,而且土的自稳能力较强时,可以不对端头土体进行加固,但是盾构刀盘必须顶上围护结构后才能破除洞门围护结构,而且应该严格控制好洞门凿除的时间和顺序。

(2) 为了确保盾构按规定设计路线顺利到达预定位置,需要认真测定盾构位置,确认隧道内外的联络方法。

(3) 确认盾构慢速推进的起始位置和具体范围。

(4) 确认泥水平衡盾构泥水减压的起始位置。

(5) 盾构推进到位时,由于推力的影响是否需要在竖井内侧井壁到达处采取相应的加固支护措施。

(6) 认真考虑确定防止盾壳与地层之间间隙突然涌水、涌砂的措施。

(7) 确定盾构到达部位周围壁后注浆等的封门工作。

2) 准备工作

(1) 制订盾构接收方案,包括盾构到达施工参数、管片拼装、壁后注浆、洞门外端头土体加固、洞门围护结构拆除、洞门钢圈密封等工作的安排。

(2) 对盾构接收井进行验收并做好盾构接收的准备工作。

(3) 检查盾构接收井周围端头土体的加固效果,确保加固质量满足要求。

(4) 盾构到达前100m、50m时,必须对盾构隧道轴线进行测量,必要时进行调整。

(5) 按预定的方法与步骤破除洞门,破除洞门也需要遵循如图2-7所示的顺序。

(6) 当盾构全部进入接收井内基座上后,应及时做好管片与洞门间隙的密封,做好洞门封堵工作。

2.3.4 盾构到达施工要点

(1) 盾构到达前应检查端头土体加固效果,确保加固质量满足要求。

(2) 做好贯通测量,并在盾构贯通之前100m、50m,至少两次对盾构姿态进行人工复核,确保盾构顺利贯通。

(3) 合理安排到达洞门凿除施工计划,确保洞门掌子面暴露时间不会过长,并针对洞门凿除施工制订专项施工方案。

(4) 盾构接收基座定位要精确,定位后应固定牢靠。

(5) 提高地表沉降监测的频率,并及时反馈监测结果指导施工。盾构到达前要加强对车站结构的观察和监测,并加强与盾构施工现场的沟通,确保信息畅通。

(6) 为保证进洞管片稳定,盾构贯通时需对进洞口段至少10~15环管片进行纵向拉紧作业。

(7) 帘布橡胶板内衬涂抹油脂,避免刀盘刮破影响密封效果。

(8)在盾构刀盘顶进到距围护结构前的2~3环管片长度隧道施工,一定要保证注浆及时、饱满并确保注浆压力不至于破坏土体而进入接收井,必要时进行二次补浆作业。隧道贯通后必要时对洞门进行注浆封堵处理。

2.4 盾构始发与到达的土工问题

盾构施工中的土工问题主要指因土体受施工扰动引起周围地层移动和地表沉降/隆起对周围建(构)筑物以及地下管线的土工环境损伤,主要包括盾构始发与到达的土工问题、盾构掘进时工作面的稳定性问题、盾构掘进过程中的土工问题、盾构长期停机时的土工问题、盾构施工中采用辅助工法施工(如土体加固)的土工问题等。近年来盾构始发与到达的土工问题在许多工程中相当突出,由此类问题引发盾构始发与到达的事故案例较多,本书后面将重点介绍盾构始发与到达的土工问题施工案例。

盾构/TBM隧道施工技术在我国的水利水电、铁路、交通、城市地下工程、油气管道以及国防等隧道建设中已经得到一定应用,与传统的浅埋暗挖法和钻爆法相比,盾构工法的优势和特点是非常明显的:生产过程相对安全、隧道内产生严重安全生产事故的可能性不大、生产过程比较容易控制、引起的地层移动和地表沉降的数量较小、控制也相对容易,尤其是其信息化的生产手段使得我们更加容易实现施工过程的信息化控制和实时管理,从而达到对盾构施工过程风险和环境安全的实时管理与控制。

盾构工法施工的进步在于对地层进行很好的保护,减少了施工对地层的扰动,但是盾构始发与到达施工过程并没有得到简化,相反却使得施工方法变得更为复杂。

目前,盾构隧道的直径和埋深不断加大,盾构端头区域的地层条件与施工环境条件有时变得越来越复杂。在这种条件下,盾构隧道的始发与到达必须借助相关的辅助工法,且对辅助工法的依赖性越来越大,很多工程已经到了没有辅助工法就不能有效进行盾构始发与到达施工的状况。

盾构始发与到达施工中最常见的问题主要有:端头加固范围无法满足设计要求、端头加固效果不好、洞门密封失效、端头土体失稳破坏、工作井周围发生透水塌方等。将上述土工问题进行总结,得出端头加固的土工问题主要是:端头土体的强度问题、端头土体的整体稳定性问题、端头土体的止水与渗透性问题。

端头加固就是为了解决盾构始发与到达施工中出现的一系列土工问题,使得经过端头加固处理后的土体能够满足强度、稳定性以及渗透性(止水)的要求,保证盾构能够顺利地始发与到达。

为了解决盾构始发与到达施工过程中出现的一系列土工问题,我们从合理端头加固范围的确定(分别从强度、稳定性、几何尺寸与渗透性上对端头加固范围进行了详细的研究)与端头加固方法的选取两个大方向对端头加固的土工问题进行研究,试图找出最佳的端头加固方法、确定最经济合理的端头加固范围。所有这些问题的深入讨论,将在以后的不同章节中分别展开进行。同时近些年来,盾构始发与到达施工中出现了套筒始发和套筒接收的技术,并得到了推广应用,基本解决了端头土体加固的复杂问题,本书将在第8章中单独对此进行讨论。

第3章 | 端头加固土体强度研究

3.1 概述

近年来,为了缓解城市地面交通压力,国内各大城市大规模建设地铁。由于工程建设时间紧迫,理论研究相对滞后,很多工程通常只能单纯依靠工程经验,缺乏完备的理论基础。但是城市地下工程不同于地面其他工程,不确定因素多,很多问题没有可比性和借鉴性,因此完全依靠经验而没有完善的理论作为依托,容易引发重大工程事故。在盾构工法的发展过程中,盾构始发与到达的端头加固问题一直是困扰国内外地铁建设领域的施工难题。在这个难题中,既有施工技术与工艺方面的因素,也有设计理论方面的影响。如何规避风险,如何选择经济、安全的端头加固范围与土体加固强度,如何满足盾构始发与到达端头土体的稳定性和渗透性要求等问题,是端头加固研究的重点和难点。基于这样的背景,本书将对这些问题展开讨论与研究,本章将着重对盾构始发与到达端头土体的加固强度进行研究;在经典强度理论的基础上,通过建立端头加固土体的力学与数学模型,找出盾构始发与到达端头土体加固范围与加固强度之间的对应关系。

3.2 弹性薄板理论

3.2.1 板的简述

在弹性力学中,由两个平行面和垂直于这两个平行面的柱面或者棱柱面所围成的物体,称为平板,简称为板,如图3-1所示。两个相互平行的面称为板面,而这个柱面或者棱柱面称为侧面或者板边。这两个板面之间的距离 t 称为板的厚度,而平分厚度 t 的平面称为板的中面。如果板的厚度 t 远小于中面的最小尺寸 b(例如小于 $b/8$),则这个板称为薄板,否则称为厚板。在板发生弯曲变形时,中面上各点沿垂直方向的位移,称为板的挠度。如果挠度和板厚之比小于或等于 $1/5$,则可认为属于小挠度问题;如果超过这个限度,则可归属为大挠度问题[25,26]。

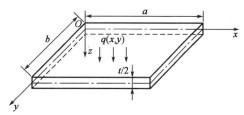

图3-1 直角坐标系下的薄板[26]

根据薄板的定义,薄板的厚度远小于薄板的平面尺寸,薄板的弯曲理论与梁弯曲的初等理论相似。实践证明,忽略某些不重要的影响因素,采用简化的理论假设和边界条件可以简化理论计算过程,并且不会对计算结果造成太大的影响。薄板小挠度弯曲理论的基本假设是由基尔霍夫提出的,称为基尔霍夫假设。在该假设基础上建立起来的弹性薄板的小挠度理论,属于薄板弯曲的经典理论,在许多工程问题的分析与计算中都已经得到了广泛的应用。在盾构端头加固研究中,可以将加固土体简化为弹性薄板,视作小挠度问题进行研究;且这样的研究计算结果对于实际是厚板的端头加固土体而言,是偏于安全的,不会出现工程问题或事故。

3.2.2 基尔霍夫假设

(1) 变形前垂直于薄板中面的直线段(法线),在薄板变形后仍保持为直线,且垂直于弯曲变形后的中面,其长度不变。

(2) 与 σ_x、σ_y 和 τ_{xy} 等相比,垂直于中面方向的正应力很小,在计算应变时可以略去不计。

(3) 薄板弯曲变形时,中面内各点只有垂直位移 w,而无 x 方向和 y 方向位移,即 $(u)_{z=0} = 0$, $(v)_{z=0} = 0$, $(w)_{z=0} = w(x,y)$。根据这个假设,中面内的应变分量 ε_x、ε_y 和 γ_{xy} 都等于零,即中面内无应变发生[25,26]。

3.2.3 薄板弯曲的基本方程

根据基尔霍夫的三个基本假设,利用弹性力学的平衡方程、几何方程和物理方程,可以将薄板内任一点的位移分量、应变分量、应力分量和板的横截面上的内力,用挠度 w 来表示;再通过板内任何一个单元的平衡,进而建立挠度 w 所满足的微分方程。

如图 3-1 所示,在弹性力学基本理论中,直角坐标系下等厚薄板在面荷载 $q(x,y)$ 的作用下,弹性薄板弯曲的基本方程为:

$$\begin{cases} \nabla^2 \nabla^2 w = \dfrac{q(x,y)}{D} \\ D = \dfrac{Et^3}{12(1-\mu^2)} \end{cases} \tag{3-1}$$

式中:D——板的抗弯刚度,其意义和梁的抗弯刚度相似。

这样就把相应的问题转化为在给定的边界条件下,求解薄板弯曲基本方程的问题;对于确定的挠度 w,就可以求得相应的应力分量和板的内力。

3.2.4 薄板的边界条件

薄板的边界一般有简支边界条件、固定边界条件、自由边界条件三种情况。如图 3-2 所示的 OC 为简支边界,OA 为固定边界,AB 和 BC 为自由边界。

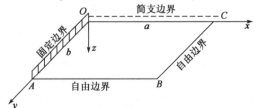

图 3-2 薄板边界条件示意图[25]

(1) 简支边界条件

简支边上的挠度和弯矩为零,即:

$$\begin{cases} (w)_{y=0} = 0 \\ (M_y)_{y=0} = -D\left(\dfrac{\partial^2 w}{\partial y^2} + \mu \dfrac{\partial^2 w}{\partial x^2}\right)_{y=0} = 0 \end{cases} \tag{3-2}$$

由于 $w_{y=0}=0$,必然有 $\left(\dfrac{\partial w}{\partial x}\right)_{y=0}=0$,$\left(\dfrac{\partial^2 w}{\partial x^2}\right)_{y=0}=0$,所以简支边的边界条件可写为:

$$\begin{cases} (w)_{y=0} = 0 \\ \left(\dfrac{\partial^2 w}{\partial y^2}\right)_{y=0} = 0 \end{cases} \tag{3-3}$$

(2) 固定边界条件

固定边界上的挠度和转角为零,故有边界条件:

$$\begin{cases} (w)_{x=0} = 0 \\ \left(\dfrac{\partial w}{\partial x}\right)_{x=0} = 0 \end{cases} \tag{3-4}$$

(3) 自由边界条件

自由边界上的弯矩和总的分布剪力为零,如图3-2所示。对于 AB 边,应有 $(M_y)_{y=b}=0$, $(F_{Sy}^t)_{y=b}=0$;对 CB 边,应有 $(M_x)_{x=a}=0$, $(F_{Sx}^t)_{x=a}=0$。式中,总的分布剪力 $F_{Sy}^t = F_{Sy} + \dfrac{\partial M_{yx}}{\partial y}$,$F_{Sx}^t = F_{Sx} + \dfrac{\partial M_{xy}}{\partial y}$,则有:

$$\begin{cases} \left(\dfrac{\partial^2 w}{\partial x^2} + \mu \dfrac{\partial^2 w}{\partial y^2}\right)_{x=a} = 0 \\ \left[\dfrac{\partial^3 w}{\partial x^3} + (2-\mu)\dfrac{\partial^3 w}{\partial x \partial y^2}\right]_{x=a} = 0 \\ \left(\dfrac{\partial^2 w}{\partial y^2} + \mu \dfrac{\partial^2 w}{\partial x^2}\right)_{x=b} = 0 \\ \left[\dfrac{\partial^3 w}{\partial y^3} + (2-\mu)\dfrac{\partial^3 w}{\partial x^2 \partial y}\right]_{y=b} = 0 \end{cases} \tag{3-5}$$

3.2.5 薄板理论的可行性研究

盾构始发与到达的端头加固问题实际上应该是一个厚板受力变形与破坏的问题。厚板是工程上常用的构件,其在弯曲时应力、应变和位移的计算,属于弹性力学的空间问题。空间问题数学上的求解非常复杂,要得到满足全部基本方程和边界条件的精确解非常困难,因此需要通过引入应变和应力分布规律的相关简化假设,建立近似的理论,才能得到足够精确的解。

薄板弯曲理论的求解方法,忽略了剪切变形 γ_{xz}、γ_{yz} 以及法向应力 σ_z 对薄板变形的影响,是一种平面应力状态问题,在与中面平行的各水平薄层之间没有相互挤压。当平板的尺寸属于薄板范畴时,弹性薄板能够给出足够精确的结果,因此在实际工程中常用薄板代替厚板进行理论计算,薄板理论得到了广泛的认可和应用。盾构始发与到达端头加固计算过程中用薄板理论求解厚板问题,即等同于将厚板简化为薄板,如果薄板能够满足强度与刚度的要求,则厚板肯定更加安全可靠。这相当于应用更加简单的力学模型来求解复杂问题,不仅简化了计算过程,而且使得理论解运用在实际工程中更加安全[30,31]。

当薄板处于弹性范围内受到荷载作用时,可以将一个荷载分解为两个分荷载,一个是作用在薄板的中面之内的纵向荷载,另一个是垂直于中面的横向荷载。对于纵向荷载引起的应力、应变和位移,可以按照平面应力问题进行计算。横向荷载使薄板产生弯曲,它所引起的应力、应变和位移,可以按照薄板弯曲问题进行计算。当薄板弯曲时,中面所弯成的曲面,称为薄板的弹性曲面。端头加固土体的受力问题相当于薄板的小挠度弯曲理论,即薄板虽然很薄,但是仍然具有相当的弯曲刚度,因而其挠度远小于其厚度,这种情况下,采用薄板理论应用于工程计算中,对工程而言是有利的。

3.3 端头土体加固强度研究

3.3.1 力学模型

3.3.1.1 已有的端头土体加固理论模型

盾构始发与到达端头加固土体受力分析与研究,往往将加固土体简化为圆形薄板,圆形薄板的受力如图3-3和图3-4所示。盾构始发与盾构到达端头加固土体受力类似,端头加固土体均受到侧向的水土合力作用。本书以盾构始发为例进行理论分析和求解,研究端头加固土体的力学变形机理,将端头土体的受力问题转化为板的力学问题求解。板是工程中常用的构件,它在受力弯曲变形时应力、应变和位移的计算,属于弹性力学的空间问题。如图3-5所示,圆形截面上的梯形荷载是一个非对称问题,由于数学上的复杂性,要得到满足全部基本方程和边界条件的精确解非常困难。传统的力学模型将梯形荷载简化为均布荷载,然后利用弹性薄板理论和轴对称问题的求解方法对盾构始发与到达端头加固土体的受力问题进行力学求解,求得端头土体的纵向加固范围。

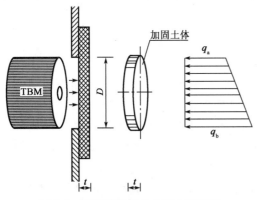
图3-3 盾构始发端头土体力学模型

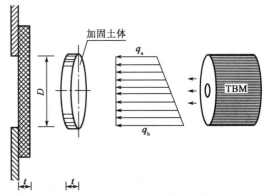
图3-4 盾构到达端头土体力学模型

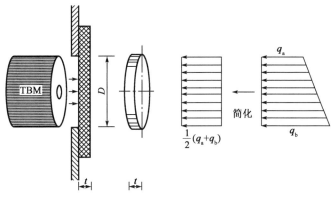

图 3-5 简化力学模型

已有模型将加固土体视为厚度为 t，且周边自由支撑的弹性薄板，如图 3-5 所示。在外侧水土压力的作用下，板的中心处最大弯曲应力，按弹性力学原理求得，并可写出强度验算公式[27,28]：

$$\sigma_{\max} = \pm \beta \frac{PD^2}{4t^2} \leqslant \frac{\sigma_{\mathrm{t}}}{k} \tag{3-6}$$

$$\beta = \frac{3}{8}(3+\mu) \tag{3-7}$$

式中：D——工作井洞门直径；

t——纵向加固长度；

P——作用于洞门中心处的侧向水土压力；对于砂性土，水压力和土压力分别计算；对于黏性土，采用水土合算，土压力按静止土压力考虑；

μ——加固土体的泊松比；

σ_{t}——加固土体的极限抗拉强度，一般可取极限抗压强度的 10%，即 $\sigma_{\mathrm{t}} = \frac{q_{\mathrm{u}}}{10}$；

k——安全系数，一般取 1.5。

由式(3-5)可得，满足抗拉要求的端头土体的纵向加固范围为：

$$t_1 \geqslant \sqrt{\frac{3k(3+\mu)PD^2}{32\sigma_{\mathrm{t}}}} \tag{3-8}$$

周边自由支撑的圆板其支座处的最大剪力亦可按弹性力学原理求得，并写出其抗剪强度的验算公式[27,28]：

$$\tau_{\max} = \frac{PD}{4t} \leqslant \frac{\tau_{\mathrm{c}}}{k} \tag{3-9}$$

式中：τ_{c}——加固后土体的极限抗剪强度，根据经验，$\tau_{\mathrm{c}} = \frac{q_{\mathrm{u}}}{6}$；

k——安全系数，一般取 1.5。

由式(3-9)可以求得满足抗剪要求的纵向加固范围为:

$$t_2 \geq \frac{kPD}{4\tau_c} \tag{3-10}$$

因此,根据静力学理论强度准则,端头加固土体应能同时满足抗拉和抗剪切强度的要求,所以端头土体的纵向加固范围为:

$$t = \max\{t_1, t_2\} \tag{3-11}$$

3.3.1.2 改进的弹性理论模型

已有的理论模型将端头加固土体受到的水土侧压力(梯形荷载)简化为均布荷载,虽然能近似求得盾构始发与到达端头土体加固强度与纵向加固范围之间的相互关系,但是荷载简化模型没有反映端头加固土体的实际受力情况。

鉴于此,为了反映端头加固土体的真实受力状况、加固土体的强度特征和破坏模式,分析和总结了传统荷载简化模型的优缺点后,在弹性工作范围内,建立了端头加固土体的等效力学模型。如图3-6和图3-7所示,将梯形荷载作用下不对称问题的求解等效为求解一个对称问题和一个反对称问题的叠加,为盾构始发与到达端头土体纵向加固范围的研究和求解开辟了一条新的思路。

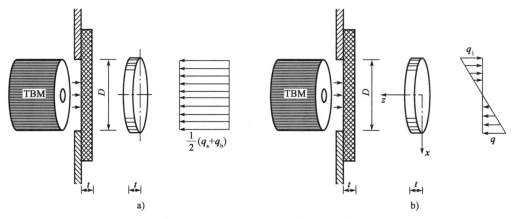

图3-6 端头加固土体等效计算模型
a) 均布荷载的计算模型;b) 三角形反对称荷载的计算模型

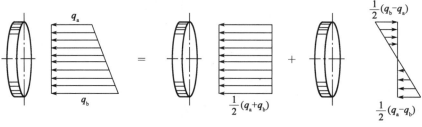

图3-7 梯形荷载等效力学模型

根据端头加固土体的力学特征及边界条件,以下将对荷载等效模型进行详细的分析和求解,给出端头加固土体纵向加固范围的推导过程和计算公式。

3.3.2 荷载等效模型的力学求解

荷载等效模型的求解思路:分析盾构始发与到达端头加固土体的力学特征和变形模式,求解端头加固土体在均布荷载、三角形反对称荷载作用下的内力大小和分布特征,将两种荷载作用下加固土体的内力进行叠加,根据叠加原理并利用弹性力学薄板理论的基本知识和端头加固土体的边界条件,推导得出梯形荷载作用下,端头加固土体的纵向加固范围计算公式。具体的求解过程如图 3-8 所示。

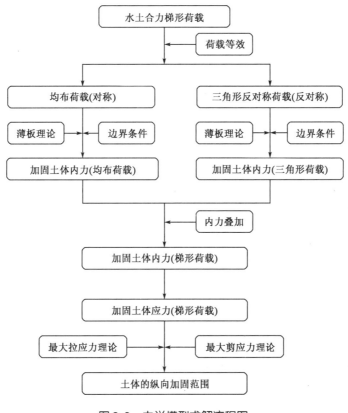

图 3-8　力学模型求解流程图

3.3.3 均布荷载作用下加固土体的力学求解

如图 3-9 所示,假设均布荷载为 $q_0 = \frac{1}{2}(q_a + q_b)$。根据弹性力学薄板弯曲理论可知,直角坐标系下,等厚度的薄板在面荷载 $q(x,y)$ 的作用下,薄板弯曲的弹性面微分方程为 $\nabla^2 \nabla^2 w = \frac{q(x,y)}{D}$。对于圆形、扇形、圆环等形状的薄板,采用极坐标求解比用直角坐标求解更加方便,所以把直角坐标系下弹性薄板弯曲的微分方称转化为极坐标下的微分方程。

如图 3-10 所示,在极坐标系中,弹性薄板的挠度和横向荷载是 ρ 和 φ 的函数,即 $w = w(\rho,\varphi)$,$q = q(\rho,\varphi)$。通过极坐标的转化,得出:

$$\nabla^2 w = \frac{\partial^2 w}{\partial x^2} + \frac{\partial^2 w}{y^2} = \frac{\partial^2 w}{\partial \rho^2} + \frac{1}{\rho}\frac{\partial w}{\partial \rho} + \frac{1}{\rho^2}\frac{\partial^2 w}{\partial \varphi^2} \tag{3-12}$$

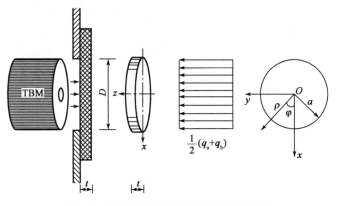

图 3-9 均布荷载作用加固土体计算模型

极坐标下薄板弯曲的基本方程为:

$$\left(\frac{\partial^2}{\partial \rho^2} + \frac{1}{\rho}\frac{\partial}{\partial \rho} + \frac{1}{\rho^2}\frac{\partial^2}{\partial \varphi^2}\right)\left(\frac{\partial^2 w}{\partial \rho^2} + \frac{1}{\rho}\frac{\partial w}{\partial \rho} + \frac{1}{\rho^2}\frac{\partial^2 w}{\partial \varphi^2}\right) = \frac{q(\rho,\varphi)}{D} \tag{3-13}$$

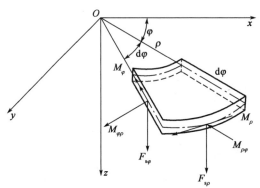

图 3-10 极坐标下薄板的受力图[24,25]

由几何条件可知,圆形薄板受到的横向荷载 $q(\rho,\varphi)$ 对称于 z 轴,那么 q 和 w 仅仅是 ρ 的函数而与角度 φ 无关。此时,极坐标下薄板弯曲的基本方程可以简化为:

$$\left(\frac{d^2}{d\rho^2} + \frac{1}{\rho}\frac{d}{d\rho}\right)\left(\frac{d^2 w}{d\rho^2} + \frac{1}{\rho}\frac{dw}{d\rho}\right) = \frac{q(\rho)}{D} \tag{3-14}$$

将式(3-14)展开,则:

$$\frac{d^4 w}{d\rho^4} + \frac{2}{\rho}\frac{d^3 w}{d\rho^3} - \frac{1}{\rho^2}\frac{d^2 w}{d\rho^2} + \frac{1}{\rho^3}\frac{dw}{d\rho} = \frac{q(\rho)}{D} \tag{3-15}$$

式(3-15)是一个非齐次方程,直接求解比较困难。由高等数学可知,非齐次方程的通解可以看作是齐次方程的通解和非齐次方程的特解之和。齐次方程为:

$$\frac{d^4 w}{d\rho^4} + \frac{2}{\rho}\frac{d^3 w}{d\rho^3} - \frac{1}{\rho^2}\frac{d^2 w}{d\rho^2} + \frac{1}{\rho^3}\frac{dw}{d\rho} = 0 \tag{3-16}$$

方程两边同时乘以 ρ^4,方程变成欧拉方程:

$$\rho^4 \frac{d^4 w}{d\rho^4} + 2\rho^3 \frac{d^3 w}{d\rho^3} - \rho^2 \frac{d^2 w}{d\rho^2} + \rho \frac{dw}{d\rho} = 0 \tag{3-17}$$

此类方程,引入变换 $\rho = e^t$,则将欧拉方程转化为如下的常系数微分方程:

$$\frac{d^4 w}{dt^4} - 4\frac{d^3 w}{dt^3} + 4\frac{d^2 w}{dt^2} = 0 \tag{3-18}$$

则方程的通解为:

$$w_0 = A_0 + B_0 t + C_0 e^{2t} + D_0 t e^{2t}$$

将 $t = \ln\rho$ 代入上式,得到齐次方程的通解为:

$$w_0 = A_0 + B_0 \ln\rho + C_0 \rho^2 + D_0 \rho^2 \ln\rho \tag{3-19}$$

均布荷载 $q = q_0$,假设其特解为 $w_1 = m\rho^4$,则:

$$\frac{dw_1}{d\rho} = 4m\rho^3, \quad \frac{d^2 w_1}{d\rho^2} = 12m\rho^2, \quad \frac{d^3 w_1}{d\rho^3} = 24m\rho, \quad \frac{d^4 w_1}{d\rho^4} = 24m$$

将以上四个式子代入式(3-17),得出:

$$m = \frac{q_0}{64D} \tag{3-20}$$

则非齐次方程的特解为:

$$w_1 = \frac{q_0 \rho^4}{64D} \tag{3-21}$$

所以由式(3-19)和式(3-21)可以得出非齐次方程的通解为:

$$w = w_0 + w_1 = A_0 + B_0 \ln\rho + C_0 \rho^2 + D_0 \rho^2 \ln\rho + \frac{q_0 \rho^4}{64D} \tag{3-22}$$

式中:A_0、B_0、C_0、D_0——方程的系数。

将挠度计算公式代入具体的极坐标内力公式中可以得出:

(1)M_ρ:极坐标中当 ρ 为常量时横截面上的径向弯矩。

$$\begin{aligned} M_\rho &= -D\left[\frac{\partial^2 w}{\partial \rho^2} + \mu\left(\frac{1}{\rho}\frac{\partial w}{\partial \rho} + \frac{1}{\rho^2}\frac{\partial^2 w}{\partial \varphi^2}\right)\right] \\ &= -D\left[-(1-\mu)\frac{B_0}{\rho^2} + 2(1+\mu)C_0 + (3+\mu)D_0 + 2(1+\mu)D_0\ln\rho\right] - \\ &\quad \frac{3+\mu}{16}q_0\rho^2 \end{aligned} \tag{3-23}$$

(2)M_φ:极坐标中当 φ 为常量时横截面上的环向弯矩。

$$\begin{aligned} M_\varphi &= -D\left[\left(\frac{1}{\rho}\frac{\partial w}{\partial \rho} + \frac{1}{\rho^2}\frac{\partial^2 w}{\partial \varphi^2}\right) + \mu\frac{\partial^2 \varphi}{\partial \rho^2}\right] \\ &= -D\left[(1-\mu)\frac{B_0}{\rho^2} + 2(1+\mu)C_0 + (1+3\mu)D_0 + 2(1+\mu)D_0\ln\rho\right] - \\ &\quad \frac{1+3\mu}{16}q_0\rho^2 \end{aligned} \tag{3-24}$$

(3) $M_{\rho\varphi}$:极坐标中当ρ为常量时横截面上的扭矩;$M_{\varphi\rho}$:极坐标中当φ为常量时横截面上的扭矩。

$$M_{\rho\varphi} = M_{\varphi\rho} = -D(1-\mu)\left(\frac{\partial^2 w}{\partial x \partial y}\right)_{\varphi=0} = -D(1-\mu)\frac{\partial}{\partial \rho}\left(\frac{1}{\rho}\frac{\partial w}{\partial \varphi}\right) = 0 \quad (3\text{-}25)$$

(4) Q_ρ:极坐标中当ρ为常量时横截面上的横向剪力。

$$Q_\rho = -D\frac{\partial}{\partial \rho}\nabla^2 w = -\frac{4DD_0}{\rho} - \frac{q_0 \rho}{2} \quad (3\text{-}26)$$

(5) Q_φ:极坐标中当φ为常量时横截面上的横向剪力。

$$Q_\varphi = -D\frac{\partial}{\partial \rho}\nabla^2 w = 0 \quad (3\text{-}27)$$

将加固土体简化为实心圆形薄板后,圆板中心处受到的挠度和内力都不可能无限大,所以挠度方程$w = A_0 + B_0\ln\rho + C_0\rho^2 + D_0\rho^2\ln\rho + \frac{q_0\rho^4}{64D}$中$B_0 = D_0 = 0$,即方程可以简化为:

$$w = A_0 + C_0\rho^2 + \frac{q_0\rho^4}{64D} \quad (3\text{-}28)$$

同理可得,极坐标下内力计算公式简化为:

$$\begin{cases} M_\rho = -2(1+\mu)DC_0 - \frac{3+\mu}{16}q_0\rho^2 \\ M_\varphi = -2(1+\mu)DC_0 - \frac{1+3\mu}{16}q_0\rho^2 \\ M_{\rho\varphi} = M_{\varphi\rho} = 0 \\ Q_\rho = -\frac{q_0\rho}{2} \\ Q_\varphi = 0 \end{cases} \quad (3\text{-}29)$$

端头土体加固理论分析:假设纵向加固范围为t,圆形薄板直径为D,周围土体对圆形薄板只提供支撑力,对板没有约束作用,因此可以把圆形薄板等效为简支板,则端头加固土体的边界条件为:

$$\begin{cases} (w)_{\rho=\frac{D}{2}} = 0 \\ (M_\rho)_{\rho=\frac{D}{2}} = 0 \end{cases} \quad (3\text{-}30)$$

将式(3-28)、式(3-29)代入式(3-30)中,得:

$$\begin{cases} A_0 = \frac{q_0 D^3(5+\mu)}{1024(1+\mu)} \\ C_0 = -\frac{q_0 D(3+\mu)}{128(1+\mu)} \end{cases} \quad (3\text{-}31)$$

将式(3-31)代入式(3-28)和式(3-29)，求得：

$$\begin{cases} w = \dfrac{q_0 D^3}{1024}\left(1 - \dfrac{4\rho^2}{D^2}\right)\left(\dfrac{5+\mu}{1+\mu} - \dfrac{4\rho^2}{D^2}\right) \\[2mm] M_\rho = \dfrac{(3+\mu)q_0 D^2}{64}\left(1 - \dfrac{4\rho^2}{D^2}\right) \\[2mm] M_\varphi = \dfrac{q_0 D^2}{64}\left[(3+\mu) - (1+3\mu)\dfrac{4\rho^2}{D^2}\right] \\[2mm] Q_\rho = \dfrac{q_0 \rho}{2} \end{cases} \qquad (3\text{-}32)$$

3.3.4 三角形反对称荷载作用下加固土体的力学求解

当盾构始发与到达端头加固土体受到三角形反对称荷载的作用时，假设 $q_1 = \dfrac{1}{2}(q_b - q_a)$，如图3-11所示。在直角坐标系中，三角形反对称荷载可以表示为：

$$q = q_1 \frac{2x}{D} \qquad (3\text{-}33)$$

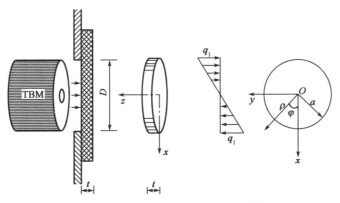

图3-11　三角形荷载作用加固土体的计算模型

将式(3-33)用极坐标表示，则：

$$q = \frac{q_1}{D} 2\rho\cos\varphi \qquad (3\text{-}34)$$

然后将式(3-34)代入弹性曲面微分方程(3-13)，可得：

$$\left(\frac{\partial^2}{\partial \rho^2} + \frac{1}{\rho}\frac{\partial}{\partial \rho} + \frac{1}{\rho^2}\frac{\partial^2}{\partial \varphi^2}\right)\left(\frac{\partial^2 \omega}{\partial \rho^2} + \frac{1}{\rho}\frac{\partial \omega}{\partial \rho} + \frac{1}{\rho^2}\frac{\partial^2 \omega}{\partial \varphi^2}\right) = \frac{q_1}{D^2} 2\rho\cos\varphi \qquad (3\text{-}35)$$

由于非齐次方程的通解等于非齐次方程的特解加上齐次方程的通解，根据方程的特征，该微分方程的特解可以取为 $w_2 = n\rho^5 \cos\varphi$，其中 n 是常数，微分后代入式(3-36)中，得出 $n = \dfrac{q_1}{96D^2}$，则非齐次方程的特解为：

$$w_2 = \frac{q_1}{96D^2}\rho^5\cos\varphi \tag{3-36}$$

由几何坐标可知，挠度 w 对称于 xz 面而反对称于 yz 面，并结合特解式(3-36)的形式，假设齐次方程的通解为 $w_3 = f(\rho)\cos\varphi$，将通解代入齐次微分方程，得：

$$\left(\frac{\partial^2}{\partial\rho^2} + \frac{1}{\rho}\frac{\partial}{\partial\rho} + \frac{1}{\rho^2}\frac{\partial^2}{\partial\varphi^2}\right)\left(\frac{\partial^2\omega_3}{\partial\rho^2} + \frac{1}{\rho}\frac{\partial\omega_3}{\partial\rho} + \frac{1}{\rho^2}\frac{\partial^2\omega_3}{\partial\varphi^2}\right) = 0 \tag{3-37}$$

求得齐次方程的通解为：

$$w_3 = \left(A_1\rho + B_1\rho^3 + \frac{C_1}{\rho} + D_1\rho\ln\rho\right)\cos\varphi \tag{3-38}$$

由式(3-36)和式(3-38)求得非齐次方程的通解为：

$$w' = w_2 + w_3 = \frac{q_1}{192aD}\rho^5\cos\varphi + \left(A_1\rho + B_1\rho^3 + \frac{C_1}{\rho} + D_1\rho\ln\rho\right)\cos\varphi \tag{3-39}$$

由于圆形薄板为实心板，薄板中心处的挠度以及内力不可能为无限大，取 $C_1 = D_1 = 0$，则式(3-39)可简化为：

$$w' = \frac{q_1}{192aD}\rho^5\cos\varphi + (A_1\rho + B_1\rho^3)\cos\varphi \tag{3-40}$$

根据加固土体简支的边界条件，求得：

$$\begin{cases} A_1 = \frac{q_1 D^2}{1536} \cdot \frac{7+\mu}{3+\mu} \\ B_1 = -\frac{q_1}{192} \cdot \frac{5+\mu}{3+\mu} \end{cases} \tag{3-41}$$

把式(3-41)代入式(3-42)，可以求出：

$$\begin{aligned} w' &= \left(\frac{q_1\rho^5}{96D^2} + \frac{q_1\rho D^2}{1536}\cdot\frac{7+\mu}{3+\mu} - \frac{q_1\rho^3}{192}\cdot\frac{5+\mu}{3+\mu}\right)\cos\varphi \\ &= \frac{q_1 D^2}{1536}\left(1 - \frac{4\rho^2}{D^2}\right)\left(\frac{7+\mu}{3+\mu} - \frac{4\rho^2}{D^2}\right)\rho\cos\varphi \end{aligned} \tag{3-42}$$

将式(3-42)进行微分，可得：

$$\begin{cases} M'_\rho = \frac{q_1 D}{96}(5+\mu)\left(1 - \frac{4\rho^2}{D^2}\right)\rho\cos\varphi \\ M'_\varphi = \frac{q_1 D}{96}\left[\frac{(5+\mu)(1+3\mu)}{3+\mu} - (1+5\mu)\frac{4\rho^2}{D^2}\right]\rho\cos\varphi \end{cases} \tag{3-43}$$

3.3.5 梯形荷载作用下加固土体的力学求解

由图3-7可知，盾构始发与到达端头加固土体受到的侧向水土合压力（梯形荷载）可以等效为均布荷载和三角形反对称荷载的叠加，因此在弹性范围内，梯形荷载作用下加固土体的内力求解可以等效为均布荷载和三角形反对称荷载单独作用时内力求解值的叠加，即：

$$\begin{cases} w_{梯形} = w + w' \\ M_{\rho梯形} = M_\rho + M'_\rho \\ M_{\varphi梯形} = M_\varphi + M'_\varphi \end{cases} \quad (3\text{-}44)$$

将式(3-32)~式(3-43)代入式(3-44),可得:

$$\begin{cases} w_{梯形} = \dfrac{q_0 D^3}{1024}\left(1 - \dfrac{4\rho^2}{D^2}\right)\left(\dfrac{5+\mu}{1+\mu} - \dfrac{4\rho^2}{D^2}\right) + \dfrac{q_1 D^2 \rho}{1536}\left(1 - \dfrac{4\rho^2}{D^2}\right)\left(\dfrac{7+\mu}{3+\mu} - \dfrac{4\rho^2}{D^2}\right)\cos\varphi \\[6pt] M_{\rho梯形} = \dfrac{(3+\mu)q_0 D^2}{64}\left(1 - \dfrac{4\rho^2}{D^2}\right) + \dfrac{q_1 D\rho}{96}(5+\mu)\left(1 - \dfrac{4\rho^2}{D^2}\right)\cos\varphi \\[6pt] M_{\varphi梯形} = \dfrac{q_0 D^2}{64}\left[(3+\mu) - (1+3\mu)\dfrac{4\rho^2}{D^2}\right] + \dfrac{q_1 D\rho}{96}\left[\dfrac{(5+\mu)(1+3\mu)}{3+\mu} - (1+5\mu)\dfrac{4\rho^2}{D^2}\right]\cos\varphi \end{cases}$$

(3-45)

根据叠加后加固土体的内力表达式(3-45),利用强度理论可以求得端头加固土体的最大拉应力和最大剪应力。具体求解过程如下:

(1) 最大剪应力

根据圆形薄板的几何条件和剪应力的作用特征可知,在 $\varphi = 0, \rho = D/2$ 处,加固土体受到的剪应力最大。由弹性力学基本知识可得,最大剪应力为:

$$\begin{aligned} (Q_{\rho梯形})_{max} &= -D_{抗弯刚度}\left(\dfrac{\partial}{\partial\rho}\nabla^2 w_{梯形}\right)_{\rho = \frac{D}{2}} = -\left(\dfrac{q_0 D}{4} + \dfrac{3q_1 D^2}{32} - \dfrac{q_1 D}{24}\dfrac{5+\mu}{3+\mu}\right) \\ &= -\left[\dfrac{(q_a + q_b)D}{8} + \dfrac{3(q_b - q_a)D^2}{64} - \dfrac{(q_b - q_a)D}{48}\dfrac{5+\mu}{3+\mu}\right] \end{aligned} \quad (3\text{-}46)$$

根据最大剪应力的计算公式,可以求得相应的最大剪应力为:

$$\begin{aligned} (\tau_{\rho梯形})_{max} &= -\left(\dfrac{q_0 D}{4t} + \dfrac{3q_1 D^2}{32t} - \dfrac{q_1 D}{24t}\dfrac{5+\mu}{3+\mu}\right) \\ &= -\left[\dfrac{(q_a + q_b)D}{8t} + \dfrac{3(q_b - q_a)D^2}{64t} - \dfrac{(q_b - q_a)D}{48t}\dfrac{5+\mu}{3+\mu}\right] \end{aligned} \quad (3\text{-}47)$$

(2) 最大拉应力

根据拉应力的作用特征,令 $\begin{cases} \dfrac{\partial M_{\rho梯形}}{\partial \rho} = 0 \\ \dfrac{\partial M_{\rho梯形}}{\partial \varphi} = 0 \end{cases}$,将式(3-45)中的第二个表达式代入求解,求得

在 $\varphi = 0, \rho_1 = \dfrac{-B_1 + \sqrt{B_1^2 - 4A_1 C_1}}{2A_1}$ 处,加固土体的最大径向弯矩为:

$$(M_{\rho梯形})_{max} = \dfrac{D}{96}\left(1 - \dfrac{4\rho_1^2}{D^2}\right)\left[\dfrac{3(3+\mu)(q_a + q_b)D}{4} + \dfrac{(q_a - q_b)(5+\mu)\rho_1}{2}\right] \quad (3\text{-}48)$$

则端头土体受到的最大径向弯曲应力为:

$$(\sigma_{\rho\text{梯形}})_{\max} = \frac{D}{32t^2}\left(1 - \frac{4\rho^2}{D^2}\right)\left[\frac{3(3+\mu)(q_a+q_b)D}{2} + \rho(q_b-q_a)(5+\mu)\right] \quad (3\text{-}49)$$

其中：

$$A_1 = \frac{3(5+\mu)(q_b-q_a)}{D}$$

$$B_1 = 3(3+\mu)(q_a+q_b)$$

$$C_1 = -\frac{D(5+\mu)(q_b-q_a)}{4}$$

同理可得，令 $\begin{cases}\dfrac{\partial M_{\varphi\text{梯形}}}{\partial \rho} = 0 \\ \dfrac{\partial M_{\varphi\text{梯形}}}{\partial \varphi} = 0\end{cases}$，在 $\varphi = 0, \rho = \dfrac{-B_2 + \sqrt{B_2^2 - 4A_2C_2}}{2A_2}$ 处，端头加固土体的最大环向弯矩为：

$$(M_{\varphi\text{梯形}})_{\max} = \frac{q_0 D^2}{64}\left[(3+\mu) - (1+3\mu)\frac{4\rho^2}{D^2}\right] + \frac{q_1\rho D}{96}\left[\frac{(5+\mu)(1+3\mu)}{3+\mu} - (1+5\mu)\frac{4\rho^2}{D^2}\right]$$

(3-50)

即端头加固土体受到的最大环向弯曲应力为：

$$(\sigma_{\varphi\text{梯形}})_{\max} = \frac{3(q_a+q_b)D^2}{64t^2}\left[(3+\mu) - (1+3\mu)\frac{4\rho^2}{D^2}\right] +$$

$$\frac{(q_b-q_a)\rho D}{32t^2}\left[\frac{(5+\mu)(1+3\mu)}{3+\mu} - (1+5\mu)\frac{4\rho^2}{D^2}\right] \quad (3\text{-}51)$$

其中：

$$A_2 = \frac{(1+5\mu)(q_b-q_a)}{16D}$$

$$B_2 = \frac{(1+3\mu)(q_a+q_b)}{16}$$

$$C_2 = -\frac{(5+\mu)(1+3\mu)(q_b-q_a)D}{192(3+\mu)}$$

3.3.6 黏土地层端头加固研究

3.3.6.1 黏土地层端头加固土体应力计算公式

如图 3-12 所示，端头加固土体受到侧向土压力和静水压力的共同作用，地下水位与地表齐平。黏土地层中，水土压力的计算通常采用水土合算法。

加固土体的上部受力 q_a：

$$q_a = k_0 \gamma h$$

加固土体的下部受力 q_b：

$$q_b = k_0\gamma(h+D)$$

式中：k_0——黏土的侧压力系数；

γ——水土的合重度；

h——上覆土体的厚度；

D——端头加固土体的直径。

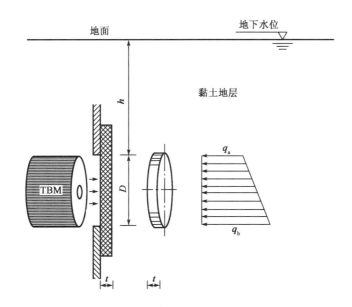

图 3-12　黏土地层纵向加固范围计算图

将 q_a、q_b 代入内力方程中，可以得出：

(1) 端头加固土体受到的最大剪应力

$$(\tau_{\rho\text{黏土}})_{\max} = -\left[\frac{k_0\gamma(2h+D)D}{8t} + \frac{3k_0\gamma D^3}{64t} - \frac{k_0\gamma D^2}{48t}\frac{5+\mu}{3+\mu}\right] \tag{3-52}$$

(2) 端头加固土体受到的最大拉应力

$$(\sigma_{\rho\text{黏土}})_{\max} = \frac{D}{32t^2}\left(1-\frac{4\rho_1^2}{D^2}\right)\left[\frac{3k_0\gamma D(3+\mu)(2h+D)}{2} + k_0\gamma D\rho_1(5+\mu)\right] \tag{3-53}$$

(3) 端头加固土体受到的最大环向拉应力

$$(\sigma_{\varphi\text{黏土}})_{\max} = \frac{3k\gamma(2h+D)D^2}{64t^2}\left[(3+\mu)-(1+3\mu)\frac{4\rho_2^2}{D^2}\right] + \frac{(k_0\gamma D)\rho_2 D}{32t^2}\left[\frac{(5+\mu)(1+3\mu)}{3+\mu}-(1+5\mu)\frac{4\rho_2^2}{D^2}\right]\cos\varphi \tag{3-54}$$

3.3.6.2　端头加固土体强度验算

在盾构始发与到达过程中，端头加固土体受到的剪切和拉伸作用是最危险的作用。为了保证端头加固土体受到侧压力作用而不被破坏，加固土体必须满足必要的强度要求。

(1) 最大剪应力

根据最大剪应力理论可知，当 $\begin{cases} \varphi = 0 \\ \rho = \dfrac{D}{2} \end{cases}$ 时，有：

$$\begin{cases} \tau_{max} = \dfrac{\beta_1}{t_{抗剪}} \leqslant \dfrac{\tau_c}{k_1} \\ \beta_1 = -\left[\dfrac{k_0\gamma(2h+D)D}{8} + \dfrac{3}{64}k_0\gamma D^3 - \dfrac{k_0\gamma D^2}{48}\dfrac{5+\mu}{3+\mu} \right] \end{cases} \tag{3-55}$$

则满足最大剪应力要求的纵向加固范围为：

$$t_{抗剪} \geqslant \dfrac{\beta_1 k_1}{\tau_c} \tag{3-56}$$

上两式中：τ_c——加固土体的极限抗剪强度，根据经验取 $\tau_c = \dfrac{q_u}{6}$；

q_u——无侧限抗压强度；

k_1——抗剪安全系数，通常取 1.5；

μ——加固土体的泊松比。

(2) 最大拉应力

根据最大拉应力理论，当 $\begin{cases} \varphi = 0 \\ \rho = \dfrac{-B_2 + \sqrt{B_2^2 - 4A_2C_2}}{2A_2} \end{cases}$ 时，最大径向拉应力为：

$$\begin{cases} (\sigma_{\rho黏土})_{max} = \dfrac{\beta_2}{16t_2^2} \leqslant \dfrac{\sigma_t}{k_2} \\ \beta = 2\left(1 - \dfrac{4\rho^2}{D^2}\right)\left[\dfrac{3k\gamma D^2(3+\mu)(2h+D)}{4} + \dfrac{k\gamma D^2\rho(5+\mu)}{2} \right] \end{cases} \tag{3-57}$$

其中：

$$A_2 = 3(5+\mu)k_0\gamma$$
$$B_2 = 6(3+\mu)k_0\gamma(2h+D)$$
$$C_2 = -\dfrac{(5+\mu)k_0\gamma D^2}{2}$$

则满足最大拉应力要求时纵向加固范围为：

$$t_2 \geqslant \sqrt{\dfrac{\beta_2 k_2}{16\sigma_t}} \tag{3-58}$$

式中：σ_t——土体的极限抗拉强度，通常取抗压强度 $\sigma_t = \left(\dfrac{1}{12} \sim \dfrac{1}{8}\right)q_u$；

k_2——抗拉安全系数，通常取 1.5。

同理可得，当 $\begin{cases}\varphi=0\\ \rho=\dfrac{-B_3+\sqrt{B_3^2-4A_3C_3}}{2A_3}\end{cases}$ 时，根据最大拉应力的计算公式，有：

$$\begin{cases}(\sigma_{\varphi\text{黏土}})_{\max}=\dfrac{\beta_3}{16t_3^2}\leqslant\dfrac{\sigma_t}{k_3}\\ \beta_3=\dfrac{3D^2k_0\gamma(2h+D)}{4}\left[(3+\mu)-(1+3\mu)\dfrac{4\rho^2}{D^2}\right]+\dfrac{\rho k_0\gamma D^2}{2}\left[\dfrac{(5+\mu)(1+3\mu)}{3+\mu}-(1+5\mu)\dfrac{4\rho^2}{D^2}\right]\end{cases} \tag{3-59}$$

其中：

$$A_2=\dfrac{(1+5\mu)k_0\gamma}{16}$$

$$B_2=\dfrac{k_0\gamma(1+3\mu)(2h+D)}{16}$$

$$C_2=-\dfrac{(5+\mu)(1+3\mu)k_0\gamma D^2}{192(3+\mu)}$$

则满足最大拉应力要求时纵向加固范围为：

$$t_3\geqslant\sqrt{\dfrac{\beta_3k_3}{16\sigma_t}} \tag{3-60}$$

根据最大径向拉应力和最大环向拉应力的要求可知，满足拉应力要求的纵向加固范围计算公式应为：

$$t_{\text{拉}}=\max\{t_2,t_3\}=\max\left\{\sqrt{\dfrac{\beta_2k_2}{16\sigma_t}},\sqrt{\dfrac{\beta_3k_3}{16\sigma_t}}\right\} \tag{3-61}$$

3.3.6.3 黏土地层纵向加固范围

在盾构始发与到达过程中，为了保证端头加固土体在水土侧压力作用不被破坏，端头土体加固后应该同时满足拉应力和剪应力的要求，即端头土体加固后要同时满足抗拉强度与抗剪强度要求，求得黏土地层纵向加固范围与加固强度之间的关系式为：

$$t_{\text{黏土}}\geqslant\max\{t_{\text{剪}},t_{\text{拉}}\}=\max\left\{\dfrac{\beta_1k_1}{\tau_c},\sqrt{\dfrac{\beta_2k_2}{16\sigma_t}},\sqrt{\dfrac{\beta_3k_3}{16\sigma_t}}\right\} \tag{3-62}$$

3.3.7 砂土地层端头加固范围

3.3.7.1 砂土地层端头加固土体应力计算公式

不同于黏土地层，在砂土地层中盾构始发与到达端头加固土体的侧向水土压力的计算通常采用水土分算法。如图 3-13 所示，假设地下水位线和地表齐平，则：

加固土体上部受力 q'_a：

$$q'_a = (k'_0\gamma' + \gamma_w)h$$

加固土体下部受力 q'_b：

$$q'_b = (k'_0\gamma' + \gamma'_w)(h + D)$$

式中：k'_0——砂土的侧压力系数；

γ'——砂土的重度；

h——上覆土体的厚度；

γ_w——水的重度。

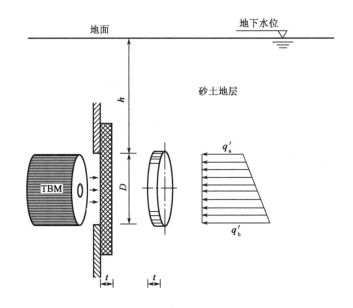

图 3-13　砂土地层纵向加固范围计算图

将 q'_a、q'_b 代入具体的内力方程中，同理可以求得：

(1) 砂土地层中加固土体受到的横向剪应力

$$(\tau_{砂土})_{\max} = -\left[\frac{(k'_0\gamma' + \gamma_w)(2h + D)D}{8} + \frac{3}{64}(k'_0\gamma' + \gamma_w)D^3 - \frac{(k'_0\gamma' + \gamma_w)D^2}{48}\frac{5 + \mu'}{3 + \mu'}\right]$$

(3-63)

(2) 砂土地层中加固土体受到的最大径向弯曲应力

$$(\sigma_{\rho砂土})_{\max} = \frac{1}{16t^2}\left(1 - \frac{4\rho^2}{D^2}\right)\left[\frac{3(3 + \mu')(k'_0\gamma' + \gamma_w)(2h + D)D^2}{4} + \frac{\rho(5 + \mu')(k'_0\gamma' + \gamma_w)D^2}{2}\right]$$

(3-64)

(3)砂土地层中加固土体受到的最大环向弯曲应力

$$(\sigma_{\varphi砂土})_{max} = \frac{3(k'_0\gamma' + \gamma_w)(2h+D)D^2}{64t^2}\left[(3+\mu') - (1+3\mu')\frac{4\rho^2}{D^2}\right] +$$

$$\frac{(k'_0\gamma' + \gamma_w)D^2\rho}{32t^2}\left[\frac{(5+\mu')(1+3\mu')}{3+\mu'} - (1+5\mu')\frac{4\rho^2}{D^2}\right] \tag{3-65}$$

3.3.7.2 砂土地层中加固土体强度验算

(1) 最大剪应力

根据最大剪应力理论可知,当 $\begin{cases}\varphi = 0 \\ \rho = \dfrac{D}{2}\end{cases}$ 时,有:

$$\begin{cases}\tau'_{max} = \dfrac{\beta'_1}{t'_1} \leqslant \dfrac{\tau'_c}{k'_1} \\ \beta'_1 = -\left[\dfrac{(k'_0\gamma' + \gamma_w)(2h+D)D}{8} + \dfrac{3}{64}(k'_0\gamma' + \gamma_w)D^3 - \dfrac{(k'_0\gamma' + \gamma_w)D^2}{48}\dfrac{5+\mu'}{3+\mu'}\right]\end{cases} \tag{3-66}$$

满足最大剪应力要求时纵向加固范围为:

$$t'_{抗剪} \geqslant \frac{\beta'_3 k'_3}{\tau'_c} \tag{3-67}$$

上两式中:τ'_c——加固土体的极限抗剪强度,根据经验取 $\tau'_c = \dfrac{q'_u}{6}$;

k'_1——抗剪安全系数,通常取 1.5;

μ'——加固土体的泊松比。

(2) 最大拉应力

当 $\begin{cases}\varphi = 0 \\ \rho = \dfrac{-B'_2 + \sqrt{B'^2_2 - 4A'_2C'_2}}{2A'_2}\end{cases}$ 时,根据最大径向拉应力理论,有:

$$\begin{cases}(\sigma_{\rho砂土})_{max} = \dfrac{\beta'_2}{16t'^2_2} \leqslant \dfrac{\sigma'_t}{k'_2} \\ \beta'_2 = \left(1 - \dfrac{4\rho^2}{D^2}\right)\left[\dfrac{3(3+\mu')(k'_0\gamma' + \gamma_w)(2h+D)D^2}{4} + \dfrac{(k'_0\gamma' + \gamma_w)(5+\mu')D^2\rho}{2}\right]\end{cases} \tag{3-68}$$

其中:

$$A'_2 = 3(5+\mu')(k'_0\gamma' + \gamma_w)$$

$$B'_2 = 6(3+\mu')(k'_0\gamma' + \gamma_w)(2h+D)$$

$$C'_2 = -\frac{(5+\mu')(k'_0\gamma' + \gamma_w)D^2}{2}$$

则满足最大拉应力要求时纵向加固范围为：

$$t'_2 \geqslant \sqrt{\frac{\beta'_2 k'_2}{16\sigma'_t}} \tag{3-69}$$

式中：σ'_t——土体的极限抗拉强度，通常取抗压强度 $\sigma'_t = \left(\dfrac{1}{12} \sim \dfrac{1}{8}\right) q'_u$；

k'_2——抗拉安全系数，取 1.5。

同理可得，当 $\begin{cases} \varphi = 0 \\ \rho = \dfrac{-B'_3 + \sqrt{B'^2_3 - 4A'_3 C'_3}}{2A'_3} \end{cases}$ 时，根据最大环向拉应力理论，有：

$$\begin{cases} (\sigma'_\varphi)_{\max} = \dfrac{\beta'_3}{16 t'^2_3} \leqslant \dfrac{\sigma'_t}{k'_3} \\ \beta'_3 = \dfrac{3(k'_0 \gamma' + \gamma_w)(2h + D) D^2}{4} \left[(3 + \mu') - (1 + 3\mu') \dfrac{4\rho^2}{D^2}\right] + \\ \qquad \dfrac{(k'_0 \gamma' + \gamma_w) D^2 \rho}{2} \left[\dfrac{(5 + \mu')(1 + 3\mu')}{3 + \mu'} - (1 + 5\mu') \dfrac{4\rho^2}{D^2}\right] \end{cases} \tag{3-70}$$

其中：

$$A'_3 = \frac{(1 + 5\mu')(k'_0 \gamma' + \gamma_w)}{16}$$

$$B'_3 = \frac{(1 + 3\mu')(k'_0 \gamma' + \gamma_w)(2h + D)}{16}$$

$$C'_3 = -\frac{(5 + \mu')(1 + 3\mu')(k'_0 \gamma' + \gamma_w) D^2}{192(3 + \mu')}$$

满足最大拉应力要求时纵向加固范围为：

$$t'_3 \geqslant \sqrt{\frac{\beta'_3 k'_3}{16\sigma'_t}} \tag{3-71}$$

式中：k'_3——抗拉安全系数，通常取 1.5。

根据最大径向拉应力和最大环向拉应力满足的强度理论要求可知，满足拉应力要求的纵向加固范围计算公式应为：

$$t'_{抗拉} = \max\{t'_2, t'_3\} = \left\{\sqrt{\frac{\beta'_2 k'_2}{16\sigma'_t}}, \sqrt{\frac{\beta'_3 k'_3}{16\sigma'_t}}\right\} \tag{3-72}$$

3.3.7.3 砂土地层纵向加固范围

砂土地层端头土体的纵向加固范围与加固强度之间的关系式为：

$$t_{砂土} \geqslant \max\{t'_{抗剪}, t'_{抗拉}\} = \left\{\frac{\beta'_1 k'_1}{\tau'_c}, \sqrt{\frac{\beta'_2 k'_2}{16\sigma'_t}}, \sqrt{\frac{\beta'_3 k'_3}{16\sigma'_t}}\right\} \tag{3-73}$$

3.4 实例计算与敏感性分析

根据理论分析和以往的实际工程经验可知,盾构始发与到达端头土体纵向加固范围的确定是端头加固研究的重点与核心,直接关系到盾构始发与到达的成败。本章根据端头加固土体的受力特点,分析和总结已有的荷载简化模型的优缺点后,建立了端头加固土体的力学等效模型,以砂土和黏土地层为研究对象,分析推导出了两者的纵向加固范围计算公式。

由计算公式可知,端头土体纵向加固范围主要受加固强度的影响,同时在保证加固强度的情况下,隧道直径和埋深是端头土体纵向加固范围的主要影响因素。根据端头加固经验和室内土工试验可知,端头加固设计通常要求加固土体的无侧限抗压强度 $q_u \geq 1.0 \text{MPa}$。在计算时,假定 $q_u = 1.0 \text{MPa}$,盾构直径分别取 6m、10m、15m、20m,隧道埋深分别取 12m、15m、20m、25m,以砂土和黏土地层为研究对象(土体的物理力学参数如表 3-1 所示),计算不同埋深和洞径条件下纵向加固范围的变化规律,根据变化规律判定加固土体的破坏模式,对比砂土与黏土地层传统的计算模型,提出荷载等效模型的优缺点及其适用条件。

土层物理力学参数 表 3-1

土 层	密度(g/cm³)	弹性模量(MPa)	黏聚力(kPa)	内摩擦角(°)	侧压力系数	泊 松 比
黏土	1.7	10	8	20	0.4	0.35
砂土	1.8	35	0	30	0.6	0.3
加固土体	2.0	100	300	35	—	0.22

3.4.1 黏土地层算例分析

3.4.1.1 端头加固土体的破坏模式

由盾构始发与到达端头土体的力学分析模型可知,当盾构工作井内洞门破除以后,端头加固土体受到拉应力和剪应力作用,是最可能的破坏形式即在侧压力作用下加固土体的破坏类型主要是拉伸破坏和剪切破坏。利用纵向加固范围计算公式[式(3-65)和式(3-73)],分别计算不同埋深和洞径条件下端头土体需要的纵向加固范围,并对计算结果进行分析和总结,如图 3-14 ~ 图 3-19 所示。图中 t 为端头土体的纵向加固范围,D 为盾构隧道的直径,h 为隧道埋深。

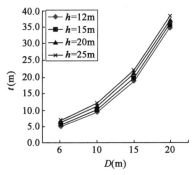

图 3-14 不同埋深 D-t 图(抗拉)

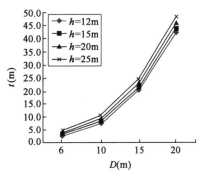

图 3-15 不同埋深 D-t 图(抗剪)

（1）当隧道埋深一定时，满足抗拉和抗剪要求的纵向加固范围均随着盾构直径的增加而增加，且隧道直径越大，纵向加固范围增加的速率越快；当直径一定时，纵向加固范围随着隧道埋深的增加而增加，且增加的速率几乎保持恒定不变，如图3-14和图3-15所示。

（2）如图3-16～图3-19所示，当盾构直径较小时，端头加固土体主要受到拉应力的作用，破坏模式主要是受拉破坏；当盾构直径逐渐增大，盾构工作井端头加固土体受到的剪切应力逐渐开始占主导作用，主要为剪切破坏。

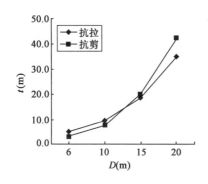

图3-16 不同类型应力 D-t 图（$h=12m$）

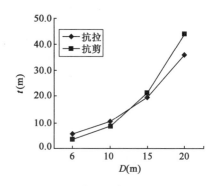

图3-17 不同类型应力 D-t 图（$h=15m$）

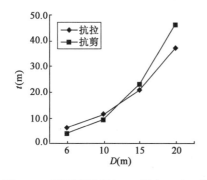

图3-18 不同类型应力 D-t 图（$h=20m$）

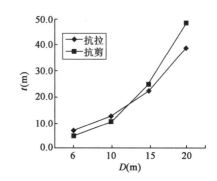

图3-19 不同类型应力 D-t 图（$h=25m$）

3.4.1.2 新旧计算模型对比研究

传统的计算模型主要是将梯形荷载简化为均布荷载，利用均布荷载求解加固土体的受力与变形。改进的理论计算模型将梯形荷载等效为均布荷载和三角形反对称荷载的叠加，使得计算模型更加符合工程实际情况。分别对两种模型进行理论计算，计算结果分析如下：

（1）如图3-20和图3-21所示，当盾构隧道埋深不变时，根据传统的荷载简化模型计算的纵向加固范围与盾构直径成正比，纵向加固范围随隧道直径呈线性增加；根据改进的荷载等效模型计算的纵向加固范围虽然也随着盾构直径呈线性增加，但是不同阶段增加的斜率不同，当盾构直径较小时，如盾构直径从6m变化到10m时，纵向加固范围增加的速率较小，而当盾构直径不断增大，从15m到20m时，纵向加固范围增加的速率较大，而且随着盾构直径的加大，纵向加固范围随直径增加的速率越来越大。

当盾构隧道直径不变时，端头土体的纵向加固范围与隧道埋深成正比，呈线性增加，但是增加速率较小。

(2)图 3-22～图 3-25 是隧道埋深分别为 12m、15m、20m 和 25m 时,新旧两种计算模型纵向加固范围随盾构直径的变化对比图。当盾构直径较小时,传统模型与改进模型计算的纵向加固范围几乎相等,但随着隧道直径的增加,特别是当隧道直径大于 10m 后,传统荷载简化模型计算的纵向加固范围较小,而改进的荷载等效模型计算的加固范围增加的速率明显大于传统模型,因此对于大直径盾构,传统的荷载简化模型计算结果偏于危险,建议采用荷载等效模型进行求解。这也可能是大直径盾构和普通直径盾构的重要分界线。

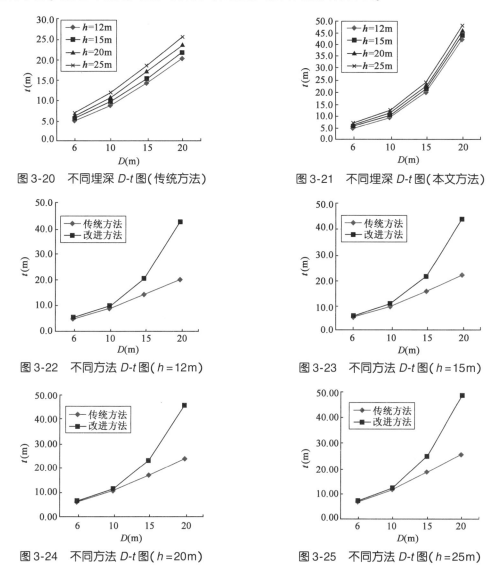

图 3-20　不同埋深 D-t 图(传统方法)　　　图 3-21　不同埋深 D-t 图(本文方法)

图 3-22　不同方法 D-t 图($h=12$m)　　　图 3-23　不同方法 D-t 图($h=15$m)

图 3-24　不同方法 D-t 图($h=20$m)　　　图 3-25　不同方法 D-t 图($h=25$m)

3.4.2　砂土地层算例分析

根据黏土地层的计算方法,对砂土地层进行了实例计算与分析,对比图 3-26～图 3-37 与前面黏土地层计算结果图 3-14～图 3-25,砂土地层的变化规律与黏土地层基本相似。本节对此将不再详细叙述,具体情况请见第 3.4.1 节对黏土地层的算例分析。

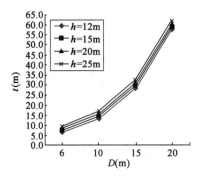

图 3-26 不同埋深 D-t 图(抗拉)

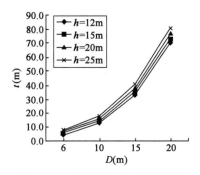

图 3-27 不同埋深 D-t 图(抗剪)

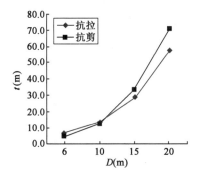

图 3-28 不同类型应力 D-t 图($h=12m$)

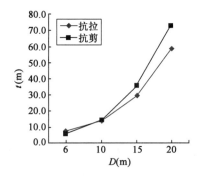

图 3-29 不同类型应力 D-t 图($h=15m$)

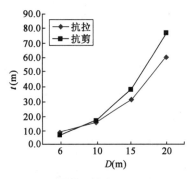

图 3-30 不同类型应力 D-t 图($h=20m$)

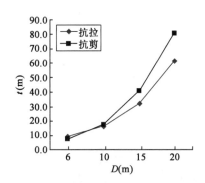

图 3-31 不同类型应力 D-t 图($h=25m$)

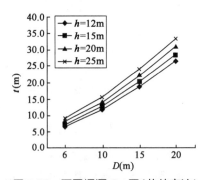

图 3-32 不同埋深 D-t 图(传统方法)

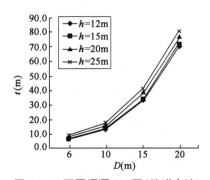

图 3-33 不同埋深 D-t 图(改进方法)

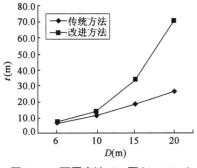

图 3-34　不同方法 D-t 图（h=12m）

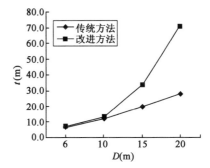

图 3-35　不同方法 D-t 图（h=15m）

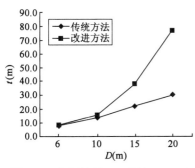

图 3-36　不同方法 D-t 图（h=20m）

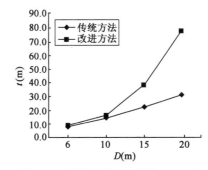

图 3-37　不同方法 D-t 图（h=25m）

3.4.3　砂土与黏土地层算例对比

上面两节我们利用强度理论对端头土体的纵向加固范围进行了计算和分析,无论端头地层是砂土还是黏土,端头土体纵向加固范围均随着隧道直径增大而增大,且随着隧道直径的增加,纵向加固范围增加的速率也不断加大,如图 3-38～图 3-41 所示。但是两种土体计算结果仍然存在差异,对比砂土和黏土可以得出以下两点结论:

(1)盾构直径相等的条件下,砂土的纵向加固范围大于黏土,因此在其他条件相同的情况下,砂土比黏土更加危险。

(2)随着盾构直径的增加,砂土地层纵向加固范围增加的速率大于黏土,即盾构直径越大,砂土与黏土纵向加固范围相差越大。相比黏土而言,砂土更容易发生破坏。

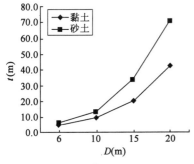

图 3-38　不同土体 D-t 图（h=12m）

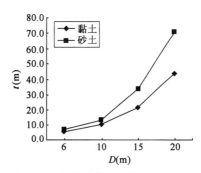

图 3-39　不同土体 D-t 图（h=15m）

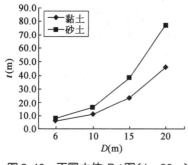

图3-40 不同土体 D-t 图(h=20m)

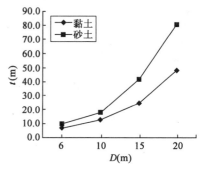

图3-41 不同土体 D-t 图(h=25m)

3.5 本章小结

（1）根据盾构始发与到达端头土体的结构特征和受力状态，利用弹性力学轴对称问题的求解方法和叠加原理的基本思路，建立梯形荷载的等效模型，将梯形荷载等效为均布荷载和三角形反对称荷载的叠加，在端头加固土体力学模型的研究中探索出了一条新路，求得了梯形荷载下的内力表达式。

（2）根据梯形荷载的等效力学模型求得的内力表达式，考虑黏土地层和砂土地层的特征，求得满足强度要求的端头土体纵向加固范围：

$$t \geqslant \max\{t_{拉}, t_{剪}\} = \left\{\sqrt{\frac{\beta_1 k_1}{16\sigma_t}}, \sqrt{\frac{\beta_2 k_2}{16\sigma_t}}, \frac{\beta_3 k_3}{\tau_c}\right\} \quad （黏土地层）$$

$$t \geqslant \max\{t'_{拉}, t'_{剪}\} = \left\{\sqrt{\frac{\beta'_1 k'_1}{16\sigma'_t}}, \sqrt{\frac{\beta'_2 k'_2}{16\sigma'_t}}, \frac{\beta'_3 k'_3}{\tau'_c}\right\} \quad （砂土地层）$$

（3）利用强度理论得出的公式对实例进行计算和分析，求得纵向加固范围随着盾构直径、隧道埋深的增加而增加，相比隧道埋深，盾构直径对加固范围的影响更大。当盾构直径较小时，端头土体主要是受拉破坏；当采用大直径盾构时，端头土体主要表现为剪切破坏。

（4）对比传统计算模型和本章改进模型，我们可以得到：

①当隧道埋深不变时，两种模型条件下加固土体受到的最大剪应力和最大拉应力随着盾构直径的增加而增加，当盾构直径小于 10m 时，两种模型的计算结果较为接近，但是随着盾构直径的增加，本章改进方法计算的最大应力增加的速率明显大于传统计算方法；盾构直径不变，两种模型求得的最大剪应力和最大拉应力随着隧道埋深的增加而增加，速率几乎一致。本章改进模型的最大剪应力大于传统模型，但是两者计算的拉应力几乎一致。

②当盾构直径较小时，如采用直径 6m 左右的盾构，传统方法和本章改进方法计算的端头纵向加固范围几乎相等。但是，随着盾构直径的增大，传统计算模型的加固范围偏小，加固范围随着盾构直径增加的速率远小于本章改进计算模型。因此，相比而言，用本章改进的计算模型求得纵向加固范围更加合理与安全。

（5）砂土地层的纵向加固范围大于黏土地层，随着盾构直径的增大，砂土地层的纵向加固范围增加速率比黏土地层快，因此在其他条件相同的情况下，砂土地层盾构始发与到达比黏土地层更加危险。

第4章 端头加固土体稳定性研究

4.1 基础理论概述

4.1.1 土的破坏理论

长期以来,人们根据对材料破坏现象的分析和研究,提出各种各样的假设,得出各种不同的材料强度或破坏理论。在古典的强度理论中,可用于土的破坏理论主要有如下三种[32-34]:

(1) 广义特莱斯卡(Tresca)理论

特莱斯卡理论认为,材料中一点的剪应力达到某一极限时,该点即进入破坏状态,故又称为最大剪应力理论。该理论可表示为:

$$\sigma_1 - \sigma_3 = 2S_f \tag{4-1}$$

式中:S_f——材料所能承受的剪应力极限值,是一个试验常量。

对于土,S_f 值与土体所受的主应力之和($I_1 = \sigma_1 + \sigma_2 + \sigma_3$)有关,即应力张量第一不变量。把特莱斯卡理论用之于土,就称为广义特莱斯卡理论。

(2) 广义密塞斯(von Mises)理论

密塞斯理论认为,材料的应变能达到极限值时就进入破坏状态,故又称为最大畸变理论。该理论可表示为:

$$(\sigma_1 - \sigma_2)^2 + (\sigma_2 - \sigma_3)^2 + (\sigma_1 - \sigma_3)^2 = \frac{6E}{1+\mu}W_f \tag{4-2}$$

式中:E——材料的弹性模量;

μ——材料的泊松比;

W_f——畸变能的极限值,是一个试验常数。

对于土,W_f 同样是主应力之和($I_1 = \sigma_1 + \sigma_2 + \sigma_3$)的函数。将 W_f 表示为 I_1 的函数后,把密塞斯理论用之于土,就称为广义密塞斯理论。

(3) 莫尔—库仑(Mohr-Coulomb)破坏理论

我们在研究过程中主要应用目前被认为比较能拟合试验结果,为生产实践所广泛采用的破坏理论,即莫尔—库仑破坏理论。

在试验的基础上,1776年法国科学家库仑(C. A. Coulomb)总结土的破坏现象和影响因素,提出土的破坏公式为:

$$\tau_f = c + \sigma\tan\varphi \tag{4-3}$$

式中:τ_f——剪切破裂面上的剪应力,即土的抗剪强度;

σ——破坏面上的法向应力;

c——土的黏聚力,对于无黏性土,$c = 0$;

φ——土的内摩擦角。

c 和 φ 是决定土的抗剪强度的两个指标,称为抗剪强度指标,对于同一种土,在相同的试验条件下为常数,但是试验方法不同则会有很大的差异。

莫尔在库仑研究的基础上提出材料的破坏是剪切破坏理论,认为在破裂面上,法向应力 σ 与抗剪强度 τ_f 之间存在着函数关系,即:

$$\tau_f = f(\sigma) \quad (4-4)$$

这个函数所定义的曲线称为莫尔破坏包络线,又称为抗剪切包络线。如果代表土单元体中某一个面上法向应力 σ 和剪应力 τ 的点落在破坏包络线上,表明剪应力等于抗剪强度,土单元处于临界破坏状态。一般土体在应力变化范围不是很大的情况下,土的抗剪强度与法向应力呈线性函数关系。

4.1.2 莫尔—库仑破坏准则

在实际工程问题中,可能发生剪切破坏的平面一般不能预先确定。土体中的应力分析只能计算各点垂直于坐标平面上的应力或各点的主应力,故无法直接判定土单元是否破坏。因此,需要进一步研究莫尔—库仑破坏理论如何直接用主应力表示,即莫尔—库仑破坏准则,也称土的极限平衡条件。

首先分析土体中剪切破坏面的位置。在三轴试验中,试样围压为 σ_3,破坏时的轴向应力为 σ_{1f},它等于 $\sigma_3 + (\sigma_1 - \sigma_3)_f$,$(\sigma_1 - \sigma_3)_f$ 就是土样达到破坏时的偏差应力。在 τ-σ 坐标上绘制土样破坏时的应力圆,如图4-1所示。按照莫尔—库仑破坏理论,破坏圆必定与破坏包络线相切。

显然,切点所代表的平面满足 $\tau = \tau_f$ 的条件,因此,这就是试样的破裂面。根据几何关系可知,破裂面与最大主应力面成 $45° + \varphi/2$ 的夹角。

由此可见,土与一般连续性材料(如钢、混凝土等)不同,是一种具有内摩擦强度(亦称黏聚强度)的材料。其剪切破裂面不产生于最大剪应力面,而是与最大剪应力面成 $\varphi/2$ 的夹角。如图4-1所示,如果土质均匀,且试验中能保证试件内部的应力、应变均匀分布,则试件内将会出现两组完全对称的破裂面。

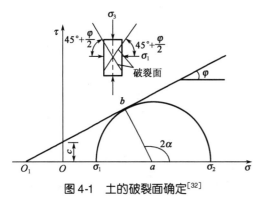

图 4-1 土的破裂面确定[32]

通过分析试样达到破坏状态的应力条件,以及从图4-1所示的几何关系可以推导出土单元体达到破坏时主应力的关系:

$$\sin\varphi = \frac{\sigma_1 - \sigma_3}{\sigma_1 + \sigma_3 + 2c\cot\varphi} \quad (4-5)$$

$$\sigma_1 = \sigma_3 \tan^2\left(45° + \frac{\varphi}{2}\right) + 2c\tan\left(45° + \frac{\varphi}{2}\right) \quad (4-6)$$

$$\sigma_3 = \sigma_1 \tan^2\left(45° - \frac{\varphi}{2}\right) - 2c\tan\left(45° - \frac{\varphi}{2}\right) \quad (4-7)$$

上述三式都是表示土单元达到破坏时的主应力关系,即莫尔—库仑理论破坏准则,也是土体达到极限平衡状态的条件,故我们也称之为极限平衡条件。

4.1.3 朗肯土压力理论

朗肯土压力理论是土压力计算中著名的古典土压力理论之一,由英国学者朗肯于1857年提出,由于概念明确,方法简单,至今仍被广泛引用。该理论主要用于研究自重应力作用下,半无限土体内各点的应力从弹性平衡状态发展为极限平衡状态的条件,提出计算挡土墙土压力的理论,其分析方法如下。图4-2a)和图4-3a)表示具有水平表面的半无限土体[32-36]。

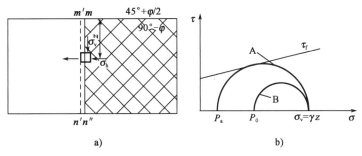

图4-2 朗肯主动极限平衡状态[32]

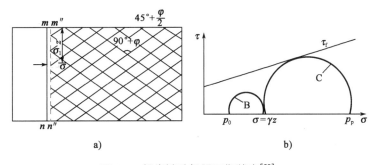

图4-3 朗肯被动极限平衡状态[32]

如前所述,当土体静止不动时,深度z处土体单元的应力为$\sigma_v = \gamma z$,$\sigma_h = K_0 \gamma z$;可用图4-2b)和图4-3b)的应力圆B表示。若以某一竖直面mn代表挡土墙墙背,用以代替mn左侧的土体而不影响右侧土体中的应力状态,则当mn面向外侧平移时,右侧土体中的水平应力σ_h将逐渐减小,而σ_v保持不变。因此,应力圆的直径逐渐加大,当侧向位移至$m'n'$,应力圆与土体的抗剪强度包线相切,如图4-2b)中的圆A,表示土体达到主动极限平衡状态。这时$m'n'$面后的土体进入破坏状态,如图4-2a),土体中的抗剪强度已全部发挥出来,使得作用在墙上的土压力σ_h达到最小值,即主动土压力p_a。以后,即使墙再继续移动,土压力也不会进一步减小。

相反,若mn面在外力作用下向填土方向移动,挤压土体,σ_h将逐渐增加,土中剪应力最初减小,后来又逐渐反向增加,直至剪应力增加到土的抗剪强度时,应力圆又与强度包络线相切,达到被动极限平衡状态,如图4-3b)中的圆C所示。这时,作用在$m''n''$面上的土压力达到最大值,即被动土压力p_p,土体破坏后,即使$m''n''$面再继续移动,土压力也不会进一步增大。

4.1.4 条分法在黏性土坡稳定分析中的应用

为了将圆弧滑动法应用于$\varphi > 0°$的黏性土,通常采用条分法来计算黏性土体的滑动范围[28-31]。条分法就是将滑动土体竖直分成若干土条,将土体假设为刚体,分别求作用于各土条上的力对圆心的滑动力矩和抗滑力矩,然后按照式(4-8)求土坡的稳定安全系数。

$$F_\text{s} = \frac{抗滑力矩}{滑动力矩} = \frac{M_\text{R}}{M_\text{s}} = \frac{c \cdot AC \cdot R}{W \cdot d} \qquad (4-8)$$

如图 4-4 所示,把滑动土体分成若干土条后,土条的两侧存在着条块间的作用力,作用在条块 i 上的力,除重力 W_i 外,条块侧面 ac 和 bd 作用有法向力 P_i、P_{i+1},切向力 H_i、H_{i+1},前者力的作用点离弧面为 h_i、h_{i+1}。滑弧段 cd 的长度 l_i,其上作用着法向力 N_i 和切向力 T_i,T_i 包括黏聚阻力 $c_i l_i$ 和摩擦阻力 $N_i \tan\varphi$。考虑到条块的宽度不大,W_i 和 N_i 可以看成是作用于 cd 弧段的中点。在所有的作用力中,P_i、H_i 在分析前一土条时已经出现,可视为已知量,因此,待定的未知量有 P_{i+1}、H_{i+1}、h_{i+1}、N_i 和 T_i 五个。每个土条可以建立三个静力平衡方程,即 $\sum F_{xi} = 0$,$\sum F_{zi} = 0$ 和 $\sum M_i = 0$,以及一个极限平衡方程 $T_i = (N_i \tan\varphi_i + c_i l_i)/F_\text{s}$ [32,35]。

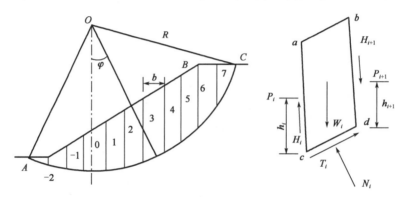

图 4-4 条分法各条块间的作用力[28-31]

如果把滑动土体分成 n 个条块,则条块间的分界面有 $n-1$ 个。界面上的未知量为 $3(n-1)$,滑动面上力的未知量为 $2n$,加上代求的安全系数 F_s,总计未知量个数为 $(5n-2)$。可以建立的静力平衡方程和极限平衡方程为 $4n$ 个,因此无法求解方程。目前基于条分法的求解主要是采用一些可以接受的简化假设,以减少未知量或增加方程数。各种简化假设大体上可以分为三种类型:

(1) 不考虑条块间作用力或仅考虑其中一个,瑞典条分法或简化的毕肖普法都属于此类。
(2) 假定条间力的作用方向或规定 P_i、H_i 的比值,折线滑动面分析方法属于此类。
(3) 假定条块间力的作用位置,即规定 h_i 大小,普遍条分法属于这一类。

4.2 端头加固土体稳定性模型的建立

在自然界中,土体不像钢材、混凝土那样是较为"标准"的连续性介质,而是相系组合体。一般认为土由三相物质(土粒、水、气)组成。松散的土粒堆积成土骨架,水和气体充塞在骨架间的空隙中。三相物质同时存在,其成分、相对含量和相互作用决定了土的物理力学性质。

在盾构始发与到达端头土体的稳定性研究中,为简化计算,依据第 4.1 节中的土力学基础理论,建立较理想化的端头土体滑动破坏模型,根据土体是否具有黏聚力,将研究对象分为黏性土体与砂性土体两大类分别建立力学模型和对应的数学模型,对盾构始发与到达端头土体的稳定性进行分析，推导出土体失稳破坏范围，然后确定端头土体的合理加固范围。

4.2.1 黏性土体模型

黏性土体力学模型的建立如图4-5所示。取洞门直径D所在的纵剖面为研究对象，建立二维土体的滑移破坏模型，土体在这个面上产生最大滑移破坏面。根据圆弧滑动法，在没有挡墙存在时，端头土体相当于直立土坡，直立土体滑移失稳时沿A滑动面破坏；而在实际工程中由于挡墙侧限的存在，土体滑移失稳将产生新的破坏面。通过分析黏土的性质，主要有两种假设滑动模型[96,98-103]：

第一种，理想化的滑动破坏模型。假设挡墙为完全刚性，限制上覆土体的侧向移动，即假设内摩擦角$\varphi=0°$，土体只能向下滑动，此时土体的滑动面为Ca光滑平面，oa分界面以下土体的滑动模型为以o为圆心，隧道直径D为半径的圆弧滑动面。该模型虽然较为理想化，但是由于计算简便，能较好地反映黏土地层端头土体的滑移破坏特征，因此常常被用于验证盾构端头土体加固的稳定性。

第二种，毕肖普条分法破坏模型。实际情况不可能完全理想化，大部分情况土体$\varphi>0°$。我们试图利用毕肖普条分法的基本理论，研究端头加固的稳定性情况，提出了毕肖普条分法破坏模型。

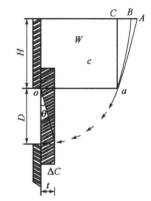

图4-5 黏性土体的滑动模型

假设隧道上方滑动破坏面为Ba曲面，oa分界面以下土体的滑动模型和第一种模型一样，以o为圆心，隧道直径D为半径的圆弧滑动面。

4.2.1.1 理想的滑动模型[28-31]

即将始发或者到达的盾构隧道，破除洞门围护结构后开挖面完全暴露的一段时间内，在地面堆载、隧道上覆土体以及侧压力的共同作用下，盾构始发与到达端头土体可能沿着某个滑移面从盾构隧道开挖面向盾构工作井内整体滑动。

以往专家和学者在端头土体的稳定性研究时，根据对黏性土坡稳定性的分析，利用整体圆弧滑动法，假设$\varphi=0°$，分界面oa下部土体的滑动面是开挖隧道在洞口处以顶点o为圆心，直径D为半径的圆弧面，而上面土体在盾构洞门围护结构的约束下，无侧向滑动，只能向下滑动，即上覆土体的滑动面为Ca平面，如图4-6a)所示。

根据土体滑动理论可知，此时引起盾构始发与到达端头土体下滑的滑动力矩主要由三部分组成：地面堆载P引起的下滑力矩、上覆土体自重引起的滑动力矩以及滑移圆弧线内土体的下滑力矩。具体计算如下：

$$M = M_1 + M_2 + M_3 \tag{4-9}$$

式中：M_1——地面堆载P引起的下滑力矩，$M_1 = \dfrac{PD^2}{2}$；

M_2——上覆土体自重引起的下滑力矩，$M_2 = \sum\limits_{i}^{n} \gamma_i H_i \cdot \dfrac{D^2}{2}$；

M_3——滑移圆弧线内土体的下滑力矩，$M_3 = \dfrac{\gamma_t D^3}{3}$；

γ_t——加固前土体的平均重度。

对于黏性土体而言,当 $\varphi = 0°$ 时,土体的抗滑阻力全部为黏聚力提供,忽略了摩擦阻力的作用,则端头土体中存在的抗滑力矩为:

$$\overline{M} = \overline{M_1} + \overline{M_2} + \overline{M_3} \qquad (4\text{-}10)$$

式中:$\overline{M_1}$——滑移圆弧线 ab 段的抗滑力矩,$\overline{M_1} = cHD$;

$\overline{M_2}$——滑移圆弧线 bc 段的抗滑力矩,$\overline{M_2} = cD^2\left(\dfrac{\pi}{2} - \theta\right)$;

$\overline{M_3}$——滑移圆弧线 cd 段的抗滑力矩,$\overline{M_3} = \Delta c\theta D^2$;

c——加固前土体的黏聚力;

Δc——加固后土体的黏聚力;

H——上覆土体的高度;

θ——纵向加固厚度与滑移线相交圆弧所对应的圆心角。

根据土体的平衡条件可知 $KM = \overline{M}$(K 为抗滑安全系数)。由于模型假设时忽略了摩擦阻力的存在,抗滑力矩往往偏小,因此计算时,取抗滑动安全系数 $K = 1.5$,将以上各式代入可求得:

$$M = \frac{PD^2}{2} + \sum_{i}^{n} \gamma_i H_i \cdot \frac{D^2}{2} + \frac{\gamma_1 D^3}{3} \qquad (4\text{-}11)$$

$$\overline{M} = cHD + cD^2\left(\frac{\pi}{2} - \theta\right) + \Delta c\theta D^2 \qquad (4\text{-}12)$$

$$\theta = \frac{KM - c\left(HD + \dfrac{\pi}{2}D^2\right)}{(\Delta c - c)D^2} \qquad (4\text{-}13)$$

则由图 4-6a)中的几何条件可知,端头土体的纵向加固范围为:

$$t = D \cdot \sin\theta \qquad (4\text{-}14)$$

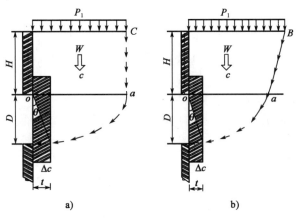

图 4-6 端头土体滑动破坏模型[28-31]

4.2.1.2 毕肖普条分法破坏模型

分界面下部土体破坏模型的讨论:

如图 4-6b)所示,假设 oa 为分界面 C,将端头土体分为上下两部分来进行分析。首先取出分界面 C 下方的土体进行分析研究。如图 4-7 所示,将上覆土层等效为作用在分界面 C 上的

均布荷载 W_a,运用毕肖普条分法求解下部分土体潜在滑动面的位置。

先求黏性均质土体的滑动面。因为有黏聚力的缘故,黏性土体的滑动面是一圆弧面。为了将整体圆弧滑动法应用于 $\varphi > 0°$ 的黏性土,通常采用条分法。条分法就是将滑动土体竖直分成若干土条,把土条看作刚体,分别求作用于各土条上的力对圆心的滑动力矩和抗滑力矩。假设土体滑移破坏的纵向范围为 b,根据静力平衡,滑动力矩与抗滑力矩将趋于平衡,滑动力是由于土体自重产生的,抗滑力利用莫尔—库仑理论求得。

如图 4-8 所示,对于单条土体:

$$W_i + \frac{W_a}{b} \cdot \Delta b + \Delta H_i = N_i \cos\alpha_i + T_i \sin\alpha_i \tag{4-15}$$

$$\Delta H_i = H_{i+1} - H_i$$

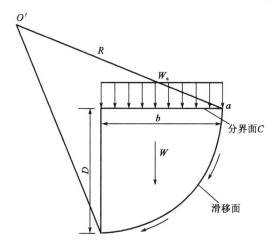

图 4-7 分界面下部土体破坏模型　　图 4-8 单块土条的受力情况

化简式(4-15),得:

$$N_i \cos\alpha_i = W_i + \frac{W_a}{b} \cdot \Delta b + \Delta H_i - T_i \sin\alpha_i \tag{4-16}$$

根据滑弧面上的极限平衡条件有:

$$T_i = \frac{T_{fi}}{F_s} = \frac{c_i l_i + N_i \tan\varphi_i}{F_s} \tag{4-17}$$

将 T_i 代入式(4-16)中,整理得:

$$N_i = \frac{W_i + \frac{W_a}{b} \cdot \Delta b + \Delta H_i - \frac{c_i l_i}{F_s}\sin\alpha_i}{\cos\alpha_i + \frac{\sin\alpha_i \tan\varphi_i}{F_s}} = \frac{1}{m_{\alpha i}}\left(W_i + \frac{W_a}{b} \cdot \Delta b + \Delta H_i - \frac{c_i l_i}{F_s}\sin\alpha_i\right) \tag{4-18}$$

$$m_{\alpha i} = \cos\alpha_i + \frac{\sin\alpha_i \tan\varphi_i}{F_s}$$

上述式中:W_i——第 i 块土条的重力,$W_i = \gamma h_i \cdot \frac{b}{10}$;

W_a——上覆土层的等效重力，$\frac{W_a}{b} \cdot \Delta b$ 为作用在 Δb 宽度土条上的重力；

H_i——土条之间的切向力；

N_i——单块土条滑弧段上作用的法向力；

T_i——单块土条滑弧段上作用的切向力；

T_{fi}——条块 i 在滑动面上的抗剪强度；

F_s——滑动圆弧的安全系数；

$c_i l_i$——黏聚阻力；

φ_i——土体内摩擦角；

α_i——滑动面法向与竖直向的夹角。

利用滑动土体的整体力矩平衡，即各土条的作用力对圆心力矩之和为零。此时，条块土体之间的条间力 P_i 和 H_i 成对出现，大小相等，方向相反，相互抵消，对圆心不产生力矩。滑动面上的正压力 N_i 通过圆心，也不产生力矩。因此，只有重力 $W_i + \frac{W_a}{t} \cdot \Delta t$ 和滑动面上的切向力 T_i 对圆心产生力矩。有：

滑动力矩：

$$M_1 = \sum_1^{10}\left(W_i + \frac{W_a}{t} \cdot \Delta b\right) \cdot \sin\alpha_i \cdot R \tag{4-19}$$

抗滑力矩：

$$M_2 = \sum_{i=1}^{10} \frac{1}{F_s}(c_i l_i + N_i \tan\varphi_i) \cdot R \tag{4-20}$$

根据力矩平衡：

$$M_1 = M_2 \tag{4-21}$$

$$h_{i-1} = h_i - \frac{b}{2n}\tan\alpha_i$$

$$l_i = \frac{b}{n \cdot \cos\alpha_i}$$

将式(4-19)代入式(4-20)力矩平衡公式，整理得：

$$F_s = \frac{\sum_{i=1}^{10} \frac{1}{m_{\alpha i}}\left[c_i \Delta b + \left(W_i + \frac{W_a}{b} \cdot \Delta b + \Delta H_i\right)\tan\varphi_i\right]}{\sum_1^{10}\left(W_i + \frac{W_a}{b} \cdot \Delta b\right)\sin\alpha_i} \tag{4-22}$$

这是毕肖普条分法土坡稳定的一般计算公式。式中 ΔH_i 仍是未知量。毕肖普进一步假定 $\Delta H_i = 0$，实际上也就是认为条块间只有水平作用力 P_i 而不存在切向力 H_i。于是式(4-22)进一步简化为：

$$F_s = \frac{\sum_{i=1}^{10} \frac{1}{m_{\alpha i}}\left[c_i \Delta t + \left(W_i + \frac{W_a}{b} \cdot \Delta b\right)\tan\varphi_i\right]}{\sum_1^{10}\left(W_i + \frac{W_a}{b} \cdot \Delta b\right)\sin\alpha_i} \tag{4-23}$$

式中,参数 m_{ai} 包含有安全系数 F_s,因此不能直接求出安全系数,需要采用试算的办法,迭代求算 F_s 值。当达到精度要求时,这时 F_s 值所对应的滑动面就是最危险滑动面。在实际工程中,以上公式中所列出的参数均能通过相关试验与监测得到,代入公式后在求得最危险滑动面的同时,可以求出端头土体纵向滑动的范围 b,为求解分界面 C 上部土体的破坏模式提供依据。

简化毕肖普法在不考虑条块间切向力的前提下,满足力多边形闭合条件。就是说,隐含着条块间有水平力的作用,虽然在公式中水平作用力并未出现。所以它的特点是:

(1) 满足整体力矩平衡条件。
(2) 满足各条块力的多边形闭合条件,但不满足条块的力矩平衡条件。
(3) 假设条块间作用力只有法向力而没有切向力。
(4) 满足极限平衡条件。

由于考虑了条块间水平力的作用,得到的安全系数较瑞典条分法略高一些。很多工程计算表明,毕肖普法与严格的极限平衡分析法[31]相比,既满足全部静力平衡条件,结果也与其非常接近。由于计算不是很复杂,精度较高,所以是目前工程中很常用的一种方法。

4.2.1.3 分界面上部土体破坏模型的讨论

通过运用毕肖普条分法可以求出洞门后方土体的破坏形态与纵向破坏范围。下面讨论分界面 C 上覆土体的破坏模式。如图 4-9 所示,将图 4-6 中的 B 圆弧面简化为斜直面,假设上覆土体的滑移破坏是沿着 B' 与 B'' 呈平行四边形破坏,如图 4-10 所示。

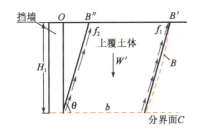
图 4-9 分界面上部土体的破坏模型

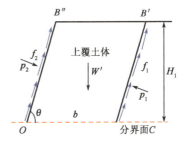
图 4-10 土体的受力分析

在图 4-10 中,将上覆土体看作一个整体单独取出进行受力分析;上覆土体在自重 W' 的作用下有向下滑动的趋势,平行四边形两侧滑移面上的作用力,分别为侧向垂直于滑动面的压力 p_1、p_2 及摩擦阻力 f_1、f_2(p、f 均随着埋深的变化逐渐增大),上覆土体在上述力的共同作用下达到极限平衡状态,通过力及力矩的平衡方程求出 θ 的值,即可确定 OB' 的范围。

库仑提出的土体破坏公式[28]:

$$\tau = c + \sigma \cdot \tan\varphi \tag{4-24}$$

式中:τ——剪切破裂面上的剪应力,即土的抗剪强度;

σ——破坏面上的法向应力;

c——土的黏聚力,对于黏性土 c 不为零;

φ——土的内摩擦角。

由于盾构隧道整个上覆土体处于极限平衡状态,所以研究对象在力与力矩的作用下达到平衡,将土体自重分别向 f 和 p 方向分解,得到平衡公式:

$$W' \cdot \sin\theta = f_1 + f_2 \qquad (4\text{-}25)$$

上式中,$f = \int \tau \cdot d\dfrac{h}{\sin\theta}$。$f_1$、$f_2$ 产生机理相同,大小相等。于是由式(4-25)得:

$$W' \cdot \sin\theta = 2 \cdot \int \tau \cdot d\dfrac{h}{\sin\theta} \qquad (4\text{-}26)$$

把土体作为单独的整体进行研究,在垂直作用于土体两侧的 p 与重力 W' 的分力共同作用下,被研究对象有以 O 点为原点旋转的趋势,根据力矩平衡得:

$$W' \cdot \cos\theta \cdot l' + p_2 \cdot l_2 = p_1 \cdot l_1 \qquad (4\text{-}27)$$

上式中,p_1、p_2 的确定与 h 和破坏角 θ 的大小有关,通过对 h 的积分可以求得 p 的表达式;l 为力作用点到 O 的力臂,假设研究对象为均质单一土体,$W' = \gamma h b$,对于有不同土层分布的土体,$W' = \sum\limits_{n=1}^{i} \gamma h_i b$,计算较为烦琐。

为求得破坏角 θ,对式(4-26)进行整理,将库仑土体破坏公式(4-24)代入式(4-26)得:

$$W' \cdot \sin\theta = 2 \cdot \int \left(\dfrac{c + \sigma \cdot \tan\varphi}{\sin\theta}\right) dh \qquad (4\text{-}28)$$

式中:σ——滑动面上一点的正应力,根据弹性力学中坐标转换公式得:

$$\sigma = \sigma_1 \cdot \cos^2\theta + \sigma_3 \cdot \sin^2\theta$$

上式中,$\sigma_1 = \gamma h$,$\sigma_3 = k\gamma h$,γ 为土体重度,k 为侧压力系数,均为常数。代入式(4-28)整理得:

$$W' \cdot \sin^2\theta = 2 \cdot \int [c + (\gamma h \cdot \cos^2\theta + k\gamma h \cdot \sin^2\theta) \cdot \tan\varphi] dh \qquad (4\text{-}29)$$

进而可以求得关于 θ 的等式:

$$(W' - k_0 \gamma H^2 \cdot \tan\varphi) \cdot \sin^2\theta - \gamma H^2 \cdot \tan\varphi \cdot \cos^2\theta = cH \qquad (4\text{-}30)$$

令 $\alpha_1 = (W' - k_0 \gamma H_1^2 \cdot \tan\varphi)$,$\alpha_2 = \gamma H_1^2 \cdot \tan\varphi$,将式(4-30)整理变形得:

$$\cos 2\theta = \dfrac{\alpha_1 - \alpha_2 - 2cH_1}{\alpha_1 + \alpha_2} \qquad (4\text{-}31)$$

从而可以确定破坏角 θ 的值,则可以求得:

$$OB' = OB'' + B'B'' = H_1 \cdot \cos\theta + b \qquad (4\text{-}32)$$

根据 H 的变化,可以求出 B' 滑动面的位置。综合上述两部分求解端头土体滑动面的公式,即可确定黏土地层中盾构始发与到达端头土体失稳滑移时的纵向破坏范围,从而确定端头土体的纵向加固范围。

4.2.2 砂性土体模型

砂性土体的力学模型不同于黏性土体,砂性土体无内聚力。长久以来,世界各国的专家和学者在研究砂性土坡的破坏模式时,对砂性土坡的滑动进行了室内及室外模型试验研究[111,112]。研究结果表明,砂性土坡的破坏过程表现出突发性,其滑裂面从坡顶至坡脚形成一条近似直线形的滑裂面[39,40];太沙基(Terzaghi)松动土压力原理以及离心试验表明,盾构隧道分界面上方砂性土体的破坏面是竖直滑动面,而分界面 oa 下方土体则不再是圆弧面,而是通过坡脚的斜直面。据此建立砂性土体端头的破坏模型,如图4-11和图4-12所示。

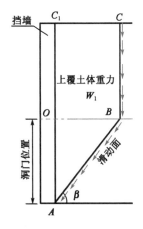 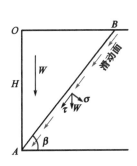

图 4-11　砂性土体的破坏模型　　　图 4-12　洞门后土体的受力情况

砂性土体没有黏聚力,在上覆土体自重力的作用下,竖直土坡发生滑移破坏。假设破裂面与水平方向的夹角为 β,则:

滑动力:
$$T_1 = w \cdot \sin\beta = (W + P_1) \cdot \sin\beta \tag{4-33}$$

抗滑力:
$$T_2 = w \cdot \cos\beta \cdot \tan\varphi = (W + P_1) \cdot \cos\beta \cdot \tan\varphi \tag{4-34}$$

由于假设砂性土体的破坏滑移面为斜直面,所以当竖直土坡处于极限平衡状态时,潜在的破坏滑移面上滑动力与抗滑力处于静力平衡状态:
$$T_1 = T_2 \tag{4-35}$$

将式(4-33)和式(4-34)分别代入式(4-35)的两边,得到静力平衡方程:
$$(W + P_1) \cdot \sin\beta = (W + P_1) \cdot \cos\beta \cdot \tan\varphi \tag{4-36}$$

式中:W——滑移线上覆土体自重;
　　　β——土体滑移破坏角。

根据静力平衡公式定义砂性土体的稳定安全系数 F_s 为:
$$F_s = \frac{\tan\varphi}{\tan\beta} \tag{4-37}$$

当 $F_s = 1$ 时,$\beta = \varphi$,这个值等于砂土在松散状态时的内摩擦角,则砂性土体端头纵向滑移范围为:
$$OB = \frac{D}{\tan\varphi} \tag{4-38}$$

式中:D——隧道洞门直径;
　　　φ——砂性土内摩擦角。

实际工程中,砂性土体通常是经过压密后的无黏性土,内摩擦角往往比松散的砂土大,稳定坡脚也随之增大,所以适当地减小端头土体的加固范围也可以达到土体稳定性的要求,即按照本书方案求得的纵向加固范围相对较保守。

4.3 端头土体横向扰动研究

4.3.1 盾构隧道上下侧加固范围

盾构隧道开挖，打破了土体之间的三向应力平衡状态，隧道开挖对围岩产生了扰动，在洞壁周围产生应力集中，当最大剪应力超过土体的抗剪强度时，隧道周围土体产生破坏，破坏区由洞壁周围逐渐向土体深部扩散，形成一个塑性松动圈，如图4-13所示。塑性松动圈的出现使圈内一定范围内的应力因释放而明显降低，而最大应力集中由原来的洞壁移至塑性圈与弹性圈交界处。因此为了确定盾构始发与到达过程中端头横向土体的稳定，必须提前对端头横向土体进行加固。加固示意图如图4-14所示。

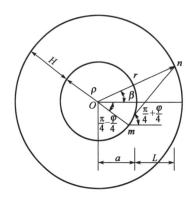

图4-13 松动圈计算图[22,30]

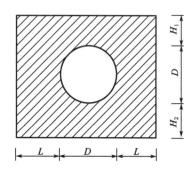

图4-14 端头土体横向加固图

弹性力学平衡微分方程在极坐标下可表示为：

$$\begin{cases} \dfrac{\partial \sigma_r}{\partial y} + \dfrac{1}{r}\dfrac{\partial \tau_{r\theta}}{\partial \theta} + \dfrac{\sigma_r - \sigma_\theta}{r} = 0 \\ \dfrac{1}{r}\dfrac{\partial \sigma_\theta}{\partial \theta} + \dfrac{\partial \tau_{r\theta}}{\partial r} + \dfrac{2\tau_{r\theta}}{r} = 0 \end{cases} \quad (\text{不计体力}) \qquad (4\text{-}39)$$

如图4-13所示，假设盾构隧道上部土体的加固厚度为 H_1。则假设在均质、各向同性的土体中开挖一直径为 D 的水平圆形洞室，开挖后形成的塑性松动圈半径为 r，土体中的原始应力为 σ_m，松动圈内土体强度服从莫尔—库仑破坏理论，根据塑性圈应力平衡（轴对称问题）和土体破坏条件可列平衡方程：

$$\sin\varphi = \frac{\sigma_\theta - \sigma_r}{\sigma_\theta + \sigma_r + 2c \cdot \cot\varphi} \qquad (4\text{-}40)$$

该式为黏性土的极限平衡条件，式中 c 为土体的黏聚力，φ 为土体的内摩擦角。隧道的横向扰动可以等效为轴对称问题，因此有忽略体积力的平衡微分方程：

$$\frac{\partial \sigma_r}{\partial r} + \frac{\sigma_r - \sigma_\theta}{r} = 0 \qquad (4\text{-}41)$$

为计算方便，将式(4-40)进行变换，得：

$$\sigma_\theta - \sigma_r = (\sigma_\theta + \sigma_r)\sin\varphi + 2c \cdot \cot\varphi \cdot \sin\varphi$$

即

$$\frac{\sigma_\theta + c \cdot \cot\varphi}{\sigma_r + c \cdot \cot\varphi} = \frac{1 + \sin\varphi}{1 - \sin\varphi} \tag{4-42}$$

变换式(4-41),得:

$$\sigma_\theta = \frac{r\partial\sigma_r}{\partial r} + \sigma_r \tag{4-43}$$

将式(4-43)代入式(4-44)中,得:

$$\frac{\dfrac{r\partial\sigma_r}{\partial r} + \sigma_r + c \cdot \cot\varphi}{\sigma_r + c \cdot \cot\varphi} = \frac{1 + \sin\varphi}{1 - \sin\varphi}$$

化简上式,则求得:

$$\ln(\sigma_r + c \cdot \cot\varphi) = \left(\frac{2\sin\varphi}{1 - \sin\varphi}\right)\ln r + A \tag{4-44}$$

由边界条件 $\begin{cases} r = D/2 \\ \sigma_r = 0 \end{cases}$,将边界条件代入上式,求得:

$$A = \ln(c \cdot \cot\varphi) - \left(\frac{2\sin\varphi}{1 - \sin\varphi}\right)(\ln D - \ln 2) \tag{4-45}$$

将式(4-45)代入式(4-44),则:

$$\ln(\sigma_r + c \cdot \cot\varphi) = \left(\frac{2\sin\varphi}{1 - \sin\varphi}\right)\ln r + \ln(c \cdot \cot\varphi) - \left(\frac{2\sin\varphi}{1 - \sin\varphi}\right)(\ln D - \ln 2) \tag{4-46}$$

将松动圈边界应力 σ_m 代入,可求出松动圈的半径,即当 $\sigma_r = \sigma_m$ 时,得:

$$R = \frac{D}{2} \cdot \sqrt[\frac{2\sin\varphi}{1-\sin\varphi}]{\frac{\sigma_m}{c \cdot \cot\varphi} + 1} \tag{4-47}$$

则盾构隧道上部加固土体厚度应该为:

$$H_1 = H = k\left(R - \frac{D}{2}\right) \tag{4-48}$$

式中:k——加固安全系数,通常取盾构隧道下部土体的加固厚度 $H_2 = H_1$。

4.3.2 盾构隧道左右两侧加固范围

如图4-14所示,假设盾构隧道周围左右两侧土体需要加固的宽度为 L,根据朗肯土压力理论,剪切破坏面与最大主应力方向的夹角为 $45° - \varphi/2$;即与最大主应力作用面的夹角为 $45° + \varphi/2$;再根据塑性松动圈主应力的分布特点,如图4-14所示,三角形 Omn 为直角三角形,所以可以求出 β 角为:

$$\beta = \arccos\left(\frac{D}{D + 2H_1}\right) - \left(\frac{\pi}{4} - \frac{\varphi}{2}\right) \tag{4-49}$$

则由图4-14上的几何条件可知,盾构隧道两侧的加固范围为:

$$L = \left(\frac{D}{2} + H_1\right) \cdot \cos\beta - \frac{D}{2} \tag{4-50}$$

4.4 本章小结

(1) 对传统的理想滑动模型,利用整体圆弧滑动法和黏土地层的滑移失稳理论进行了验算。

(2) 运用简化的毕肖普条分法,根据弹性力学平面问题的解法建立黏性土体的力学模型,先通过迭代求出洞门壁后土体的失稳破坏范围;再以此为依据,利用土力学的莫尔—库仑破坏准则和力学平衡原理求解上覆土体的滑移失稳范围,从而确定端头土体的加固范围。

$$F_s = \frac{\sum_{i=1}^{10} \frac{1}{m_{\alpha i}} \left[c_i \Delta b + \left(W_i + \frac{W_a}{b} \cdot \Delta b \right) \tan\varphi_i \right]}{\sum_{i=1}^{10} \left(W_i + \frac{W_a}{b} \cdot \Delta b \right) \sin\alpha_i}$$ （滑裂面安全系数）

$$OB' = OB'' + B'B'' = H_1 \cdot \cos\theta + b$$ （端头土体加固范围）

(3) 在建立砂性土体失稳破坏模型的基础上,运用静力平衡求解洞门壁后土体滑移破坏时的破坏角,从而求出端头土体纵向破坏范围。为了简化计算过程,计算时通常取安全系数 $F_s = 1$,则破坏角简化为 $\beta = \varphi$,求得砂土模型端头土体的纵向加固范围 $OB = \dfrac{D}{\tan\varphi}$。

(4) 采用土体扰动极限平衡理论和松动圈的相关知识,求得端头土体的横向加固范围。

$$H_1 = H_2 = k\left(R - \frac{D}{2}\right)$$ （隧道上下两侧破坏范围）

$$L = \left(\frac{D}{2} + H_1\right) \cdot \cos\beta - \frac{D}{2}$$ （隧道左右两侧破坏范围）

(5) 对整体稳定性计算模型进行验算。黏土地层,端头土体的纵向加固范围随盾构直径和埋深的增加而增加;砂土地层,纵向加固范围只受直径的影响,忽略埋深对纵向加固范围的影响。埋深对加固范围肯定有一定的影响。因此砂土的计算模型与实际情况存在一定的误差。

(6) 横向加固范围随着盾构直径、埋深的增加而增加,且随着隧道直径和埋深的增大,横向加固范围增加的速率也加快。

第5章 端头加固的几何准则与渗透性关系研究

5.1 端头加固几何准则研究

对于无水地层,盾构始发与到达的端头加固只需考虑端头土体加固的强度与稳定性要求,而对于有水地层,端头土体加固除了满足强度与稳定性以外,还要考虑盾构几何尺寸和渗透(止水)要求。

盾构始发与到达端头加固几何尺寸的研究主要是根据盾构主机的几何构造特征,从防止水或水砂流出洞门,亦即从堵水的角度出发,研究端头土体纵向加固范围应该满足的尺寸要求。

"几何准则"是指盾构始发或者到达端头加固施工过程中,当端头地层为富水砂层时,根据防止水砂流出和渗透性的要求对端头土体纵向加固范围提出的一种约束性要求。即当端头地层中地下水水位较高,地下水压力较大,端头地层中主要为松散砂土和饱和淤泥质含水黏土时,以堵水为目的,根据盾构设备本身的几何构造特征对端头土体纵向加固范围提出的一种要求。

盾构始发与到达的端头加固范围分为纵向加固范围和横向加固范围两种,两者在盾构施工中扮演主要矛盾和次要矛盾的关系,横向加固范围较容易满足要求,纵向加固范围的合理性问题是导致盾构始发与到达工程事故的主要因素。因此,研究端头加固的"几何准则",主要以防止水砂流出为目的,考虑纵向加固范围与盾构几何构造长度之间的对应关系。

根据端头地层中是否存在有地下水,或地层中是否有补水来源,将盾构始发与到达几何准则的研究分为四种情况:盾构无水始发、盾构有水始发、盾构无水到达、盾构有水到达。

在此特别指出,如果盾构始发或到达端头地层中无水,但在始发或到达竖井周围存在有水地下管线,如雨水管、污水管或雨污河流管、上水管、热力管线等,其变形后有可能使其内水外流,从而导致无水地层成为有水地层,此时须将无水地层视为有水地层处理。

5.1.1 盾构无水始发

5.1.1.1 概述

盾构无水始发是指盾构隧道始发施工过程中,端头地层中不存在地下水,且端头地层无补水来源,或者地层中有地下水,但是地下水位在盾构隧道底板以下一定的距离,地下水压力较小,不需要采取针对性的防止水砂流出的措施,即在盾构始发的整个过程中,地下水不会对工程施工造成任何影响。

5.1.1.2 无水始发端头加固

当盾构始发工作井周围的端头地层中无地下水时,盾构始发端头土体的加固则无须考虑堵水措施防止地层土体外流的要求,端头加固的目的主要是:在洞门破除后,暴露在外的端头加固土体具有自稳性(强度和稳定性),在盾构刀盘顶到掌子面之前土体能满足强度与稳定性要求,端头土体不会发生失稳破坏。

无水始发相对安全,但要考虑盾构始发时端头土体的稳定性受多方面因素的影响,如洞门的破除方法、破除时间以及洞门混凝土的破除顺序都将影响强度与稳定性。洞门破除时间过早会使掌子面土体长时间暴露在外,端头土体的整体稳定性受流变因素的影响而逐渐降低,可能发生滑移破坏;破除洞门时的振动扰动端头土体,也会影响端头土体的稳定性。因此,为了确保盾构始发的安全,必须按照端头土体对强度和稳定性准则的基本要求,提前对端头土体进行加固处理。

在破除盾构工作井中的封门时,当盾构刀盘顶进到开挖面之前,或者刀盘顶到开挖面而盾构土压力尚未建立之前,如果土体自稳能力较差,开挖面暴露时间过长,容易造成地表沉降过大,影响周围建筑物,严重时可能发生洞门塌陷的工程事故,因此需要根据端头地层中土层的性质对端头一定范围的土体进行加固处理。但是由于地层中没有地下水,加固范围并不需要考虑防止水砂外流和渗透性问题,因此对于加固范围的确定不需要考虑盾构设备本身的几何尺寸,只需满足强度和稳定性准则对端头土体加固的要求,如图5-1所示。纵向加固范围的计算要求与过程详见本书第3章与第4章的相关内容。

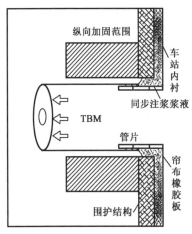

图 5-1 无水始发端头加固图

5.1.2 盾构有水始发

5.1.2.1 概述

盾构有水始发是指盾构始发端头地层中存在地下水,或者地层中本身没有地下水,但是存在污水管、雨水管等补水来源,则盾构始发必须重视水的存在对工程可能造成的影响。

一方面,地下水的存在使得端头土体的强度和稳定性降低,在盾构始发施工的扰动下,可能会发生地表沉降过大,洞门塌陷等事故;另一方面,当端头地层地下水位丰富,且地下水压力较大时,端头地层可能会在地下水的作用下发生渗透破坏,严重时可能会发生涌水涌砂甚至淹井等工程事故。

在盾构始发施工的过程中,地下水是施工中不可忽略的影响因素,必须重视水的存在对工程可能造成的影响。

5.1.2.2 有水始发端头加固

盾构有水始发可以分为以下两种情况:

(1)始发端头地层中本身存在地下水。

当盾构始发端头地层中有地下水,而且地下水埋深较浅,地下水位位于盾构隧道底板以上时(如果采用降水等措施可以将隧道一定长度范围内的地下水水位降至隧道底板以下时,可考虑按照盾构无水始发进行),端头加固问题要比无水地层复杂,特别是当地层中同时有水有砂,而且水压力较大的情况,盾构始发端头加固范围必须同时满足强度准则、稳定性准则以及几何准则的要求。端头加固的具体要求如下:

①破除洞门后,盾构刀盘还没有顶上开挖面,或者刀盘顶上开挖面,但是还没有建立起足够的土压力来平衡地层中的水土侧压力时,端头加固的目的主要有两个:

第一,端头土体必须满足强度与稳定性的要求,保证端头土体在地层水土压力作用下不会发生受拉破坏、剪切破坏以及整体失稳的情况。

第二,端头土体加固后必须满足堵水的要求,即采用相应的加固方法对端头土体进行加固后,加固土体具有较好的堵水效果,地层中的水不会透过加固土体渗入或者涌入盾构始发工作井,即加固土体必须是完全隔水的,防止水土流失造成地层损失,引起地表沉降过大或地表塌陷。

②盾构刀盘已经进入盾构始发端头地层,盾构尚未进入洞门圈。此时首先根据强度与稳定性准则求得端头土体的纵向加固范围,然后将纵向加固范围与盾构纵向长度进行对比,存在以下两种情况:

第一,纵向加固范围小于盾构主机的长度。即当盾尾尚未进入洞门圈,但盾构刀盘已经脱离加固区时,端头加固区前方地层中的地下水和土体(特别是松散砂土或粉土地层)可能沿着盾壳与围岩之间的空隙进入盾构工作井,引起透水、洞门塌方等工程事故,如图5-2a)所示。

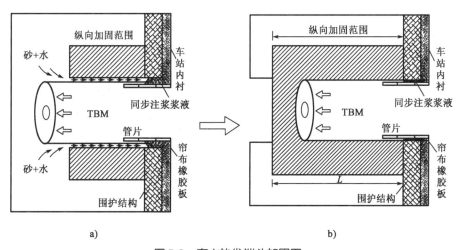

图5-2 有水始发端头加固图

因此,为了确保盾构始发与到达施工的安全,规避风险,端头土体的纵向加固范围除了必须满足强度与稳定性、自身渗透性的要求外,从盾构自身的构造尺寸出发,还须满足几何准则的要求,确保端头土体加固后能够起到较好的堵水作用,如图5-2b)所示。

根据几何准则的要求,总结长期盾构始发与到达成功与失败的工程实践经验,取纵向加固范围为:

$$L = 盾构长度 + (2 \sim 3)B \tag{5-1}$$

式中:B——管片的宽度。

第二,端头土体的纵向加固范围大于盾构主机的长度,并有一定的富裕度,大于2~3倍盾构管片的宽度,如图5-2b)所示。此时,纵向加固范围满足强度与稳定性的要求的同时也自然满足了几何准则的要求。

(2)始发端头地层中无地下水,但是存在补水来源。

即盾构始发端头地层中,本身不存在地下水,或者地下水位于底板下以一定的安全距离之外,地下水不会影响端头土体的稳定性。但是当端头地层条件较为复杂时,比如存在补水来源(如地下市政管道错综复杂,特别是存在有压管线,如污水管、给水管等),为了避免在盾构始发施工中出现管线断裂,市政管道中的水进入端头地层,出现透水、端头地层塌陷的工程事故,仍然必须按照有水始发的要求,对端头地层进行预先加固,加固后端头土体必须同时满足强度、稳定性以及几何尺寸的要求。

5.1.3 盾构无水到达

5.1.3.1 概述

"无水到达"同盾构无水始发类似,是指盾构从原状土体进入端头地层到盾构隧道贯通、盾构进入接收井的整个施工过程中,端头地层影响范围以内无地下水,且无补给来源,不需要考虑地下水对施工的影响,即不需要采用相应的措施进行堵水或堵漏。

图5-3所示为盾构在无水端头土层的到达施工过程。首先根据盾构到达工作井周围的地层条件,利用强度与稳定性准则求出端头土体的加固范围,采取相关的辅助工法对端头土体进行加固处理;然后进行盾构相关的到达施工,包括盾构在加固地层中掘进、破除盾构封门(图5-4)等;最后在盾构到达井中接收盾构,成功贯通隧道。

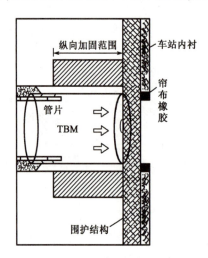

图5-3 无水到达端头加固图

图5-4 无水到达洞门破除示意图

5.1.3.2 无水到达端头加固

盾构无水到达的端头加固与盾构无水始发类似,但是又不完全和盾构始发相同,主要存在以下几种情况:

(1)当盾构到达端头地层条件较好,且无地下水时,可以不用对端头土体进行加固,但是必须采用相应的辅助措施,例如,合理控制盾构到达施工参数,包括调整好盾构姿态,适当降低盾构的推进速度,设定相对较为合理的土压力以及同步注浆压力等,同时增加封门处喷射混凝土厚度,根据地层条件和盾构推进速度合理地掌握封门的破除时机,最好当盾构刀盘顶到围护结构时再开始破除盾构封门,确保到达的安全。

(2)当盾构到达端头地层中虽然无地下水,但土层条件较差,主要为软土、淤泥质地层时,基于强度与稳定性的考虑,必须对端头土体进行预先的加固处理。

(3)盾构到达端头土体自身稳定性较好,但端头地层结构较为复杂,存在错综复杂的市政管道时,必须采取相应的辅助措施,做好应急事故处理准备,必要时也必须对端头土体进行预先的加固处理,加固土体的纵向加固范围应满足强度和稳定性的要求,防止出现意外,引发工程事故。

总之,盾构无水到达的情况,主要考虑盾构端头结构(井或车站)的实际情况,有效破除围护结构是盾构到达的关键。当采取刀盘顶到围护结构,再破除洞门时,最好加固 2~3m 纵向长度的土体。

5.1.4 盾构有水到达

5.1.4.1 概述

盾构有水到达同盾构有水始发类似,是指盾构掘进从原状土中进入端头加固土体,然后进入接收井的整个到达施工过程中,端头地层中存在地下水或有补水来源。到达施工中,水的因素对施工产生了极大的影响,必须采取相应的措施进行堵水处理。图 5-5 为深圳地铁 2 号线盾构有水到达施工过程。

图 5-5　深圳地铁 2 号线盾构有水到达

5.1.4.2 盾构有水到达端头加固

盾构有水到达端头加固主要考虑端头地层中存在地下水和存在补水来源两种情况。

(1)盾构到达端头地层中存在地下水

①满足强度与稳定性要求的纵向加固范围大于盾构长度。此时,纵向加固范围应满足以下两点要求:

第一，端头土体纵向加固范围满足土体强度与稳定性的要求。

第二，端头土体纵向加固范围满足了几何准则对堵水的要求。

因此，盾构有水到达过程中，不需要另外考虑几何尺寸的要求，因为强度与稳定性要求较高，满足这两者加固要求的过程中自然涵盖了几何准则的要求，施工中只需确保加固质量，同时控制好盾构到达施工参数，例如，合理控制盾构到达施工参数，增加封门处喷射混凝土厚度，根据地层条件和盾构推进速度合理掌握封门的破除时机等，即能保证盾构安全顺利地到达。

②满足强度与稳定性要求的纵向加固范围小于盾构长度。

由于盾构设备自身构造的原因，壁后同步注浆的浆液不可能完全填充盾构外壳与地层之间的缝隙，当地层中地下水埋深较浅，开挖面深度范围内的土体主要为砂土和粉土时，在地层水土压力的作用下，隧道周围地层中的地下水和砂土可能会沿着盾构外壳与地层间的缝隙进入盾构接收井，造成地层损失，引发工程事故。

因此从渗透与堵水的角度考虑，为了确保加固体能完全阻隔地下水和砂通过盾壳与土体间缝隙进入盾构工作井，避免透水和坍塌事故的发生，端头土体的纵向加固范围必须大于盾构主机的长度。

根据盾构本身构造尺寸的要求，当地层中存在地下水时，同盾构有水始发类似，取加固区长度 $L=$ 盾构长度 $+(2\sim3)B,B$ 为管片的宽度。

图 5-6 表达了两层意思，同时也给盾构有水到达端头加固提供了思路。

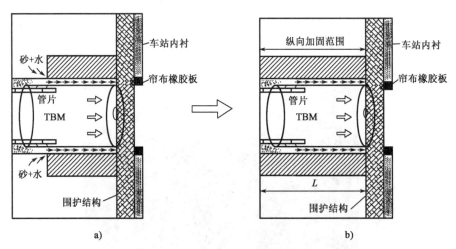

图 5-6　有水到达端头土体加固图

图 5-6a) 没有考虑地下水对纵向加固范围的要求，只按照强度与稳定性的要求对盾构有水到达端头土体进行了加固，显然，端头土体纵向加固范围明显小于盾构的长度。此时，由于地层中地下水丰富，地层中的地下水和砂可能沿着盾壳与地层之间的间隙进入盾构工作井，端头地层中水土的大量流失，地层损失过大可能引起地表沉降，严重时可能发生透水或者塌方等工程事故，甚至地下水可能淹没整个盾构接收井，造成巨大的经济损失和不良的社会影响。

对于富水砂土地层，盾构达到端头土体的纵向加固范围如果只考虑强度与稳定的要求，并不能起到堵水的作用。为了保证盾构的安全到达，端头加固范围必须满足几何准则的要求，如图 5-6b) 所示。

(2)盾构到达端头地层中存在补水来源

该类型端头加固原理与盾构有水始发类似,详细介绍见盾构有水始发,此处不再赘述。如图5-7所示为某标段盾构有水到达事故情况。该区域地层条件较好,无地下水,但是端头地层中存在老化的污水管,盾构到达施工中,由于盾构施工参数控制不合理,洞门围护结构破除时机控制不当,污水管突然破裂,污水渗入端头土体中,使得原本相对稳定的地层渗入污水后土体稳定性降低,造成失稳破坏,端头地层发生透水、塌陷事故,造成巨大的经济损失,并带来不良的社会影响。

图 5-7 盾构到达端头土体塌陷

5.2 端头加固土体渗透性研究

5.2.1 概述

土的渗透性是指由于水的渗透引起土体内部应力状态的变化或土体、地基本身的结构、强度等状态的变化,从而影响建筑物或地基的稳定性或产生有害变形。由于土体本身具有连通的孔隙,如果存在水位差的作用,水就会透过土体孔隙而发生孔隙内的流动。土体具有被水透过的性能称为土的渗透性。在盾构始发与到达施工过程中,如果土体的渗透性较好,渗透系数较大,当洞门围护结构破除时,由于端头土体存在渗透通道,地下水就会源源不断地进入端头井,造成水土流失,地表下沉,威胁周围建(构)筑物安全,严重时可能会发生透水、淹井、地层塌陷等重大工程事故。

为了保证盾构在富水透水地层中始发、到达施工的安全,应该进行端头加固设计,确保加固后端头土体的渗透性满足设计与施工要求,在端头形成一面止水帷幕,阻止地下水以各种方式通过端头土体进入端头井,确保盾构始发、到达顺利。

5.2.2 土的渗透定理——达西定理

达西于1852—1855年在垂直圆管中装砂进行过砂土透水性的试验研究[37,41]。研究结果证明,渗流量 Q 除了与断面积 A 有关外,还正比于水头损失 $h_1 - h_2$,反比于渗流长度 L。引入决定砂土性质的比例常数 k，达西定理可表示为：

$$Q = k\frac{A(h_1 - h_2)}{L} = kAi \tag{5-2}$$

$$v = \frac{Q}{A} = ki \tag{5-3}$$

式中：v——断面的平均流速；

i——渗透坡降；

k——渗透系数。

渗透系数 k 具有流速的单位。土体的渗透性通常用渗透系数来表示，渗透系数又称水力传导系数。在各向同性介质中，它定义为单位水力梯度下的单位流量，表示流体通过孔隙骨架的难易程度，表达式为：

$$k = \frac{k_0 \rho g}{\eta} \tag{5-4}$$

式中：k_0——孔隙介质的渗透率，它只与固体骨架的性质有关；

k——渗透系数；

η——动力黏滞性系数；

ρ——流体密度；

g——重力加速度。

在各向异性介质中，渗透系数以张量形式表示。渗透系数越大，土体透水性越强。渗透系数 k 是综合反映土体渗透能力的一个指标，其数值的正确确定对渗透计算有着非常重要的意义。这里一定要把渗透率和渗透系数的概念弄清楚。

5.2.3 渗透系数的测定

影响渗透系数大小的因素很多，主要包括土体颗粒的形状、大小、不均匀系数和水的黏滞性等。要建立计算渗透系数 k 的精确理论公式比较困难，通常可通过试验方法(包括实验室测定法和现场测定法)或经验估算法来确定渗透系数 k 值。

渗透系数的测定，分为室内试验和原位试验两种，具体内容如下：

5.2.3.1 室内试验

目前对于土体的渗透系数的测定，最常用的仍然是室内试验。室内测量渗透系数有常水头法和变水头法两种[37]。

常水头试验适用于强透水型的土体，变水头试验更加适用于弱透水型的土体。试验前土样必须完全充水饱和，以排除气泡的影响。为了防止试验供水中含有的气体不断在途中分离而停滞在土的孔隙中，使得土的透水性在试验过程中逐渐减小，可利用气泡从水中分离的速度随着温度降低和压力增高而减小的特性，使得供水温度高于土样或者事先将供水做抽气过滤处理。

常水头试验就是在整个试验过程中保持水头为一常数，从而水头差也为常数。图 5-8a)所示的试验装置就属于该类型。试验时，在透明塑料筒中装填截面积为 A、长度为 L 的饱和试样，打开阀门，使水自上而下流经试样，并自出水口排出；待水头差 Δh 和渗出流量 Q 稳定后，

量测一定时间 t 内经试样排出的水量 V,则:

$$V = Qt = vAt \tag{5-5}$$

根据达西定理,$v = ki$,则:

$$V = k\frac{\Delta h}{L}At \tag{5-6}$$

从而得出:

$$k = \frac{VL}{A\Delta h t} \tag{5-7}$$

常水头试验适用于测定透水性大的砂性土的渗透系数。黏性土由于渗透系数很小,渗透水量很少,用这种试验不易准确测定,须采用变水头试验。

变水头试验法就是试验过程中水头差一直随时间而变化,其装置示意图如图5-8b)所示。水流从一根直立的带有刻度的玻璃管和U形管自下而上流经土样。试验时,将玻璃管充水至需要的高度后,开动秒表,测记起始水头差 Δh_1,经过时间 t 后,再测记终止水头差 Δh_2,通过建立瞬时达西定理,即可推出渗透系数 k 的表达式。

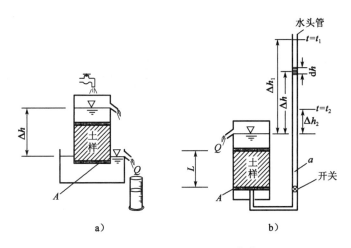

图 5-8　渗透试验装置示意图[37]

a)常水头试验;b)变水头试验

设试验过程中任意时刻 t 作用于试验两端的水头差为 Δh,经过 dt 时段后,管中水位下降 dh,则 dt 时间内流入试样的水量为:

$$dV_e = -adh \tag{5-8}$$

式中:a——玻璃管断面积。

右端的负号表示水量随 Δh 的减少而增加。

根据达西定理,dt 时间内流出试样的渗流量为:

$$dV_o = kiAdt = k\frac{\Delta h}{L}Adt \tag{5-9}$$

式中:A——玻璃管断面积;

　　L——试样长度。

根据水流连续原理,应有 $dV_e = dV_o$,即:

$$-a\mathrm{d}h = k\frac{\Delta h}{L}A\mathrm{d}t \tag{5-10}$$

$$\mathrm{d}t = -\frac{aL}{kA}\frac{\mathrm{d}h}{\Delta h} \tag{5-11}$$

等式两边各自积分：

$$\int_0^t \mathrm{d}t = -\frac{aL}{kA}\int_{\Delta h_1}^{\Delta h_2}\frac{\mathrm{d}h}{\Delta h} \tag{5-12}$$

$$t = \frac{aL}{kA}\ln\frac{\Delta h_1}{\Delta h_2} \tag{5-13}$$

从而得到土的渗透系数：

$$k = \frac{aL}{kA}\ln\frac{\Delta h_1}{\Delta h_2} \tag{5-14}$$

改用常数对数表示，则上式可写为：

$$k = 2.3\frac{aL}{At}\lg\frac{\Delta h_1}{\Delta h_2} \tag{5-15}$$

各种土透水性的适宜试验方法及其 k 值可参考图5-9和表5-1。

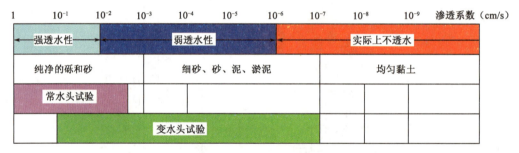

图5-9 各种土的透水性试验测定方法

各种土的渗透系数值　　　　　　　　表5-1

土 质 类 别	k(cm/s)	土 质 类 别	k(cm/s)
粗砾	$1 \sim 5 \times 10^{-1}$	砂壤土	$10^{-3} \sim 10^{-4}$
砂质砾	$10^{-1} \sim 10^{-2}$	黄土(砂质)	$10^{-3} \sim 10^{-4}$
河砂	$10^{-1} \sim 10^{-2}$	黄土(泥质)	$10^{-5} \sim 10^{-6}$
粗砂	$5 \times 10^{-2} \sim 10^{-2}$	黏壤土	$10^{-4} \sim 10^{-6}$
海边砂	2×10^{-2}	淤泥土	$10^{-6} \sim 10^{-7}$
细砂	$5 \times 10^{-3} \sim 10^{-3}$	黏土	$10^{-6} \sim 10^{-8}$
粉质砂	$2 \times 10^{-3} \sim 10^{-4}$	均匀肥黏土	$10^{-8} \sim 10^{-10}$

5.2.3.2 原位渗透性试验[42-45]

1) 概述

对于盾构始发与到达端头加固渗透性测试而言，室内试验往往很难反映现场的实际情况，因此对于端头加固土体的测试主要采用压水(浆)试验。压水试验是一种在钻孔内进行的渗透试验，它是用栓塞把钻孔隔离出一定长度的空段，然后以一定的压力向孔段压水，测定相应压力下的压入流量,以单位试验长度在某一压力下的压入流量值来表征该空段岩土的透水性,是评价岩土体渗透性的常用方法。通常采用吕荣试验法作为基本的钻孔压水试验方法。钻孔压水试验一般随着钻孔的加深自上而下分段进行。压力试验采用三级压力 p_1、p_2、p_3,一般分别为 0.3MPa、0.6MPa 和 1.0MPa。

2)试验步骤及工作要点

(1)钻孔

端头加固渗透性原位试验的钻孔主要根据端头区域的地层分布情况进行布置,通常利用水平取芯孔进行渗透性试验,不必重复钻孔。根据地层条件的不同,钻孔布置大体上可以分为以下四种情况进行。

①全断面富水砂层(图5-10)。

②隧道下半断面为砂层(图5-11)。

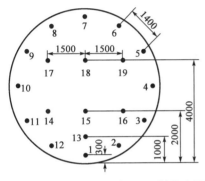

图5-10 全断面砂层水平钻孔布置示意图(尺寸单位:mm)

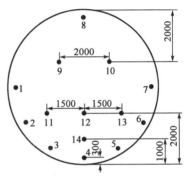

图5-11 下半断面砂层水平钻孔布置示意图(尺寸单位:mm)

③隧道上半断面为砂层(图5-12)。

④隧道中部为砂层(图5-13)。

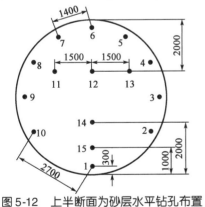

图5-12 上半断面为砂层水平钻孔布置示意图(尺寸单位:mm)

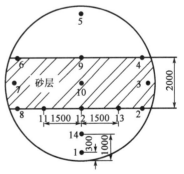

图5-13 隧道中部为砂层时水平钻孔布置示意图(尺寸单位:mm)

(2)洗孔

洗孔方法如表5-2所示。洗孔的结束标准是钻孔底部基本无岩粉,回水清洁,肉眼观察无沉淀物。

各种洗孔方法及其优缺点 表5-2

洗孔方法	原理及其操作要点	优点	缺点
压水洗孔	将洗孔钻具下至孔底,从钻杆内压入大量清水,将孔内残存岩粉洗干净	简单易行,清洗效果较好	孔口不返水,洗孔难以估计
抽水洗孔	用泵吸抽水或提桶提水,可造成地下水流动方向和堵塞方向的环境,有利于排除钻进时充填到裂隙的充填物,并随抽水体排出孔外	洗孔效果好	受抽水设备的限制,孔径较小时无法采用
压缩空气洗孔	向孔内送入压缩空气,压缩空气膨胀上浮,对孔壁有压力脉冲和抽吸作用,能将部分岩粉带出孔口	洗孔效果好	需要高压气源

(3) 试验段隔断

选择适当的栓塞位置,对于保证隔断效果,提高成果质量极为重要。国外有关规定十分强调栓塞位置的选择,如英国《场地勘察标准》(BS 5930—1981)中关于栓塞位置的确定,规定除了仔细观察岩芯外,还应进行测井或电视观测。当栓塞隔断无效时,最常见的措施是移动塞位。考虑到试验孔段要连续,不出现漏试,故规定只能向上移动,且不应超过上次试验的塞位。除此之外,可供选择的措施还有起塞检查,换用其他止水效果更好的栓塞等。当上述措施无效时,可以灌制混凝土塞位。做法是先扩孔,将中细砂填入待试孔段,然后注水泥砂浆,形成长度大于2m的混凝土段。待混凝土凝固后,钻开混凝土,将砂子冲出,即可将栓塞置放在混凝土段内。试段隔断通常按以下工序进行。

①选择塞位。根据钻孔岩芯和钻探记录,选择栓塞置放位置,尽量使得栓塞放在孔壁完整、裂隙少的孔段,提高止水可靠性。在确定试验长度时,要考虑下一段的塞位。

②安装栓塞。单管顶压式栓塞,配塞时要使支撑杆长度与栓塞下部各连接接头之和等于或略大于预定的试段长度,栓塞上部进水管的总长度选择要合适,工作管不要露出地面过高,同时要考虑栓塞的压缩值。双管循环式栓塞,既要使栓塞安装正确位置,又要使得内管长度之差在允许的范围之内。常用的方法是根据预定的栓塞底部位置和要求的外管高出地面的概略数值确定外管长度,再根据外管总长度选配内管长度。

水压或者气压栓塞在位置计算上不需要考虑胶塞压缩值,比较简单。双塞管的安装与单塞管基本相同。

气压或水压栓塞的充塞压力根据采用充塞介质不同而分别计算,用水作充塞介质时,用下式计算充塞压力:

$$p_t = p_{max} - p_y + 0.3 \tag{5-16}$$

用气作为充塞介质时,用下式计算充塞压力:

$$p_t = p_{max} - p_y + p_h + 0.3 \tag{5-17}$$

式中:p_t——充塞压力(MPa);

p_{max}——最大试验压力(MPa);

p_y——孔口至地下水位的水柱压力值(MPa);

p_h——孔口至栓塞顶部的水柱压力值(MPa)。

③栓塞止水可靠性检查及处理。可测量工作管外的水位变化,观察孔口是否返水或用栓塞隔离前后流量、压力变化情况来检查栓塞的止水效果;如无止水效果,采用加大压缩量或充塞压力、移塞、起塞检查或换用性能更好的栓塞等办法处理。

④特殊孔段的止水措施。对于强风化带或全风化带进行压水试验,设置套管栓塞、灌制水泥塞位或换用超长型气压或水压栓塞。

(4)水位观测

水位观测必须在试验段隔断以后,在工作管内进行。水位观测每 5min 进行一次,当水位的下降速度连续两次均小于 5cm/min 时,观测工作即可结束,以最后观测结果确定压力计算零线。

(5)设备安装

栓塞隔断后,在进行水位观测的同时,安装压水试验用的供水设备,包括配水盘、流量计、压力表或试验段压力计等设备。结构顺序要合理,压水管路和钻进要分开,压力表安装在流量计或水表的下流方向,以消除流量计或水表压力损失的影响。压力表接头不能受影响。

(6)压力与流量观测

压水试验多采用在某一稳定压力观测相应流量的方法进行,所以流量观测要求每 1~2min 观测一次。每一阶段流量观测结束标准为流量无持续增大趋势,且 5 次读数中最大值与最小值之差小于最终值的 10%,或最大值与最小值之差小于 1L/min。

若流量有持续增大的趋势,应检查仪表是否正常、读数是否有误、压力是否上升等,经检查确定流量有增大的趋势后应适当延长观测时间。

在压水试验过程中,当由较高压力阶段调整到较低压力阶段时,常出现水由岩土体流向孔内的现象,这种现象叫回流。回流现象一般持续数分钟后或十余分钟即消失。在此过程中,流量计表现为反转—不转—正转。在试验中,应待回流结束后,观测流量达到稳定,以消除其影响。

当水压孔与陡壁、泉水、井孔、洞穴等接近时,要在压水试验的同时,注意观察附近是否有新的涌水点出现,泉水流量是否有变化,邻近孔水位是否上升,洞穴等是否有新的涌水点或者漏水量增大等现象,必要时可以在压入水中加入示踪剂。

各项观测记录要及时记录到正式记录表上,试验结束前要按表格逐项检查,消除错误与遗漏。

3)资料整理和结果计算

(1)按照记录数据绘制 P-Q 曲线。

(2)P-Q 曲线类型的确定。

根据 P-Q 曲线中的升压曲线形状以及降压阶段和升压阶段的曲线是否重合及其相对关系,将 P-Q 曲线划分为 5 种类型:A(层流)型、B(紊流)型、C(扩张)型、D(冲蚀)型和 E(充填)型。以下将对五种类型曲线进行详细说明。

①A(层流)型。升压曲线为通过原点的直线,降压曲线与升压曲线基本重合。渗流状态为层流,在整个试验期间,裂隙状态没有发生变化,如图 5-14a)所示。

②B(紊流)型。升压曲线凸向 Q 轴,降压曲线与升压曲线基本重合,如图 5-14b)所示。渗流状态为紊流(这里的紊流是对一切非线性的压力—流量关系的统称)。

③C(扩张)型。升压曲线凸向 P 轴,降压曲线与升压曲线基本重合,如图 5-14c)所示。

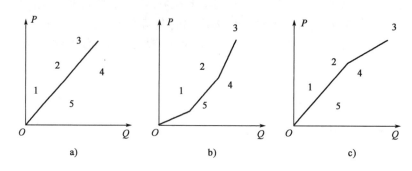

图 5-14　A、B、C 型 P-Q 曲线

a)A(层流)型；b)B(紊流)型；c)C(扩张)型

需要指出的是,C 型曲线最关键之处在于,在某一压力值后,流量突然增大,且第四点与第二点,第五点与第一点基本重合。至于第一、二两点之间,可以通过原点的直线,也可以是凸向 Q 轴的曲线,表明在流量突增之前的渗流状态,但不作为划分曲线的依据。

C 型曲线说明,在试验压力作用下,裂隙状态发生了变化,岩体渗透性增大,但这种变化是暂时行的、可逆的,随着试验压力下降,裂隙又恢复原来状态,呈现出弹性扩张的性质。从整个 P-Q 曲线的变化中,可以看出裂隙弹性扩张与试验压力之间的关系,以及这种作用对原来渗流状态的干扰。

④D(冲蚀)型。升压曲线凸向 P 轴,降压曲线与升压曲线不重合,呈顺时针环状,如图 5-15a)所示。

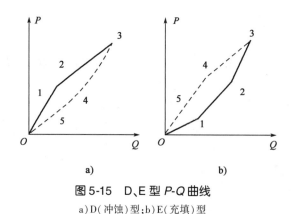

图 5-15　D、E 型 P-Q 曲线

a)D(冲蚀)型；b)E(充填)型

D 型曲线的主要特点是,在某一压力之后,流量突然增大,且 $Q_4 > Q_2$,$Q_5 > Q_1$。P-Q 曲线中的其他变化对曲线类型划分来说不是本质性的。

D 型曲线说明,在试验压力作用下,裂隙状态产生变化,岩体渗透性增大。这种变化是永久性的、不可逆的。由于选择试验压力时已根据试验段位置作了限制。因而基本上排除了因压力过大导致岩体抬动变形的可能性。因此,流量突然增大,且不能恢复原状,多半是由于裂隙中充填物被冲蚀、移动造成。

冲蚀型 P-Q 曲线中的升压曲线和降压曲线都可能出现一些不同的形态。如升压曲线中的第一、二点与原点之间可能为直线,也可能为凸向 Q 轴的曲线,分别说明在产生冲蚀作用之前的流态为层流或紊流;降压曲线可能为凸向 P 轴的曲线(说明一部分可恢复的弹性变形)、直线(层流)或凸向 Q 轴的曲线(紊流)。从整个 P-Q 曲线的变化中,可以看出渗流对裂隙充填物的冲蚀作用与试验压力之间的关系,及这种冲蚀作用对原来渗流形态的干扰、冲蚀作用的程度以及冲蚀后的渗透形态等。

⑤E(充填)型。升压曲线凸向 Q 轴,降压曲线与升压曲线不重合,呈逆时针环状,如图 5-15b)所示。

E 型曲线的关键之点在于 $Q_4 < Q_2$,$Q_5 < Q_1$。至于升压、降压曲线的形态,对类型划分不是主要因素。

(3)试验段透水率的计算。

土体的渗透性用试验段透水率来表示,透水率的单位用吕荣值(Lu)来表示。当试验压力为 1MPa,每米试验段的压入流量为 1L/min 时,定义为 1Lu。当 P-Q 曲线类型为 A 型、C 型、D 型和 E 型时,试段透水率采用第三(最大)压力阶段的压力值和流量值计算如下:

$$q = \frac{Q_3}{L} \cdot \frac{1}{P_3} \tag{5-18}$$

式中:q——试段透水率(Lu),取两位有效数字;

L——试段长度(m);

Q_3——第三(最大)压力阶段的压入流量(L/min);

P_3——第三(最大)压力阶段的试验压力(MPa)。

当 P-Q 曲线类型为 B 型时,说明试验时的渗透状态为紊流或混合流,且试验期间未发生明显变化。这种情况下,若仍按线性计算透水率,结果可能偏大较多,如进行适当的数学处理,可使误差减小。曲率系数 m 通常并非常数,往往随压力的不同而有较大变化,故通常用较高压力的 m 值计算透水率。理论上,m 不应大于 2,如检查计算无误,可取 $m = 2$。透水率按式(5-19)和式(5-20)计算。

$$q = \frac{Q_3}{L} \cdot \frac{1}{\sqrt{P_3}} \tag{5-19}$$

$$m = \frac{\lg P_3 - \lg P_2}{\lg Q_3 - \lg Q_2} \tag{5-20}$$

式中:m——曲率系数;

Q_2——第二阶段的流量(L/min);

P_2——第二阶段的压力(MPa)。

(4)渗透系数的计算。

目前国内外教科书、手册、规程等推荐的渗透系数计算公式为:

$$k = \frac{Q}{2\pi HL} \cdot \ln\frac{L}{r_0} \tag{5-21}$$

式中:k——土体的渗透系数(m/d);

Q——压入流量(m^3/d);

H——试验水头(m);

L——试段长度(m);

r_0——钻孔半径(m)。

国内外专家学者归纳以往的试验成果,提出了渗透系数和试验段透水率的近似对应关系,如表5-3所示。多数国家直接采用 $1Lu = 10^{-5} cm/s$。

试段透水率和渗透系数近似对应关系表   表5-3

试段透水率(Lu)	>30	5~20	3~5
渗透系数(cm/s)	10^{-3}	$5 \times 10^{-5} \sim 5 \times 10^{-3}$	5×10^{-5}

5.2.4 加固土体对渗透性的要求

前面根据端头土体的强度、稳定性、盾构构造尺寸研究了端头加固范围应该满足的条件,同时也从加固范围上对渗透性提出了要求。以上的研究与讨论都是假定加固土体是完全隔水的,加固土在体理论上相当于隔水帷幕。实际上加固土体由于其本身也是非连续的多孔介质,不可能达到完全隔水,工程中只要加固后土体的渗透性达到某一个固定的值或者限定的范围,不影响工程建设目的,即认为渗透性满足要求。由于渗透系数 k 是综合反映土体渗透能力的一个指标,各向同性介质中,表示流体通过孔隙骨架的难易程度。根据各种类型土的透水性试验测定方法得到的结果可知,当土体的渗透系数 $k > 10^{-2} cm/s$ 时,表明土体有较好的渗透性;当土体的渗透系数 $k = 10^{-2} \sim 10^{-5} cm/s$,表明土体透水性较弱,为弱透水层;当土体的渗透系数 $k < 10^{-5} cm/s$ 时,表明该土体几乎不透水,为隔水层。因此对于盾构始发与到达端头加固工程而言,只要加固土体的渗透性系数 $k < 10^{-5} cm/s$,即认为地层中的地下水不能透过加固土体进入盾构工作井,即加固土体满足渗透性的要求。

第6章 | 数值模拟在盾构始发与到达中的应用

6.1 盾构法隧道数值分析的发展概况

随着计算机技术的飞速发展,以数学、力学为基础,以理论分析为指导,以计算机技术为研究手段的盾构隧道施工数值模拟分析方法,拓展了盾构隧道施工技术研究的思路,为盾构法隧道的理论研究和相关技术的实际应用提供了更为可靠的依据,使得盾构法隧道施工向着定量评价和预测的前进道路跨越了一大步[46]。

传统盾构法隧道施工的研究主要是用理论的手段预测与分析盾构施工对地层与周围环境可能造成的影响,然后借助相关的室内与室外试验验证理论研究的正确性和合理性。但是不同的地层条件盾构施工对周围环境的影响程度不同,不同地质和环境条件会产生不同的工程问题,不是所有的工程都可以用物理试验进行验证,特别是地层条件和施工环境条件较为复杂时,比如土层条件不均一,土体的分布变化多,既有结构稳定性较差等情况,理论分析手段很难预测施工的影响程度,但是计算机技术可以较好地解决这一问题,数值模拟分析方法可以模拟三维的盾构隧道施工对地层和周围环境的影响程度,并将影响结果进行量化用以指导实际工程施工[97,104]。

随着人类社会的进步和科学技术水平的提高,人类工程和经济活动的规模也在扩大,盾构法隧道工程逐渐朝着长、大、深、难的方向发展,盾构法隧道施工所面临的问题不断复杂化和多样化,这就迫切要求把计算机科学更多地引入到盾构隧道施工中,因此数值模拟手段得到了快速的发展。

由于数值计算方法大大加强和拓宽了人们解决工程问题的能力,从而成为了盾构法隧道施工的一个重要分支[105,107,110]。目前,盾构法隧道施工中常用的几种数值分析方法有:有限差分法(FDM)、有限元法(FEM)、边界元法(BEM)、离散元法(DEM)等[46]。

6.2 数值模拟软件的选择

6.2.1 数值模拟软件的基本要求

盾构始发与到达端头加固问题是一个三维的岩土工程空间问题,根据盾构始发与到达的施工特点以及可能出现的工程问题,进行数值模拟研究时对数值模拟软件提出了以下几个基本要求[52,53]:

(1)所采用的数值分析软件能较好地模拟盾构始发与到达施工过程对周围环境的影响。
(2)软件必须能够较好地模拟岩土体材料的变形规律。

(3)工程中岩土体材料大多数都是典型的非线性材料,要求数值模拟软件能够较好地模拟岩土体材料的非线性问题。

(4)盾构工作井洞门破除以后,模型的单元和节点可能会发生较大的位移和变形,尤其对于压缩模量较小的土体,即使没有进入破坏状态,土体也会产生较大的变形,因此要求数值软件能够模拟岩土材料的大变形问题。

6.2.2 数值模拟方法的比选

目前岩土工程数值模拟分析常用的方法主要包括以下几种:有限差分法(FDM)、有限元法(FEM)、边界元法(BEM)、离散元法(DEM)。特别是有限元法,随着计算机的发展应用尤为广泛。但是,该方法主要是以连续介质为出发点,而且往往受限于小变形的假定。有限元法虽然也可以用来解决由几种介质所组成的非均质问题,并且对于个别的断层或弱面,可以用设置节理单元的办法来解决,但是用以解决富含节理和大变形的岩土力学问题,往往所得的结果与实际的物理力学概况相差甚远。也有不少专家将其用于研究盾构法隧道施工过程,但是由于本身研究大变形问题的局限性,特别是对盾构始发、到达等施工过程,施工中端头土体可能发生较大变形,甚至出现塌方的工程事故,因此所得结果与实际情况往往存在一定的差距。

基于该类问题的提出,有限差分法应运而生。虽然有限差分法最开始是用于分析由于渗流引起的固结和污染物的扩散问题,但是,随着基于完全动态运动方程的有限差分程序FLAC(连续介质的快速拉格朗日分析)、$FLAC^{3D}$的出现,即使对于静态的岩土工程问题,有限差分法也是一种可以与有限元法相媲美的方法,并且在某些方面还要优于有限元法,如:有限差分法的显式求解方法避免了求解大型方程矩阵的难题,对计算机的内存要求低;有限差分法对求解大应变、塑性硬化、塑性软化、土壤与结构的相互作用过程比有限元更容易;对于一些简单岩土问题的建模过程比有限元法更简单。

目前有限差分法已经广泛用于盾构法隧道施工对周围环境的影响研究。理论与实测研究表明:盾构始发与到达引起的应力变化及相应的土体变形是一个复杂的三维问题,在隧道达到平面应变条件之前地层已经历了三维的位移和应变变化过程,建立盾构始发与到达端头土体变形特征的三维分析模型是研究的发展趋势。已有许多研究者在发展预测隧道施工引起的地层变形的三维数值模型方面投入了研究,并取得了可喜的成果。

根据盾构始发与到达的特点,建议选用基于有限差分法的三维数值模拟软件$FLAC^{3D}$,它是由美国依泰斯卡(ITASCA)咨询集团于1986年开发的。该方法将流体力学中跟踪流体运动的拉格朗日方法应用于解决岩体力学的问题并获得成功,后来广泛应用于地下工程各个领域。本书拟通过模拟盾构始发与到达施工过程,研究施工对端头土体的扰动情况,分析端头土体加固强度和影响范围之间的关系,为理论推导端头土体的加固范围提供参考[46,47,53]。

6.3 有限差分法的理论背景

6.3.1 概述

有限差分法是人们较早用于求解给定初值和(或)边值微分方程组的数值方法,随着计算机技术的飞速发展,有限差分法以其独特的计算格式和计算流程在数值方法家族中以崭新的面貌出现。在有限差分法中,基本方程组和边界条件近似地改用差分方程来表示,即由空间离散点处的场变量(应力、位移)的代数表达式代替。这些变量在单元内是非确定的,从而把求解微分方程的问题改换成求解代数方程的问题。相反,有限元法则需要场变量(应力、位移)在每个单元内部按照某些参数控制的特殊方程产生变化,公式中包括调整这些参数以减小误差项和能量项。

有限差分法和有限元法都产生一组待解方程组。尽管这些方程是通过不同方式推导出来的,但两者产生的方程是一致的。另外,有限元程序通常需将单元矩阵组合成大型整体刚度矩阵,而有限差分则无需如此,因为它相对高效地在每个计算步重新生成有限差分方程。在有限元法中,常采用隐式、矩阵求解方法,而有限差分法则通常采用"显示"、时间递步法解代数方程[46,47,55]。

对于众多的数值计算方法而言,P. A. Cundall 博士认为:"岩石变形模拟中采用显示的有限差分法可能较在其他领域广泛应用有限元法更好";Fairhurst 教授认为:"有限差分法,至少对岩土工程设计而言,有着较其他数值模拟方法更大的优点"。正因为如此,有限差分法在工程地质界得到了广泛的应用,为实际工程提供了可以借鉴的理论基础。

6.3.2 有限差分基本方程

弹性力学中的差分法是建立有限差分的理论基础,在弹性体上用相隔等间距 h 并平行于坐标轴的两组平行线划分成网格。设 $f=f(x,y)$ 为弹性体内某一连续函数,它可能是某一应力分量和位移分量,也可能是应力、温度、渗流函数等。这个函数,在平行于 x 轴的一根格线上,例如图 6-1 中的 3-0-1 上,其值随着 x 轴坐标的变化而改变。在邻近节点 0 处,函数 f 可以展开为泰勒级数:

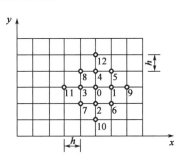

图 6-1 有限差分网格[46]

$$f = f_0 + \left(\frac{\partial f}{\partial x}\right)_0 (x - x_0) + \frac{1}{2!}\left(\frac{\partial^2 f}{\partial x^2}\right)_0 (x - x_0)^2 + \frac{1}{3!}\left(\frac{\partial^3 f}{\partial x^3}\right)_0 (x - x_0)^3 + \cdots \quad (6\text{-}1)$$

在节点 3 和节点 1, x 分别等于 $x - h$ 和 $x + h$,即 $x - x_0$ 分别等于 $-h$ 和 h,将其代入式(6-1),得:

$$f_1 = f_0 + h\left(\frac{\partial f}{\partial x}\right)_0 + \frac{h^2}{2}\left(\frac{\partial^2 f}{\partial x^2}\right)_0 + \frac{h^3}{6}\left(\frac{\partial^3 f}{\partial x^3}\right)_0 + \frac{h^4}{24}\left(\frac{\partial^4 f}{\partial x^4}\right)_0 + \cdots \quad (6\text{-}2)$$

$$f_3 = f_0 - h\left(\frac{\partial f}{\partial x}\right)_0 + \frac{h^2}{2}\left(\frac{\partial^2 f}{\partial x^2}\right)_0 - \frac{h^3}{6}\left(\frac{\partial^3 f}{\partial x^3}\right)_0 + \frac{h^4}{24}\left(\frac{\partial^4 f}{\partial x^4}\right)_0 - \cdots \quad (6\text{-}3)$$

假定 h 是充分小的,因而可以不计它的三次幂及更高次幂的各项,则式(6-2)和式(6-3)可以简化为:

$$f_1 = f_0 + h\left(\frac{\partial f}{\partial x}\right)_0 + \frac{h^2}{2}\left(\frac{\partial^2 f}{\partial x^2}\right)_0 \quad (6\text{-}4)$$

$$f_3 = f_0 - h\left(\frac{\partial f}{\partial x}\right)_0 + \frac{h^2}{2}\left(\frac{\partial^2 f}{\partial x^2}\right)_0 \quad (6\text{-}5)$$

联立求解式(6-4)和式(6-5),得到差分公式:

$$\left(\frac{\partial f}{\partial x}\right)_0 = \frac{f_1 - f_3}{2h} \tag{6-6}$$

$$\left(\frac{\partial^2 f}{\partial x^2}\right)_0 = \frac{f_1 - f_3 - 2f_0}{h^2} \tag{6-7}$$

同样,可以得到:

$$\left(\frac{\partial f}{\partial y}\right)_0 = \frac{f_2 - f_4}{2h} \tag{6-8}$$

$$\left(\frac{\partial^2 f}{\partial y^2}\right)_0 = \frac{f_2 - f_4 - 2f_0}{h^2} \tag{6-9}$$

式(6-6)~式(6-9)是基本差分公式,通过这些公式可以推导出其他的差分公式[46]。

6.3.3 平面有限差分原理

对于平面问题,将具体的计算对象用四边形单元划分成有限差分网格,每个单元可以划分成两个常应变三角形,三角形单元的有限差分公式用高斯散度定理的广义推导得出:

$$\int_s n_i f \mathrm{d}s = \int_A \frac{\partial f}{\partial x_i} \mathrm{d}s \tag{6-10}$$

式中:$\int_s$——绕闭合面积边界积分;

n_i——对应表面 s 的单位法向量;

f——标量、矢量或张量;

x_i——未知矢量;

$\mathrm{d}s$——微量弧长;

$\int_A$——对整个面积 A 的积分。

在面积 A 上,定义 f 的梯度平均值为:

$$\left[\frac{\partial f}{\partial x_i}\right] = \frac{1}{A}\int_A \frac{\partial f}{\partial x_i} \mathrm{d}A \tag{6-11}$$

将式(6-11)代入式(6-10),得:

$$\left[\frac{\partial f}{\partial x_i}\right] = \frac{1}{A}\int_s n_i f \mathrm{d}s \tag{6-12}$$

对于一个三角形子单元,式(6-12)的有限差分形式为:

$$\left[\frac{\partial f}{\partial x_i}\right] = \frac{1}{A}\sum_s \langle f \rangle n_i \Delta s \tag{6-13}$$

式中:Δs——三角形的边长,求和是对该三角形的三个边进行;

$\langle f \rangle$——该边的平均值。

6.3.3.1 运动和平衡方程

有限差分法基于物体运动平衡的基本规律,运动方程最简单的形式是将物体质量(m)、加速度($\mathrm{d}\bar{u}/\mathrm{d}t$)与随时间的改变而变化的外力 F 相联系,一个外力作用在物体上,通过加速度、速度和位移使物体运动。

对于质量—弹簧系统,牛顿运动定律如下:

$$m\frac{\mathrm{d}\dot{u}}{\mathrm{d}t} = F \qquad (6\text{-}14)$$

当几个力同时作用于该物体时,式(6-14)表达了当加速度趋向于零时物体处于静态平衡状态,即 $\sum F = 0$,这里表示对所有作用力求和。在 FLAC 中解决静态问题时用到运动定律的这个特征。要注意到式(6-14)暗含着运动守恒和能量守恒定律,这是因为它们都可以通过式(6-14)及牛顿的其他两个定律推导出来。

在连续的固体介质中,式(6-14)可写成广义的形式,如:

$$\rho\frac{\partial \dot{u}_i}{\partial t} = \frac{\partial \sigma_{ij}}{\partial x_i} + \rho g_i \qquad (6\text{-}15)$$

式中:ρ——物体质量密度;

t——时间;

x_i——坐标矢量分量;

g_i——重力加速度(体力)分量;

σ_{ij}——应力张量分量。

在这个方程以及以下的方程中,下标 i 表示笛卡儿坐标系中的不同分量,且表达式中有重复指标时意味着对其求和。

FLAC^{3D} 计算程序中运动方程的建立主要通过分析节点的受力与运动情况得以实现,节点运动方程可以通过某一时刻的对应的瞬态等效静力问题应用虚功原理推导获得。

根据虚功原理,作用于单个四面体上的节点力 $f^l(l=1,4)$ 与四面体应力和等效体力相平衡。引入节点虚速度 δv^l(它在四面体中产生线性速度场 δv 和常应变速率 $\delta \dot{e}$),则节点力 F^l 和体力 B 产生的外力功功率等于内部应力 σ_{ij} 产生的内力功功率。

对于等效体系,可以建立平衡状态,要求在每个节点上静态等效载荷之和为零。可以写出全部节点上牛顿定律表达式:

$$F_i^{(l)} = M^{(l)}\left(\frac{\mathrm{d}v_i}{\mathrm{d}t}\right)^{(l)} \qquad (l = 1, n^n) \qquad (6\text{-}16)$$

式中:n^n——介质中的所有节点总数,节点质量定义为:

$$M^{(l)} = [m]^{(l)} \qquad (6\text{-}17)$$

不平衡力 $F^{(l)}$ 定义为:

$$F_i^{(l)} = \left[\frac{T_i}{3} + \frac{\rho b_i V}{4}\right]^{(l)} + P_i^{(l)} \qquad (6\text{-}18)$$

当介质达到平衡时,不平衡力等于0。

6.3.3.2 本构关系

作用在可变形固体上的本构关系,在弹性力学上可称为应力—应变准则。首先,由速度梯度得到应变速率,公式如下:

$$\dot{e}_{ij} = \frac{1}{2}\left[\frac{\partial \dot{u}_i}{\partial x_j} + \frac{\partial \dot{u}_j}{\partial x_i}\right] \qquad (6\text{-}19)$$

式中：$\dot{e}_{ij}$——应变率的分量；

$\dot{u}_i$——速度分量。

根据力学本构定律，即一般的本构关系，可以由应变率张量获得新的应力张量：

$$\sigma_{ij} := M(\sigma_{ij}, \dot{e}_{ij}, k) \tag{6-20}$$

式中：$M(\ )$——本构关系的函数形式；

k——历史参数，取决于特殊本构关系；

:=——表示"由……代换"。

一般来说，非线性的本构定律以增量的形式表示，因为应力和应变之间的对应关系并非唯一的对应关系，当已知单元旧的应力张量和应变速率（应变增量）时，可以通过式（6-20）确定新的应力张量。最简单的本构定律为各向同性弹性体本构关系：

$$\sigma_{ij} := \sigma_{ij} + \left\{\delta_{ij}\left(K - \frac{2}{3}G\right)\dot{e}_{kk} + 2G\dot{e}_{ij}\right\}\Delta t \tag{6-21}$$

式中：δ_{ij}——Kronecker 记号；

Δt——时间步；

G、K——分别为剪切模量和体积模量。

6.3.3.3 边界条件

在 FLAC 程序中，对于固体来说，存在应力边界条件或位移边界条件。在给定的网格点上，位移用速度表示。在这些网格点上，式（6-15）并未用到。对于应力边界，力由以下公式求得：

$$F_i = \sigma_{ij}^b n_i \Delta s \tag{6-22}$$

式中：n_i——边界段外法线方向单位矢量；

Δs——应力 σ_{ij}^b 作用的边界段的长度。

对于特定的网格节点，力被加到相应网格点外力和之中。

6.3.4 三维有限差分原理

快速拉格朗日分析采用混合离散方法，将区域离散为常应变六面体单元的集合体，又将每个六面体看作以六面体角点为角点的常应变四面体的集合体，应力、应变、节点不平衡力等变量均在四面体上进行计算，六面体单元的应力、应变取值为其内四面体的体积加权平均。这种方法既避免了常应变六面体单元常会遇到的位移剪切锁死现象，又使得四面体单元的位移模式可以充分适应一些本构关系的要求。

在数值计算过程中，对于三维问题，如图 6-2a）所示，先将具体的计算对象用六面体单元划分成有限差分网格，每个离散化后的立方体单元可进一步划分出 5 个常应变三角棱锥体子单元。计算时对单元内部节点间变量关系分析，涉及空间导数的求解，利用高斯积分，建立单元与节点速率与单元应变速率之间的关系。下面以四面体单元为例来推导任意形状单元的有限差分的计算公式。

如图 6-2b）所示的四面体单元，第 n 面表示与节点 n 相对的面，设其内一点的速率分量为 v_i，应用高斯散度定量于三角棱形体单元，可以推导出：

$$\int_v v_{i,j} dV = \int_s v_i n_j dS \tag{6-23}$$

式中：V——四面体的体；

S——四面体的外表面；

n_j——外表面的单位法向量分量。

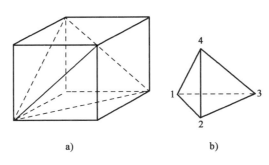

图 6-2　立方体单元的划分

对于常应变单元，v_i 为线性分布，n_j 在每个面上为常量。对于恒定变速率棱锥体，速度场是线性的，并且 $[n]$ 在同一表面上是常数。因此，通过对式（6-23）积分，得到：

$$V_{v(i,j)} = \sum_{f=1}^{4} \bar{v}_i^f n_j^f S^f \tag{6-24}$$

式中：f——表示与表面 f 上的附变量相对应；

v_i——速度分量 i 的平均值。

对于线性速率变分，有：

$$\bar{v}_i^f = \frac{1}{3} \sum_{l=1, l \neq f}^{4} v_i^l \tag{6-25}$$

式中：上标 l——关于节点 l 的值。

将式（6-25）代入式（6-24），得到节点和整个单元体的关系：

$$V_{v(i,j)} = \frac{1}{3} \sum_{l=1}^{4} v_i^l \sum_{l=1, l \neq f}^{4} n_j^f S^f \tag{6-26}$$

如果将式（6-23）中的 v_i 用 1 替换，应用发散定律，可得到：

$$\sum_{f=1}^{4} n_j^f S^f = 0 \tag{6-27}$$

利用上式，并用 V 除以式（6-26），得到：

$$V_{v(i,j)} = -\frac{1}{3V} \sum_{l=1}^{4} v_i^l n_j^l S^l \tag{6-28}$$

同样，应变速率张量的分量可以表述成：

$$\varepsilon_{ij} = -\frac{1}{6V} \sum_{l=1}^{4} (v_i^l n_j^l + v_j^l n_i^l) S^l \tag{6-29}$$

三维问题有限差分法同样基于物体运动与平衡的基本规律，具体推导过程同二维平面问题。

6.3.5　基本方法

在有限差分公式中包含运动项的动力方程，这样，可以保证在被模拟的物理系统本身是非稳定的情况下，有限差分数值计算仍有稳定解。对于非线性材料，物理不稳定现场总是存在的，如盾构始发与到达过程中地面和端头井突然塌方。

有限差分法的计算过程首先调用运动方程，由初始应力和边界力计算出新的速度和位移；然后，由速度计算出应变率，进而获得新的应力或力。对于循环圈的每一个周期，我们采用一个时步。例如，下一步的计算，取一组已经算出的速度值，对每个单元计算新的应力。应力—应变关系运算时可以将速度值将设为定值，也就是说，最新计算的应力并不会影响速度。这看起来似乎有点不合理，因为我们知道，如果某处的应力有所改变，它会影响到它的周围区域并且改变他们的速度。然而，由于我们所选的时步很小，则信息在如此小的时间间隔里就不会从一个单元传到另一个单元，信息在所有物质中的传播速度都有个极限。由于循环圈占用一个小的时步，相邻单元在计算过程中的确不能相互影响，那么关于速度恒定的假设也是合理的。当然，经过数个循环后，扰动可能传播到若干单元，正如现实中产生的传播一样。

上文对显示方法进行了描述性的论述，接下来要从数学的角度来论证。核心概要就是要计算"波速"总超前于实际波速，因此方程式一直是在计算过程总保持恒定的已知值上运行。这种方法有几个显著的优点，最重要的是：即使本构定理是非线性的，但是当通过一个单元的应变计算它的应力时，这个过程不需要迭代。而对于经常在有限元程序用到的隐式算法，在一次求解步骤中，每个单元都与其他的单元发生联系，在达到相容和平衡之前要几次迭代循环。表 6-1 对显示方法和隐式方法做了比较。显示方法的特点是时步短，这意味着必须进行多次运算，需要大量的时步。因此，对于病态系统——高度非线性、大变形、物理不稳定（塌方）等问题，显示算法是最好的。

显示方法和隐式方法的比较[47]　　　　　　表 6-1

显 示 方 法	隐 式 方 法
时步小于稳定性的临界值	时步可以非常大，没用稳定条件控制
每一时步只需要少量的计算	每一时步需要大量的计算
进行动力解时无需明显的数值阻尼	数值阻尼与时步相关
无需进行反复迭代来实现非线性本构关系	需进行反复迭代来实现非线性本构关系
只要满足时步标准，非线性定理总可以有效的物理方式实现	总需要验证以上步骤具有： (1) 稳定性； (2) 对路径敏感问题遵循正确的路径
不形成矩阵，无带宽限制，占用内存小	需存储刚度矩阵，需克服相关的带宽问题，需要的内存较大
由于不形成刚度矩阵，对大位移、大应变问题同样适合，无需额外的计算	对大位移、大应变问题需进行大量计算

由于显示有线差分法无需形成总体刚度矩阵，可在每个时步通过更新节点坐标的形式，将位移增量加到节点坐标，以材料网络的移动和变形模拟大变形。这种处理方式称之为"拉格朗日算法"，即在每步计算过程中，本构方程仍是小变形理论模式，但在经过许多步计算后，网络移动和变形结果等价于大变形模式。

用运动方程求解静力问题，还必须采取机械动态衰减来获取非惯性静态或准静态解，通常采用动力松弛法；在概念上等价于在每一个节点上连接一个固定的"黏性活塞"，施加的衰减力大小与节点速度成正比。

在动态衰减过程中,节点按照牛顿定理运动。节点的加速度与非平衡力成正比。该算法确定这组位移将导致系统趋向于平衡,或表征失稳状态。动态衰减的两个重点为选择时步和阻尼作用。

6.3.5.1 选择时步

显式解法程序并不是无条件地处于稳定状态:当前的计算速度必须大于信息传播的最大速度,选择的时步必须比某一临界时步小。

离散为单元尺寸是 Δx 的弹性固体的稳定条件是:

$$\Delta t < \frac{\Delta x}{C} \tag{6-30}$$

式中:C——信息传播的最大速度,可以近似认为是 p 波的波速 C_p,表达式为:

$$C_p = \sqrt{\frac{K + 4G/3}{\rho}} \tag{6-31}$$

对单一的质量弹簧单元体而言,它的稳定条件如下:

$$\Delta t < 2\sqrt{\frac{m}{k}} \tag{6-32}$$

式中:m——质量;

k——刚度。

对于一个由固体材料和任意弹簧组成交错的质量—弹簧综合系统而言,临界时步与系统的最小固有周期 $T_{\min}$ 有关:

$$\Delta t < \frac{T_{\min}}{\pi} \tag{6-33}$$

确定整个系统的固有周期是不现实的,因此对局部临界时步做如下估计:FLAC 程序的目的就是要给出一个问题的静力解,在运动方程中,可以将节点质量认为是松弛的因素,通过调节它们可以优化收敛速度。应该指出重力并不受惯性质量按比例调节的影响。当临界时步的各局部值相等时,即系统所有部分的自然反应周期相等时,就可以得到最佳收敛。为方便起见,我们将时步设为 1 而调整节点质量以得到优化值。这里假定临界时步安全系数为 0.5。

6.3.5.2 阻尼作用

为了解决静态问题,必须对运动方程施加阻尼使得它可以提供静态解和准静态解(非惯性)解。FLAC 的目的就是用最少的计算以数值稳定的方式来达到稳定状态(平衡状态或稳定状态)。标准动力松弛方法中所用到的阻尼是与速度成比例的,也就是说,阻尼力的大小和节点速度的大小成比例。这在概念上与固定在每个节点上的阻尼器是等效的。

在标准动力松弛中与速度成比例阻尼的应用主要有以下三方面的困难:

(1)阻尼引入体力,这在"流动"区域是错误的,并且在对模型完全分析之后,特征值才可以求出。对于线性问题,分析需要的计算和动力松弛计算一样多;对于非线性问题,特征值可能是不确定的。

(2)最优比例常数取决于矩阵的特征值,而只有在对模型完全分析之后,特征值才可以求出。对于线性问题,分析需要的计算和动力松弛计算一样多;对于非线性问题,特征值可能是不确定的。

(3) 与速度成比例的阻尼的标准形式可适用于每个节点,也就是说,可以对整个网格选择一个阻尼常数。在多数情况下,对于一个网格的不同区域可观察到特征的变化。例如,一个区域可能破坏而另外一个区域却保持稳定。对于这些问题,不同的区域要选择不同的阻尼。

为了克服上面提到的三个困难,FLAC中用到局部无黏性阻尼。在这种阻尼中,节点上的阻尼力与非平衡力的大小成比例,阻尼力方向量确保能量总是能够消散。具体的局部阻尼方程如下:

$$\dot{u}_i^{(t+\Delta t/2)} = \dot{u}_i^{(t-\Delta t/2)} + \left\{\sum F_i^{(t)} - (F_d)_i\right\}\frac{\Delta t}{m_n} \tag{6-34}$$

$$(F_d)_i = \alpha \left|\sum F_i^{(t)}\right| \mathrm{sgn}[\dot{u}_i^{(t-\Delta t/2)}] \tag{6-35}$$

式中:F_d——阻尼力;

F_i——不平衡力;

α——常数,常取0.8;

m_n——假设的节点质量。

在FLAC中,通常通过监测不平衡力比率(不平衡力F_i与施加力F_m之比)来确定静力状态。当$F_i/F_m \leq 0.001$时,则(计算机缺省)认为模型处于平衡状态。

6.4 本构模型的选择[47-51]

有限差分软件FLAC及FLAC^{3D}具有强大的适合模拟岩土工程材料的本构模型。FLAC提供了十几种本构模型,有零模型、弹性模型、莫尔—库仑模型、德鲁克—普拉格(Drucker-Prager)模型、节理化模型、应变硬化—软化模型、双线性应变硬化—软化的节理化模型、双屈服模型、修正的剑桥黏土模型、霍克—布朗模型等。

数值模拟研究的精确度很大程度上依赖于所选的应力—应变关系和强度准则能否代表被模拟土体的力学行为,特别是反映在开挖中典型的应力路径下土的本构关系。现在有大量的模型来描述应力—应变关系和破坏面。但是,对于精确复杂的模型,最大的缺点是有很多参数需要确定,有些目前尚无法由试验确定。因此,相对简单但实用的莫尔—库仑模型和德鲁克—普拉格模型应用最多,特别是在岩土工程领域中应用特别广泛。在盾构法隧道施工数值模型中应用最多的主要零模型、莫尔—库仑模型、德鲁克—普拉格模型,偶尔在黏土地层中用到修正的剑桥黏土模型。

6.4.1 零模型

零模型通常用来表示移除或开挖掉的材料。零区域的应力被设置为零,在这些区域中没有体力作用。在数值模拟的后续阶段,零材料模型可转换成其他的材料模型。通过这种方式,可以进行诸如开挖回填之类的模拟。

6.4.2 莫尔—库仑(Mohr-Coulomb)模型

这种模型的破坏包络线对应莫尔—库仑判据(剪切屈服函数)加上拉伸分离点(拉应力屈

服函数),与拉应力流动法则相关联而与剪切流动不相关联。

(1)增量弹性法则

在 FLAC 数值模拟研究中,莫尔—库仑本构模型的实现用到了主应力 σ_1、σ_2、σ_3 和平面外应力 σ_{zz}。主应力和主方向从应力张量分量计算(压应力为负)。

$$\sigma_1 \leq \sigma_2 \leq \sigma_3 \tag{6-36}$$

相应的主应变增量 Δe_1、Δe_2、Δe_3 分解为:

$$\Delta e_i = \Delta e_i^e + \Delta e_i^p \quad (i = 1,3) \tag{6-37}$$

这里上标 e 和 p 分别指弹性和塑性部分,塑性分量只在塑性流动阶段不为零。胡克定律的主应力和主应变的增量表达式为:

$$\begin{cases} \Delta \sigma_1 = \alpha_1 \Delta e_1^e + \alpha_2 (\Delta e_2^e + \Delta e_3^e) \\ \Delta \sigma_2 = \alpha_1 \Delta e_2^e + \alpha_2 (\Delta e_1^e + \Delta e_3^e) \\ \Delta \sigma_3 = \alpha_1 \Delta e_3^e + \alpha_2 (\Delta e_1^e + \Delta e_2^e) \end{cases} \tag{6-38}$$

式中,$\alpha_1 = K + \frac{4}{3}G$,$\alpha_2 = K - \frac{2}{3}G$。

(2)屈服函数和势函数

在介绍莫尔—库仑屈服函数之前,首先介绍 Tresca 屈服准则。该屈服准则假定,当一点的最大剪切应力达到极限值则发生屈服,如图 6-3 所示。

Mohr 准则是基于最大剪应力为发生屈服的决定性因素的假设。与 Tresca 准则相比,剪应力 τ 的临界值不是一个常数,而是在那一点上同一平面中正应力 σ 的函数。

$$|\tau| = h(\sigma) \tag{6-39}$$

式中,$h(\sigma)$ 是由试验确定的函数。根据应力状态的莫尔图(Mohr 图)表示,式(6-39)意味着当最大主应力圆的半径与包络曲线相接时将发生屈服,如图 6-4 所示。

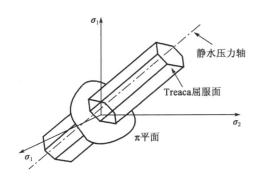

图 6-3 主应力空间中的 Tresca 准则[48]

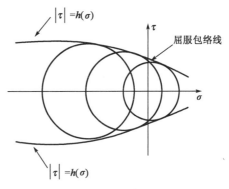

图 6-4 Mohr 准则的图解表示[48]

Mohr 包络线最简单的形式是一条直线,如图 6-5 所示。直线包络线方程称为库仑方程(Coulomb 方程),其数学表达式为:

$$|\tau| = c - \sigma \tan\varphi \tag{6-40}$$

式中:c——黏聚力;

φ——内摩擦角。

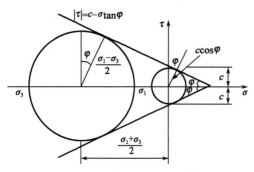

图6-5 莫尔—库仑准则[48]

c、φ 皆由试验确定。

与式(6-40)相关的屈服准则称为莫尔—库仑准则。对于无摩阻材料的特例,其 $\varphi = 0$,式(6-40)退化为 Tresca 准则,其黏聚力等于纯剪切时的屈服应力。因此,莫尔—库仑准则可以看作为 Tresca 准则的推广。图6-6为莫尔—库仑屈服面与 Tresca 屈服面对比图。

按照式(6-36)的假定,在主应力空间和(σ_1,σ_3)平面的破坏准则可以表示为如图6-7所示的形式。由莫尔—库仑屈服函数定义的从 A 点到 B 点的破坏包络线为:

$$f^s = \sigma_1 - \sigma_3 N_\varphi + 2c\sqrt{N_\varphi} \tag{6-41}$$

由 B 点到 C 点拉应力屈服函数定义为:

$$f^t = \sigma_t - \sigma_3 \tag{6-42}$$

上两式中:φ——内摩擦角;

c——黏聚力;

σ_t——抗拉强度。

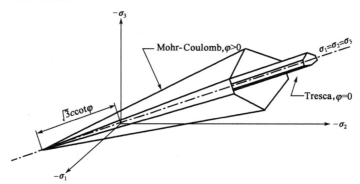

图6-6 主应力空间中的莫尔—库仑屈服面与 Tresca 屈服面比较[47]

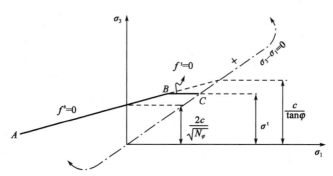

图6-7 莫尔—库仑破坏准则[47]

$$N_\varphi = \frac{1 + \sin\varphi}{1 - \sin\varphi} \tag{6-43}$$

材料的强度不能超过如下定义的 σ_{max}^t 的值：

$$\sigma_{max}^t = \frac{c}{\tan\varphi} \tag{6-44}$$

剪切势函数 g^s 对应于非关联流动法则，其表达式如下：

$$g^s = \sigma_1 - \sigma_3 N_\varphi$$
$$N_\varphi = \frac{1 + \sin\psi}{1 - \sin\psi} \tag{6-45}$$

ψ 为岩土材料剪胀角，势函数 g^t 对应于拉应力破坏的相关联流动法则，其表达式如下：

$$g^t = -\sigma_3 \tag{6-46}$$

对于剪切、拉应力处于边界的情况，莫尔—库仑模型的流动法则由如下所示的方法，通过定义三维应力空间中边界附近的混合屈服函数，定义函数 $h(\sigma_1,\sigma_3)=0$ 用以表达 (σ_1,σ_3) 平面中 $f^s=0$ 和 $f^t=0$ 所代表曲线的对角线。此函数的表达式为：

$$h = \sigma_3 - \sigma^t + \alpha^p(\sigma_1 - \sigma^p) \tag{6-47}$$

这里 α^p 和 σ^p 是两个常量，其定义如下：

$$\alpha^p = \sqrt{1 + N_\varphi^2} + N_\varphi \tag{6-48}$$

$$\sigma^p = \sigma^t N_\varphi - 2c\sqrt{N_\varphi} \tag{6-49}$$

弹性假设和破坏准则不一致，破坏形式由 (σ_1,σ_3) 平面中位于 1 区或 2 区（分别对应于 $h=0$ 区域内 − 或 + 区域）来表示，如图 6-8 所示。如果位于 1 区，说明剪切破坏，应用由势函数 g^s 确定的流动法则，应力点回归到 $f^s=0$ 的曲线上；如果位于 2 区，说明是拉应力破坏，应用由势函数 g^t 确定的流动法则，应力点回归到 $f^t=0$ 的曲线上。

(3) 塑性修正

首先考虑剪切破坏，流动法则如下：

$$\Delta e_i^p = \lambda^s \frac{\partial g^s}{\partial \sigma_i} \quad (i=1,3) \tag{6-50}$$

这里 λ^s 是待定的参数，用式(6-45)中的 g^s，通过偏微分法以后，此式变为：

$$\left.\begin{array}{l}\Delta e_1^p = \lambda_s \\ \Delta e_2^p = 0 \\ \Delta e_3^p = -\lambda_s N_\psi\end{array}\right\} \tag{6-51}$$

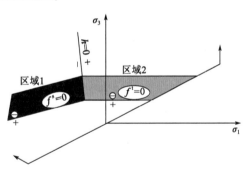

图 6-8 莫尔—库仑破坏准则中用以定义流动准则的区域[47]

弹性应变增量可以从式(6-37)表示的总增量减去塑性增量，进一步利用上式的流动法则，式(6-38)中的弹性法则变为：

$$\left.\begin{array}{l}\Delta\sigma_1 = \alpha_1\Delta e_1 + \alpha_2(\Delta e_2 + \Delta e_3) - \lambda_s(\alpha_1 - \alpha_2 N_\varphi) \\ \Delta\sigma_2 = \alpha_1\Delta e_2 + \alpha_2(\Delta e_1 + \Delta e_3) - \lambda_s\alpha_2(1 - N_\varphi) \\ \Delta\sigma_3 = \alpha_1\Delta e_3 + \alpha_2(\Delta e_1 + \Delta e_2) - \lambda_s(-\alpha_1 N_\varphi + \alpha_2)\end{array}\right\} \tag{6-52}$$

由定义得：

$$\sigma_i^N = \sigma_i^O + \Delta\sigma_i \quad (i=1,3) \tag{6-53}$$

式中：上标 N 和 O——分别表示新、旧的应力状态。

用式(6-53)代替式(6-52),并用上标 I 表示由弹性假设得到的应变和原来应变之和,由总应变计算得到的弹性增量为:

$$\left.\begin{array}{l}\sigma_1^I = \sigma_1^O + \alpha_1 \Delta e_1 + \alpha_2 (\Delta e_2 + \Delta e_3) \\ \sigma_2^I = \sigma_2^O + \alpha_1 \Delta e_2 + \alpha_2 (\Delta e_1 + \Delta e_3) \\ \sigma_3^I = \sigma_3^O + \alpha_1 \Delta e_3 + \alpha_2 (\Delta e_1 + \Delta e_2)\end{array}\right\} \quad (6\text{-}54)$$

对应于拉应力破坏的情况,流动法则为:

$$\Delta e_i^p = \lambda^t \frac{\partial g^t}{\partial \sigma_i} \quad (i = 1,3) \quad (6\text{-}55)$$

这里 λ^t 是待定的参数,用式(6-46)中的 g^t,通过偏微分法以后,此式变为:

$$\left.\begin{array}{l}\Delta e_1^p = 0 \\ \Delta e_2^p = 0 \\ \Delta e_3^p = -\lambda^t\end{array}\right\} \quad (6\text{-}56)$$

重复上面相似的推理,我们可以得到:

$$\left.\begin{array}{l}\sigma_1^N = \sigma_1^I + \lambda^t \alpha_2 \\ \sigma_2^N = \sigma_2^I + \lambda^t \alpha_2 \\ \sigma_3^N = \sigma_3^I + \lambda^t \alpha_2\end{array}\right\} \quad (6\text{-}57)$$

式中, $\lambda^t = \dfrac{f^t(\sigma_3^I)}{\alpha_1}$。

6.4.3 德鲁克—普拉格(Drucker-Prager)模型

德鲁克—普拉格塑性模型适用于模拟摩擦角较小的软黏土,然而,这种模型并不广泛适用于岩土工程材料。将它包括进 FLAC 中主要用来同其他的数值计算程序进行比较。

这种模型的破坏包络线包括德鲁克—普拉格准则和拉应力路径。与剪切流动法则不相关联,与拉伸流动法则相关联。

(1)增量弹性法则

德鲁克—普拉格模型由两个应力分量表示:剪切应力 τ 和平均法向应力 σ。两者分别定义为:

$$\left.\begin{array}{l}\tau = \sqrt{J_2} \\ \sigma = \dfrac{1}{3}(\sigma_{11} + \sigma_{22}\sigma_{33})\end{array}\right\} \quad (6\text{-}58)$$

这里, J_2 是偏应力张量第二不变量,它可以表示为:

$$J_2 = \frac{1}{6}\left[(\sigma_{11} - \sigma_{22})^2 + (\sigma_{22} - \sigma_{33})^2 + (\sigma_{11} - \sigma_{33})^2\right] + \sigma_{12}^2 \quad (6\text{-}59)$$

同 τ 和 σ 有关的剪应变增量 $\Delta\gamma$ 和体积应变增量 Δe 可表示为:

$$\left.\begin{array}{l}\Delta\gamma = 2\sqrt{\Delta J_2'} \\ \Delta e = \Delta e_{11} + \Delta e_{22} + \Delta e_{33}\end{array}\right\} \quad (6\text{-}60)$$

ΔJ_2 是偏应力增量的第二不变量,其表达式为:

$$\Delta J_2 = \frac{1}{6}\left[(\Delta e_{11}-\Delta e_{22})^2 + (\Delta e_{22}-\Delta e_{33})^2 + (\Delta e_{11}-\Delta e_{33})^2\right] + \Delta e_{12}^2 \tag{6-61}$$

应变增量可分解为:

$$\left.\begin{array}{l}\Delta\gamma = \Delta\gamma^e + \Delta\gamma^p \\ \Delta e = \Delta e^e + \Delta e^p\end{array}\right\} \tag{6-62}$$

式中:上标 e、p——分别表示弹性和塑性部分,并且塑性分量仅在塑性流动阶段不为零。

用通常的应力应变表示的虎克定律的增量表达式为:

$$\left.\begin{array}{l}\Delta\tau = G\Delta\gamma^e \\ \Delta e = K\Delta e^e\end{array}\right\} \tag{6-63}$$

式中:G、K——分别表示剪切模量和体积模量。

(2)屈服函数和势函数

正式介绍德鲁克—普拉格屈服准则和屈服函数之前,首先介绍 von Mises 屈服准则(冯·米塞斯屈服准则)。八面体剪切应力或畸变应变能可以用来代替最大剪切应力,1913 年提出的 von Mises 屈服准则正是基于以下的表达式:

$$\tau_{oct} = \sqrt{\frac{2}{3}J_2} = k\sqrt{\frac{2}{3}} \tag{6-64}$$

式中:k——材料常数,它代表纯剪试验中的屈服应力。

与 Tresca 准则(特莱斯卡准则)不同,该屈服准则也受中间主应力的影响,式(6-64)可以重新写为:

$$f(J_2) = J_2 - k^2 = 0 \tag{6-65}$$

对上式进行变形可得:

$$(\sigma_1-\sigma_2)^2 + (\sigma_2-\sigma_3)^2 + (\sigma_3-\sigma_1)^2 = 6k^2 \tag{6-66}$$

在单轴拉伸时,屈服发生于 $\sigma_1=\sigma_0,\sigma_2=\sigma_3=0$。将这些值代入上述方程,则有:

$$k = \frac{\sigma_0}{\sqrt{3}} \tag{6-67}$$

如式(6-65)所示,这种材料的屈服函数不包含 I_1 和 J_3,所以,von Mises 准则可用于对静水压力和相似角或 Lode 角(洛德角)不敏感的材料。屈服面变为主应力空间的圆柱面,其回转轴与 $\sigma_1=\sigma_2=\sigma_3$ 的静水压力轴一致,屈服面与偏平面相交所得的横截面为半径 $\rho=\sqrt{2}k$ 的圆。图 6-9 反映了此准则在主应力空间及偏平面中的轨迹。

1952 年正式提出的德鲁克—普拉格准则,是 von Mises 准则的简单修正,它考虑了静水压力对屈服的影响。这一准则的数学表达式为:

$$f(I_1,J_2) = \alpha I_1 + \sqrt{J_2} - k = 0 \tag{6-68}$$

式中:α、k——材料常数。

当 α 为 0 时,德鲁克—普拉格准则退化为 von Mises 准则,故德鲁克—普拉格准则也称为广义的 von Mises 准则。

德鲁克—普拉格准则在主应力空间中的屈服面为直立圆锥,主应力空间中的德鲁克—普拉格屈服面与 von Mises 屈服面比较如图 6-10 所示,σ、τ 平面内破坏准则如图 6-11 所示。

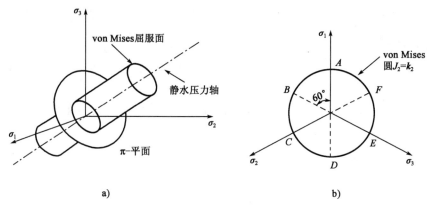

图 6-9　von Mises 准则[48]

a) 在主应力空间；b) 在偏平面

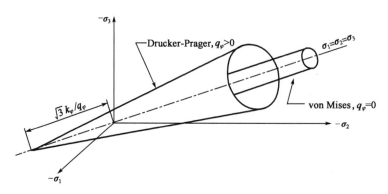

图 6-10　主应力空间中的 Drucker-Prager 屈服面与 von Mises 屈服面的比较[47]

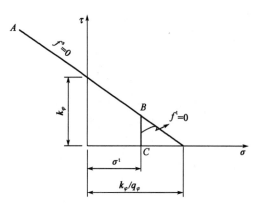

图 6-11　德鲁克—普拉格破坏准则[47]

由德鲁克—普拉格屈服函数确定的从点 A 到点 B 的破坏包络线为：

$$f^s = \tau + q_\varphi \sigma - k_\varphi \quad (6\text{-}69)$$

由拉应力屈服函数确定的从点 B 到点 C 的破坏包络线为：

$$f^t = \sigma - \sigma^t \quad (6\text{-}70)$$

式中：q_φ、k_φ——有关材料特性的常数。

拉应力强度不能超过 σ^t_{max} 的值：

$$\sigma^t_{max} = \frac{k_\varphi}{q_\varphi} \quad (6\text{-}71)$$

剪切势函数 g^s 通常对应于不相关联的流动法则，其表达式如下：

$$g^s = \tau + q_\psi \sigma \quad (6\text{-}72)$$

式中：q_ψ——材料参数，当采用相关联流动法则时，其值等于 q_φ。

拉应力破坏对应于相关联的流动法则，其表达式来源于势函数 g^t：

$$g^t = \sigma \tag{6-73}$$

对于边界附近,德鲁克—普拉格的流动法则由如下所示的方法,定义函数 $h(\sigma,\tau) = 0$ 用以表示 σ、τ 平面中 $f^s = 0$ 和 $f^t = 0$ 所代表曲线的对角线。此函数的表达式为:

$$h = \tau - \tau^p - \alpha^p(\alpha - \sigma^t) \tag{6-74}$$

τ^p 和 α^p 两个常量的定义如下:

$$\left.\begin{aligned} \tau^p &= k_\varphi - q_\varphi \sigma_t \\ \alpha^p &= \sqrt{1 + q_\varphi^2} - q_\varphi \end{aligned}\right\} \tag{6-75}$$

弹性假设和破坏准则不一致,分别由 (σ,τ) 平面中位于 1 区或 2 区(分别对应于 $h = 0$ 区域内正域或负域)。如果位于 1 区,说明是剪切破坏,应用势函数 g^s 确定的流动法则,应力点回归到 $f^s = 0$ 的曲线上;如果位于 2 区,说明是拉应力破坏,应用势函数 g^t 确定的流动法则,应力点回归到 $f^t = 0$ 的曲线上,如图 6-12 所示。

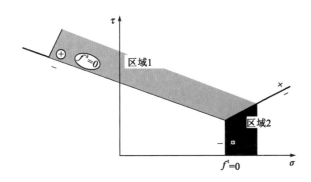

图 6-12 德鲁克—普拉格模型用于确定流动法则的区域[47]

(3)塑性修正

首先考虑剪切破坏,流动法则如下:

$$\left.\begin{aligned} \Delta\gamma^p &= \lambda^s \frac{\partial g^s}{\partial \tau} \\ \Delta e^p &= \lambda^s \frac{\partial g^s}{\partial \sigma} \end{aligned}\right\} \tag{6-76}$$

这里 λ^s 是有待定义的参数,用式(6-72)中的 g^s,通过偏微分法以后,此式变为:

$$\left.\begin{aligned} \Delta\gamma^p &= \lambda^s \\ \Delta e^p &= \lambda^s q_\psi \end{aligned}\right\} \tag{6-77}$$

弹性应变增量可以从式(6-62)表示的总增量减去塑性增量,进一步利用式(6-77)的流动法则,式(6-63)中的弹性法则变为:

$$\left.\begin{aligned} \Delta\tau &= G\Delta\gamma - G\lambda^s \\ \Delta\sigma &= k\Delta e - k q_\psi \end{aligned}\right\} \tag{6-78}$$

让新旧的应力状态分别由上标 N 和 O 来表示,然后通过定义:

$$\left.\begin{aligned} \tau^N &= \tau^O + \Delta\tau \\ \sigma^N &= \sigma^O + \Delta\sigma \end{aligned}\right\} \tag{6-79}$$

以上标 I 表示弹性假设得到的应变和原来的应变之和,由总应变计算得到的弹性增量为:

$$\left.\begin{array}{l}\tau^I = \tau^O + G\Delta\gamma \\ \sigma^I = \sigma^O + G\Delta e\end{array}\right\} \quad (6-80)$$

现在可定义:

$$\lambda^s = \frac{f^s(\sigma^I,\tau^I)}{G + Kq_\varphi q_\psi} \quad (6-81)$$

应力可以重新写为:

$$\sigma_{ij}^N = (\sigma_{ij}^I - \sigma^I)\frac{\tau^N}{\tau^I} + \sigma^N \delta_{ij} \quad (6-82)$$

式中:δ_{ij}——克罗内克(Kronecker)符号。

现在来考虑拉应力破坏,流动法则形式为:

$$\left.\begin{array}{l}\Delta\gamma^p = \lambda^t \dfrac{\partial g^t}{\partial \tau} \\ \Delta e^p = \lambda^t \dfrac{\partial g^t}{\partial \sigma}\end{array}\right\} \quad (6-83)$$

这里 λ^t 是特定的参数,用式(6-73)中的 g^t,通过偏微分法以后,此式变为:

$$\left.\begin{array}{l}\Delta\gamma^p = 0 \\ \Delta e^p = \lambda^t\end{array}\right\} \quad (6-84)$$

重复上面相似的推理,我们可得到:

$$\left.\begin{array}{l}\tau^N = \tau^I \\ \sigma^N = \sigma^I - K\lambda^t\end{array}\right\} \quad (6-85)$$

其中:

$$\lambda^t = \frac{\sigma^I - \sigma^t}{K} \quad (6-86)$$

在该模型中的破坏模式中,对于弹性假设的新的应力偏量可以写成:

$$\sigma_{ij}^N = \sigma_{ij}^I + (\sigma^t - \sigma^I)\delta_{ij} \quad (6-87)$$

6.4.4 修正的剑桥黏土模型

修正的剑桥黏土模型是增量硬化/软化弹塑性模型。其参数包括一个特殊的非线性弹性部分和一个由体积塑性应变确定的硬化/软化特性。破坏包络线在形状上是自相似的,并且同绕主应力空间的平均应力轴转动的椭圆体对应。在这个模型中,同剪切流动法则相关联,没有提供相应于张拉平均应力的阻力。

1) 屈服函数

相应于特定的固结压力值 p_c 的屈服函数的形式为:

$$f = q^2 + M^2 p(p - p_c) \quad (6-88)$$

式中:M——材料参数。

$$p = -\frac{1}{3}(\sigma_1 + \sigma_2 + \sigma_3)$$

$$q = \sqrt{3J_2}$$

屈服状态 $f=0$ 由 (q,p) 平面内以 p_c 为横轴以 M_{pc} 为纵轴的椭圆表示,如图 6-13 所示。注意椭圆过原点,因此,此模型的材料并不支持四周受拉应力的情况。

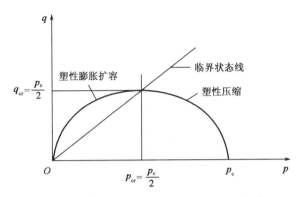

图 6-13 修正剑桥黏土模型的破坏准则[47]

破坏准则由主应力空间内绕平均应力轴转动的椭圆表示(任何通过不变的平均有效应力 P 的屈服面的界面均是一个圆)。

势函数 g 对应于相关联的流动法则,由此可得:

$$g = q^2 + M^2 p(p - p_c) \tag{6-89}$$

2) 硬化—软化准则

屈服曲线的形状取决于固结压力 p_c 的值,此压力是塑性体积变化的函数,且随比容而变化。

对应于新的值 v 和 p 的固结压力 p_c 可通过 $(v,\ln p)$ 平面内固结线和膨胀线的交点得出,这里给出其表达式:

$$p_c = p_1 e^{(v_\lambda - v_\kappa)/(\lambda - \kappa)} \tag{6-90}$$

其中:

$$v_k = v + \kappa \ln \frac{p}{p_1} \tag{6-91}$$

3) 初始应力状态

FLAC 中修正的剑桥黏土模型仅可用于平均有效应力为压应力的材料。特别地,材料的初始状态(只是在应用剑桥黏土模型之前)必须同此要求相互协调。初始状态可通过 INTIAL 命令指定,或者是其他已应用的本构模型的运行结果。任何情况下,初始有效应力 p_0 在整个介质中必须为正值。

4) 确定输入参数

(1) 超固结比 R——定义为先期固结压力与初始固结压力之比,即:

$$R = \frac{p_{c0}}{p_0} \tag{6-92}$$

超固结比在描述修正剑桥岩土材料的行为时很有用。

(2) 摩擦常数 M——在临界状态线上 q/p_{cr} 的比值,所以可以用一系列三轴试验确定此常数。这些试验应在大应变条件下进行,确保最终的 p_{cr} 和 q 值接近临界状态线。$q\text{-}p_{cr}$(通过回归分析所得)最好吻合线的斜率即为参数 M,M 同莫尔—库仑屈服函数的有效应力摩擦角 φ' 有关。然而,因为修正的剑桥黏土临界状态线与中间主应力 σ_2 相关而莫尔—库仑模型与中间主应力 σ_2 不相关,在屈服时对不同的 σ_2 值,M 和 φ' 关系也不同(这种状态相似于莫尔—库仑和德鲁克—普拉格屈服函数间的关系)。对于三轴压缩试验:

$$M = \frac{6\sin\varphi'}{3 - \sin\varphi'} \tag{6-93}$$

对于三轴拉伸试验,则:

$$M = \frac{6\sin\varphi'}{3 + \sin\varphi'} \tag{6-94}$$

(3)正常固结和膨胀曲线(λ 和 κ)的斜率——理想状态下这两个参数应由带几个卸载偏移的各向同性加载三轴($q=0$)的试验确定。$v\text{-}\ln p$ 图上正常压缩曲线的斜率即为参数 λ,同一图上的卸载偏移曲线即为参数 κ。

这两个参数也可以从固结试验中获得,让 σ_v 和 σ_h 为一个固结试验的垂直和水平应力。在大多数固结仪器中,是不可能测量水平应力 σ_h 的,所以平均应力 $p = (\sigma_v + 2\sigma_h)/3$ 是未知的。但是,试验数据表明,正常固结条件下水平和垂直有效应力的比值 K_0 为一个常数。既然 $p = \sigma_v(1 + 2K_0)/3$ 沿正常压缩曲线,$v\text{-}\ln p$ 曲线的斜率等于 $e\text{-}\ln\sigma_v$ 的斜率,这里 $e = v - 1$ 是空隙比。

压缩指数 C_c 由 $v\text{-}\lg\sigma_v$ 曲线的斜率计算而得,所以参数为:

$$\lambda = \frac{C_c}{\ln 10} \tag{6-95}$$

试验数据表明,在固结试验中,沿着膨胀线,K_0 不是常数,所以基于膨胀系数 C_s 的 κ 的一个估计值,仅仅是一个近似值。

$$\kappa = \frac{C_s}{\ln 10} \tag{6-96}$$

实际应用时,κ 通常选为 λ 的 $1/5 \sim 1/3$。

(4)在 $v\text{-}\ln p$ 图上定出正常的固结线——为了在 $v\text{-}\ln p$ 图上定出正常固结线,必须确定此曲线上的点的(v_κ, $\ln p_1$)。确定这点的方法是各向同性的三轴试验,或基于不排水剪切强度确定该点。

正常固结线的表达式为:

$$v = v_\lambda - \lambda \ln \frac{p}{p_1} \tag{6-97}$$

在 $p = p_1$ 的临界状态线上的比容 Γ,由下式给出:

$$\Gamma = v_\lambda - (\lambda - \kappa)\ln 2 \tag{6-98}$$

土体中,不排水剪切强度 c_u 通过下式与比容积 v_{cr} 唯一相关:

$$c_u = \frac{Mp_1}{2}\exp\left(\frac{\Gamma - v_{cr}}{\lambda}\right) \tag{6-99}$$

因此,对于一个给定的 p_1,如果对以比容积 v_{cr} 的不排水剪切强度,连通参数 M、λ、κ 都已知,Γ 的值以及 v_λ 可以计算出来。

(5) 先期固结压力 p_{c0}——先期固结压力确定屈服面的初始大小,表达式为:

$$q^2 = M^2[p(p_{c0}-p)] \tag{6-100}$$

如果试样服从等向加压路径,p_{c0} 的值达到最大,超过平均有效应力。如果试样服从别的非等向路径,p_{c0} 由式(6-100)用 p 和 q 的先期最大值计算。

最大竖向有效应力可以应用于卡萨格兰德的方法由固结仪试验计算得到。最大水平有效应力必须由一些假设得出,通常的假设是 Jaky 关系:

$$K_{nc} = \frac{\sigma_{hmax}}{\sigma_{vmax}} \approx 1 - \sin\varphi' \tag{6-101}$$

式中:K_{nc}——正常固结土的静止最大水平应力 σ_{hmax} 与最大竖向应力 σ_{vmax} 之比。

如某一土体,有效摩擦角为 20°,最大竖向有效应力 $\sigma_{vmax} = 1\text{MPa}$,然后应用 Jaky 关系式:

$$K_{nc} = 1 - \sin\varphi' = 1 - \sin 20° = 0.658$$

则最大水平应力为:

$$\sigma_{hmax} = 0.658\text{MPa}$$

p 和 q 的最大值为:

$$p_{max} = \frac{\sigma_{vmax} + 2\sigma_{hmax}}{3} = 0.772\text{MPa}$$

$$q_{max} = \sigma_{vmax} - \sigma_{hmax} = 0.342\text{MPa}$$

将这两个值代入屈服关系式(6-100),可得初始估计压力:

$$p_{c0} = p_{max} + \frac{q_{max}^2}{M^2 p_{max}} = 0.961\text{MPa}$$

(6) 初始比容值 v_0 和体积模量 K——假定初始压力 p_0、初始比容 v_0 一定与参数 κ、λ、p_1 和 p_{c0} 的选择相互一致。初始比容 v_0 由膨胀曲线和正常固结线相交的 $p = p_{c0}$ 点所对应于 p_0 的相应比容的值计算得出。由图 6-14 可知,它的表达式为:

$$v_0 = v_\lambda - \lambda \ln\left(\frac{p_{c0}}{p_1}\right) + \kappa \ln\left(\frac{p_{c0}}{p_0}\right) \tag{6-102}$$

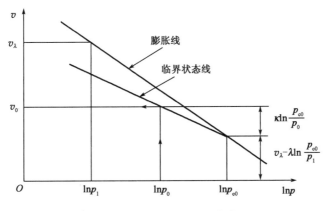

图 6-14 初试比容的确定[47]

体积模量的初始值可用下式计算：

$$K = \frac{v_0 p_0}{\kappa} \tag{6-103}$$

在 FLAC 中，v_0 和 K 的默认值在命令执行的第一步由式(6-101)和式(6-102)计算得出。

(7) 弹性参数 K 和 G 的最大值——在剑桥黏土模型中，当前体积模量的值是作为比容和平均应力的函数变化的。

$$K = \frac{vp}{\kappa} \tag{6-104}$$

在 FLAC 中，K_{max} 和 G_{max} 的输入值用于进行质量缩放计算，以保证数值计算的稳定性。一旦执行 STEP 命令，这种计算就开始。像两次练习的 STEP 命令所计算出的值一样，选择输入的数值须能给出 $(K+4/3G)$ 总和的上限。然而，这些值不应设置得太大，否则模型将收敛得较慢，这些值得选取应该基于问题的应力水平。

(8) G 或者 v——FLAC 中的修正剑桥模型允许用户指定一个常剪切模量或一个恒定的泊松比。如果没有指定泊松比，则假定常剪切模量等于输入值。然后，泊松比作为比容和平均应力的函数而变化：

$$v = \frac{3\left(\dfrac{vp}{\kappa}\right) - 2G}{6\left(\dfrac{vp}{\kappa}\right) + 2G} \tag{6-105}$$

如果指定了一个非零的泊松比，剪切模量将随体积模量同比变化以使泊松比保持常数，即：

$$G = \frac{3\left(\dfrac{vp}{\kappa}\right)(1 - 2v)}{2(1 - 2v)} \tag{6-106}$$

6.4.5 常用本构模型的比选

采用有限差分法模拟盾构始发与到达施工过程时，德鲁克—普拉格模型和莫尔—库仑模型是两种最常用的本构模型。本节主要对两种模型进行对比分析。

在摩擦角较小的软黏土地层中，德鲁克—普拉格本构模型相比莫尔—库仑本构模型更加合适，但是，德鲁克—普拉格本构模型并不广泛适合于岩土工程材料，将它用在 FLAC^{3D} 中进行模拟主要是用来同其他数值计算程序进行对比。而相反莫尔—库仑本构模型则是广泛适合于各种岩土工程材料，通常被称作为用 FLAC^{3D} 进行数值计算的首选本构模型，莫尔—库仑模型的最大优点是它不仅能反映岩土材料的抗压强度不同的 S-D 效应与对静水压力的敏感性，而且简单实用，材料参数 c 和 φ 可以通过不同的常规试验仪器和方法测定[53-60]。

莫尔—库仑准则作为一种传统反映弹塑性力学材料性质的本构模型而得到广泛应用。一些室内试验结果表明,该破坏准则与实际试验结果非常接近,其反应的岩土材料的剪切破坏特性也与材料的实际破坏情况较为符合。在连续介质显式差分计算中,材料的本构方程求解都采用增量的形式,一旦塑性变形发生后,则应变增量中只有弹性部分引起应力增量的改变。莫尔—库仑本构模型潜在包含了一定程度的恒定的、依赖于路径的非线性应力—应变关系,其描述主要通过屈服函数、硬(软)化函数及流动准则体现出来。屈服函数定义了一定应力状态下的塑性流动发生与否,它表示了应力空间中一个或数个极限面,应力点在该面的上部或下部表示了该点处于弹性或塑性状态,应力计算中除了假定总应变可以分解为弹性应变和塑性应变外,二者的增量认为与当前的应力主轴是同轴的。流动法则定义了塑性应变增量矢量与势函数表面主方向的关系,对相关流动法则而言,塑性势函数与屈服函数重合,相反,则为不相关联流动法则。

6.5 盾构始发与到达数值模拟的实现

6.5.1 三维模型的建立

根据盾构始发与到达端头加固目的,建立盾构始发施工三维数值计算模型,如图6-15所示。图6-16~图6-20是模型中的各种典型单元图。

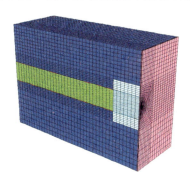

图6-15 盾构始发三维计算模型

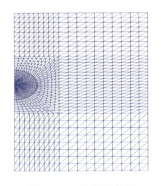

图6-16 接触面单元

图6-17 盾构隧道单元

图6-18 同步注浆单元

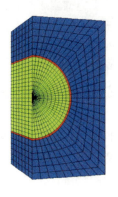
图 6-19　加固土体单元

图 6-20　隧道衬砌单元

由于受工程实际情况和计算条件的限制，考虑到现场问题的对称性并为了提高计算效率，本模型取一半进行模拟。模型中，土体用三维六面体单元模拟，模型中除了混凝土管片用结构单元 shell 模拟外，其他均用实体单元，各个实体单元的划分如图 6-17～图 6-20 所示，X 方向为模型宽度方向，Y 方向为隧道开挖方向，Z 方向为竖直深度方向。模型具体的尺寸选取：横向取 36m，纵向取 48m，取开挖直径为 6m，上覆土层的厚度为 12m。端头处衬砌土体与衬砌之间由于刚度相差悬殊，为了保证计算过程中应力与应变传递的连续性，在土体与衬砌之间设立一个接触面，如图 6-16 所示。根据不同部位应力的分布情况和变化要求，确定网格的疏密和尺寸，隧洞及其周围的网格较密，随着与隧洞距离的增大，网格尺寸越来越大[53,58]。

6.5.2　边界条件的确定

对于三维问题，每点均具体 3 个单独的自由度。为了减少边界效应，并且能够更好地模拟工程实际情况，分析时采用奇次边界条件。模型关于 YZ 面对称，故给对称面施加 X 方向的水平约束，在模型右边界也施加 X 方向的水平约束；沿 Y 轴隧道轴线方向，前后边界都加 Y 方向的位移约束；模型的上部边界取为自由边界，下部边界取为固定边界。

6.5.3　模型参数的选取

理论分析研究时，根据黏土和砂土的物理力学性质和变形机理，给出了滑动破坏模型，但是对于复合地层而言，由于物理力学性质差异加大，很难给定统一的模型，因此作者利用数值模拟的方法研究土砂复合地层的力学变形机理和破坏模式。以深圳地铁 2 号线沙河东站盾构始发为例，利用 FLAC^{3D} 分别对土砂复合地层端头土体的力学行为和变形特征进行数值模拟计算。由于土体、管片、注浆层均为线弹性小变形模型，计算中，土体采用实体单元进行模拟，对于管片单元，选用 C50 混凝土的参数，不考虑混凝土管片接头之间的影响，同时不考虑采用错缝的方式对管片进行拼装时，对内衬刚度的整体折减作用[55,61]。同步注浆的模拟同样采用实体单元进行模拟，根据张云等提出的等代层的概念来描述盾构施工过程中的盾尾空隙大小、注浆充填密实程度、隧道周围土体的扰动程度与范围，注浆层不考虑浆液的固结硬化过程。计算时土体以及加固土体材料参数如表 6-2 所示，地层地下水位线距离地表约 3m。

三维数值模拟中材料的计算参数　　　　表 6-2

土层名称	土的重度（kN/m³）	土层厚度（m）	黏聚力（kPa）	内摩擦角（°）	侧压力系数	泊松比
素填土	20	5.0	10	5	0.5	0.3
人工填石	19.5	1.8	25	30	0.43	0.25
淤泥黏土	16.8	3.2	6	3.5	0.66	0.4
黏土	20	2.6	12	25	0.39	0.28
砾砂	25	6	0	40	0.28	0.43
加固土体	25	—	300	35	—	0.22

6.5.4　计算结果分析

(1) 模型的初始平衡

在隧道建设中,破除洞门与开挖隧道之前,土体处于原始应力状态。FLAC³ᴰ中,通过设置初始条件来模拟这种原始状态。理想情况下,初始平衡状态的信息来自勘察资料,但为计算方便,模型尽可能在合理范围内执行。

地表下均匀的土层垂直应力通常等于 $g\rho z$（g 为重力加速度,ρ 为土的密度,z 为离地表的深度）,但是原始水平应力却难以估计,典型的办法是在网格上设置系列应力,然后运行,直到获得平衡为止。

由于地铁隧道临近地面,不能忽略深度变化的自重应力,用 set grav 命令对网格进行重力加速度设置,此命令将"体力"作用在网格上,这些体力相当于网格周围材料的重力。如果没有初始应力,该力将引起土体移动,直到与单元体应力产生的反作用力平衡为止[47,49-51]。

图 6-21 为自重作用下地层的竖向位移等值线云图,地面最大沉降为 0.38mm。图 6-22 为自重作用下竖向应力等值线云图,最大压应力为 0.84MPa。

图 6-23、图 6-24 分别为开挖前、后应力等值线云图。

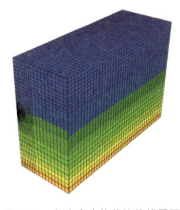

图 6-21　竖直方向位移等值线云图

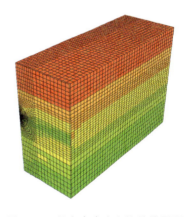

图 6-22　竖直方向应力等值线云图

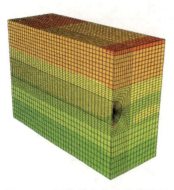

图 6-23 开挖前应力等值线云图

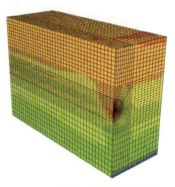

图 6-24 开挖后应力等值线云图

(2) 纵向滑动破坏模型的验证

盾构始发与到达端头加固的研究,是指盾构工作井洞门破除后,端头土体原有的应力平衡被打破,端头土体的应力将重分布,主要研究端头土体的力学变形机理,如端头填土的应力、位移变化,端头土体的整体滑动模型等。

为了探究黏土地层中端头土体可能滑动破坏模型,本书的数值模拟研究主要考虑模拟洞门开挖时,端头土体在无加固,以及不同纵向加固长度的条件下端头土体的破坏模式。破除洞门后的掌子面未施加任何支护力,在大变形模式下进行模拟计算,令位移、速度重新初始化后,采用莫尔—库仑本构模型进行计算。破除洞门后,端头地层沿着隧道纵向的应力得到了明显的释放,对比盾构开挖前和开挖后可以得到明显结果,如图 6-25 和图 6-26 所示。研究洞门破除后,端头土体的滑动破坏模型时,主要对以下四种工况进行模型:工况一,端头土体无加固;工况二,端头土体纵向加固 3m,横向加固范围主要为隧道周边 3m;工况三,纵向加固范围为 6m,横向加固范围同上;工况四,纵向加固范围为 9m,横向加固范围同上。

由于上图中沿洞门轴线将模型剖开,观察端头土体显示的位移等值线变化趋势与理论推导中所建立的力学模型基本相符合,图中显示颜色由深至浅表示位移由大到小,洞门破除后,洞门背后土体稳定性最差,若不对这部分土体进行加固,则土体有向竖井内坍塌的危险,滑动趋势如图 6-25 所示。模拟结果显示,二维平面上,端头区域,隧道上覆土体滑移曲面近似为圆弧曲面,与理论推导黏土地层滑动力学模型类似,介于理想的滑动破坏模型(整体圆弧滑动模型)与毕肖普滑动模型之间,隧道掌子面区域的滑动破坏模型近似直线型破坏平面,与理论推导的砂土破坏力学模型类似。由于该土层为土砂复合地层,隧道顶板以上主要为黏土地层,隧道顶板以下为全断面砂层,数值计算结果几乎完全拟合理论结果。

模型中 Z 方向位移等值线显示,洞门破除后,洞门背后土体发生较大变形,距离洞门越远,土体竖向位移越小;由塑性图可知,洞门掌子面土体的塌陷,导致洞门上部土体发生变形,由于变形量较大并逐渐扩展到地表,引起地表沉降。

由图 6-25a) ~ d) 的 Z 向位移等值线云图和图 6-26a) ~ d) 的 Y 向位移等值线云图可以看出,随着纵向加固范围的增加,盾构始发与到达时端头土体 Z 方向和 Y 方向位移不断的减小,具体的沉降值如下:

工况一:端头土体无加固时,破除洞门后,洞门上方可能发生塌方,最大沉降约 1.74m,地表的最大沉降约为 20cm;洞门处最大横向位移约 1.40m。

工况二：纵向加固范围为3m时，洞门上方的最大沉降30cm，地表的最大沉降10cm；洞门处的最大横向位移约25cm。

工况三：纵向加固范围为6m时，洞门上方的最大沉降3.4cm，地表的最大沉降1.0cm；洞门处的最大横向位移约2.9cm。

工况四：纵向加固范围为9m时，洞门上方的最大沉降3.1cm，地表的最大沉降0.8cm；洞门处的最大横向位移约2.4cm。

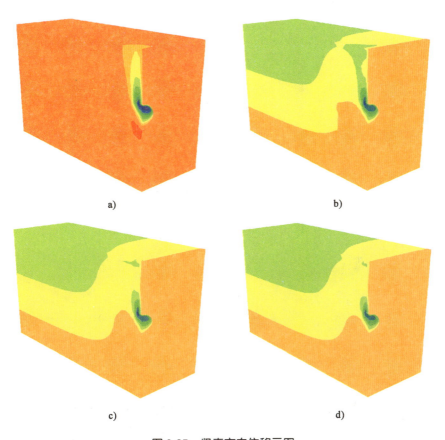

图6-25 竖直方向位移云图

a)端头土体无加固；b)纵向加固范围为3m；c)纵向加固范围为6m；d)8 纵向加固范围为9m

(3) 横向滑动破坏模型的验证

盾构始发与到达时，盾构隧道开挖将扰动隧道的横向围岩，会使土体产生塑性变形，并向隧道临空面方向坍塌，引起地表下沉。若在始发之前未对端头土体进行加固，则土体有向洞内坍塌的危险。上述数值模型建立的目的，通过对已建立的端头土体模型进行开挖来模拟隧道围岩的松动变形情况，并对力学模型进行验证。因此，主要对以下两种工况进行模拟：工况一，端头土体无加固，模拟盾构开挖对横向围岩的扰动情况；工况二，对端头土体进行加固，隧道上下侧和左右侧各加固3m，模拟在加固地层中隧道开挖对横向围岩的扰动情况。

工况一：如图6-27所示，当端头土体无加固时，在盾构掘进1.2m后，上覆土体在垂直洞顶的上方位移变形较大，约1.4m。土体开挖后产生的塑性区，如图6-27a)所示，塑性区由隧道周边向四周扩散,并扩散至地表引起地表沉降,此时地表最大沉降约 1.1m。

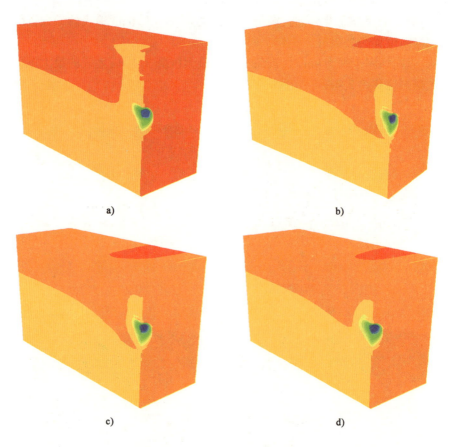

图 6-26　洞门开挖方向位移云图
a)盾构端头无加固;b)纵向加固范围为 3m;c)纵向加固范围为 6m;d)纵向加固范围为 9m

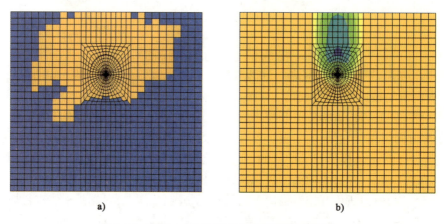

图 6-27　端头土体加固前隧道围岩的横向扰动
a)横向土体塑性破坏云图;b)竖向位移等值线云图

工况二:如图6-28所示,当对端头土体进行加固后,再开始开挖端头土体,此时上覆土体在垂直洞顶上方的位移变形较小,隧道顶部最大位移约3.6mm。两侧土体位移变形也较小。如图6-28a)所示,塑性区只发生在隧道开挖部位,基本上没有向横向土体的深处与地表扩散,此时,有位移等值线图可知,地表的最大沉降为2.4mm。

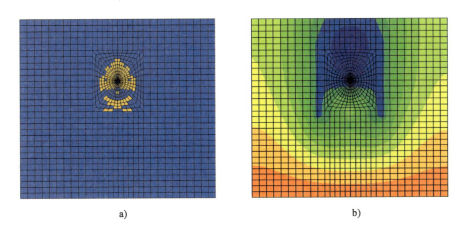

图6-28 端头土体加固后隧道围岩的横向扰动
a)横向土体塑性破坏云图;b)竖向位移等值线云图

数值模拟结果表明:采取适当的端头加固措施对端头一定范围的土体进行加固,可以有效地提高端头土体的强度、稳定性,减少盾构始发与到达施工对端头土体的扰动范围,进而减小地表沉降。因此,经济、合理的端头加固范围的确定、适应性好的端头加固方法的选取和加固措施的有效实施对盾构始发与到达至关重要,可以有效减少始发与到达施工事故的发生。

第7章 端头加固方法

7.1 旋喷桩加固法

7.1.1 概述

7.1.1.1 简述

高压喷射注浆法就是将带有特殊喷嘴的注浆管,置入土层的预定深度,以20~40MPa压力的高压喷射流,通过冲切、劈裂、剪切、挤压、充填、渗透、搅拌、置换、固化等作用,强制性破坏原地层,将地层颗粒在一定范围内重新排列组合,在其周边形成反滤层,使得浆液的扩散限制在有限范围内。同时,射流带入固化剂与地层颗粒就地搅拌,形成所需形状的防渗固结体,以达到加固改良土体的目的[62,65,66]。

根据喷射流移动方式,可以将高压喷射注浆法分为旋喷、定喷、摆喷三种。目前,在盾构始发与到达端头加固的应用中,主要采用旋喷桩加固法,在端头地层中形成均匀的圆柱体或者异形圆柱体以起到改良土体的作用。

旋喷桩加固技术是20世纪60年代后期由日本日产冻结有限公司首先创造的一种土体加固技术,最初发明的是单管旋喷法(日本称CCP法),并在大阪地下铁道工程建设使用中获得成功。单管旋喷法具有施工速度快、成本低、能较好保证地层加固质量等优点,但旋喷固结体较小。为了扩大旋喷直径,后来创造了双重管法、三重管法等旋喷加固工艺,三重管法旋喷直径可达到2~3m。20世纪90年代后,日本鹿岛建设株式会社开发了"超级旋喷法"技术,可形成超大型旋喷桩加固地基。这种方法在直径15cm的钻孔中,喷射含有水泥等硬化材料的超高压射流,通过旋转切削土砂,可在地层内形成直径为5m的超大直径柱体[63,65]。

近10年来,随着国际先进大功率旋喷装备的引进和我国工程技术人员的努力钻研,超深大直径垂直旋喷桩工法(CDX工法)和长悬臂水平旋喷桩工法(CXB工法)在我国都取得了较大的发展,其中超深大直径垂直旋喷桩的施工深度可达80m以上,均匀成桩直径可达3m以上;长悬臂水平旋喷桩技术也日臻成熟,水平桩体长度可达50m以上,成桩直径可达2m,并已成功应用于高速铁路、水利及城市轨道交通等多个重难点隧道工程。

长悬臂水平旋喷桩技术有效弥补了现有隧道堵水注浆技术在穿越粉细砂地层的短板。水平旋喷桩可以形成有效连续的桩体,均匀桩体预先留置在需要开挖隧道的拱顶及周边,能起到非常好的隔水、防塌效果,在兰渝铁路桃树坪隧道、拉林铁路米林隧道、山西引黄水利隧洞、莞惠城际轨道交通、北京地铁12号线等工程解决了多种传统注浆工艺不易解决的问题,获得了很好的堵水加固效果。

这些新的旋喷桩工法采用大型专用钻机、超高压注浆泵站(最大压力 90MPa)、自动化水泥舱等设备,施工效率高,成桩速度快,桩体质量可控。在矿山法山岭隧道中主要解决富水粉细砂地层的超前预支护问题,在城市地下工程中主要解决完全封堵地下水和高精度控制地表沉降问题。北京地铁 12 号线项目超深大直径旋喷桩原位试验图片如图 7-1 所示,长悬臂水平旋喷桩如图 7-2、图 7-3 所示。

图 7-1　北京地铁 12 号线项目超深大直径旋喷桩原位试验图片

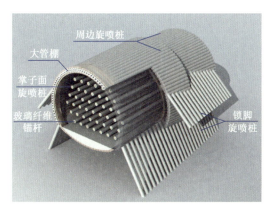

图 7-2　长悬臂水平旋喷桩效果图　　　图 7-3　长悬臂水平旋喷桩现场实际效果

7.1.1.2　旋喷桩加固法的分类

旋喷桩加固法按照钻孔和成桩的方向分为垂直旋喷法和水平旋喷法,按照喷射管的数量和方式可分为单(重)管旋喷注浆法、双(重)管旋喷注浆法、三(重)管旋喷注浆法。上述后三种方法的详细工艺特征如下:

(1)单(重)管旋喷注浆法

单管旋喷注浆法是利用钻机等设备,把安装在注浆管底部侧面的特殊喷嘴,置入土层预定深度后,用高压泥浆泵等高压发生装置,以 15.0～20.0MPa 的压力把浆液从喷嘴中喷射出去,从而冲击破坏土体,同时借助注浆管的旋转和提升运动,使浆液与土体上崩落下来的土搅拌混合,经过一定时间凝固,在土中形成圆柱状的固结体,如图 7-4 所示。

(2) 双(重)管旋喷注浆法

使用双通道的二重注浆管时,当二重注浆管钻进到土层的预定深度后,通过在管底部侧面的一个同轴双重喷嘴,同时喷射出高压浆液和空气两种介质的喷射流冲击破坏土体。即以高压泥浆泵等高压发生装置将 15.0~20.0MPa 压力的浆液,从内喷嘴中高速喷出,并以 0.7MPa 左右的压力把压缩空气从外喷嘴中喷出。在高压浆液流和它外圈环绕气流的共同作用下,破坏土体的能量显著增大,喷嘴一边喷射一边旋转和提升,最后在

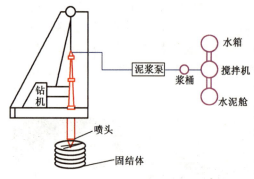

图 7-4　单(重)管旋喷注浆加固示意图

土中形成圆柱状固结体。固结体的直径明显增加,如图 7-5 所示。

(3) 三(重)管旋喷注浆法

三(重)管旋喷注浆法适用于分别输送水、气、浆液三种介质。使用时,在高压泵等高压发生装置产生 20~40MPa 高压水喷射流的周围,环绕 0.7MPa 左右的圆筒状气流,进行高压水喷射流和气流同轴喷射冲切土体,形成较大的空隙,再由泥浆泵注入压力为 2~5MPa 的浆液填充,喷嘴做旋转和提升运动,最后在土中凝固为直径较大的圆柱状固结体,如图 7-6 所示。

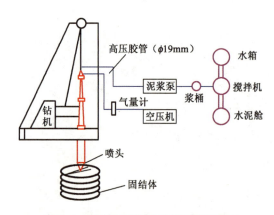

图 7-5　双(重)管旋喷注浆加固示意图

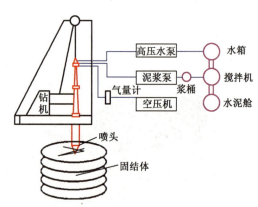

图 7-6　三(重)管旋喷注浆加固示意图

7.1.1.3 旋喷桩加固的优缺点

以高压喷射流直接冲击破坏土体,浆液与土自行拌和为均匀的固结体的高压喷射注浆法,从施工方法、加固质量到适用范围,不但与静压注浆法有所不同,而且与其他处理方法相比,其主要优点如下[62,66,67]。

(1) 适用地层较广

受土层、土的粒度、土的密度、硬化剂黏性、硬化剂硬化时间的影响较小,可广泛适用于淤泥、软弱黏性土、砂土甚至砂卵石等多种土质。

(2) 材源广阔,价格低廉

喷射的浆液以水泥为主,化学材料为辅。除了工程要求速凝早强时使用化学材料以外,一般的地基工程均适用来源广、价格低的 P·O 32.5 级的普通硅酸盐水泥。此外,还可以在水泥

中加入一定数量的粉煤灰,既利用了废料,又降低了注浆材料的成本。

(3)固结体形状可以控制

可以有计划地在预定的范围内注入必要的浆液,形成一定间距的桩,或连成一片的桩群或帷幕墙;加固深度可以自由调节,连续或分段均可。

(4)固结桩体强度高

采用不同的浆液种类和配方,即可获得所需要的固结体强度。在黏土中采用水泥浆液形成的旋喷桩体的无侧限抗压强度可达 5~10MPa,在砂土中则更高,最大可达 20MPa。

(5)有较好的耐久性

在软弱地基中加固,高压喷射工艺和其他施工工艺相比,因其加固结构和适用范围不同,加固效果不能一概而论,但从适用的浆液性质来看,可以预期得到稳定的加固效果,并有较好的耐久性能。

(6)机动灵活

主要表现在:①钻孔深度(垂直或水平)内的任意高度或长度上,不同方向、不同喷射形式均可按要求喷射成糖葫芦、大底、半圆台等形状;②可在水上对水下隐患进行处理。

(7)可灌性好

高压旋喷是强制性破坏原土层结构,不存在一般注浆的可灌性问题。只要高压喷射流能破坏地层,细砂、特细砂、黏性土均可处理。尤其是针对夹杂于复杂地层中的这类土,高压旋喷与一般注浆的效果差别明显。

(8)浆液集中,流失较少

旋喷加固时,除了一小部分浆液由于采用的喷射参数不合适,沿着管壁冒出地面外,大部分浆液均聚集在喷射流的破坏范围内,很少出现在土中流窜到很远地方的现象。冒出地面的浆液经过沉淀、去砂、析出和清水过滤后,即可重复再用。

(9)设备简单,管理方便

旋喷的全套设备均为定型或专门设计制造的产品。其结构紧凑,体积小,机动性强,能在狭窄和低矮的现场施工。施工管理简便,在旋喷过程中,通过对喷射的压力、吸浆量和冒浆情况的量测,即可间接了解旋喷的效果和存在问题,及时调整旋喷注浆参数或改变工艺,保证固结质量。

旋喷桩加固法优点众多,但是也存在一些缺点,使用不当可能导致工程事故发生。其主要缺点如下:

(1)旋喷加固质量控制受人为因素影响较大,当前施工质量控制尚不能全部用设备进行。

(2)不确定因素较多,需要加固方案的设计、施工人员有较丰富的经验才能取得较好的效果。

(3)当旋喷桩加固深度超过 15m 时,桩体的垂直度较难保证,随即造成桩体之间搭接咬合效果不佳,达不到理想的止水和加固土体的效果,如图 7-7 和图 7-8 所示。

(4)砂土、粉土地层旋喷加固法地层适应性较差。

(5)旋喷桩加固后桩体加固效果检验方法有待进一步完善。

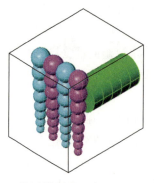
图 7-7　旋喷桩搭接示意图（搭接一般）

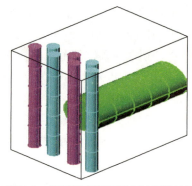
图 7-8　旋喷桩搭接示意图（无搭接）

7.1.1.4　旋喷桩加固的地层适用性

旋喷桩加固技术主要适用于第四纪冲击层、残积层、人工填土等，能处理淤泥、淤泥质土、黏性土、粉土、黄土、砂土、人工填土和碎石土等地基。当土中含有较多的大粒径块石、坚硬黏性土、大量植物根茎或有过多有机质时，应根据现场试验结果确定其适用范围，加固效果相对稍差，有时甚至不如静压的效果。对于地下水流速过大或已大量涌水，浆液无法在注浆管周围凝固情况的工程要慎重使用。对于无充填物的岩溶地段、永冻土及对水泥有严重腐蚀的地基，均不宜采用旋喷桩注浆加固法[64]。

7.1.2　基本原理

7.1.2.1　高压喷射流对土体的破坏作用

高压喷射流破坏土体的作用是多方面的，包括射流动压、射流脉动负荷、水锤冲击力、空穴现象、水楔效应、挤压力及气流液流搅动等因素[64]，其中以喷射动压作用为主。根据动能定理，喷射流在空气中喷射时其破坏力为：

$$F = \rho Q v_m \tag{7-1}$$

式中：F——破坏力(N)；

ρ——喷射介质的密度(kg/m³)；

Q——流量(m³/s)；

v_m——喷射流的平均速度(m/s)。

$$Q = v_m A \tag{7-2}$$

式中：A——喷嘴断面积(m²)。

将式(7-2)代入式(7-1)，则有：

$$F = \rho A v_m^2 \tag{7-3}$$

当喷射流介质密度和喷嘴断面积一定时，要取得更大的破坏力，就要增加平均流速，也就是要增加喷射压力。一般要求高压泵的工作压力在 20MPa 以上，使喷射流有足够的能量冲击破坏土体。但是单纯依靠增大喷射压力来提高喷射切割效果，在能量上浪费很大，不是获得较大桩径的最好方法。由式(7-1)可知,决定喷射切割效果的因素是冲量而不是速度,因此,要综合考虑各主要规程(喷嘴直径、压力、喷浆量和提升速度),以获得最好的效果。

在喷射过程中,有效喷射流长度内的土体结构被破坏至喷射流的终期区域时,能量衰减很大,不能冲击切割土体,但能对有效射流边界的土产生挤压力,有挤压效果,并使部分浆液进入土粒之间的空隙中,使得固结体与周围土体联结紧密。

7.1.2.2 旋喷桩加固机理

高压旋喷桩加固土体通常分成两个阶段[64,67]:

第一阶段为成孔阶段,即采用普通(或专用)钻机预成孔或者驱动密封良好的喷射管和带有一个或者两个横向喷嘴的特制射头进行成孔。成孔时采用钻孔的方法,使喷射头达到预定的深度。

第二阶段为喷射加固阶段,即用高压水泥浆以20MPa以上的压力,通过喷射管由喷射头上直径约为2mm的横向喷嘴向土中喷射。

与此同时,钻杆一边旋转,一边缓慢向上提升,对注浆孔周围的土体进行切削破坏。周围土体被破坏后,一部分细小土颗粒被喷射浆液置换,并随着浆液被携带到地表(俗称冒浆),其余的土颗粒则与浆液搅拌后混合。在旋喷动压、离心力和重力的共同作用下,土颗粒在横断面按质量大小重新有规律地排列,小颗粒大多在中间部位,大颗粒多数向外侧或边缘部分移动,形成浆液主体。经过搅拌混合、压缩和渗透作用过程,在间隔一定时间后,浆液主体便凝固成强度较高、渗透系数较小的水泥土网状结构固结体,即旋喷桩。土质不同,形成旋喷桩在横断面上的结构略有不同,四周未被切削下来的土体被挤密压缩。在砂土中,还有一部分浆液渗透到压缩层以后,形成渗透层。旋喷桩桩体各部分的水泥含量和强度不同,一般水泥含量为30%~50%,中心部分强度低,边缘部分强度高。

盾构始发与到达端头加固中,旋喷桩加固法能将土体的强度提至0.8~1.2MPa,渗透系数小于1×10^{-5}cm/s以下,能起到很好的加固与止水作用。图7-9和图7-10分别为端头处的旋喷桩加固施工现场和旋喷桩搭接示意图。

图7-9 盾构到达时旋喷桩加固

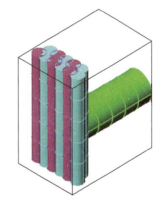

图7-10 旋喷桩搭接示意图(搭接良好)

7.1.2.3 旋喷桩加固效果的影响因素

高速喷射流切削破坏土体,通常有两种形式,即穿孔形式和切削形式。

穿孔形式是将喷嘴固定在一定的位置上喷射，形成一个孔洞，而切削形式是逐渐移动喷嘴的位置和方向，以达到较大面积切削土体的目的。目前切削方式应用较多。

喷射流对土体的切削作用是一个复杂的过程。通常认为其主要作用包括射流的动压力作用、射流的脉冲压力、水锤的冲击力以及"水楔"效应等。所谓"水楔"效应，是指喷射流的作用力使垂直于喷射流轴线方向的土体向两侧挤开，如同"楔子"贯入地层中一样。

上述这些作用，只能定性地说明射流导致土体被切削、破坏的集中因素。它们不一定同时发生，也难以定量地确定其大小。因此，这些作用的发生及影响大小与喷射的压力、流量、喷嘴形式均有复杂的关系。

根据目前已有的研究，影响切削效果的主要因素包括：①喷射流的喷射压力；②喷嘴的直径；③喷嘴的性质；④喷嘴的移动速度；⑤土体（或岩体）的特性；⑥喷射口处的静水压力；⑦喷射口与土体的距离。

目前在盾构始发与到达端头加固过程中，对旋喷桩加固效果影响最大的主要是旋喷桩的成桩质量、桩体的垂直度、桩体的搭接咬合效果等。以上几点直接影响到始发与到达旋喷桩端头加固补强堵漏的能力。在深埋富水砂层中，旋喷加固地层适应性较差，很容易发生涌砂涌水、地层塌陷等工程事故。因此，在深埋富水地层中用旋喷桩进行加固时，应及时对端头加固质量进行检测、补强，确保加固效果后方可进行始发、到达施工作业。

7.1.3 旋喷桩加固的施工管理

7.1.3.1 施工设备及其性能特点

高压旋喷桩注浆加固的施工机具包括钻孔机械和喷射注浆设备两大类。对不同的喷射方式，所使用的施工机具的类型和数量不同。目前国内各种高压旋喷注浆法主要机具如表7-1所示。下面详细介绍几种主要施工设备。

旋喷桩加固主要施工设备一览表[64]　　表7-1

序号	设备名称	型　号	规　格	适用范围		
				单重管	双重管	三重管
1	高压泥浆泵	SNS-H300 水流 Y-2 型液压泵	30MPa、20MPa	√	√	
2	高压水泵	3XB 型 3W6B、3W7B	30MPa、20MPa			√
3	钻机	工程地质振动钻		√	√	√
4	泥浆泵	BW-150 型	7MPa			√
5	空压机		0.8MPa、3m³/min			
6	泥浆搅拌机			√	√	√
7	高压胶管		φ19mm～φ22mm	√	√	√

（1）造孔设备

旋喷桩施工深度一般不超过50m。对于盾构始发与到达端头加固，在砂土地层，施工深度超过20m时，不建议使用旋喷桩。由于大部分地层属于松软地层或软漂石地层，造孔直径不超过150mm，因此绝大多数国产水文地质勘探钻机即可满足施工要求。根据不同的地层采用以下几种钻机:对于砂层、黏土层、杂填土、砂卵石、卵漂石等大多数地层常采用 XY-4 型、GJ-150 型、CQ-80 型液压钻机;在卵漂石集中的地层可选用 SH-30 型钻机,采用冲击造孔,效果良好;在造孔较困难的地层中可采用 GQ-80 型液压钻机冲击造孔,也可采用 SPJ-300 型钻机造孔;另外,对于一些软黏土、淤泥土地层也可采用水冲击射流造孔。

(2)高压水泵

高压水射流切割掺搅地层,要求水喷嘴有较高的出口流速,因此就要求选择压力尽可能高的高压泵。经过多年应用优选,高压注浆多采用 SD2-S 型高压柱塞泵,其额定排出压力为 50MPa 或 70MPa,流量分别为 75L/min 或 50L/min,电动机功率为 75kW,输入轴速为 1480r/min。

(3)高压泥浆泵

过去由于泥浆泵存在密封困难、容易磨损、压力低、造价高等问题,因此在高压喷注浆领域高压泥浆泵没能广泛采用,而采用的是低压注浆形式。随着泥浆泵制造技术的不断提高,现在高压泥浆泵压力可达 60MPa,压力水平已与高压水泵相当,完全可以承担起切割地层和输送浆液两项任务。当然,高压泥浆泵在抗磨损和降低造价方面还有待进一步提高。

目前常用的高压泥浆泵有 SNC-H300 型水泥注浆车上的泥浆泵和 PP-120 型高压注浆泵。

(4)空压机

空压机用来在水射流周围形成环形气幕,保护水射流,改善喷射条件,减缓其压力衰减程度,以增加射流的冲切能量,同时还能起到掺搅及升扬置换作用。空气喷射流速度和流量的大小,直接影响着水气同轴喷射的效果。实践证明气体流速越大越好,但是一般流速很难大于声速(340m/s)。实际应用中,当流速达到声速的一半时,高压水射流速度衰减较小,仍可获得较好的对地层冲切掺搅效果。

(5)搅拌机

搅拌机是沿用静压注浆的设备,常用的有强制式和喷射式两种类型。强制式搅拌机主要是靠搅动臂转动产生搅击、粉碎和拌和作用制造浆液,高喷注浆中常用的卧式搅浆机是 WJ80 型和 JS300 型。另外,常用的还有 JJS-2B 型和 JJS-10 型两种立式搅浆机。

(6)注浆泵

为了将浆液注入地层,注浆泵需要有一定的压力和流量,高压注浆中常用的注浆泵有 HB80 型、BW80/10 型、SGB6-10 型、YGB5-10 型和 SGB-2 型等。

7.1.3.2　旋喷桩加固的主要技术参数

目前,国内外专家学者对旋喷桩加固技术已经有了较深的认识,并将其应用于各种大型复杂工程,积累了相当的经验。国内常用的高压旋喷桩加固技术参数如表 7-2 所示,国外常用的高压旋喷加固技术施工参数如表 7-3 所示。

7.1.3.3　旋喷桩加固主要施工工艺

1)垂直旋喷施工工艺

垂直旋喷加固时,旋喷注浆工艺有单管、双重管和三重管旋喷注浆之分。三种方法注入地层的浆液材料的种类和数量不同,但其施工步骤却大体相同,都由平整场地、钻机就位、钻孔、插管(下注浆管)、旋喷作业、冲洗等工序组成。施工过程如图 7-11 所示,具体操作要求如下。

国内常用的高压喷射注浆技术参数　　　表 7-2

分类方法	单管法	双重管法	三重管法
喷射方法	浆液喷射	浆液、空气喷射	水、空气喷射、浆液注入
硬化剂	水泥浆	水泥浆	水泥浆
常用压力(MPa)	15.0~20.0	15.0~20.0	高压 20.0~40.0；低压 0.5~3.0
喷射量(L/min)	60~70	60~70	60~70；80~150
压缩空气压力(kPa)	不使用	500~700	500~700
转速(r/min)	16~20	5~16	5~16
桩径(cm)	30~60	60~150	80~200
提升速度(cm/min)	15~25	7~20	5~20

国外常用的高压喷射注浆技术参数　　　表 7-3

分类方法	单管法	双重管法	三重管法
注浆泵压力(MPa)	40~45	40~45	2~6
供浆量(m³/min)	80~150	120~180	70~100
高压水泵压力(MPa)	—	—	40~60
供水量(L/min)	—	—	80~120
压缩空气压力(MPa)	—	0.7~1.7	0.7~1.7
供气量(m³/min)	—	8~10	8~10
提升速度(m/min)	20~30	16~25	4~7
转速(r/min)	10~30	7~15	4~10

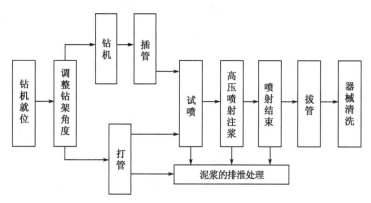

图 7-11　高压旋喷桩施工工艺流程图

(1) 平整施工场地、探测管线

探明加固场地现有的管线,避免在旋喷桩施工过程中将其损坏。

(2) 测量定位

由专业测量人员对施工区域内的所有桩进行测量定位,并做好明显、牢靠的桩位标志。此外,还要做好测量记录,以便复核。

(3) 桩机就位

钻机安放必须保持水平；钻杆保持垂直，其倾斜度不得大于1.5%。钻孔的位置与设计桩位偏差不得大于50mm。钻机与高压注浆泵的距离不宜过远。钻机钻杆采用钻杆导向架进行定位。钻机在固定后，必须采取全方位的支撑措施，防止钻机颤动影响钻进施工。开钻前采用低转速钻进，待钻进正常钻进时(一般进尺0.5m左右)将钻机速度调至正常运行速度。钻孔过程应密切观察钻进速度、涌水、岩层等情况，及时做好记录。如在钻进过程中出现大量涌水、涌砂情况，必须停止钻进，并采取注浆封堵止水等技术措施进行处理。止水后方可停止注浆，继续向下钻进。

(4) 插管(下注浆管)

钻孔采用地质钻机钻孔，钻孔的位置与设计位置的偏差不得大于50mm，垂直偏差不大于1%。成孔过程中应做好详细的钻进记录，达到预定深度后停止钻进。

(5) 旋喷注浆

当喷射注浆管插入预定深度后，由下而上进行喷射注浆。旋喷过程中应严格按照设计与试桩参数进行施工，注浆管分段提升的搭接长度不得小于100mm。对洞口周围需要扩大加固范围或提高强度的部分，采取复喷的措施，并使实际桩顶高程高于设计高程0.3~0.5m，桩底高程低于设计高程0.3~0.5m。在旋喷桩施工的结合部位及桩身咬合比较薄弱的环节，根据现场情况，必要时在原桩位的周围进行补桩，以保证咬合度。在高压喷射注浆过程中出现压力骤减、变大或返浆异常(返浆量大于注浆量20%或不冒浆)等情况时，应查明产生的原因并及时采取措施。浆液搅拌后不得超过4h；当超过时，应经专门试验证明其性能符合要求，方可使用。对冒出地面的浆液，经沉淀、过滤，除去杂质和调整浓度后，方可回收使用。旋喷施工中应做好施工记录，记录要详细、准确。

(6) 拔管与冲洗

旋喷施工完毕，迅速拔出注浆管，并用清水冲洗机具管路，避免管路堵塞。冲洗时，将注浆泵的吸管移到水箱内，在地面上喷射，靠高速水流将泥浆泵、注浆管内的浆液全部排走。

(7) 桩机移位

待旋喷桩机注浆管全部提出地面后，先关闭电机，然后将桩机移至新的桩位。

2) 水平旋喷施工工艺

水平旋喷是指在土层中设置基本水平的钻孔，水平或者略向上仰地插入注浆管进行旋喷注浆的施工方法。水平旋喷的喷射压力主要取决于旋喷桩的直径和土层的工程地质条件，一般在30~40MPa。

水平旋喷主要在水平面进行施工，包括水平钻孔和水平注浆。由于成桩条件不同，水平旋喷的工艺要求比垂直旋喷高，主要有以下要求：

(1) 在加固深度范围内，尽可能减少途中接卸钻杆。

(2) 要求将钻杆兼做注浆管，由里向外旋喷，注意使注浆管外拔速度尽量保持均匀。

(3) 当旋喷直径较大时，可采用复喷(先喷水后喷浆)工艺，或加大喷射压力，或适当放慢外拔速度，使之达到预定的要求。

(4) 旋喷浆液流失较多时，需补充浆液，可用流出的浆液在孔口进行回灌。浆液收缩较大时，应适时补浆，以免旋喷桩凹陷。

(5) 当水平旋喷的长度过长,不能由一根钻杆一次钻进和旋喷时,也可分段旋喷,每一段仍用一根钻杆。

(6) 一般情况下,水平旋喷可构成群桩拱体,在拱体保护下,进行地下工程的施工。分段旋喷时,除第一段为水平桩外,其余水平旋喷桩均略向上抬或略向外倾斜,使供体呈放射状。倾斜角度主要由分段长度确定,各分段之间需有 2~3m 的搭接长度。

水平旋喷施工工艺大致与垂直旋喷相同,具体流程如下:

(1) 钻机定位

先将钻机在注浆孔前就位,钻杆正对孔心。钻机应牢靠固定,以免在钻进过程中发生晃动,自身产生位移。

(2) 钻孔

一般将注浆管兼做钻杆进行钻孔。钻孔应平直,孔底偏差距离应小于旋喷桩的半径。为了防止钻杆出现下垂现象,钻孔时可预先将钻杆上提一定角度。

(3) 旋喷注浆

兼做注浆管的钻杆钻进到规定深度后,立即进行高压旋喷注浆。注浆管由里向外边旋转边徐徐拔出。

(4) 出浆结束

对每个注浆孔在旋喷注浆作业完成后,迅速拔出注浆管,并立即打入一个木桩,封闭孔口。木桩用于止浆,也是完成注浆的标志。若浆液收缩较大,可适时补充一些浆液。

7.1.3.4 施工常见问题及其处理对策

旋喷桩加固法作为盾构始发与到达端头加固中一种有效的地层加固方法,在提高土体强度和止水方面具有较好的功效,但是施工中必须注意以下几个问题:

(1) 端头土体的标准贯入值 N 大于 20~25 时,目前的旋喷加固技术很难达到设计旋喷桩加固范围要求,因此在该类型地层中应该谨慎使用。

(2) 旋喷桩的垂直度误差应小于 1%,否则容易造成桩体间搭接效果不好,加固和堵水达不到预期的目的,导致工程事故发生。

(3) 旋喷桩加固法理论上可以降低端头土体的渗透系数,但是由于上述误差的存在,实施起来比较困难,因此不建议在深度超过 20m 的地层中采用旋喷或搅拌桩加固方法,深度在 15~20m 的条件应谨慎使用。

(4) 盾构隧道洞门开挖时引起的振动会对旋喷加固土体的渗透系数和强度产生劣化影响,因此考虑加固土体的加固强度和渗透系数的要求时,应乘以相应的安全系数。

利用旋喷加固技术对地层进行加固时,常会遇到各种各样的施工问题,阻碍正常的施工进程。常见的问题及其处理对策如表 7-4 所示。

高压喷射注浆法施工常见问题及其处理对策　　表 7-4

常见问题	预防措施及其处理对策
高压喷射方法和机具没有按照地层条件选择	根据地层与环境条件,选用合适的喷射方法和机具
设备故障导致施工中断(管路堵塞、串钻、漏钻、卡钻)	喷浆前,先进行压浆压气试验,待一切正常后方可配浆喷射,保证连续进行;配浆时必须用筛过滤

续上表

常见问题	预防措施及其处理对策
拔管速度、旋转速度及其注浆量不配合,造成桩身直径大小不均匀	根据固结体的形状和桩身匀称性,调整喷嘴的旋转速度、提升速度、喷射压力和控制喷浆量
在穿越较硬黏性土地层时,产生缩颈	对容易出现颈缩部位及其底部不易检查处进行定位旋转喷射(不提升),或者采用复喷的方式扩大桩体直径
喷射的浆液和切削的土粒强制搅拌不充分、不均匀,导致加固效果不理想	控制浆液的水灰比和稠度;严格要求喷嘴的加固精度、位置形状、直径等,保证喷浆效果
当遇到地下管线等地下埋深物时,地面不平实,钻杆倾斜度超过1.5%	放桩位点时应钎探,遇有地下管线等埋设物时应清除或者移开桩位点;喷射注浆前应该先平整场地,钻杆应垂直,倾斜度控制在1.5%以内
注浆量与实际需求量相差较大	利用侧口式喷头,减小出浆口孔径并提高喷射能力,使得浆液量与实际需求量相当,减少冒浆;控制水泥浆液配合比(一般为0.6~1.0)

7.1.4 旋喷加固质量检测

7.1.4.1 检验内容

1)加固体质量检验

(1)加固体的整体性、均匀性和垂直度。

(2)加固体的有效直径或者加固长度、宽度。

(3)加固体的强度特征(包括轴向压力、水平推力、抗酸碱性、抗冻性和抗渗性等)。

(4)加固体的溶蚀和耐久性能。

2)喷射质量的检验

(1)施工前,主要通过现场旋喷加固试验,了解设计参数、浆液配方和选用的外加剂材料是否合适,固结体质量能否达到设计要求。如某些指标达不到设计要求,可以采取相应措施,使得喷射质量达到设计要求。

(2)施工后,对喷射施工质量的鉴定,一般在喷射施工过程中或施工告一段落时进行。检验点的数量为施工注浆孔数的2%~5%,少于20个孔的工程至少要检验2个点。检验对象应选择地质条件较复杂及喷射时有异常现象的固结体。

7.1.4.2 检验方法

(1)开挖检验

待浆液凝固具有一定强度后,即可开挖检查固结体垂直度和形状。

(2)室内试块检验

按照设计要求参数,现场取土在室内做试块,并进行物理力学性能试验;施工后开挖取样做室内试验。

(3)现场钻孔取芯检验

在已经旋喷加固后的固结体中钻取芯样,特别要在桩体搭接位置取芯,检测桩体的成桩和咬合效果,并将芯样做成标准试件进行室内物理力学性能试验。根据工程要求也可在现场进行钻孔,做压力注水和抽水两种渗透性试验,测定其抗渗能力。

(4) 标准贯入试验

旋喷加固试验固结体下部,一般距离注浆孔0.15~0.20m,每隔一定深度做一次。

(5) 载荷试验

主要包括平板静荷载试验和孔内荷载试验。

(6) 其他非破坏性试验方法

包括电阻率法、同位素法和弹性波法等。

7.1.4.3 检验点布置部位、数量和检验时间

1) 检验点布置部位

(1) 地表荷载较大的部位。

(2) 隧道中心轴线部位。

(3) 旋喷施工中出现异常情况的部位。

(4) 地质情况复杂、可能对高压旋喷注浆质量产生影响的部位。

2) 检验点数量

检验点数量应为施工注浆孔的2%~5%,少于20个孔的工程至少要检验2个点,不合格者应进行补喷。

7.2 深层搅拌加固技术

7.2.1 概述

1) 简述

深层搅拌桩,又称为水泥土搅拌桩,是加固饱和软黏土地层的一种常用方法。通过钻孔将水泥、石灰等材料作为固化剂的主剂送入地层,依靠深层搅拌机在地层中将软土和固化剂(浆液和粉体)就地强制搅拌。利用固化剂或软土之间产生的一系列物理化学反应形成深层搅拌桩,使软土的物理力学性能得到改善。

深层搅拌加固技术出现在第二次世界大战结束以后,由美国最早研究成功,其后日本进行了进一步的深入研究,研制出了性能各异的深层搅拌机,注入地层的固化剂从单一的水泥浆液拓宽到石灰粉和化学浆液。在国内,冶金部建筑研究总院和交通运输部水运规划设计院首先研究了这类技术,并于1977年10月开始进行室内试验和搅拌钻机的研制。

所谓深层搅拌法是相对于浅层搅拌法而言的。20世纪20年代,美国和西欧国家在软土地区修筑公路和堤坝时,经常采用一种"水泥稳定土"作为路基和堤坝。这种水泥土是按地基加固需要的范围,从地表挖取0.6~1.0m厚的软土,在附近用机械或人工拌入水泥或石灰,然后填回原处压实,此即软土的浅层搅拌加固法[63,64,67,68]。这种加固软土方法的深度大多介于1~2m,一般不超过3m。

随着城市地下工程的发展,深层搅拌桩加固技术逐渐被用在软黏地层的加固中。在城市地铁盾构隧道建设中,深层搅拌桩加固技术广泛应用于盾构始发与到达端头加固施工中。深

层搅拌加固法搅拌桩的桩径、间距必须根据设计要求、地质条件及使用设备进行选择,搅拌加固范围不得小于隧道外轮廓线上下各3m。

2)深层搅拌法的分类

深层搅拌法按固化剂材料及形态的不同可分为以下类型,见表7-5。

深层搅拌加固法分类　　　　　　　　　表7-5

分类依据	类别	主要特点
固化剂材料种类	水泥土深层搅拌法	喷射水泥浆或雾状粉体
	石灰粉深层搅拌法	喷射雾状石灰粉体
固化剂材料形态	浆液喷射深层搅拌法	喷射水泥浆
	粉体喷射深层搅拌法	喷射雾状石灰或水泥粉体或石灰水泥混合粉体

3)深层搅拌法的优缺点

深层搅拌桩的优点:

(1)基本不存在挤土效应,对周围地层扰动小。

(2)可根据不同的土质和工程设计要求,合理选择固化剂及配方,应用较灵活。

(3)施工无振动、无噪声、污染小,可在市区和建筑物密集带施工。

(4)土层经加固后,重度基本不变,不致产生较大的附加沉降。

(5)加固桩体结构形式灵活多样,可根据工程需要,选用块状、柱状、壁状或格栅状。

深层搅拌桩的缺点:

(1)加固深度较浅,一般加固深度小于10m时,能取得较好的加固效果。

(2)施工对操作要求较高,类似于旋喷桩加固,桩体的垂直度和咬合度较难保证。

(3)在富水砂层中,搅拌桩加固止水效果一般,应谨慎使用,或者和其他工法一起联合使用。

4)深层搅拌法的地层适应性

深层搅拌桩最适宜加固各种成因的饱和软黏土。国内适用深层搅拌桩法加固的土质有新吹填的超软土、沼泽地带的泥炭土、沉淀的粉土和淤泥质土。目前,我国常用于加固淤泥、淤泥质土、粉土和含水率较高且地基承载力标准值不大的黏性土等。《建筑地基处理技术规范》(JGJ 79—2002)规定搅拌法适用于处理正常固结的淤泥与淤泥质土、粉土、素填土、黏性土、饱和黄土以及无流动地下水的饱和松散砂土等地基。《建筑地基处理技术规范》(JGJ 79—2012)规定水泥土搅拌桩适用于处理淤泥、淤泥质土、素填土、软~可塑黏性土、松散~中密粉细砂、稍密~中密粉土、松散~稍密中粗砂和砾砂、黄土等土层;同时规定,当用于处理泥炭土、有机质含量较高或pH值小于4的酸性土、塑性指数大于25的黏土以及无工程经验的地区时,必须通过现场和室内试验确定其适用性。由此可见,随着施工机械的改进、搅拌能力的提高、施工技术的进步,其适用土质范围也在不断扩大。

7.2.2　基本原理

深层搅拌法加固地层的机理与采用的固化剂种类有关。固化剂有水泥、石灰、石膏、矿渣等多种,以下主要介绍以水泥和石灰两种材料做固化剂的土体加固机理[64,77]。

7.2.2.1 水泥加固土的基本原理

深层搅拌加固的基本原理是基于水泥加固土的物理化学反应过程。它与混凝土的硬化机理不同。混凝土的硬化主要是水泥在粗填充料中进行水解和水化作用,所以凝结速度较快。而在水泥加固土中,由于水泥的掺量很小(仅占加固土重的7%~20%),水泥水解和水化反应完全是在有一定活性的介质——土的围绕下进行的。土质条件对加固质量的影响主要有两个方面,一是土体的物理力学性质对水泥土搅拌均匀性的影响;二是土体的物理化学性质对水泥土强度增加的影响。水泥土硬化速度缓慢且作用复杂,其强度增长的过程比混凝土缓慢。水泥加固土体主要产生下列反应[69,71]。

1) 水泥的水解和水化反应[64,70]

普通硅酸盐水泥主要是由氧化钙、二氧化硅、三氧化二铝、三氧化二铁、三氧化硫等组成。这些不同的氧化物分别组成了不同的水泥矿物:硅酸三钙、硅酸二钙、铝酸三钙、铁铝酸四钙、硫酸钙等。将水泥拌入软土后,水泥颗粒表面的矿物很快与软土中的水发生水解和水化反应,产生氢氧化钙、水化硅酸钙、水化铁酸钙等化合物。各自的反应过程如下:

(1) 硅酸三钙:在水泥中含量最高,约占总量的50%,是决定强度的主要因素。

$$2(CaO \cdot SiO_2) + 6H_2O = 3CaO \cdot 2SiO_2 \cdot 3H_2O + 3Ca(OH)_2$$

(2) 硅酸二钙:在水泥中含量次高,约占总量的25%,主要产生后期强度。

$$2(2CaO \cdot SiO_2) + 4H_2O = 2CaO \cdot 2SiO_2 \cdot 3H_2O + Ca(OH)_2$$

(3) 铝酸三钙:约占水泥总量的10%,水化速度最快,能促进早凝。

$$2CaO \cdot Al_2O_3 + 6H_2O = 3CaO \cdot Al_2O_3 \cdot 6H_2O$$

(4) 铁铝酸四钙:约占水泥总量的10%,能促进早期强度。

$$4CaO \cdot Al_2O_3 \cdot Fe_2O_3 + 2Ca(OH)_2 + 10H_2O = 3CaO \cdot Al_2O_3 \cdot 6H_2O + 3CaO \cdot Fe_2O_3 \cdot 6H_2O$$

在上述一系列的反应过程中所产生的氢氧化钙、水化硅酸钙能迅速溶于水中,使水泥颗粒表面重新暴露出来,与水继续发生反应,使周围的水溶液逐渐达到饱和。溶液达到饱和后,水分子虽然继续深入颗粒内部,但新生成物不能溶解,只能以细分散状态的溶胶析出,悬浮于溶液,形成凝胶体。

(5) 硫酸钙:虽然在水泥中的含量仅占3%左右,但是它和铝酸三钙一起与水发生反应,产生一种被称为"水泥杆菌"的化学物。

$$3CaSO_4 + 3CaO \cdot Al_2O_3 + 32H_2O = 3CaO \cdot Al_2O_3 \cdot CaSO_4 \cdot 32H_2O$$

上述反应较迅速,能把大量自由水以结晶水的形式固定下来,使土中自由水的减少量约为水泥杆菌产生量的46%,但硫酸钙掺量不能过多,否则水泥杆菌针状结晶会使水泥发生膨胀而遭到破坏。

2) 黏土颗粒与水泥的水化作用

当水泥的各种水化物产生后,有的自身继续硬化,形成水泥石骨架;有的则与其周围具有一定活性的黏土颗粒发生反应。

(1) 离子交换和团粒化作用

黏土颗粒带负电荷,要吸附阳离子,形成胶体分散体系,表现出胶体的特征。黏土中的二氧化硅遇水后形成硅酸胶体微粒,其表面带有的钾离子或钠离子会与水泥水化产生的氢氧化钙中的钙离子进行当量离子交换,使得土颗粒分散度较低,产生凝结,形成较大的团粒,提高土体的强度。

水泥水化后产生的凝胶离子的比表面积比水泥颗粒的比表面积大1000倍,具有很大的表面能,吸附性很强,能使团粒进一步结合起来,形成水泥土的团粒结构,进一步提高水泥土的强度。

(2) 硬凝反应

随着水泥水化反应的进行,溶液中析出大量的钙离子。当钙离子的数量超过离子交换的需要量后,在碱性环境中,组成黏土矿物的二氧化硅与三氧化铝的一部分或大部分与钙离子发生化学反应,并逐渐产生不溶于水的稳定的铝酸钙、硅酸钙的结晶水化物。这些化合物在水中和空气中逐渐硬化,提高了水泥强度,且其结构比较致密,水分不易侵入,从而使水泥土具有一定的水稳定性。

(3) 碳酸化作用

水泥水化物中游离的氢氧化钙能吸收水中和空气中的二氧化碳,发生碳酸化反应,生成不溶于水的碳酸钙。

$$Ca(OH)_2 + CO_2 = CaCO_3 \downarrow + H_2O$$

这种碳酸化反应能增加水泥土的强度,但增长较慢,幅度也较小。

7.2.2.2 石灰加固土体的基本原理

石灰遇水后发生物理化学反应,从而能够加固土体。石灰遇水后发生以下三个反应:

(1) 石灰吸水后发热、膨胀。
(2) 与黏土颗粒发生离子交换作用及土颗粒的凝聚作用。
(3) 发生化学结合反应。

以上三个反应过程在时间上有先后。完成这些反应过程后,土体性能可获得较大的改善。生石灰通常能增加软黏土的透水性,可用于提高在软黏土中进行排水的效果。

7.2.3 深层搅拌施工技术

7.2.3.1 概述

我国于1977年从日本引入软土地基深层搅拌加固技术的思路,随即自行进行水泥土室内试验、研制开发施工机械和相应的施工工艺,并先于国外将深层搅拌法大量应用于工业建筑、民用房屋和市政工程的软基加固工程。经过40年的发展,已形成了喷浆和喷粉两大系列的深层搅拌施工技术。虽然这两大系列深层搅拌技术加固土的原理、室内试验内容、设计计算方法与顺序、固化剂材料及施工质量检验等方面均无明显的不同,但是由于所使用的固化剂状态不同,因此两大系列深层搅拌法的施工机械与施工方法有很大不同。喷浆型深层搅拌法的固化剂主剂是水泥浆液,而喷粉搅拌法的固化剂是水泥干粉。目前喷浆型深层搅拌法(湿法)机械在国内已能批量生产出单、双搅拌轴两个品种,并且开始涉及三轴及多搅拌轴机型的研制、生产工作。喷粉搅拌法(干法)机械目前仅有单搅拌轴一种机型。

7.2.3.2 深层搅拌机械参数的确定

1) 驱动功率估算和选用

无论干法还是湿法、无论单轴还是双轴,深层搅拌机械的搅拌头在软土中回转必须克服四项阻力,其值分别按下列式计算。

(1) 土体对搅拌轴的附着阻力矩 T_1

$$T_1 = \frac{c\pi D_1^2 H}{2\alpha S} \tag{7-4}$$

式中：c——土质附着系数，可取 $4 \sim 6 \text{kPa}$；
　　D_1——搅拌轴外径(cm)；
　　H——搅拌轴长度(m)；
　　α——固化剂掺入系数，可取 $0.2 \sim 0.4$；
　　S——土的灵敏系数，可取 $2 \sim 3$。

(2) 搅拌头叶片与土体摩擦阻力矩 T_2

$$T_2 = \frac{1}{3} \cdot f \cdot P \cdot D_2 \tag{7-5}$$

式中：f——搅拌头叶片与土体摩擦阻力系数，可取 0.2；
　　P——叶片推力，可取 10kN；
　　D_2——搅拌头叶片外径(cm)。

(3) 搅拌头叶片旋转切土时土体的阻力矩 T_3'

$$T_3' = \frac{Z'\beta c_1 h_1 D_2^2 \sqrt{\cos\theta}}{2\alpha S} \tag{7-6}$$

式中：Z'——切削叶片的数量；
　　c_1——原状土的黏聚力(kPa)；
　　h_1——切削叶片的高度(m)；
　　θ——切削叶片的角度(°)；
　　β——切土效率系数，其值为：

$$\beta = \frac{v}{3n}$$

其中：v——深层搅拌机提升速度(m/s)；
　　　n——搅拌头的转速(r/min)。

(4) 搅拌头叶片拌土时土体的阻力矩 T_3''

$$T_3'' = \frac{Z''\beta c_2 h_2 D_2^2 \sqrt{\cos\theta}}{2\alpha S} \tag{7-7}$$

式中：Z''——搅拌头叶片的数量；
　　c_2——扰动土体的黏聚力，可取 $c_2 = \left(\frac{1}{3} \sim \frac{1}{4}\right)c_1$；
　　h_2——搅拌头叶片的高度(m)。

因此，总阻力矩 T 为：

$$T = T_1 + T_2 + T_3' + T_3'' \tag{7-8}$$

所以，驱动功率 N 为：

$$N = \frac{T \cdot n}{974\eta} \tag{7-9}$$

式中：η——机械传动效率，可取 $0.6 \sim 0.7$。

2)搅拌轴回转速度的确定

深层搅拌施工时拌和越均匀,水泥土的强度越高。但是随着搅拌次数的增加,所费工时越长,施工越不经济。大量的室内试验表明:只要土体和水泥的拌和次数达到20次,水泥土的强度就能达到较高的恒定值。因此,深层搅拌机械的搅拌轴每分钟的回转数 n,可按式(7-10)计算:

$$n = \frac{G \cdot v}{h \sum Z} \tag{7-10}$$

式中:h——叶片平均垂直高度;

$\sum Z$——叶片的总数。

由式(7-10)可知,搅拌回转速度约为 30~60r/min,回转速度过快易在搅拌头上形成"土团",将大大影响搅拌效果。

3)最大提升力的估算

深层搅拌机正常作业时,搅拌机先旋转切土下沉,当达到设计深度后,提升搅拌主机并泵出水泥,按要求的速度边提升边搅拌,此时的提升力称为工作提升力,在 30~50kN。但是在施工过程中,可能由于特殊情况使电机停止转动,而驱动电机的功率又不足以带负荷启动,因此就需要将深层搅拌机从地下深处直接提出地面,此时的提升力称为事故提升力。事故提升力可比工作提升力大数倍,所以在选用提升机械时应考虑这一工况。事故提升力包含以下几项阻力。

(1)深层搅拌机的自重 q_1

(2)搅拌轴、中心管与土体的附着阻力 q_2

$$q_2 = 3c\pi D_1 H \tag{7-11}$$

(3)叶片上部堆积的土重 q_3

$$q_3 = \sum Z \cdot b(D_2 - D_1)\gamma H \tag{7-12}$$

式中:b——叶片的宽度;

γ——土的重度。

因此,总提升阻力 q 为:

$$q = q_1 + q_2 + q_3 \tag{7-13}$$

所以深层搅拌机的最小提升能力应大于 q。

4)灰浆泵选择及输浆管路计算

深层搅拌法所用的固化剂是通过灰浆泵经输浆管路压入软土中的,所以灰浆泵是深层搅拌机械中的重要设备之一。灰浆泵有定量泵和变量泵两种。定量泵的排浆量为一固定值,如建筑工程中常用的 HB6-3 型灰浆泵的排浆量为 $3m^3/h$。变量泵是通过变量油泵驱动柱塞做往复运动,由供油量的改变达到排浆量的改变。

要使水泥浆在管路中流动,其输送压力须大于水泥浆与管壁之间的摩擦力。该阻力与水泥浆的稠度、流速等因素有关。一般灰浆泵最佳的输送稠度为 8~12cm,而水泥浆在管路中的平均流速为 30m/min,因此输浆管路最小的内径 d 可按式(7-14)计算。

$$d = \sqrt{\frac{4Q}{\pi \bar{v}}} \tag{7-14}$$

式中:Q——灰浆泵的额定输浆量(m^3/h);

$\bar{v}$——水泥浆在管路中的平均流速。

5）提升速度的计算

深层搅拌桩桩身水泥土的强度与水泥的掺入量有关。对于采用定量灰浆泵时,要改变水泥的掺量,主要靠改变深层搅拌机的提升速度来实现。对应某一水泥掺入比 a_w 所要求的提升速度 v 可由式(7-15)确定。

$$v = \frac{\gamma_d Q}{F \gamma a_w (1 + \alpha_c)} \tag{7-15}$$

式中：γ_d、γ——分别为水泥浆和土的重度；

F——搅拌头一次切割土的截面面积；

α_c——水泥浆的水灰比。

7.2.3.3 深层搅拌机械[62-64]

1）喷浆型深层搅拌机

喷浆型深层搅拌机是以水泥浆作为固化剂的搅拌设备,能通过搅拌头强制将软土和水泥浆拌和在一起。目前,国外的深层搅拌机主机大多具有偶数根搅拌轴（如2根、4根、6根或8根搅拌轴),即一次可制作出2根、4根、6根或8根相互切割的搅拌桩。每根搅拌桩最大的直径可达1.25m,每组搅拌桩的截面面积可达 $4 \sim 5 m^2$,一次最大的加固面积可以达到 $9.6 m^2$。国内则主要是双搅拌轴和单搅拌轴的喷浆型深层搅拌机,常用的有以下几种：

（1）双轴深层搅拌机

代表性的双轴深层搅拌机为SJB型深层搅拌机,每施工一次可设一根双联"8"字形的深层搅拌桩。该深层搅拌机由电机、减速机、搅拌轴、搅拌头、中心管、输浆管、单向球阀、横向系板等组成。国产双轴深层搅拌机械参数如表7-6所示。

国产双轴深层搅拌机技术参数　　　　表7-6

型号	SJB-I	SJB-II	T-600
电机功率(kW)	2×30	2×40	2×30
搅拌头直径	2×φ700mm	2×φ700mm	2×φ600mm
搅拌头数量	2	2	2
搅拌头转速(r/min)	46	46	30~60
额定扭矩(kN·m)	2×6.4	2×8.5	—
搅拌头间距(mm)	514	514	600
一次加固面积(m^2)	0.71	0.71	0.57
对大加固深度(m)	12	18	15
喷浆方式	中心管喷浆	中心管喷浆	叶片喷浆
电机减速装置	二级行星齿轮减速	二级行星齿轮减速	摆线针轮减速

（2）单轴深层搅拌机

对于电容量供应一般较小的中小型深层搅拌加固工程,或者在软土分布特别深厚的地区,深层搅拌桩达不到地基中的相对硬层,而形成纯摩擦桩地基加固工程,可采用单搅拌轴制成的单根搅拌桩。

单轴深层搅拌机的组成,基本上和双轴机相似。由于只有一根搅拌轴机时无中心输浆管,因此单轴机的组成包括：电动机、减速器、旋转密封接头、搅拌轴、搅拌头等部件。

国产单轴深层搅拌机的技术参数见表 7-7。

国产单轴深层搅拌机技术参数 　　　表 7-7

型号	DSJ22	DSJ30	DSJ37	DSJ-II	DSJB-37D
钻机功率	22	30	37	30	37
一次加固面积(m^2)	0.2	0.28	0.5	0.2	0.384
最大加固深度(m)	15	15	15	22	18
最大钻杆扭矩(kN·m)	3.32	4.52	5.60	0.50	7.5
钻杆转速(r/min)	57	57	57	59	45
最小提速(m/min)	0.5	0.5	—	0.4	0.5
全机功率(kW)	33	41	46	41	46

(3) 三轴深层搅拌机

上海探矿机械厂为适应水泥地下连续墙的施工需要研制了三轴型的 ZKD 型深层搅拌机，其基本技术参数见表 7-8。

国产三轴深层搅拌机技术参数　　　表 7-8

水泥浆喷深层搅拌机类型		ZKD65-3	ZKD85-3
深层搅拌机	搅拌轴数量	3	3
	轴中心距(mm)	450	600
	搅拌叶片外径(mm)	650	850
	搅拌轴转速(r/min)	17.6	16.0
	电动功率(kW)	2×45	2×75
起吊设备	提升能力(kN)	250	
	提升高度(m)	>30	
技术指标	一次加固面积(m^2)	0.87	1.50
	最大加固深度(m)	30	27

2) 灰浆泵

灰浆泵是湿法作业深层搅拌机械的重要配套机械。国内常用的深层搅拌灰浆泵有下列几种：

(1) 柱塞泵

代表性的柱塞泵为 HB6-3 型灰浆泵，其技术参数如表 7-9 所示。

HB6-3 型灰浆泵技术参数　　　表 7-9

参　数	数　值	参　数	数　值
输浆量(m^3/h)	3	电机功率(kW)	4
工作压力(MPa)	1.5	活塞往复次数(次/min)	150
垂直输浆距离(m)	40	排浆口内径(mm)	50
水平输浆距离(m)	150	最佳输浆稠度(cm)	8~12
电机转速(r/min)	1440		

（2）挤压泵

UBJ-1.8型挤压式灰浆泵利用机械式变换，输浆量为0.3~1.8m³/h。其主要技术参数如表7-10所示。

UBJ-1.8型挤压式灰浆泵技术参数 表7-10

挤压胶管内径（mm）	最高垂直输浆距离（m）	最大水平输浆距离（m）	额定工作压力（MPa）
38	30	100	1.5
减速器变速位置	电机变换位置	挤压管挤压次数（次/min）	输浆量（m³/h）
A	0	10	0.3
A	1	24	0.4
A	2	36	0.6
B	0	51	0.9
B	1	69	1.2
B	2	105	1.8

（3）液压注浆泵

SYB-50/50I型液压注浆泵属于变量泵，其压力和流量可变，最高压力可设定。该泵的主要技术性能如表7-11所示。

SYB-50/50I型注浆泵技术性能 表7-11

柱塞直径（mm）	75	95
冲程（次/min）	50	50
流量（L/min）	35	50
压力（MPa）	0.5	0.32
外形尺寸：长×宽×高（mm×mm×mm）	1340×370×900	
重量（kN）	2600	

7.2.3.4 深层搅拌施工工艺

具备一套深层搅拌机械，为实现水泥土搅拌施工创造了一半的条件，另一半则依赖开发一套施工工艺来完成。目前主要有喷浆和喷粉两种类型的深层搅拌加固方法，以下将分别介绍。

1）喷浆型施工技术

所谓喷浆型施工技术，是指直接喷射浆液并将其与软土一起强制搅拌的深层搅拌法。

（1）施工准备

①依据工程勘察资料，进行室内配合比试验，结合设计要求，选择最佳水泥掺入比，确定搅拌施工工艺参数。

②依据设计图纸，编制深层搅拌桩施工方案，做好现场平面布置，安排好打桩施工流水作业程序。布置水泥浆制备系统和泵送系统时，应注意泵送距离不宜大于50m。

③清理施工现场的地下、地面及空中障碍，以便安全施工。场地低洼时应抽干积水并挖除表面淤泥。

④按设计要求进行现场测量放线,定出每一个桩位,并打入小木桩。

(2)施工步骤

①设备安装。铺设走管与桩机平台,然后安装塔架、导向架及搅拌轴、输浆管。电气系统必须安装接地装置,供浆系统应在距搅拌机50m的范围内。

②搅拌机定位。用起重机或塔架悬吊深层搅拌机到达指定桩位。桩位对中误差不大于50mm,搅拌轴和导架的垂直度偏差不大于1.5%。

③预搅下沉。待搅拌机的冷却水循环正常后,启动深层搅拌机的电机,放松起重机的钢丝绳,使搅拌机沿导向架搅拌切土下沉到设计位置,其间不注浆。

④制备水泥浆。待深层搅拌桩下沉到一定深度时,即开始按设计确定的配合比拌制水泥浆,在压浆前将水泥浆倒入集料斗中。

⑤喷浆搅拌提升。深层搅拌桩下沉到预定深度后,开启灰浆泵将水泥压入地基中,并且边喷浆边旋转搅拌钻头,同时严格按照设计确定的提升速度提升深层搅拌机。

⑥重复搅拌下沉和提升。待深层搅拌机提升到设计顶面高程时,集料斗中的水泥浆应正好排空。为使软土和水泥搅拌均匀,可再次将搅拌机边旋转边沉入土中,至设计加固深度后再将搅拌机提升出地面。

⑦清洗机具。向储浆桶中注入适量的清水,开启灰浆泵,清洗全部管路中残存的水泥浆,直到基本干净为止。

⑧移动机具。将深层搅拌机移位,重复上述①~⑦步骤,进行下一根桩的施工。对于单搅拌轴的深层搅拌施工,预搅下沉时也应采用喷浆切割土体、搅拌下沉的工艺,以防止出浆口在下沉过程中被土团所堵塞。

(3)施工要点

①深层搅拌法加固软黏土,宜选用52.5R级以上普通硅酸盐水泥作为固化剂,水泥掺量根据加固强度而定。一般加固土重7%~15%,每1m³掺加水泥110~160kg。

②改善水泥土性质和桩体强度,可选用木质素硫酸钙、石膏、氯化钠、氯化钙、硫酸钠等外加剂,还可掺入不同比例的粉煤灰。

③深层搅拌桩以水泥作为固化剂,其配合比为水泥:砂=1:1~1:2。为了有利于泵送,宜加入减水剂(掺入量为水泥用量的0.2%~0.25%)、硫酸钠(掺入量约为水泥用量的1%)以及石膏(掺入量约为水泥用量的2%),水灰比为0.41~0.50。

④依据地质勘察资料进行室内配合比试验,并结合设计要求,选择最佳水泥加固掺入比,确定搅拌工艺。

⑤依据设计图纸,编制施工方案,做好现场平面布置,安排好施工进度。布置水泥浆制备的灰浆池时,若有条件应将水泥浆制备系统安装在流动挂车上,便于流动供应。采用泵送浇筑时,泵送距离以小于50m为宜。

⑥施工前应平整场地,清理现场地下、地面及其空中障碍物,以利施工安全。场地低洼时应回填黏土,不得回填杂填土。

⑦深层搅拌机应基本保持垂直,要注意平整度和导向架垂直度。搅拌轴和导架的垂直度偏差不大于1.5%。

⑧深层搅拌叶下沉到一定深度后,即开始按设计配合比拌制水泥浆。

⑨水泥浆不能离析,要严格按照设计的配合比配置,水泥要过筛。为防止水泥浆离析,可在灰浆机中不断搅动,待压浆前才将水泥浆倒入储浆桶中。水泥浆从灰浆机倒入储浆桶前,必须过滤,将水泥块等杂物滤掉。

⑩要根据加固强度和均匀性预搅,软土应完全预搅切碎,以利于水泥浆均匀搅拌。压浆阶段不允许发生断浆现象,输浆管不能发生堵塞,应严格按设计确定数据,控制喷浆、搅拌和提升速度。此外,还应控制重复搅拌时的下沉和提升速度,以保证加固范围每一深度内均得到充分搅拌。

⑪在成桩过程中,由于电压过低或其他原因造成停机,使成桩工艺中断时,为了防止断桩,在搅拌机重新启动后,将深层搅拌机下沉0.5m以后再继续成桩。停机超过3h时,为防止浆液硬结堵管,应拆除输浆管,彻底清洗管路。

⑫相邻两桩施工间隔时间不得超过12h。

⑬设计要求搭接成壁状时,应充分考虑施工相邻桩。相邻桩施工间隔时间不得超过24h,且搭接长度应大于100mm。

⑭当施工现场表土坚硬,需要注水搅拌时,现场四周设排水沟和集水井。

(4)安全施工措施

①对于采用潜水电机型的深层搅拌桩在陆地上施工时,不允许中断冷却循环水,应经常检查进水、回水的温度。当回水温度达到烫手程度时,应加大进水量。

②当发现搅拌机的入土切削和提升搅拌负荷太大,电机工作电流超过额定值时,应减慢升降或补给清水;发生卡转、停转现象时,应切断电源,并将搅拌机强制提升地面,然后重启电机。

③当电网电压低于350V时,应暂停施工,以保护电机。

④泵送水泥浆前,管路应保持湿润,以利于输浆。

⑤水泥浆内不得夹有硬结块,以免吸入泵内损坏缸体,可在集料斗上部装设细网进行过筛。

⑥输浆管路应保持干净,严防水泥浆结块,每日完工后应彻底清洗一次。

2)喷粉型施工技术

粉体喷射深层搅拌法是利用粉喷机使压缩空气携带粉体固化材料,经过高压软管和搅拌轴送到搅拌头叶片背后的喷嘴喷出,通过和原位地基土强制搅拌混合,使地基土和加固材料发生化学反应,在稳定地基土的同时,提高强度的方法。

由于粉体喷射搅拌本身技术不完善,加上施工过程的精度难以控制,以至于在我国某些城市中接连发生喷粉搅拌桩的施工质量事故,影响了该项技术的推广应用。《建筑地基处理技术规范》(JGJ 79—2002)在水泥土搅拌桩的内容上增加了喷粉搅拌的条款,对这种施工方法的机械设备和施工工艺作了严格的规定,使粉体喷射搅拌技术走上了正轨。

目前,粉体搅拌法主要使用的固化剂为石灰粉、水泥以及石膏、矿渣等,也可使用粉煤灰做掺合料。和喷浆型施工技术相比,喷粉型施工技术具有以下特点:粉土固化材料可吸收软土地基中更多的水分,对加固含水率高的软土、极软土及泥炭土地基效果更显著;粉体化浆液更易与原土充分搅拌混合,有利于提高加固土体的强度;粉喷的搅拌钻头在提升搅拌时能对加固体产生挤压作用,也利于提高加固土体的强度;消耗的固化材料较少,且无地面隆起现象。

(1)施工步骤

①搅拌机定位。根据设计,确定搅拌加固的位置,搅拌机就位时,误差不应大于50mm。

调节钻机支腿油缸,使导向架和搅拌轴垂直度偏差不超过1%。

②下钻。启动搅拌钻机,钻头反向旋转,边旋转边提升。同时,通过粉体发送器将固化剂喷入被搅拌的土体,使土体和粉料充分拌和。

③提升。操纵钻机,使之处于反转状态,确认水泥粉料到达钻头后开始提升。边旋转搅拌边提升,使水泥粉和原位的软土充分拌和。

④成桩。当钻头提升至设计桩顶高程后,停止喷粉,形成桩体。继续提升钻头直至离开地面,移动钻机到下一个桩位。

(2)施工要点

①粉体搅拌法目前主要使用的固化剂为石灰粉、水泥以及石膏、矿渣等,也可使用粉煤灰作掺合料。

②工作场地表层硬壳很薄时,需先铺填砂、砾石垫层,以便机械在场内顺利移动和施钻,如场内桩位有障碍物(如木桩、石块等)应排除。

③桩体喷粉要求一气呵成,不得中断。应按理论计算量往灰罐投料,投一次料,打一根桩,确保成桩质量。

④粉喷施工时,为避免钻机移动和管路过长,施工顺序宜先中轴后边轴,先里排后外排,钻机移动最长距离不超过50m。

⑤施工过程中要注意防止因管内结块造成的堵管,遇堵管时宜拆洗管路或向上提升再打。第二次复打时至少重叠1m。

⑥送灰过程中如果出现压力突然下降、灰罐加不上压力等现象,应停止提升,原地搅拌,及时查明原因。重新加灰复打时至少重叠1m。

⑦设计要求搭接的桩体须连续施工,一般相邻桩的施工间隔不超过8h。

⑧控制好单位桩长的喷粉量,实际每米喷粉量与设计喷粉量误差不超过5kg。

⑨粉体生石灰桩技术要求:

a.石灰应该是细磨的;在搅拌过程中,为防止桩体中石灰聚集,石灰最大粒径应小于2mm。

b.石灰应尽量选取纯净无杂质的,石灰中氧化钙和氧化镁的总含量不少于85%,其中氧化钙含量不宜低于80%,石灰的流性指数不低于70%。

c.石灰的储存期不宜超过三个月。

(3)关键施工技术

喷粉搅拌施工过程中,其技术关键是根据设计要求喷灰量选择好有关施工参数,并在操作工艺上完全实现。总结以往的工程经验,有以下几点值得注意:

①由于干法喷粉搅拌时是用可任意压缩的压缩空气输送水泥粉体的,因此送粉量不易严格控制,所以要认真操作粉体自动计量装置,严格控制固化剂的喷入量,满足设计要求。

②合格的粉喷机一般均已考虑提升速度与搅拌头转速的匹配,钻头均约每搅拌一圈提升15mm,从而保证成桩搅拌的均匀性。但每次搅拌时,桩体会出现极薄软弱结构面,这对承受水平剪力是不利的。一般可通过复搅的方法来提高桩体的均匀性,消除软弱结构面,提高桩体抗剪强度。

③定时检查成桩直径及搅拌的均匀程度。粉喷桩桩长大于10m时,其底部喷粉阻力较大,应适当减慢钻机提升速度,以确保固化剂的设计喷入量。

④固化剂从料罐到喷灰口有一定时间延迟,严禁在没有喷粉的情况下进行钻机提升作业。

7.2.4 搅拌桩加固质量检测

7.2.4.1 施工质量控制

无论是喷浆型还是喷粉型搅拌工艺,其施工质量控制的要求是基本一致的。

(1) 保持桩体的垂直度

为使搅拌桩基本垂直地面,要特别注意深层搅拌机的平整度和导向架对地面的垂直度,应控制机械的垂直度偏斜不超过1%。

(2) 保证桩位的准确度

布桩位置与设计误差不得大于2cm,而成桩桩位偏差不应超过5cm。

(3) 水泥应符合要求

对于喷浆搅拌工艺所使用的水泥浆要严格按设计的配合比搅拌,制备好的水泥浆不得有离析现象,停滞时间不宜过长。为防止水泥浆发生离析,应将水泥浆留在灰浆拌制机中不断进行搅拌,直至送浆前才缓慢倒入集料斗中。对停滞时间超过2h的水泥浆应降低强度等级使用。

对于喷粉搅拌工艺所使用的水泥粉要严格控制入储灰罐前的含水率,严禁受潮结块,不同型号的水泥一般不得混用。

(4) 确保搅拌施工的均匀性

①搅拌机械预搅下沉时应使土体充分搅碎。当遇到硬土、搅拌机下沉速度过慢时,对于喷浆搅拌可采用冲水下沉,但在喷浆提升前必须将输浆管中的存水排净。

②严格按设计确定的参数控制水泥浆(粉)的喷出量和搅拌提升速度。水泥的供应量必须连续;一旦因故中断,必须将搅拌头下沉到停浆(粉)面以下0.5m处,待恢复供浆后再搅拌提升,以防止断桩。

③应控制重复搅拌时的下沉和提升速度,以保证加固深度范围内每一深度均得到重复搅拌。

(5) 确保加固体的连续性

对设计要求搭接的桩应连续施工,喷浆相邻桩的施工间隔不得超过24h,喷粉相邻性的施工间隔不得超过8h。相邻桩的重叠应根据桩深和允许倾斜度进行计算确定,但不得小于15cm。

(6) 施工记录应详尽完善

施工记录必须有专人负责,深度记录偏差不得大于5cm,时间记录误差不得大于2s。施工中发生的问题和处理情况,均应如实记录,以便汇总分析。

7.2.4.2 质量检验

根据工程的重要性和复杂程度可选择1~3种方法进行质量检验。

(1) 材料质量检验

现场实际使用的固化剂和外掺剂必须按设计要求的配方,通过加固土的强度试验进行材料质量检验,合格后方可使用。

(2) 工程桩质量评定

及时检查施工记录,根据预定的施工工艺对工程桩进行质量评定。对于不合工艺要求的工程桩,需根据其所在位置、数量等具体情况,通过质量分析,提出补桩或加强附近工程桩等措施。

(3)钎探检验

在工程桩成桩后7d内,使用轻便触探仪(N_{10})进行钎探,以判断桩身强度,同时检查搅拌均匀程度。检验的桩数一般应占工程桩的2%~5%。当桩身的N_{10}击数比原地基土的N_{10}击数增加1.5倍以上时,搅拌桩的桩身强度基本能够达到设计要求。

轻便触探检验的深度一般不超过4m。为了加大钎探深度,可以从桩顶到桩底,每延米桩身先钻孔0.7m,然后触探0.3m;再钻孔0.7,再触探0.3m;如此重复可加大检验深度。触探杆宜用铝合金制造,可不考虑杆长修正。

(4)取样检验

从开挖外露的桩体中凿取试块或采用岩芯钻孔取样,测定其无侧限抗压强度。

(5)开挖检验

对桩体搭接或整体性要求严格的工程,可根据工程设计要求,在工程桩的养护达到一定龄期时,选取一定数量的桩体进行开挖,直接检验加固体的外观质量、搭接质量以及整体性、致密性。

(6)现场荷载试验

复合地基荷载试验和单桩荷载试验是检测水泥土搅拌桩加固效果的最可靠方法之一,一般宜在龄期达到28d后进行。一般仅进行单桩和单桩复合地层垂直荷载试验,对大型的工程也可选用两根以上带承台的群桩进行复合地基检验。

7.3 注浆加固法

7.3.1 概述

注浆加固的实质是利用气压、液压或电化学原理,把某些能固化的浆液注入地层土体的裂隙和孔隙中,或挤压密实端头土体,以改善端头土体的物理力学性质[64,73]。由此可见,注浆法加固应至少涵盖以下两方面的内容。

7.3.1.1 主体人为控制

(1)浆液:注浆法必备的材料,可根据需要选择。

(2)注入方式:气压、液压、电化学理论等,注浆法实施的过程及其注浆设备配置。

7.3.1.2 客体实际方面

(1)介质:地层,包括土体、岩体、混凝土或钢筋混凝土等。

(2)范围:注浆半径影响范围内的有界空间。所谓有界空间是指采用浆液灌注时形成的结石体具有明确的边界。若注浆载体视为均质、连续的线弹性体,其边界通常是以注浆钻孔为中心的圆柱体,圆柱体半径的大小是注浆压力和地层渗透性的规整函数;若为非均质、非连续的弹塑性体,则注入的浆液路径在常压下沿裂隙通道扩散,其半径虽然也是注浆压力和地层渗透性的函数,但不规整。

(3)载体:由多个钻孔及其周围地层中的裂缝、裂隙、孔隙、空隙等组成,可划分为孔隙介质载体、裂隙介质载体、孔隙和裂隙双重介质载体以及拟连续载体等。

7.3.2 基本原理

注浆加固理论研究的对象,主要是浆液在被注浆载体(如岩土)中流动时所经历的两个过程:物理化学过程和流体力学过程。

物理化学过程包括浆液材料的凝结和硬化机理、浆液的流变性能等。

流体力学过程包括浆液沿注浆管及被注载体内沿孔隙或空洞的流动扩散规律。

7.3.2.1 注浆材料的流变特性[73]

浆液在介质中的流动,其流变学特性主要取决于浆液材料的结构性质。一般浆液可分为牛顿流体和非牛顿流体两大类。

流动较好的化学浆液属于牛顿流体。它的特点是凝结前符合一般牛顿流体的流动特性,达到胶凝时间后,瞬时胶凝。牛顿流体的切应力τ和切应变速率γ呈线性关系,其流动曲线是通过坐标原点的直线。牛顿流体的本构方程如下:

$$\tau = \mu\gamma \tag{7-16}$$

对水泥和黏土浆液而言,从其结构上看,属于两相流体,应符合两相流动理论。为了简化计算,一般将其看成具有平均性质的准流体考察其流动性质,应用非牛顿流体力学的方法研究浆液的两相流动特性。

非牛顿流体包括剪切稀释化流体、剪切稠化流体、宾汉姆流体等多种类型,它们有不同的切应力和应变速度的关系曲线,分别如图 7-12 中的曲线 2~曲线 4 所示。图中曲线 2 为宾汉姆流体的流动曲线。由于多相流体中,作为分散相的颗粒分散在连续相中,分散的颗粒间有强烈的相互作用形成一定的网状结构,为破坏网状结构,使得对宾汉姆流体只有施加超过屈服值的切应力才能使其产生流动。切应力与应变速度呈线性关系。宾汉姆流体的本构方程如下:

$$\tau = \tau_0 + \mu\gamma \tag{7-17}$$

黏度是液体最主要的流变参数,图 7-13 所示为常见的两种浆液黏度变化曲线。图中的两条曲线反映了通常意义上的黏度不变及黏度渐变型浆液黏度随时间的变化情况。以丙烯酰胺为代表的大多数化学浆液属黏度不变型浆液,其特点是在胶凝之前黏度保持不变,当达到胶凝时间后瞬时胶凝。以水泥浆为代表的黏度渐变型浆液,它的特点是浆液黏度逐渐增大,直到完全胶凝。水化时间是黏度变化的最主要因素,若忽略其他次要因素(如触变性、震凝性等)的影响,则:

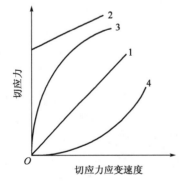

图 7-12 各种流体的流变曲线[73]

1-牛顿流体;2-宾汉姆流体;3-剪切稀化流体;
4-剪切稠化流体

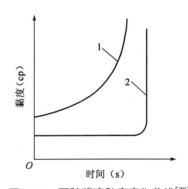

图 7-13 两种浆液黏度变化曲线[73]

1-一般浆液材料,如单液水泥浆、环氧树脂等;
2-丙烯酰胺类浆液等

$$\begin{cases} \tau = \tau_0(t) \\ \mu = \mu(t) \end{cases} \tag{7-18}$$

由式(7-18)可知,τ_0、μ 只与时间有关。

若将式(7-18)代入式(7-17)中,则:

$$\tau = \tau_0(t) + \mu(t)\gamma \tag{7-19}$$

这说明在某一固定时刻,τ、γ 仍服从线性关系。有资料表明,许多黏度渐变型浆液,胶凝过程中黏度变化都符合指数规律:

$$\mu(t) = ke^{at} \tag{7-20}$$

式中:t——浆液混合的时间;

k、a——待定常数,由各种不同浆液本身的性能所决定。

实践表明,在高压下浆液运动时黏度与浆液静止时黏度变化是有区别的。其变化规律比较复杂,但通常可以认为:它与常温常压下浆液自行胶凝时的变化规律基本一致,或者说仅相差一个常数,即

$$\mu_1(t) = \mu(t) + C = ke^{at} + C \tag{7-21}$$

式中:$\mu_1(t)$——浆液运动时的黏度变化;

C——常数。

7.3.2.2 注浆法分类及其原理

按照浆液在被灌注的载体中的作用机理,可将注浆法分为充填注浆、压密注浆、渗透扩散注浆、劈裂注浆和电化学注浆五种方法[64]。

1) 充填注浆

充填注浆,是指利用稠浆,主要是黏土浆或掺有混合料的水泥浆直接向被注浆载体内的大空隙、大空洞、岩溶裂隙等空间注浆,以及向砂砾层、卵石层、地下结构壁厚空洞注浆的一种以不改变岩土原有结构但充填其内空间的施工方法。

充填式注浆是最古老的注浆法。它是通过"浆团"来充实填满临近土体空间,改善其土体三相结构的受力条件,将其充填为密实、连续体的有效方法。

充填式注浆法的关键是"填",即填满被注浆载体内的空间。在某种意义上,是指典型的非压力注浆法。在地下工程中,常常称其为回填灌浆。

以砂砾石为例,砂砾石地层能否接受注浆材料注入,即其可灌注性,取决于地层的颗粒级配、注浆材料的细度、浆液的稠度、施工技术和工艺等。通常砂砾石地层的可灌注性可用下列几种指标来衡量:

(1) 用砂砾石地层的有效粒径 D_{10} 及渗透系数 K 来判断。

$$K = aD_{10}^2 \tag{7-22}$$

式中:a——系数。

工程实践表明:

① 当 $K \geq (6.9 \sim 9.3) \times 10^{-4}$ m/s 时,可灌注水泥浆。

② 当 $K = (3.5 \sim 6.9) \times 10^{-4}$ m/s 时,可灌注黏土水泥浆。

③ 当 $K \geq 3.5 \times 10^{-4}$ m/s 时,可灌注化学浆液。

(2)用砂砾石地层的不均匀系数 C_u 来判断。

$$C_u = \frac{D_{60}}{D_{10}} \tag{7-23}$$

式中:D_{60}、D_{10}——分别为砂砾石地层颗粒级配曲线上对应于含量为60%、10%的粒径。

试验颗粒级配曲线表明,式(7-23)中的不均匀系数 C_u 的取值有以下两种情况:

①C_u 值较大,即颗粒级配曲线较平缓,则表明砂砾石地层的密度较大,透水性较小,其可灌注性较差。

②C_u 值较小,即颗粒级配曲线变化较陡,则表明砂砾石地层的密度较小,透水性较大,其可灌注性较好。

工程实践同时表明,砂砾石地层中粒径小于0.1mm 的颗粒含量百分比越高,则可灌注性就越差;当其含量小于5%时,则可用黏土水泥浆对砂砾石地层进行充填注浆。

(3)用受注砂砾石地层的颗粒级配曲线上相应于含量为15%的粒径 D_{15},与注浆材料的颗粒级配上相应于含量为85%的粒径 D_{85} 之比值 M 来判断。

$$M = \frac{D_{15}}{D_{85}} \tag{7-24}$$

试验与实践均表明:M 值越大,则可灌注性就越好。一般规律如下:

①当 $M \geq 15$ 时,可灌注水泥浆。

②当 $M = 10 \sim 15$ 时,可灌注黏土水泥浆。

③当 $M = 5 \sim 10$ 时,宜灌注含水玻璃的高细度黏土水泥浆(简称黏土水泥水玻璃浆)。

2)压密注浆

压密注浆,是指用具有一定稠度的浆液,在一定压力下通过钻孔强行挤压土体,并在注浆点集中形成近似球形的浆泡,而后通过浆泡来挤压被注载体临近土体的注浆方法。

压密注浆法的关键是"压",是典型的压力注浆法。通过浆泡挤密周围临近土体来提高土中的应力,即无需也无法控制地强行挤压,直到在注浆点集中形成近似球形的浆泡为止。

压密注浆法的核心技术是改善被注浆载体的密实性。

(1)压密

通过钻孔在被注载体中注入一定稠度的浆液,在注浆点处使得土体压密而形成浆泡。当浆泡的直径较小时,注浆压力基本上沿钻孔的径向即水平扩散。随着浆泡尺寸的逐渐增大,产生较大的上抬力而使地面隆起。当合理地使用注浆压力并造成适宜的上抬力时,能使下沉的建筑物回升到相当精确的范围。简言之,压密注浆是用浆液置换和压密土体的过程。

压密注浆的主要特点之一,是它在软弱的土层中具有较好的效果。此法最常用于粉土、黏土、粉质黏土、黏质粉土以及砂层中。

一些研究表明,向外扩张的浆泡会在土中引起复杂的径向和切向应力体系。紧靠浆泡处的土体会遭受严重的拉伸和剪切破坏并形成塑性变形区,在此区域内土体的密度可能因扰动而减小;离浆泡较远的土体则基本上发生弹性变形,因而整个土体的密度有明显的增加。

浆泡的形状一般为球形和圆柱形。在均匀土体中浆泡的形状相当规则,非均质土中则很不规则。浆泡的最后尺寸受许多因素的影响,如土的密度、湿度、力学性质、地表约束条件、注浆压力和注浆速率等。实践表明:浆泡的横截面直径可达到1m 或更大,离浆泡接口0.3~

2.0m,有时 10～20m 以内的土体能受到明显的压密。

(2)表面压密

与土体内压密相反,表面压密是通过地层上面的盖板钻孔,向土体表面注入高强度浆液使得土体表面和盖板底部都受到人工施加的浆液。盖板由于具有足够的重力、强度和刚性而不会发生有害的变形和上抬,而土体则发生自上而下的应力扩散和下移,地板下因土层沉降而形成空隙则被坚硬的浆液结石紧密充填。

实践证明,土的沉降量取决于注浆压力、土的种类和性质以及土体周围的排水条件等因素。注浆压力越大,对土的固结作用就越好,但要确保注浆压力不会使上部结构发生有害的变位。在对高层建筑物实施表面压密注浆时,一般上部结构和底部的面积较大,由于钻孔注浆可采用单孔进行,浆液沿着注浆孔四周径向扩散的范围较小,所产生的上托力通常远小于上部结构的重力,故注浆压力容易控制在安全而有效的范围内。

3)渗透扩散注浆

渗透扩散注浆,是指在不破坏地层土体颗粒排列或岩土裂隙体积的条件下,使浆液扩散并充填于土颗粒孔隙或岩体裂隙空间内,将岩土胶结成整体的一种注浆施工技术。

渗透注浆法的技术关键,在于通过注浆压力使得浆液克服阻力渗入到被注浆体——土体的孔隙或岩体的裂隙,排挤出孔隙中储存的自由水和气体。

各国学者及工程技术人员,特别是现场工程技术人员对砂及砂砾石地层中的渗透扩散注浆进行了深入研究,发展并形成了渗透扩散注浆原理及技术,现简介如下:

(1)球形扩散

Maag 于 1938 年首先推导出了浆液在砂层中的渗透公式,至今仍被广泛采用。在推导公式时,Maag 作了下述简化计算模式的假定:

① 被注浆砂土是均质的和各向同性的。

② 浆液为牛顿体。

③ 采用填压法注浆,浆液从注浆管底部注入地层。

④ 浆液在地层中呈球状扩散。

浆液扩散的理论模型如图 7-14 所示。h_0 为注浆点以上地下水压头,H 为地下水压头和注浆压力之和。该理论的注浆时间 t 和浆液扩散半径 r_1 表达式如下:

$$t = \frac{r_1^3 \beta n}{3kh_1 r_0} \quad (7-25)$$

$$r_1 = \sqrt[3]{\frac{3kh_1 r_0 t}{\beta \cdot n}} \quad (7-26)$$

式中:k——砂土的渗透系数(cm/s);

β——浆液黏度对水的黏度比;

h_1——注浆压力,厘米水头;

r_0——注浆管半径(cm);

n——砂土的孔隙率。

Maag 公式比较简单,对黏度随时间变化不大的浆液

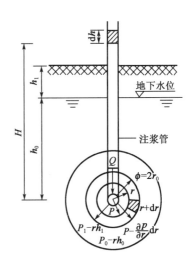

图 7-14 底端注浆球形扩散图

能给出渗透扩散的初步轮廓。例如用普通水泥浆液注浆，注浆压力为 $7kg/cm^2$ 水头，注浆管半径为 2.5cm，土的孔隙率为 0.3，浆液黏度对水的黏度比等于 3，浆液凝结时间为 35min，试验证明在 20min 内浆液的黏度基本不变，则注浆 20min 后浆液在各种土中的渗入半径见表 7-12。表中结果说明，该浆液用于中砂地层是比较适宜的。

浆液扩散半径　　　　　　表 7-12

砂土的渗透系数 k(cm/s)	10^{-1}	10^{-2}	10^{-3}	10^{-4}
扩散半径 r_1(cm)	4000	400	40	4

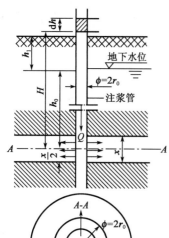

图 7-15　浆液柱状扩散图

除 Maag 公式外，常见的还有 Karol 公式和 Raffle 公式。

Karol 公式：

$$t = \frac{n\beta}{3kh_1}r_1^2 \tag{7-27}$$

Raffle 公式：

$$t = \frac{nr_0^2}{kh_1}\left[\frac{\beta}{3}\left(\frac{r_1^3}{r_0^3}-1\right)-\frac{\beta-1}{2}\left(\frac{r_1^2}{r_0^2}-1\right)\right] \tag{7-28}$$

(2) 柱形扩散

当牛顿体作柱形扩散时，可按图 7-15 理论模型进行计算，得出下述两个公式：

$$t = \frac{n\beta r_1^2 \ln\frac{r_1}{r_0}}{2kh_1} \tag{7-29}$$

$$r_1 = \sqrt{\frac{2kh_1 t}{n\beta\ln\frac{r_1}{r_0}}} \tag{7-30}$$

(3) 袖阀管扩散

根据袖阀管法的理论模型，假定浆液在砂砾石中作紊流运动，则其扩散半径 r_1 为：

$$r_1 = \sqrt{\frac{t}{h_1}\sqrt{\frac{k\mu h_1 r_0}{d_e}}} \tag{7-31}$$

式中：d_e——被注土体的有效粒径(cm)；
μ——浆液的运动黏滞系数。

(4) 宾汉姆流体扩散

宾汉姆流体在土中的扩散可粗略确定其极限半径 R_L：

$$R_L = \frac{\rho_w gHd}{4\tau_0} + \gamma_c \tag{7-32}$$

式中：τ_0——宾汉姆浆液的屈服应力；
ρ_w——水的重度；
d——土的等效毛细管管径，$d = 2\sqrt{\frac{8\mu k}{\rho_w gm}}$。

浆液本身的流变性能具有不同程度的时间依赖性。上述公式均未考虑到浆液流变性随时间变化的特征,难以反映出浆液流动的真实情况。当浆液为非水溶性液体时,其渗入过程实际上是浆—水两相流动,采用传统的单相渗流方法得出的结果误差较大。浆液注入土孔隙中的同时,必然驱替其中的孔隙水,因而浆液扩散区外的孔隙水也必然产生径向运动导致摩擦阻力损失,而除 Raffle 公式外,其他注入计算公式都只考虑了地下水的静水压力作用,未考虑到地下水运动的影响。

4) 劈裂注浆

劈裂注浆,是指在相对较高的注浆压力作用下,浆液克服地层的初始地应力及抗拉强度,引起岩体和(或)土体结构的破坏与扰动,使地层中原有的裂隙与孔隙张开,形成新的裂隙与孔隙,促使浆液的可注性提高及扩散距离增大的一种注浆施工方法[72,74]。

实践表明,对于渗透系数 $K < 10^{-5}\,\mathrm{cm/s}$ 的软黏土,无论灌注什么浆液,注浆时都会产生劈裂现象。浆液在软黏性土及其他软土中的流动,分为鼓泡压密、劈裂流动和被动土压力发挥三个阶段。软土劈裂注浆的结果是形成一个不规则柱体,随机分布。通过劈裂对软土进行注浆固结,其动态弹性模量可提高 52%~138%。

劈裂注浆法的技术关键是借助水力致裂法原理,采用低压或较低压沿最小抗力线去破裂岩土体或混凝土结构体,通过浆脉来加固其裂缝。

在注浆压力作用下,浆液克服地层初始应力和抗拉强度,引起岩石或土体结构的破坏和扰动,使地层中原有的孔隙和裂隙扩大,或形成新的裂隙和孔隙,从而使得透水性地层的可注性提高、浆液扩散距离增大。这种注浆法所用的注浆压力相对较高。

(1) 基岩劈裂注浆

在基岩中,水压致裂的开始很大程度上取决于岩石的抗拉强度 S_T、泊松比 μ、侧压力系数 K_0 以及孔隙率 n、透水性 k 和浆液的黏度等。钻孔井壁处开始垂直劈裂的条件为:

$$\frac{p_0}{\gamma h} = \frac{1-\mu}{1-n\mu}\left(2K_0 + \frac{S_T}{\gamma h}\right) \tag{7-33}$$

式中:p_0——注浆压力;
γ——岩石的重度;
h——注浆段深度。

水平劈裂的开始条件为:

$$\frac{p_0}{\gamma h} = \frac{1-\mu}{\mu(1-n)}\left(1 + \frac{S_T}{\gamma h}\right) \tag{7-34}$$

对于含节理裂隙的岩层,水压致裂应包括原有裂隙的扩张和新鲜岩体的破裂。根据弹性理论计算,目前国内注浆工程所用的注浆压力,尚不能使新鲜岩体发生破裂,但仅用较小的注浆压力就足以引起岩石现有裂隙的类弹性扩张。

(2) 砂和砂砾石劈裂注浆

对砂及砂砾石地层,可按照有效应力表达的莫尔—库仑破坏准则进行计算。在各向同性地层中,材料的应力状态与式(7-35)相符时即将发生破坏。

$$\frac{\sigma'_1 + \sigma'_3}{2} \cdot \sin\varphi' = \frac{\sigma'_1 - \sigma'_3}{2} - \cos\varphi' \cdot c' \tag{7-35}$$

式中：σ_1'——有效大主应力；

σ_3'——有效小主应力；

φ'——有效内摩擦角；

c'——有效黏聚力。

地层中由于注浆压力的作用，会使砂砾石地层的有效应力减小。当注浆压力 p_c 到达式(7-36)时，就会导致地层的破坏。

$$p_c = \frac{(\gamma h - \gamma_w h_w)(1+K)}{2} - \frac{(\gamma h - \gamma_w h_w)(1-K)}{2\sin\varphi'} + c' \cdot \cot\varphi' \quad (7\text{-}36)$$

式中：γ——砂或砂砾石的重度；

γ_w——水的重度；

h——注浆段深度；

h_w——地下水高度；

K——主应力比。

(3) 黏性土劈裂注浆

在黏性土中，水压致裂会引起土体固结及挤出等现象，同时还包括水泥微粒对黏土的钙化作用（化学反应）。在仅有固化作用的条件下，可用式(7-37)及式(7-38)计算注入浆液的体积 V 及单位土体所需的液体量 Q。

$$V = \int_0^r (P_0 - u) \, m_v \cdot 4\pi r^2 \, dr \quad (7\text{-}37)$$

$$Q = P \cdot m_v \quad (7\text{-}38)$$

式中：r——浆液的扩散半径；

P_0——注浆压力；

u——孔隙水压力；

m_v——土的压缩系数；

P——有效注浆压力。

在存在多种劈裂现象的条件下，则可用式(7-39)确定土层被固结的程度 C。

$$C = \frac{(1-V)(n_0 - n_1)}{1 - n_0} \times 100\% \quad (7\text{-}39)$$

式中：V——注入土中的水泥结石总体积；

n_0——土的天然孔隙率；

n_1——注浆后土的孔隙率。

5) 电动化学注浆

在黏性土中插入金属电极并通以直流电，就会在土中引起电渗、电泳和离子交换等作用，促使通电区域中的含水率显著降低，从而在土中形成渗浆"通道"。若在通电的同时向土中注入硅酸盐水泥浆液，就能在"通道"上形成硅胶，并与土粒胶结形成具有一定力学强度的加固体。由于盾构始发与到达端头加固过程中电化学注浆很少应用，故不再介绍。

7.3.3 注浆材料

7.3.3.1 概述

在注浆法中,注浆材料是保证可灌注性以及工程加固成败的基本条件和关键因素。理论研究与实践表明,注浆材料应具有以下性能:

(1) 凝胶或固结体的耐久性好,具有良好的抗渗性。
(2) 浆液的胶凝或固结时间可任意按需要进行调节。
(3) 浆液的配制、施注及其胶凝或固化的全过程,应属无毒或极少毒性的工况。
(4) 来源广泛。
(5) 价格相对低廉。
(6) 原材料及配置的浆液储藏简便。
(7) 浆液的运输方式与要求应通用化、方便。
(8) 注浆材料的生产与应用少有风险性。

另外,注浆材料在其生产反应机理上,应有下列三种反应界定:

(1) 无机反应。
(2) 有机物的取代、加成和缩聚反应。
(3) 有机物的自由基聚合反应。

界定的目的,是使配置的浆材具有恒定性、稳定性和耐久性,不能因时因地而不断变化。

7.3.3.2 注浆材料的分类和评价

注浆工程中所用的浆液是由主剂、溶剂及各种外加剂混合而成的。通常所说的注浆材料,是指浆液中所用的主剂。外加剂可根据在浆液中所起的作用,分为固化剂、催化剂、速凝剂、缓凝剂、悬浮剂等。

注浆材料按其形态分为颗粒型浆材、溶液型浆材和混合型浆材三类。颗粒型浆液以水泥为主剂,故多称其为水泥系浆液;溶液型浆材是由两种或多种化学材料配置而成的,故通称其为化学浆液;混合型浆液则由上述两种浆材按不同比例混合而成。在国内外注浆工程中,水泥一直是用途最广和用量最大的浆材,其主要特点为结石力学强度高,耐久性较好且无毒,浆源广且价格较低。但普通水泥浆液因容易沉淀析水而稳定性较差,硬化时伴有体积收缩,对细裂隙而言颗粒较粗,对大规模注浆工程则水泥用量过大。为了克服上述缺点,国内外采用以下几种措施:

(1) 在水泥浆液中掺入黏土、砂和粉煤灰等廉价材料。
(2) 用各种方法提高水泥颗粒细度,如超细水泥材料等。
(3) 掺入各种附加剂以改善水泥浆液性质。

化学浆液的品种很多,包括环氧树脂类、甲基丙烯酸酯类、丙烯酰胺类、木质素类和硅酸盐类等。化学浆材的最大特点是它属于真溶液,初始黏度大都较小,故可用来灌注细小的裂缝和孔隙,解决水泥系浆材难于解决的复杂地质问题。化学浆材的主要缺点是造价较高、存在污染环境问题,使这类材料的推广应用受到较大的局限。

7.3.3.3 注浆材料的性质

注浆材料的主要性质包括：分散性、沉淀析水性、凝结性、热学性、收缩性、结石强度、渗透性和耐久性。

(1) 材料的分散度

分散度是影响可注性的主要因素，一般分散度越高，可注性就越好。分散度还将影响浆液的一系列物理力学性质。

(2) 沉淀析水性

在浆液搅拌过程中，水泥颗粒处于分散和悬浮于水中的状态，但当浆液制成、停止搅拌时，除非浆液极为浓稠，否则水泥颗粒将在重力作用下沉淀，并使水向浆液顶端上升。沉淀析水性是影响注浆质量的重要因素，而浆液水灰比是影响沉淀析水性的主要因素。研究证明，当水灰比为 1.0 时，水泥浆的最终析水率可高达 20%。浆液析水可能造成如下几种后果：

① 由于析水与颗粒沉淀现象是伴生的，析水结果也将导致浆液流动性变差。在注浆过程中，颗粒的沉淀分层将引起机具管路和地层孔隙的堵塞，严重时还可能造成注浆过程的过早结束，并使得注浆体结石强度均匀性降低。

② 若析水发生在注浆结束后，颗粒的沉淀分层将使浆液的密度在垂直方向上发生变化，浆液的析水则将使得结石率降低，在浆液体中形成空穴。如果不进行补浆，将使得注浆效果变差。

③ 由于水泥颗粒凝结所需的水灰比仅为 0.25~0.45，远远小于注浆所用的水灰比，因而只有把多余水分尽量排走，才能使注浆体获得必要的强度。如果析水现象发生在适当的时刻，且有浆液补充析水形成的空隙，则浆液的析水现象不但无害，反而是有益的。

(3) 凝结性

浆液的凝结过程分为两个阶段：初期阶段，浆液的流动性减小到不可泵送的程度；第二阶段，凝结后的浆液随时间逐渐硬化。

研究表明，水泥浆的初凝时间一般为 2~4h，黏土水泥浆则更慢，由于水泥微粒内核的水化过程非常缓慢，故水泥结石强度的增长将延续很长时间。

(4) 热学性

由于水化热引起的浆液稳定主要取决于水泥类型、细度、水泥含量、注入温度和绝热条件等因素。当大体积注浆工程需要控制浆液温度时，可采用低热水泥，降低水泥含量及拌和水温度等措施。当采用黏土水泥灌注时，一般不存在水化热问题。

(5) 收缩性

浆液及结石的收缩主要受环境条件的影响。潮湿环境下的浆液只要维持其潮湿条件，不仅不会收缩，还可能随时间而略有膨胀。反之，干燥环境条件下的浆液，就可能发生收缩。一旦发生收缩，就会在注浆体中形成微细裂隙，使得注浆效果降低。

(6) 结石强度

影响结石强度的主要因素包括：浆液的起始水灰比、结石的孔隙率、水泥的品种及掺合料等，其中以浆液浓度最为重要。

(7) 渗透性

与结石的强度一样，浆液的渗透性也与浆液的起始水泥含量及环境条件等因素有关。如如表7-13和表7-14所示,不论纯水泥浆液还是黏土水泥浆,其渗透性都很小。

水泥结石的渗透性　　　　表7-13

龄期(d)	渗透系数(cm/s)	龄期(d)	渗透系数(cm/s)
5	4×10^{-8}	24	1×10^{-10}
8	4×10^{-9}		

黏土水泥结石的渗透性　　　　表7-14

序号	黏土含量(%)	龄期(d)	渗透系数(cm/s)
1	50	10	7.4×10^{-7}
2	50	30	4×10^{-7}
3	75	14	1.5×10^{-6}

(8)耐久性

水泥结石在正常条件下是耐久的,但若注浆体长期受到水压力作用,可能使得结石体被破坏。

当地下水具有侵蚀性时,宜根据具体情况选用矿渣水泥、火山灰水泥、抗硫酸盐水泥或高铝水泥。由于黏土基本不受地下水的化学侵蚀,故黏土水泥结石的耐久性比纯粹水泥结石的要好。此外,结石的密度越大或透水性越小,注浆体的寿命就越长。化学浆液(如水泥水玻璃)的耐久性,现在仍然受到部分质疑,有待试验研究进一步证明或工程实践进一步检验。

7.3.3.4　常用的浆液材料

(1)水泥浆材

水泥浆材是以水泥浆为主的浆液,在地下水无侵蚀性条件下,一般都采用普通硅酸盐水泥。它是一种悬浊液,能形成强度较高和渗透性较小的结石体,适用于岩土加固,也适用于地下防渗。在细裂隙和微孔隙地层中虽可灌性不如化学浆材好,但若利用劈裂注浆原理,则不少弱透水地层都可用水泥浆进行有效的加固,故成为国内外常用的浆液。

水泥浆的水灰比,一般变化范围为0.6~2.0;常用的水灰比是1:1。为了调节水泥浆的性能,有时可加入速凝剂或缓凝剂。常用的速凝剂有水玻璃和氧化钙,其用量为水泥质量的1%~2%,其浓度则需要根据具体情况进行调节,如水玻璃的波美度等。常用的缓凝剂有木质素硫酸钙、木质素磺酸钙和酒石酸三种,其用量约为水泥质量的0.2%~0.5%。

高水灰比仅对提高浆液的可注性有利,而对岩土加固意义不大。表7-15所示为几组用强度等级32.5的普通硅酸盐水泥配置成的浆液的基本性能。从中可以看出,高浓度浆液的强度和密度都较大,但流动性较小,常需掺入某些分散剂以降低黏度,方能使用。

这种悬浮液的主要问题是析水性大,稳定性差。水灰比越大,上述问题就越突出。此外,纯水泥浆的凝结时间较长,在地下水流速较大的条件下注浆时浆液易受到冲刷和稀释等。为了改善水泥浆液的性质,以适应不同的注浆目的和自然条件,常在水泥浆中掺入各种附加剂,如表7-16所示。

纯水泥浆的基本性能　　　　　　　　　　　　　　　　　　　　　　　　表 7-15

水灰比	黏度(s)	密度(g/cm³)	结石率(%)	凝结时间 初凝	凝结时间 终凝	抗压强度(MPa) 3d	7d	14d	28d
0.5:1	139	1.86	99	7h41min	12h3min	4.14	6.46	15.30	22.00
0.75:1	32	1.62	97	10h47min	20h33min	2.43	2.60	5.54	11.27
1:1	18	1.49	85	14h56min	24h27min	2.00	2.40	2.42	8.90
1.5:1	17	1.37	67	16h52min	34h47min	2.04	2.33	1.78	2.22
2:1	16	2.30	56	17h7min	48h15min	1.66	2.56	2.10	2.80

水泥浆的附加剂及掺入量　　　　　　　　　　　　　　　　　　　　　表 7-16

名　　称	试　件	掺量占水泥质量百分比(%)	说　　明
速凝剂	氧化钙	1~2	加速凝结和硬化
	硅酸钠	0.5~3	加速凝结
	氯酸钠	0.2~0.5	
缓凝剂	木质素磺酸钙	0.2~0.5	亦增加流动性
	酒石酸	0.1~0.5	
	糖	0.1~0.5	
流动剂	木质素磺酸钙	0.2~0.3	
	去垢剂	0.05	产生空气
加气剂	松香树脂	0.1~0.2	产生约10%的空气
膨胀剂	铝粉	0.005~0.02	膨胀约15%
	饱和盐水	30~60	膨胀约1%
防析水剂	纤维素	0.2~0.3	
	硫酸铝	约20	产生空气

(2)黏土类浆液

黏土的粒径一般极小(0.005mm),而比表面积较大,遇水具有胶体化学特性。在黏土类浆液中,为改善性能而研制了黏土水玻璃浆液,其配方大体如下:黏土为40%~60%,水玻璃为黏土浆体积的10%~15%,熟石灰为黏土质量的1%~3%,其余是水。其主要性能有:凝结时间为几十秒至几十分钟,黏度为20~23s,渗透系数为10^{-6}~10^{-5}cm/s,pH值为11~12。

(3)水泥黏土类浆液

在水泥浆中,根据施工的目的和要求,可加入一定量的黏土,有时黏土掺入量比水泥的用量还要多,称为水泥黏土类浆液。由于黏土的分散性高,亲水性好,因而沉淀析水较少。在水泥浆液中加入黏土后,浆液的稳定性会大大提高。

(4)水泥—水玻璃类浆液

水泥—水玻璃浆液是以水泥和水玻璃为主剂,两者按照一定的比例进行混合后注入,必要时加入速凝剂或缓凝剂的注浆材料。水泥与水玻璃的水解产物氧化钙迅速化合,是这类浆材的反应机理。

$$Na_2O \cdot nSiO_2 + Ca(OH)_2 + mH_2O = CaO \cdot nSiO_2 \cdot mH_2O + 2NaOH$$

水泥—水玻璃浆液具有如下特点。

①材料来源丰富,价格低廉。
②浆液凝结时间可控制在几秒至几十分钟范围内。
③凝结后结石率较高,可达98%~100%。
④结石体渗透系数小于10^{-3}cm/s。
⑤可用于裂隙为0.2mm以上的岩体或粒径为1mm以上的砂层。
⑥结石体抗压强度较高,如表7-17所示。表中资料表明,水泥浆的浓度仍然是决定强度大小的关键因素。龄期虽也有影响,但14d以后的变化已经不明显。

水泥—水玻璃浆液结石强度　　　　表7-17

水玻璃浓度（°Bé）	水玻璃浆与水泥体积比	水泥浆浓度（水灰比）	不同龄期的抗压强度（$\times 9.8 \times 10^4$Pa)		
			7d	14d	28d
40	1:1	0.5:1	204	244	248
		0.75:1	116	177	185
		1:1	44	106	113

综合考虑凝结时间、抗压强度、施工及其造价等因素,水泥—水玻璃浆液的常用配比为:
①水泥为42.5级或52.5级普通硅酸盐水泥。
②水泥的水灰比为0.8:1~1:1。
③水泥浆与水玻璃的体积比为1:0.5~1:0.8。
④模数为2.4~3.4,浓度为28~30°Bé。

(5) 超细水泥

常用的水泥由于颗粒较粗,一般只能灌注砾石或者直径大于0.2~0.3mm的裂缝或孔隙,许多情况下不得不求助于昂贵的化学灌浆材料来解决水泥浆不能灌注的微细缝隙,但有些化学灌浆材料存在环境污染问题。在此情形下,日本首先开发并利用干磨法制成了d_{50}为4μm,比表面积约为8000cm²/g的MC型超细水泥,可注入渗透系数小于10^{-3}cm/s的中细砂层。此后,我国水科院研制出了水平相近的SK型超细水泥。最近浙江大学等单位研制出了更细的CX型超细水泥,其d_{50}为3~4μm。此外,日本后来又用湿磨法制成了d_{50}为3μm的超细水泥;法国则用去除水泥中较大颗粒的办法制成了颗粒小于10μm的微溶胶浆液,解决了一些工程问题。

7.3.4　袖阀管注浆加固

7.3.4.1　概述

袖阀管注浆加固法(又称索列丹斯法)为法国Soletanche公司首创,于20世纪50年代开始广泛用于国际土木工程界。最初用来解决砂砾石及其黏土的注浆问题,经过各种不同工程的应用后逐渐成熟。它是目前一种比较先进的注浆加固技术和工艺,适应性强,对砂层、粉土、淤泥层等注浆加固效果较好,20世纪90年代在我国广州、深圳等珠江三角洲地区得到广泛应用。该法综合了劈裂注浆、压(挤)密注浆与渗透注浆三种方法于一身,能达到较好的注浆效果,对地基加固处理和软基处理以及建筑物的纠偏加固效果较为显著。自从广深地区开始建设地铁以来,袖阀管注浆加固法一直被认为是该地区复合地层盾构始发与到达端头加固中较为有效的加固方法,有较好的地层加固与止水作用。这一注浆方法的主要设备及其注浆原理如图7-16所示[63,64,73]。

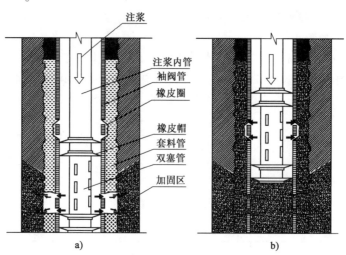

图7-16 袖阀管注浆原理示意图[63,64,73]
a)一次注浆;b)二次注浆

7.3.4.2 施工工序

袖阀管注浆的主要施工工序包括四个步骤,如图7-17所示。

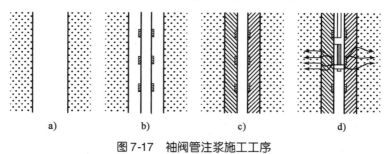

图7-17 袖阀管注浆施工工序

(1)钻孔。通常用优质泥浆(如膨润土浆)进行固壁,很少用套管护壁。

(2)插入袖阀管。为使套料的厚度均匀,应设法使袖阀管位于钻孔的中心。

(3)浇筑套壳料。用套料管置换孔内泥浆,浇筑时应避免套壳料进入袖阀管内,并严防孔内泥浆混入套壳料中。

(4)注浆。待套壳料具有一定强度后,在袖阀管内放入双塞的注浆管进行注浆。

7.3.4.3 套壳料的功能和配方

套壳料的基本功能为:封闭袖阀管与钻孔壁之间的环状空间,防止注浆时浆液到处流串,在橡皮袖阀和止浆塞的配合下,迫使浆液只在一个注段范围内开环(挤破套壳料),从而进入地层。套壳料的破碎程度越高,注浆率一般就越大,所需的注浆压力也越小。

要想比较满意地完成上述注浆工序,需做好两个方面的工作:第一,选择适宜的套壳料配方;第二,采用正确的施工安装技术。

对于套壳料,大体应具备下述几项物理力学性质:

(1)适宜的力学强度,包括抗压、抗拉和抗剪强度等。高强度套壳料对防止浆液串冒是有利的,但是不利于开环;低强度套壳料虽然有利于开环,却容易使浆液向上串冒。因此,套壳料的强度必须兼顾开环和防止串浆的需要。

(2)收缩性要小,凝固后不至于和袖阀管脱开。

(3)脆性较高,以增加开环后的破碎程度。

(4)力学强度要求早期强度增加较快,后期强度缓慢增加。

(5)在向注浆孔中浇筑套壳料时,要求套壳料的黏度较低、析水率较小且稳定性较高。后两项性质的好坏关系着套壳料的均匀程度,对其力学强度及开环质量都有一定的影响。

上述五项指标大多较容易满足,唯独强度指标很难恰如其分地掌握。因为除了套壳料的强度外,开环压力的大小和开环质量的好坏还与一系列因素有关,如地层深度、砂砾石的颗粒级配和孔隙尺寸、套壳料的龄期以及地下水压力等。

因此,在确定套壳料配方时,除了做大量的室内试验,尚需进行现场原位试验。国内外所用的套壳料大都是以黏土为主、水泥为辅的低强度配方。为了提高壳料的脆性,有时掺入细砂或采用粉粒含量较高的黏性土。表7-18为广深地区袖阀管法注浆常用的套壳料配方。

套壳料配方及特征 表7-18

配 方 号	材料质量比		
	水泥	土	水
1	1	1.53	1.94
2	1	1.50	1.88

7.3.4.4 袖阀管的基本结构

袖阀管是浆液进入地层的通道,主要由花管及其橡皮套两部分构件组成,如图7-18所示。花管可以用钢管或塑料管,前者比较结实,后者货源充足、价格较低,国外已经普遍采用,我国已有成功应用的工程实例。为了进行注浆,管子每隔一定距离需要钻一组小直径射浆孔,每组小孔的间距为33~50cm,即每米管长钻2到3组射浆孔。每一组孔的纵向长度为10~12cm,花管内径为50~60mm。若花管采用塑料管,则管子应能承受足够的内压力。为了保险,在管子下入钻孔前需抽样进行耐压试验,以免注浆时出现破裂。

每组注浆孔的外部都包裹1~2层橡皮套。在把袖阀管放入钻孔时,橡皮套的作用是防止泥浆或套料进入管内;注浆时,橡皮套被注浆压力冲开,使得浆液透过套壳料进入管外;停止注浆时,橡皮套又弹回并压紧袖阀管,防止地层中的流体进入管内。因此,橡皮套在钻孔注浆过程中起到逆止阀的作用。为了防止橡皮套上下错位,在橡皮套的两边焊以定位环圈,其直径约为5mm。

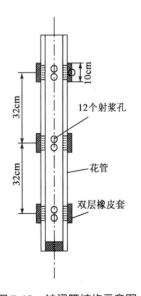

图7-18 袖阀管结构示意图

7.3.4.5 套壳料的浇筑

可采用下述方法浇筑套壳料及埋设袖阀管：

(1) 首先采用泥浆护壁进行钻孔，直至到达预定的深度。

(2) 在孔中插入无孔眼的钢管，并通过此管压入套壳料，直至孔内的泥浆完全被顶出孔外为止。

(3) 将浇筑套壳料的钢管拔出。

(4) 把底部封闭的袖阀管压入孔内。

7.3.4.6 开环和注浆

所谓开环，是指待套壳料养护 5~7d 具有一定的强度后，通过注浆泵施加压力把套壳压裂，为浆液进入地层打开通路。

如前所述，套壳料若能在规定的注浆段范围内受到均匀和充分的破碎，就算达到了好的开环质量，如图 7-19 所示。

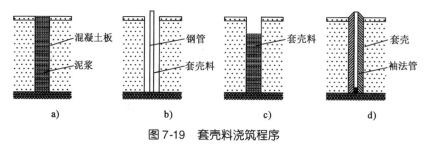

图 7-19　套壳料浇筑程序

然而由于种种原因，实际工程中可能出现下述几种不理想的开环情况：

(1) 形成纵向贯穿裂缝，使得浆液不能沿预定的路线扩散。

(2) 只产生局部的开环，使地层得不到充分的灌注。

(3) 套壳料不能在现有的设备条件下开环，这是经常发生的一种最不利的情况。

实践证明，开环方法对开环质量也颇有影响，下面叙述几种行之有效的开环方法。

(1) 慢速法。用清水或浆液开环，泵压由小到大逐渐施加，每一级压力必须稳定 2~3min，并测读每级压力相应的吸水量，直至套壳开始吸水或者压力表的压力有所下降时，即为临界开环压力。

(2) 快速法。采用较大的起始泵压、较短的升压间隔时间和较大的压力增值进行开环。开环的标志与慢速法相同。

套壳料的厚度在同一端面上不一定是均匀的，慢速法很可能首先将套壳最薄弱处破坏，导致不均匀破坏；快速法则可在一定程度上克服此缺点，使套壳料的破裂程度和均匀性提高。

(3) 隔环法。按 $n+2$ 的次序开环和灌浆，其中 n 为环数。例如当注完 18 环后，不是马上注 19 环，而是 20 环。这种开环法可降低中间环(如上述 19 环)的开环压力，对处理开环压力特别大的注段是颇有成效的。

(4) 间歇法。当采用较大压力仍然不能开环时，可在间歇一定时间后再用同样的压力重复开环，一般重复 2~3 次后即可起到作用，甚至能用比第一次开环时更小的压力达到的效果良好。

实际经验证明,采用上述开环法后,可使得不开环率大大降低,甚至达到100%的开环,而且开环质量也较好。

采用袖阀管时,其上每隔33~50cm钻一环注浆孔,一环孔即为一个注浆段;止浆塞必须采用双塞系统,而且一套塞子只能包含一环注浆孔。

对于多排注浆孔,不论灌注何种浆液,边排孔以限制注浆量为宜,中排孔则注至不吃浆为止。所谓不吃浆有其相对意义,是指在达到设计注浆压力后,地层的吃浆量小于每分钟1~2L时,即可结束注浆工作。

袖阀管法的优点之一是可以重复注浆,某些注浆段甚至可重复3~4次,使土体得到更均匀和饱满的灌注,这是针对单液浆而言的。

7.3.4.7 袖阀管法注浆的优缺点

袖阀管注浆法的主要优点包括:
(1)可根据工程需要灌注任何一个注浆段,还可以进行重复注浆(单液浆)。
(2)可使用较高的注浆压力,注浆时冒浆和串浆的可能性小。
(3)钻孔和注浆作业可以分开,使钻孔设备的利用率提高。

袖阀管注浆法的主要缺点包括:
(1)袖阀管被具有一定强度的套壳料胶结,难于拔出重复使用,耗费管材较多。
(2)每个注浆段长度固定为33~50cm,不能根据地层的实际情况调整注浆段长度。
(3)控制不当容易堵孔、卡管,如浆液不会只按照设定的方向朝地层中扩散,同时也会沿着套料管中滤料之间的缝隙向上扩散,凝固后堵住二次出浆孔,使得下一个注浆段加固时,双塞管中的浆液无法正常向地层外侧扩散,达不到加固的目的。如图7-13b)所示,特别是采用双液浆时,袖阀管法注浆有着工程上难以接受的缺点。

7.3.5 水平注浆加固

7.3.5.1 概述

水平注浆法是用气压、液压或电化学原理,把某些能固化的浆液从盾构始发与到达工作井的洞门处水平地注入端头土体的裂隙和孔隙中,以改善端头土体的物理力学性质,提高土体的强度和稳定性,并起到止水的作用。由于盾构始发与到达工作井的结构特点以及盾构工法的施工特点,水平注浆法在深圳地铁、广州地铁、天津地铁、北京地铁的盾构始发与到达端头加固、盾构隧道的联络通道的加固中都得到了应用,并取得了较好的效果。

如图7-20和图7-21所示,盾构始发与到达端头加固研究中,水平注浆加固法主要可以分为前进式分段注浆和后退式分段注浆两种,两者的加固原理基本相同,目的都是使加固土体能满足强度、稳定性以及止水的要求。软弱地层中,由于后退式分段注浆受到止浆塞作用的影响,浆液扩散受到一定的限制,因此注浆效果差,不宜进行长段注浆。前进式分段注浆不但能进行长段注浆,而且由于孔口管密封好,浆液能按设计规定的路径扩散,注浆压力高,注浆加固后土体的强度较高,已经在地铁隧道、公路隧道等工程地层改良和堵水加固中得到比较广泛的应用,并取得了较好的应用效果,因此本章主要介绍前进式分段注浆法。盾构始发与到达洞门端头土体的加固情况如图7-22所示。

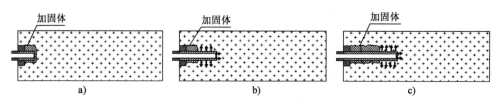

图7-20 前进式分段注浆加固图
a)一次注浆;b)二次注浆;c)三次注浆

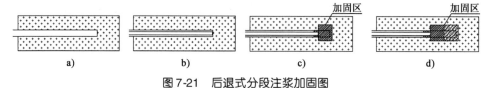

图7-21 后退式分段注浆加固图
a)打孔;b)下注浆管;c)第一注浆段;d)第二注浆段

7.3.5.2 工艺流程

水平深孔注浆加固的基本流程如图7-23所示。

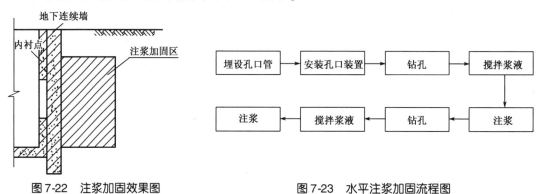

图7-22 注浆加固效果图　　图7-23 水平注浆加固流程图

7.3.5.3 施工操作与管理

1)主要施工机具

主要机械设备包括:YT28风动凿岩机、TXU-75液压钻机、K90钻机、KQ-100风动潜孔钻、MQJ-120型气动锚杆钻机、ZTGZ-120/150型注浆泵等。

2)施工工序

水平注浆加固施工流程见图7-24,具体的施工工序如下:

(1)施工准备

①按照设备配套表配齐钻机、搅拌机、注浆泵、管路、储浆桶以及各种应急材料。

②对注浆泵进行试运转,并对操作人员进行上岗培训。

③按每循环使用量配齐所有注浆材料。

④对注浆施工人员进行技术交底、技术培训以及安全教育。

(2)导向管加工

导向管长度为70cm,采用内径65mm、壁厚3.5mm的钢管加工而成。一端加工丝扣,另一端植于掌子面上。植入深度为60cm,最终外露10cm。

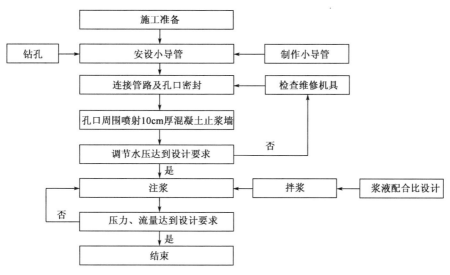

图7-24 水平注浆加固施工流程图

(3)钻孔、安设导向管(图7-25)

注浆工作开始之前,按注浆角度和位置布设图,在止浆墙上按设计要求布置导向管,进行固定;待凝固后,再进行注浆加固。具体操作如下:

①按设计图要求,在止浆墙上准确画出小导管设计孔位。

②钻孔:采用风动凿岩机钻孔,成孔直径ϕ50mm,如遇塌孔,可直接利用风钻和特制顶头将小导管顶入。

③钢管安设及孔口密封处理:钢管由特制顶头顶进,钢管末端用胶泥麻筋缠箍成楔形,以便钢管顶进孔后其外壁与孔岩壁间隙堵塞严密。钢管顶进时,注意保护管口不受损、不变形,以便与注浆管路连接。

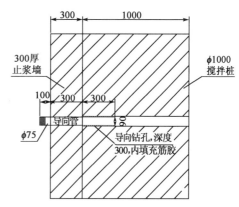

图7-25 导向管连接大样图(尺寸单位:mm)

(4)配浆、注浆

水平深孔注浆通常采用水泥液浆,或水泥—水玻璃浆液。对于无水的砂砾层,可考虑使用改性水玻璃浆液;如果砂砾层被水浸泡,在隧道顶部位置考虑使用一部分超细水泥—水玻璃浆液,在中下部位置使用普通水泥—水玻璃浆液,并在水泥浆中加少量膨润土,以增加可灌性。

①注浆浆液浓度:水泥浆水灰比为0.5∶1,水玻璃浓度为25~30°Bé,水泥浆和水玻璃的体积比为3∶1(根据现场实际情况进行调整)。

②注浆终压为1.5~2.0MPa(根据现场实际情况进行调整)。

注浆前应进行注浆试验,确定最佳的注浆压力、扩散半径、单孔注浆量及合适的浆液配合比。水平深孔注浆采用水泥浆和水泥—水玻璃浆液两种。具体配比根据注浆时的具体地质状况调节。原则上,开始只注单液水泥浆,如果注浆压力不够且浆液用量大,则逐步改用双液浆,以达到注浆压力控制要求。

注浆初期采取低压力、中流量注入,注浆过程中压力逐步上升,流量逐渐减小,当压力升至注浆终压时,继续压注 5min,即可结束注浆。注浆时通过控制注浆压力来控制注浆量。当注浆压力较小而注浆量较大时,增大水泥浆的浓度,直至终压达到 1.5~2.0MPa,持续注浆至设计孔位深度。

3)循环进尺与工期

循环进尺取决于钻机的技术参数和性能。为加快施工进度、保证施工质量,每循环钻注长度通常定为 30m,选择 MQJ-120 型气动锚杆钻机。

4)技术要点

(1)小导管外插角一般取 5°~15°,处理坍体时可适当加大。

(2)小导管顶进钻孔长度不得小于 90% 的管长,钢管尾部外露足够长度。

(3)各孔注浆时间隔进行,以保证浆液扩散效果。

5)施工方法

(1)注浆管采用电钻钻孔插打或钻机顶入两种方式。土层较硬时采用电钻钻孔插管,松软时使用钻机顶入。

(2)为防止孔口漏浆,用水泥药卷封堵注浆管与钻孔之间的空隙。

(3)为防止注浆管堵塞,影响注浆效果,注浆前先清洗注浆管。

(4)压浆管与超前注浆管之间采用方便接头,以便快速安拆。

(5)注浆压力由小到大,从 0 升到终止压力 1.5MPa,稳压 3min,流量计显示注浆量较小时,结束注浆。

(6)注浆结束后,拆除注浆接头,迅速用水泥药卷封堵注浆管口,防止未凝固浆液外流。

(7)注浆由两侧对称向中间进行,自下而上逐孔注浆。如有窜浆或跑浆时,间隔注浆,最后全部完成注浆。

6)安全技术措施

(1)造浆前,对浆液材料的胶凝时间进行测定,每更换一级浓度要测定凝胶时间。

(2)为防止浆液混入杂质堵塞管路,搅拌机出灰口和吸浆带口应设置过滤网。

(3)一定要保证先期注浆量大的注浆孔施工质量。

(4)注浆过程中一定要注意观察注浆压力的变化情况,当压力突然发生变化堵塞管路或浆液漏泄远方、跑浆时要进行及时处理。

(5)一定要根据水量、水压、裂隙发育情况确定浆液浓度,保证浆液质量。

(6)钻孔时,要先埋设注浆管,防止出大水而无法埋管注浆导致淹井。在钻进时,如遇高压水有突水的可能,应采取安全钻进措施,孔口要增加密封及防喷装置。

(7)对已开挖的隧道,在进行打钻注浆之前,要先对工作面 5m 范围内的初期支护部分进行低压加固,防止注浆时浆液后窜,影响初期支护部分的质量。

第8章 | 盾构始发与到达端头典型事故分析

8.1 南京地铁元通站盾构到达

8.1.1 工程概况

(1) 工程简介

南京地铁中和村站—元通站区间盾构隧道原计划从中和村站右线始发,掘进到达元通站后掉头,最后盾构从中和村站左线工作井中吊出地面。该标段盾构隧道工程所用设备为海瑞克公司生产的土压平衡盾构,盾构开挖直径 6.39m,总长 80m,总重约 494t。事故发生在右线盾构隧道到达端头——元通站。

(2) 区间工程地质与水文地质条件

岩土工程勘察报告显示,元通站盾构隧道到达端头区段穿越的地层主要为流塑状淤泥质粉质黏土($②_{2b4}$)和粉细砂层($②_{3d2-3}$,中密,局部为稍密),局部穿越粉土($②_{3c2-3}$,稍密,局部中密)。土层详细分布情况如图 8-1 所示。

该区域地下水丰富,地下水位较浅,位于隧道顶板以上,相对静止水位埋深为 0.50~2.50m。

8.1.2 盾构到达端头加固简介

南京地铁 2 号线元通站围护结构为地下连续墙,到达端头采用 ϕ850mm@600mm 三轴搅拌桩结合高压旋喷桩进行土体加固,设计纵向加固范围 6m,横向加固范围(即宽度和深度)均为隧道管片衬砌外侧 3m。端头加固设计如图 8-2 所示。

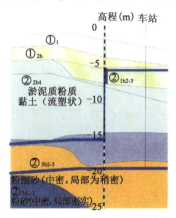
图 8-1 到达端头地质剖面图[86]

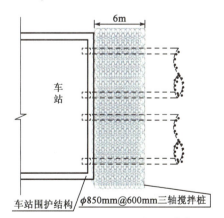
图 8-2 到达端头加固示意图[86]

端头加固完成后,在地面打了两个垂直钻孔做抽芯检查,抽芯结果显示端头土体加固强度较高,满足设计强度要求,芯体具有良好的连续性,桩体搅拌均匀。

2007年10月18日进行水平探孔检查,在隧道断面上部开凿了3个孔位,深度分别为2.13m、2.45m、3.08m,检查结果显示加固体内无渗流水情况。

为了进一步确定端头加固情况,2007年11月18日在隧道断面中部和下部又各开一水平探孔进行检测,探孔检测显示加固体有渗水并伴随少量的砂流出。

8.1.3 事故过程、分析与处置

1) 事故经过及危害

2007年11月20日上午7点50分,盾构掘进至1184环,即将到达元通车站,此环共掘进了32mm,刀盘顶到地下连续墙外侧,排空土舱内上部的土体,共排出土量约15m³。

2007年11月20日上午9点,盾构操作人员转动刀盘,以方便割除洞门处围护结构的钢筋,此时刀盘下部局部区域开始出现了漏水漏砂点,漏水漏砂点迅速发展扩大,从盾构四周流入土舱,并从土舱下部涌入车站端头,此时,部分降水井被破坏,仅剩3口在起作用。

图8-3 泥水涌入元通站端头井[86]

2007年11月20日上午9点30分,1173环管片突然发生下沉,并与相邻管片错台约15cm,周边混凝土开裂,环缝出现长约150cm、宽5cm的张开裂缝,大量水土从接缝向元通站涌入,如图8-3所示。同时相邻管片开始崩裂、错台、渗漏。PLC数据显示,此时盾尾急剧下沉,约5min时间,盾尾基准点坐标由+22变为-27,沉降约为49mm,铰接压力急剧增大,由160bar(1bar = 0.1MPa)增大至275bar[85,86]。

元通车站到达端在进行涌水涌砂堵漏处理的同时,施工单位组织在盾构隧道内调集方木及木楔进行加固。经过半小时抢险,水势仍无法控制,而且管片混凝土不断破裂掉落,随后控制室被砸倒,涌砂的堆积高度已经接近走道板高度。

2007年11月20日上午10点50分左右,盾构隧道内工作人员撤退,并立即采取封堵洞门方案。

在掌子面局部位置开始出现漏水漏砂点后的短短几个小时里,盾构隧道结构严重破坏。事件伊始,地面只出现少量裂缝,随着时间的推移,地表裂缝逐渐扩大和延伸,地表沉降变大,地表路面出现严重变形,如图8-4所示。

截至2007年11月20日下午5点,隧道破坏范围不断扩大,地面形成长约45m、宽30m、深度3m左右的沉陷槽,并出现多道裂缝,如图8-5所示。

2007年11月21日,隧道破坏程度加剧,地表塌陷范围进一步扩大,地表塌陷长度沿着隧道轴线方向距离接收井大约有80m,如图8-6所示。

2007年11月25日,事故发生已经一周,地面塌陷面积进一步扩大,对比11月21日,路面塌陷长度已经达到150~160m,21日至25日四天时间里地表又发生了约80m的塌陷,如图8-7所示。

图8-4 地表出现严重变形

图8-5 地表出现塌陷

图8-6 11月21日路面塌方情况

参照物：塌方位置距离盾构井约80m

图8-7 11月25日路面塌方情况

参照物：处在塌方段的中部，塌方又延伸了约80m，塌方长度为150~160m

不仅地表路面塌陷没有得到有效的控制，盾构到达车站端头掌子面位置涌砂涌水也没有得到完全彻底的遏制，11月25日上午，仍然有水和砂子从洞门底部漏出，如图8-8和图8-9所示。

2）抢险过程及措施

事故发生后，相关单位立即组织人员进行事故抢险工作，具体的措施如下。

(1) 车站洞门处安装钢筋网片和模板，纵向设置钢支撑，用混凝土分层浇筑，封堵洞门，现场施工情况如图8-10所示。

图 8-8 到达车站端头底部涌砂涌水[86]

图 8-9 支模后洞门底部涌砂涌水[86]

（2）起初确定在洞内第 635 环位置采用袋装水泥砌筑不少于 3m 宽挡墙，11 月 20 日晚，决定将洞内第 635 环封堵改为盾构始发车站端头处封堵，首先在隧道内堆放水泥袋，然后封堵洞口，并设置开启的进入口，以便查看，如图 8-11 所示。

图 8-10 车站安装模板[86]

图 8-11 袋装水泥砌筑挡墙[86]

（3）迅速调集注浆设备进场，地面注浆填充，抑制塌陷的进一步扩展。
（4）通过聚氨酯注入，填充混凝土浇筑后形成渗流间隙。
（5）隧道内注水回填，以维持隧道稳定。
11 月 24 日，到达端头完成混凝土封堵洞门，洞门封堵情况如图 8-12 所示。

图 8-12 到达端头封堵洞门[86]

11 月 26 日，始发端头完成洞门封堵，洞门封堵情况如图 8-13 所示。

11 月 28 日，用混凝土封堵洞门后再采用聚氨酯封堵并堵漏成功，然后在左线用混凝土浇筑至洞门中心位置，现场情况如图 8-14 所示。

整个抢险过程使用混凝土约 1300m^3，水泥 1000t。

3）事故原因浅析
（1）地质因素
岩土工程勘察资料显示，元通站隧道到达端头所在区域是由长江水携带的泥沙淤积而成，属于松软的河漫滩,地质条件复杂,施工中发生管涌、渗水是一个通病,就在盾构到达元通车站之前的施工过程中,该处曾发生数次管涌事故,使到达端头的地层受到较大的扰动。该到达端头靠近长江,地下水水位较高,给降水井实施带来极大困难。这些因素给事故的发生提供了客观条件。

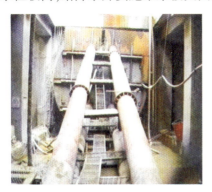
图8-13 始发端头封堵洞门[86]

图8-14 车站工作井混凝土回填[86]

此外,据现场资料显示,盾构掘进至第1169环时,从螺旋输送机内喷出大量气体,具体物质不明。第1170环掘进完后,统计表明该环出土量不到正常出土量的一半,第1170~1178环土舱压力波动大,停机时压力迅速降低,掘进过程土舱压力较低,该过程亦表明此段区域内地质条件确实复杂。

(2)设计因素

盾构到达端头加固设计主要存在如下两大问题:

第一,设计的端头土体纵向加固长度不足。

盾构到达端头区域地层条件差,地下水丰富,地下水位在隧道顶板以上,地下水压力较大,而且地层中含有粉细砂,为典型的富水砂层。端头加固范围的设计未充分考虑不良地质条件对端头加固土体的特殊要求,盾构到达端头土体纵向加固范围偏短,仅有6m,加固体长度不满足大于盾构设备长度+(2~3)环管片宽度的基本要求,无法满足"几何准则"对加固范围要求的基本条件。而盾构开挖直径大于隧道外径,地下水和粉细砂层沿着超挖间隙涌入盾构到达井,这是本次事故发生的主要因素之一,如图8-15a)所示,端头地层中的水和砂子透过开挖间隙进入端头井。

端头加固设计时没有考虑"几何准则"对堵水的要求。这种地层条件的端头加固问题应该同时考虑加固土体的强度、稳定性、几何尺寸以及渗透性的要求。按照几何准则的要求,纵向加固范围至少应该为盾构主机长度+(2~3)环管片的宽度,如图8-15b)所示,图中B为管片的宽度。

如果端头土体的纵向加固长度大于盾构主机的长度,盾构同步注浆严格按照要求实施,地层中的水和砂就不可能沿着缝隙进入盾构到达井,则不会因为地层中水土流失过大,发生较大损失而引起地表大范围塌陷事故。

因此,端头加固设计时,必须从加固土体的强度、稳定性、盾构的几何尺寸以及加固土体的渗透性等方面进行端头加固设计。否则,当地层较为复杂时,稍有失误即可能导致严重的工程事故,造成巨大的经济损失和不良社会影响。

第二,端头土体加固方法与地层适应性不够,加固方法的选择存在问题。

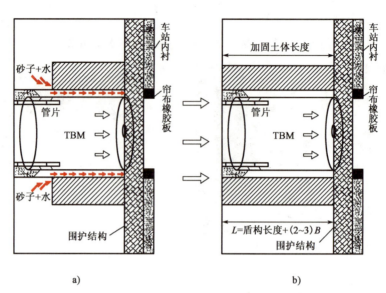

图 8-15　盾构有水始发加固示意图

端头加固方法的选择不甚合理，盾构到达端头地层存在粉土和粉细砂，由于旋喷加固本身工艺问题，使得在砂层中旋喷加固很难取得理想的加固效果，桩体越深，旋喷成桩效果越差，特别是底部成桩效果差，即相邻旋喷桩桩体之间很难达到良好的搭接效果，咬合不够或者无咬合，地下水和砂就会透过桩体间的缝隙进入到达工作井，造成水土流失从而引发工程事故。旋喷加固效果不良常常出现如图 8-16 和图 8-17 所示的两种情况。

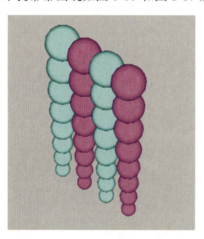

图 8-16　旋喷桩下部搭接不良

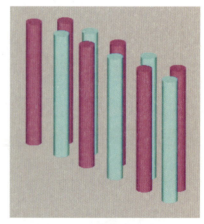

图 8-17　旋喷桩整体搭接不良

因此，在富水砂土地层中，如果深度较大（如大于 15m），或地层标贯值 $N_{63.5} > 20$，一般不建议选用旋喷加固工法对端头地层进行加固。

(3) 施工因素

虽然地质和设计因素是本次事故的两个主要原因，但是施工过程存在不足或缺陷也与本次事故的发生有着直接关系，现将主要问题分析如下：

第一,对含水砂层盾构到达的风险意识不足,并没有制订合理的盾构到达施工方案。

第二,检验端头加固效果时,水平探孔布设偏少,长度太短,当水平探孔出现少量流水和涌砂时并没有引起足够的重视。

第三,盾构掘进中出现出土量偏少及冒气等现象时,未引起高度重视及时采取相应的措施。

第四,洞门密封橡胶和压板尚未安装,当洞门出现少量涌水涌砂时,处理方式不当。

8.1.4 初步结论

本次事故对隧道结构本身以及周边环境都造成了严重的影响,不仅造成了巨大的经济损失,还带来了巨大的社会负面影响。回顾事故的整个过程,有许多细节问题值得从事盾构隧道设计、施工和建设管理的工程技术人员深入思考,以便吸取教训,防患于未然。主要有以下几点:

(1)风险意识不足,对盾构到达施工没有引起高度的重视。

首先,有水、有砂、有压力的富水砂土地层是盾构到达施工中最为复杂的地层,施工难度最大。该类型土层中盾构始发与到达施工中常常发生涌水涌砂事故,因此施工前应该制订合理的盾构始发与到达施工方案。

其次,事故发生之前,施工中出现了冒气、出土量偏少现象,说明此处地层情况复杂,但此时洞门并没有采取安装设置洞门密封等一系列措施,没有引起足够的重视,对施工中出现的异常现象没有采取相应的措施进行补救。

(2)地层的端头加固设计经验不足。

第一,端头加固范围的选择仅凭经验,采用通用的纵向6m、横向3m的加固方案。没有考虑到该地层情况的特殊性与复杂性,端头土体的纵向加固范围必须满足强度、稳定性、几何尺寸、渗透性的要求。

第二,端头地层加固方法的选取存在偏差,工艺无法实现。已有的地铁施工经验表明,高压旋喷桩和搅拌桩不适合于具有一定埋深($>15m$)和密实度($N_{63.5}>20$)的砂土地层的加固施工,特别是地层需要加固后满足地下水渗透性要求时。砂层中使用旋喷桩加固很难取得理想的加固效果,当深度超过一定的范围($>15m$)时,不仅很难保证桩体的垂直度,而且加固体底部容易出现桩体直径偏小、搭接咬合不良等问题,须谨慎使用。

(3)工程建设风险管理的力度需要进一步加强,相关细部检查和验收制度需要进一步细化,整个风险管理需要系统化。

8.2 南京地铁油坊桥站—中和村站盾构始发事故[85]

8.2.1 工程概况

南京地铁2号线油坊桥站—中和村站盾构区间隧道始发端头穿越地层为流塑状淤泥质粉质黏土($②_{2b4}$、$②_{3b3-4}$)和粉质细砂层($②_{3d2-3}$,中密,局部密实),具体情况如图8-18所示。

赋存于黏性土中的地下水属孔隙潜水,赋存于下部粉土、砂性土中的地下水具有一定的承压性。地下水水位埋深为0.60~2.30m,高程5.50~6.82m,地基土以微透水~弱透水层为主。

8.2.2 盾构始发端头加固简介

盾构始发洞门处的围护结构采用SMW桩,桩体底部深度为33m。盾构始发端头采用ϕ850mm三轴深层搅拌桩对端头地层进行加固。搅拌桩施工完成后,再对三轴深层搅拌桩与围护结构结合部位(约20cm)采用ϕ600mm二重管高压旋喷进行补强加固。

盾构始发端头横向和竖向加固范围为盾构轮廓线外3m,纵向加固长度为9m,如图8-19所示。当端头加固施工完毕后,对加固效果进行检测,具体的检测方法:第一,对端头加固土体进行垂直抽芯取样,然后对芯样进行室内物理实验,实验结果表明端头土体的加固强度满足设计要求;第二,在洞门处均匀布置5个水平探孔,打开探孔后,5个水平探孔均无渗水。

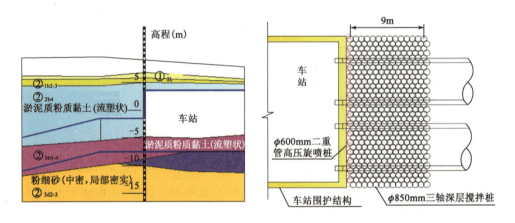

图8-18 盾构始发端头地质剖面图[85]　　图8-19 盾构始发端头加固情况[85]

8.2.3 事故过程、分析与处置

1)事故经过及危害

2007年9月7日,南京地铁2号线油坊桥站—中和村站盾构隧道右线已始发掘进至18环位置,大约在中午12点50分,在洞口右下侧5点位置突然出现涌水涌砂,且涌水涌砂量较大,如图8-20所示。

图8-20 泥砂涌入工作井[85]

下午13点25分,右线隧道始发端头加固体外侧出现地面塌陷,面积为4m²左右,深度1.4m;地表塌坑四周不断有小裂纹增加,降水井被破坏;在隧道正洞的顶部地表出现明显的沉降,并且有横向裂纹,裂纹长度约10.2m;地表龙门吊轨道两侧出现明显的地表沉降。洞门右下侧5点位置开始时涌水涌砂量约120 m³/h,含砂量约20%,随着时间的推进、涌水涌砂量的不断增多,出水出砂量最大达到200m³/h,整个车站盾构始发井内水深上升到0.7m后,涌水涌砂量才逐渐趋于稳定,大约在50m³/h。

涌水涌砂险情于9月13日17∶40封堵成功,共计149h,估算累计涌水量约11950m³,涌砂量约1140m³。左线隧道发生沉降和水平位移,严重开裂渗水,第8、10环下部环缝张开,出现漏水漏砂和地面塌陷现象。地面塌陷情况如图8-21和图8-22所示。

图8-21 地面塌陷情况(一)[85]

图8-22 地面塌陷情况(二)[85]

2)抢险过程及措施

9月7日发生渗漏后,工程参建各方组织相关人员进行抢险工作,分盾构始发端头井内排水和涌水涌砂处堵漏两部分进行抢险,并确定了井内聚氨酯封堵、地面注浆填充、隧道加强保护的抢险原则。具体采取了以下措施:

(1)对漏水点周边进行封堵,减少其渗流通道,并通过降水井减压后,注入聚氨酯封堵渗流通道。

初期主要采用在盾构两侧装水泥、棉被相结合叠加堆放,堆压水泥袋封堵;同时,采用先在管片吊装孔注入双液浆,随后注入聚氨酯的方案。

第一次注入油溶性聚氨酯8t,注酯位置为第10环5点吊装孔位,本次注酯作业将盾构进洞方向右侧渗漏通道封堵,但再次从左侧及负环管片下部产生新的渗流通道,效果不理想。

第二次在相同的位置注入约8t聚氨酯后,渗流的含砂量大大减少。本次注酯的另一现象是,注酯量到6t多时渗涌主通道才出现聚氨酯,据推断大部分聚氨酯可能留在隧道内填充可能存在的空隙,但最终仍未能堵住渗流。经分析,由于盾构始发台下面未采取封堵措施,因而成为渗水通道封堵薄弱位置。于是在反力架与站台间、负环两侧支模浇筑混凝土,在混凝土浇筑时预留泄水孔。为减小渗流压力,又在地面打了4个降水井。

第三次注入聚氨酯前4h开始降水,并在注入聚氨酯前打开泄水预埋管,让水从此处流出,然后先后在第1环7点和第4环5点注入7t聚氨酯,边注酯边对各个渗漏点进行棉纱封堵,当泄水孔出现大量泡沫状物时立即封堵泄水孔,最后完成对涌水的封堵工作。

(2)地面塌陷和沉降处理。

对于塌陷部位,采用土方或混凝土填充,其中,右线隧道北侧出现的塌陷坑,共填充36m³;左线隧道南侧塌陷坑,共用混凝土14m³。对于沉陷较大的部位(地表最大沉降为110.40cm),采取地面跟踪注浆回填和洞内二次注浆填充的方式进行处理。从沉降曲线图(图8-23)可以看出,在险情第一天沉降值最大,但通过加固等措施后,地表沉降趋于稳定。

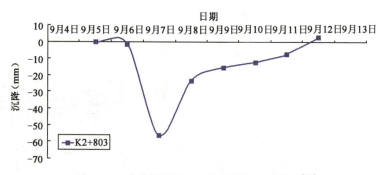

图 8-23　右线隧道正上方地表沉降时程曲线[86]

（3）隧道变形处理。

隧道检测结果表明，隧道两侧沉降和水平位移均较大，且出现水平向多道裂缝和环缝渗漏。对左线隧道竖直方向第 1～20 环有影响，最大沉降 56mm，最大水平位移为 8mm。右线隧道刚出加固体不远，测量数据显示涌水险情对隧道影响相对于左线较小，最大水平位移为 5mm，最大沉降 11mm。

隧道发生沉降的主要原因是，隧道下方土体流失，隧道结构在自重和压力作用下沉降，各环管片沉降不均，导致管片错台、错缝。其中，右线第 3、7、14 环破坏最大，隧道漏水有 5 处。左线第 1、2、7、9、10、13、15 环有破损现象，第 1、2 环之间及第 9、10 环之间错台较大，最大达到 38mm，第 10～13 环有线流现象，前 15 环渗水点较多。对左线隧道第 5、9、12、15、18 环进行了沉降监测，其中，第 9、12 环沉降量较大。

为控制左线隧道变形，采取了以下措施：

靠近洞口的 30 环管片采用 150mm×150mm 的方木对左线盾构隧道进行"米"字形支撑，中间一根设置在隧道中心高程位置，每环各块管片均需用方木支撑。"米"字形方木支撑须与管片内面楔紧，各方木间采用扒钉连接牢固。环间支撑采用方木连接，使其形成整体，如图 8-24 所示。

采用 14b 的槽钢将前 10 环管片进行纵向连接，连接四道，使管片连接成整体，防止个别环管片沉降及变形过大，如图 8-25 所示。

图 8-24　洞口支撑

图 8-25　隧道纵向连接

隧道内加强监测,同时从隧道内压注双液浆封堵。为了在隧道洞口形成永久性的封堵环,对隧道前 5 环均匀、低压力注浆,按第 5、4、3、2、1 环的注浆顺序,每环注入顺序为由底部往顶部(有些孔位受盾构拖车限制无法施工时跳开进行)左右对称注浆。注浆量每环每次按 1m³ 控制,注浆压力控制在 0.3~0.4MPa,注浆共用水泥 11.7t,地面由最初的 6~8m 深度注浆转为隧道两侧地面以下 15~16m 深度注浆,补充加固隧道周围地层,其中,浅层注浆量为 1022m³,深层注浆量为 465m³。

在隧道前 5 环注浆压力达到 0.4MPa 以上时,移至后续管片位置,按 5~12 环的顺序再对隧道底部注浆,注浆压力不超过 0.4MPa,隧道底部注浆水泥用量为 5t,经过二次注浆后,沉降逐步稳定。

3) 原因分析

(1) 地质因素

南京地铁 2 号线油坊桥站—中和村站盾构区间隧道始发端头穿越地层为流塑状淤泥质粉质黏土和粉质细砂层,地下水丰富,埋深较浅,地下水压力较大。

不良的地质条件给盾构顺利始发带来了很大的困难,该类型的地层容易引发涌水涌砂事故。

(2) 施工因素

第一,车站围护结构的 SMW 桩采用 H 型钢插入到承压水层,当盾构推进至 18 环时,过早地拔除了靠近隧道洞门的一根 H 型钢,导致承压水沿着 H 型钢拔除后留下的孔洞上涌,很高的水压力导致隧道右下角压着洞门密封的压板被拉脱,使承压水击穿洞门密封系统,隧道底部的粉细砂层随着水进入隧道。

第二,同步注浆浆液质量的控制存在一定问题,至少为凝结时间过长。隧道洞门处的 2 环管片二次注浆工作较为滞后,在拔除 H 型钢时,管片与加固体之间的浆液尚未达到设计所要求具备的强度。

第三,洞门密封系统的设计和实施存在问题,压板的角度、螺栓的强度值得关注,特别是压板销轴和销套的计算是整个问题的关键。如图 8-26 所示为盾构始发端头地质情况及洞口密封系统。

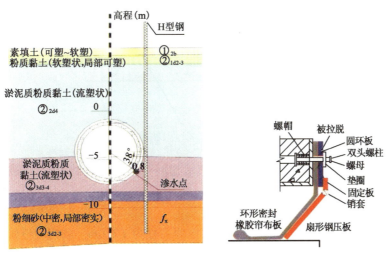

图 8-26 盾构始发端头工程地质条件及洞口密封系统[86]

8.2.4 初步结论

毋庸置疑,不良的地质条件增加了工程的施工难度,带来了很多不确定的因素,各方必须予以重视,充分认识到事故可能造成的影响。

事故的发生除了地层因素以外,施工单位对地层情况认识不足,施工操作不当导致洞门密封失效是事故的直接原因。洞门密封涉及的因素较多,且没有一个因素是不重要的,任何一个环节出现问题,都有可能导致整个洞门密封系统的失效,尤其是压板栓轴和栓套的计算,目前尚没有相关经验可以参考,也是整个洞门密封系统中最薄弱的环节。

因此,由于盾构始发与到达端头是事故的多发地段,特别当端头地层条件较复杂时,必须予以重视,盾构始发或者到达之前,制订好专项施工方案。同时对于可能发生的事故做好应急预案,尽量规避风险的发生。

8.3 天津海河共同沟隧道始发事故

8.3.1 工程概况

(1) 工程简介

天津海河共同沟刘庄桥隧道位于刘庄桥南侧,盾构始发工作井位于海河西侧,接收井位于海河东侧。隧道自南向北分别穿越台儿庄路、海河河床底、河坝路,全长226.5m,其中过海河段长113.3m,隧道结构位置关系如图8-27所示。本工程隧道施工采用1台ϕ6340mm土压平衡盾构,盾构隧道采用装配式钢筋混凝土管片衬砌,管片外径6200mm,内径5500mm,管片厚350mm,环宽1.2m。

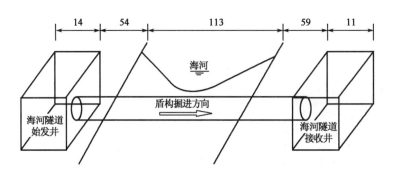

图8-27 盾构施工范围示意图[90](尺寸单位:m)

海河西岸盾构始发井围护结构为地下连续墙加旋喷桩,地下连续墙深48m,厚1m;始发井净空断面为:长14m、宽10m、开挖深度27.25m,距海河54m。

(2) 工程地质与水文地质条件

盾构始发工作井隧道中心高程-17.46m,地面高程为+3.0m。盾构隧道始发端头穿越地段表层为杂填土、素填土,其下土层为粉质黏土和粉土,局部为砂层,其中粉土、砂土层为易液化土层,液化等级为严重。始发端头区域详细的土层分布如图8-28所示。

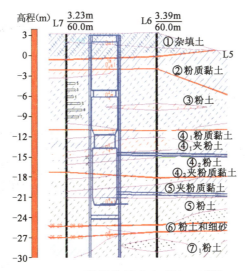

图 8-28 盾构始发端头地质剖面图[90]

该场区的第四系孔隙潜水含水层主要位于第一海相层及其以上的黏土、粉土、人工填土层,以 Q_{41}^h 沼泽相黏性土层、Q_{41}^{al} 顶部黏性土层为相对隔水底板。地下水补给来源主要为大气降水,勘察期间始发端头附近地下水埋深为 0.8~2.2m,地下水位高程为 1.19~2.25m,该处海河水面高程为 +0.75m。地下水和海河水具有较强的水力联系。隧道穿越地层的水平渗透系数为 9.14×10^{-4} cm/s,垂直渗透系数为 8.68×10^{-4} cm/s。砂土层为承压含水层,具有微承压性,该承压水层厚度约为 1.5m,承压水隔水顶板位于隧道底部以下 3~5m 处。

8.3.2 始发端头加固简介

盾构始发井端头加固设计采用旋喷桩进行加固,加固深度约 28m。施工单位根据设计要求,对盾构始发井端头土体进行了三次地面加固。

第一次:采用高压旋喷桩对端头地层进行加固,纵向加固长度为 10m,加固宽度为 14.2m,加固深度为地表以下 30.25m。

第二次:在原有第一次加固区与地下连续墙之间施作了三排高压旋喷桩,并进行了二次补充注浆加固。

第三次:为了进一步确保端头加固效果,在加固区周边施作两排高压旋喷桩,旋喷桩呈 U 形布置,和前两次施工的旋喷桩联合将竖井始发端头土体封闭,设计桩径 100cm,咬合 30cm,深度为地面以下 40m。

8.3.3 始发事故过程、分析与处置

1) 事故经过及危害

施工单位调试完盾构,在破除洞门地下连续墙时洞门出现涌水流砂,如图 8-29 所示。起初只有少量的水和砂涌入盾构工作井,施工单位并没有引起足够重视,继续破除地下连续墙时,涌水流砂量逐渐变大,随着时间的推移,涌水流砂量越来越大,水和砂不断地涌入盾构始发工作井,盾构始发井内水位逐渐升高,直至盾构设备完全被水淹没,造成淹井。盾构设备及始

发井被淹情况如图 8-30～图 8-32 所示。

图 8-29　洞门下部出现涌水涌砂

图 8-30　刀盘下半部被砂土淹没

图 8-31　后配套台车局部被水淹没

图 8-32　整个盾构完全被水淹没

2）事故处理措施

当洞门涌水流砂量逐渐变大后，项目各参建单位立即成立事故应急抢险小组，一边封堵洞门处的涌砂涌水，一边用水泵将流入盾构始发井内的泥水抽走。

由于盾构始发井端头地层中的地下水水位较高，地下水压力较大，封堵洞门处水和砂涌入盾构始发井难度较大；相反，随着时间的推移，涌水涌砂量逐渐加大，盾构工作井中的水位开始逐渐上升。

由于盾构工作井距离海河较近，地下水和海河水又是连通的，而且海河水位高于地下水位，海河中的水随时补给地下水，因此很难堵住洞门处的涌水和涌砂，反而会使端头地层发生严重的水土流失，严重时会使地表发生大面积的塌陷，甚至会破坏地下管线和地表建筑物。综上所述，采取以下处置措施：

（1）立即将所有工作人员和重要机械设备尽可能撤离盾构始发井，确保人身财产安全。

（2）不再封堵洞门，停止用水泵抽取始发井中的泥水，让地下水土自然涌入工作井，待工作井水位达到一定高度，地层中的水压力与工作井中的水压力达到平衡，然后采取措施密封洞门，抽干工作井中的水，确保地层中水和砂不会再进入盾构始发工作井，清理井底淤砂。抽干水后的工作井情况及其清理出来的淤砂如图 8-33 和图 8-34 所示。

（3）维修盾构及其相关设备，重新对始发井端头地层进行加固，组织二次始发。

图 8-33　工人正在清理淤砂　　图 8-34　始发井清理出来的淤砂

3）事故原因分析

（1）地质因素

天津海河共同沟隧道盾构始发井长 14m，宽 10m，开挖深度 27.25m，距海河侧边缘 54m。盾构始发区间隧道主要位于④、⑤层中，粉土、砂土层为易液化土层，液化等级为严重。地下水埋深 0.80~2.20m，地下水水位较高。在盾构始发过程中因土体加固质量等问题，导致涌水、涌砂和塌方。

（2）设计因素

由盾构端头加固设计方案可知，海河共同沟隧道端头采用高压旋喷桩进行加固，加固深度约为 28m，但由于高压旋喷桩工法原理决定了单桩加固范围有限，并且加固深度越大，旋喷加固桩体垂直度、成桩质量和桩间咬合都较难保证，存在渗漏通道。特别在粉土、砂土地层中，旋喷加固法地层适应性较差，加固效果一般，很难满足设计要求，常常出现桩间咬合较差或者无咬合等情况。

尽管施工单位对始发端头地层进行了三次旋喷加固，但忽略了旋喷加固方法地层适应性问题及工法本身的缺陷，酿成事故。其中《建筑桩基技术规范》（JGJ 94—2008）和《建筑基坑支护技术规程》（JGJ 120—2012）明确规定，为了较好地控制旋喷桩的垂直度，旋喷加固的深度一般不能超过 20m，当加固深度超过 20m 后，旋喷桩加固理论上能降低土体的渗透系数，但是由于误差的存在，实施起来比较困难，桩体之间的搭接合咬合困难。因此，不建议在深度超过 20m 时还采用旋喷加固方法，深度在 15~20m 之间应慎用。本工程加固方案中加固深度设计值为 28m，仍然选择施喷加固方法进行始发端头土体加固本身就存在问题，因此，对旋喷加固工法认识不深，端头加固方案的设计失误是本次涌水涌砂、淹井事故发生的直接原因。

8.3.4　二次端头加固

总结第一次盾构始发事故的教训后，为了防止盾构二次始发再次发生涌水涌砂事故，确保盾构施工顺利，施工单位聘请了全国地铁建设专家和岩土工程专家对加固方法的选取和加固方案的设计进行了评估和论证，经过专家反复论证，拟对盾构始发井开挖断面进行全断面水平注浆加固和堵水，进一步改良地层，待全断面注浆完成并检验合格后，再破除洞门进行盾构始发作业，确保盾构始发施工的安全。

1) 水平超前地质钻探

为了较为直观地了解盾构始发端头的地层情况,在端头地层加固前,根据掌子面的实际情况于下断面隧道中心距离圆心120cm处,设置一个水平超前探孔,以探明掌子面前方的地质情况。水平探孔深度取12m,探孔结果显示:0~3m为青灰色土体,地下连续墙混凝土块,土层中含有较多旋喷桩水泥胶结体;3~4m为粉质黏土层,水泥块含量较少,砂、土含量较多;4m处出现水滴;5m处开始有少量流水;6m处突然流水较大,涌水量约为21m³/h,水体中带有大量粉土、粉细砂,含砂量大约为30%,最大水压力为0.2MPa。水平探孔涌水涌砂情况如图8-35所示。

图8-35 水平注浆探孔涌水涌砂情况

2) 注浆加固方案设计

考虑到盾构主机长为8.68m,为了保证盾尾完全进入隧道后,刀盘前方仍有足够厚度的固结体能抵抗水土压力,防止地下水和地层中的砂顺着盾构外壳与地层之间的间隙流入盾构工作井,确保端头土体的纵向加固范围能满足"几何准则"的要求。同时为了不破坏最外侧的旋喷加固体,全断面注浆纵向加固长度确定为:左半断面为15 m,右半断面为12m,保证盾构正常掘进的安全,横向(径向)加固范围为开挖轮廓线外4 m。注浆顺序为:先下半断面,后上半断面,先内圈孔,后外圈孔。即采用液压机械先施作下半断面的B、A序列孔,B序列孔外插角为0~14.93°,A序列孔外插角为26.56°;然后采用YT-28风镐施作整个断面的C序列孔,C开孔位置在A孔附近,数量和A孔一样,但外插角为45°,最后施作上半断面的B、A序列孔。设计注浆孔为71个,但在施工过程中,为了减少注浆盲区,在纵向4 m段周边增加了18个补孔,注浆孔累计达到89个。在拱部钻机仰角达不到设计要求时,增加了9个检查孔检验加固土体是否合格,在检查不合格处增设注浆孔,累计增加开孔21个,实际开孔119个。开孔断面图、纵断面图、终孔布置图分别如图8-36~图8-39所示。

在注浆过程中,对成孔较差的注浆孔下PVC管注浆,以求浆液在孔底能达到设计的扩散半径,为了加强拱部土体的稳定性,在隧道中线以上周边孔下PVC管注浆。各注浆参数依设计严格执行,在注浆加固过程中,曾出现过42m³/h的涌水,经过水平注浆后,都能达到设计要求,加固效果理想。

3) 注浆材料及其注浆参数

注浆材料以普通水泥—水玻璃双液浆为主,普通水泥、超细水泥单液浆为辅。普通水泥采用唐山宝泰公司生产的P·O 42.5级普通硅酸盐水泥,水玻璃浓度为35°Bé,模数为2.4~2.8,浆液配合比如表8-1所示。根据工程地质条件、施工经验、现场试验选择注浆参数,如表8-2所示。

4) 注浆加固效果检查与评定

水平注浆加固效果的检查与评定主要采用检查孔法,注浆结束后在注浆薄弱区域铺设检查孔,检查孔数量按设计注浆孔数量的10%考虑,对检查孔进行钻孔检查,并对一定数量的检查孔进行取芯,测定涌水量、含砂量、地下水压力,当检查孔每延米涌水量不大于2L/min,且出水清澈,泥砂含量和水压力很小,则可认为注浆效果达到要求,如果达不到要求,则必须进行补充注浆。

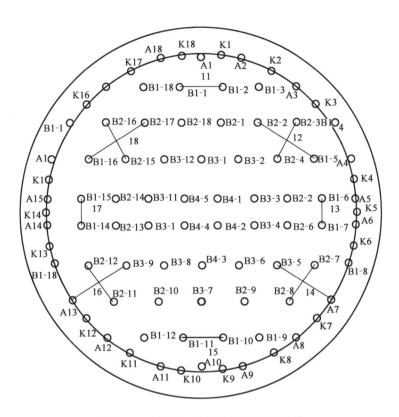

图 8-36 注浆孔、检查孔布置示意图[91]

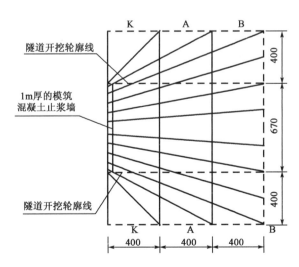

图 8-37 注浆孔纵剖面布置示意图[91](尺寸单位:mm)

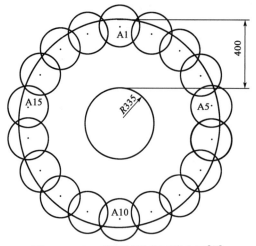

图 8-38 A-A 断面终孔布置示意图[92]
（尺寸单位：mm）

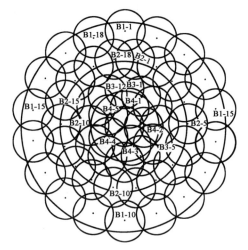

图 8-39 B-B 断面终孔布置示意图[92]

浆液配合比[91]　　　　　　　　　　　　　　　　　表 8-1

序号	名　　称	浆液配合比	
		水灰比（$W:C$）	骨料比（$C:S$）
1	普通水泥—水玻璃双液浆	(0.8~1):1	1:(1~0.3)
2	普通水泥单液浆	(0.8~1):1	加入一定量外加剂
3	超细水泥单液浆	(0.8~1.2):1	加入一定量外加剂

全断面超前预注浆参数表[91]　　　　　　　　　　　　表 8-2

序号	参数名称		参数值	备注
1	加固范围	纵向	15m	
		数表横向（径向）	开挖面及开挖轮廓线外 4m	
2	浆液扩散半径		1.5m	
3	注浆终压		2~3MPa	
4	注浆孔直径		开孔 ϕ115mm 注浆孔 ϕ83mm	
5	注浆速度		5~110L/min	
6	终孔间距		1.7m	
7	注浆方式		前进式	分段长度 2~3m
8	注浆孔数量		设计 71 个	按实际情况补充
9	孔口管		$L=2$m,ϕ108mm,壁厚 5mm	

　　从取芯的情况来看，芯样中砂土被浆液渗透、包裹均匀，局部浆液的含量较小，但砂土被挤压得很密实，强度较高，成孔无水或滴水。综合评价本次注浆效果，前 2m 较为理想，基本为水泥体；2~4m 含有大量水泥体，夹有少量砂、土；4~8m 为水泥和砂土的混合体，基本无水、稳定；8~12m 水泥扩散较少，存在注浆盲区，土体含水量稍大；最后在掌子面上半断面最外圈孔

内下设了8m长聚氯乙烯管(PVC管),并通过PVC管从孔底注浆,进一步提高了注浆的整体性和地层的刚度,达到了较好的效果。

根据$\sum Q = Vn\alpha(1+\beta)$反算出地层填充率。总注浆量$\sum Q = 1896.7 m^3$;加固体体积$V = 6987.7 m^3$;$n$为地层孔隙率,取0.37;$\beta$为浆液损失率(%),取5%;$\alpha$为填充率,取70%。

计算得浆液填充率$\alpha = 2.86$,远远超过设计值。分析原因有两点:地层里面有空洞,裂隙较大;有很大一部分浆液跑出了设计加固范围,有的沿着裂隙窜至地表,一部分引起地面抬升。在检查孔成孔后,其中一孔放置26h,水量为$0.064 m^3/h$。洞门破除后,掌子面干燥、稳定,取芯抗压强度都大于8MPa,保证了盾构的成功始发。

5) 钻孔注浆施工情况

2008年11月2日上午开始钻孔和注浆,12月28日结束注浆,历时57d,由于机械作业范围和施工场地的限制,水平注浆施工分上下两个断面进行,先施作下半断面,后施作上半断面。本次注浆作业共钻孔119个,钻孔长度5437m,每米注浆量为$0.2 \sim 2.0 m^3$。

(1) 下半断面钻孔注浆施工

下半断面注浆过程中,钻孔涌水流砂现象严重,地下水压力高,难以成孔,地层孔隙率大,吸浆量很大,因此注浆终压确定为$2 \sim 2.5 MPa$,由于掌子面止浆墙厚度小,稳定性较差。

11月3日,止浆墙开裂比较严重,停止注浆,对止浆墙进行钢筋网+H型钢桁架+喷浆加固处理。

11月8日,网片及型钢支撑施工完毕,喷浆加固完毕。

11月12日,恢复注浆,共有14个孔出水,出水量最大的孔位为B3-9孔,水量为$36 m^3/s$,水压力0.2MPa。

11月28日,下半断面注浆结束,开始施作J3、J4、J5、J6、J7、J9六个检查孔。

11月29日,在施作J6检查孔时,钻穿止浆墙后,水量达$42 m^3/s$,含砂量较大,检查被迫中断。分析其原因,认为存在以下两种可能:一是左侧旋喷桩薄弱部位存在透水通道,钻孔后地层扰动液化而导致水从钻孔中涌出;二是在施工J6检查孔时,水击穿注浆薄弱区域,大量地下水涌出;经过反复研究决定,确定对下半断面左侧检查孔周围的注浆孔进行重复打孔,补充注浆,安装按从内到外的方式施工,层层包围,最后集中封堵。补充注浆实施到11月30日,止浆墙上方再次出现掉块,加固的工字钢架变形严重、脱焊,混凝土出现开裂,因此停止注浆,对掌子面进行第二次加固,并调整注浆参数,降低注浆压力,放慢钻孔注浆速度。

12月5日,补充注浆结束,再次检查注浆效果,各检查孔情况较好,除个别检查孔底部芯体呈可塑形状外,大部分芯体被充填密实,砂砾被浆液胶结,形成硬塑状圆柱体,大部分检查孔无水,个别有少量渗水。压水试验结果表明:地层渗透系数在$(3.25 \sim 0.87) \times 10^{-5} cm/s$,满足设计要求。

12月6日,下半断面注浆结束,历时25d,J7检查孔深度8.0m,取芯情况如图8-40所示,室内试验结果表明芯样抗压强度达到$5 \sim 15$ MPa。

(2) 上半断面钻孔注浆施工

2008年12月8日上半断面施工平台搭建完毕,首先利用YT28风镐钻孔对整个断面C序孔进行注浆,以减小注浆盲区。

12月12日开始上半断面设计的注浆施工,最后对周边注浆孔安装PVC管进行孔底注浆,以期望能形成拱部管棚支撑作用。

由于下半断面注浆会对上半断面有较大程度的填充及挤密,因此,上半断面孔的出水量、水压力、泥砂含量明显小于下半断面,且成孔条件好,基本不塌孔,出水量最大的为 B1-16,水量为 $1.44\mathrm{m}^3/\mathrm{h}$,这说明下半断面钻孔时,浆液已经挤散到上半断面,将部分渗水通道封堵,并在一定程度上加固了地层。由于地层难以注入,因此注浆终压提高为 $2.5\sim3.0$ MPa,虽然上半断面注浆量小,但注浆压力上升较快,导致地面、管线抬升较大,注浆施工至 12 月 16 日,发现上水管线的抬升率较大,因此停止注浆,对管线进行掏空悬吊保护。12 月 17 日恢复注浆,并减小注浆压力,实施低压慢注,12 月 24 日设计注浆孔施工完毕,为了减少盲区,又施作了 6 个补孔,边注浆边检查效果,同时在上半断面外圈 12 个注浆孔下设了 8m 长的 PVC 管,并通过 PVC 管管底排浆进行注浆,以改善孔底注浆效果。

12 月 27 日注浆结束,开始施作 J1、J2、J7、J8 四个检查孔,J2 检查孔情况如图 8-41 所示。

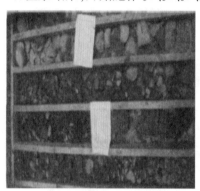
图 8-40　J7 检查孔取芯情况[91]

图 8-41　J2 检查孔取芯情况[91]

12 月 28 日检查孔施工完毕,上半断面注浆结束,历时 21d。

从上半断面检查孔情况来看,芯样比较干燥,浆液充填较多,胶结体强度较高,但由于取芯时机动过大,造成芯样状完整性较差,检查孔基本无水或少量渗水;压水试验表明,地层渗透系数为 $(2.63\sim0.68)\times10^{-5}$ cm/s,室内试验表明芯样抗压强度达到 $5\sim20$ MPa。

(3)注浆对地表管线的影响

在此次注浆施工中,地面有两条管线垂直隧道轴线,且距离始发井边缘很近,上水管距离始发端头 8m,煤气管距离始发端头 15m。由于在此地层中注浆方式以挤密和劈裂为主,渗透为辅,较大的压力必然引起地面管线的抬升,虽然地面管线通过掏空悬吊保护,但由于受到环境条件的限制,管线掏空悬吊范围有限,而浆液的扩散范围较大,从而引起地面管线的较大抬升。监测资料显示,注浆对上水管线影响较大,对煤气管线也产生了一定的影响。上水管最大累计隆起量为 133.11mm,煤气管线最大累计隆起量为 49.72mm。日最大隆起量出现在 12 月 16 日,上水管线隆起 15.06mm,煤气管线隆起 8.02mm。原因主要是当日注浆压力较高,注浆量较大。在随后进行的注浆过程中,调整注浆参数,地面和管线的抬升得到了控制,保证了建筑物和环境的安全。

6)降水施工

注浆后,为确保盾构顺利始发,需降低盾构进洞口处的地下水压力,需将地下水位降至 -18m 以下(即隧道上半断面以下)。本工程需要降压的土层包括④$_2$、⑤、⑥、⑦$_1$ 和 ⑦$_2$ 层地下水。根据理论计算、施工经验和抽水试验,始发井端头设降水井10口,并在端头加固区域设置一观测井,位置距始发井边缘3.0~5.0m,相邻井之间的距离为2.0m,所有井深为37.00m。降水井平面布置图如图8-42所示。观测井水位观测表明,降水效果较好。

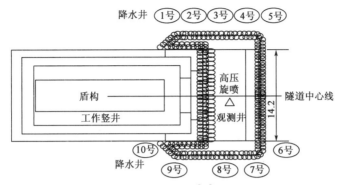

图8-42 降水井平面布置图[91](尺寸单位:m)

8.3.5 初步结论

2009年2月8日盾构始发成功,4月30日掘进全部完成,盾构顺利到达,期间对到达端头采用了相同的方法进行水平深孔注浆加固。从起初的盾构始发洞门涌水涌砂造成淹井,再到后来的盾构顺利始发与到达,总结盾构初次始发的事故教训和二次加固后成功始发的经验,对以后类似工程盾构始发与到达的端头加固提出以下几点建议:

(1)高压旋喷桩加固法不太适用于富水砂层盾构始发与到达端头加固,由于砂层中旋喷加固不能保证良好的成桩效果和咬合质量,富水地层加固不良可能会形成渗流通道,容易导致涌砂涌水、塌方、淹井事故的发生。

(2)对于地层条件复杂的工程,工程项目参建各方必须引起足够的重视,选择一种适合端头地质条件的加固方法,保证端头加固范围和加固质量。同时端头加固后必须采取相关的手段对加固效果进行检测,确保盾构始发与到达的安全,避免事故的发生。

(3)实践表明:水平深孔前进式注浆加固法用于加固端头富含粉土、粉质黏土、饱和粉细砂层等富水地层是有效可行的。但是为了保证注浆效果,必须制订合理的注浆方案,选择合适的参数、材料及工艺,并在实施过程中根据现场情况不断改进和优化。

(4)在注浆加固方法设计方面,应该认真计算和确定注浆加固范围、合理布置注浆孔,严格控制每孔的注浆量和注浆压力,防止地表抬升和破坏井壁及周围环境。此类地层中,天津地铁的加固经验告诉我们,水平深孔前进时注浆加固的布孔技术和实施方案密切相关,值得进一步研究。

(5)该工程采用水平注浆加固与降水相结合的方法,进一步提高了盾构始发的安全,但工程成本将进一步增加,一般情况下,降水井应在加固体周边施作,以免破坏加固体,形成新的渗水通道。另外在可能的情况下,降水井应将水位降至隧道底板1.0m以下。

(6)本工程注浆孔数量较多,整个掌子面密密麻麻,但是注浆孔的布置不一定是越多越好,重复布置可能会造成浪费,因为布置过多的注浆孔提高土体强度的同时,还会大大地增加端头加固的成本,延长工期,降低效率。因此布置注浆孔时,应根据端头土层的特性,通过改变注浆管的角度、方向等措施,优化注浆孔布置数量,既能确保加固效果,又能节约成本。

8.4 广州地铁珠江新城旅客自动输送系统3标盾构始发事故

8.4.1 工程概况

(1) 工程简介

广州市珠江新城市政交通项目旅客自动运输系统线路总体上呈南北走向,北起赤岗塔站,下穿珠江,进入珠江新城区域,下穿花城大道、金穗路、黄埔大道、天河路,线路绕过体育中心体育馆和运动场,从3号线主线隧道上方通过,接入3号线林和西站。从海珠区的赤岗塔站至天河区的林和西站,全长3.88km,全部为地下线,共设9座车站,平均站间距470m。

该工程土建3标包括赤岗塔站和赤岗塔站—海心沙站—广州歌剧院站两个盾构区间。事故发生地为赤岗塔站盾构右线隧道始发端头。

(2) 工程地质条件

该标段盾构区间利用赤岗塔站北端头作为盾构始发井,上部第四系覆盖土层有人工堆积的素(杂)填土、海陆交互相沉积的淤泥或淤泥质土、陆相冲~洪积的砂层,下伏基岩以白垩系上统三水组东湖段粉砂质泥岩、泥岩、泥灰岩为主。地质剖面如图8-43所示。

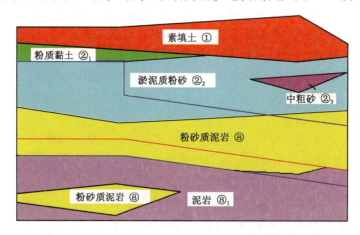

图8-43 盾构始发段地质剖面图[86]

地下水主要以潜水型孔隙水赋存于海陆交互相淤泥质砂层和陆相冲~洪积砂层中,该两层厚度较大,孔隙度较大,处于饱和水状态,属于富水地层。基岩裂隙水与基岩的裂隙发育及其连通性有关。全风化岩带中地下水主要以孔隙水形式存在,该带属于弱富水性地层,为弱透水性;强风化~中风化带地下水以承压裂隙水形式存在,为弱富水地层,弱透水性。

8.4.2 始发端头加固简介

赤岗塔站右线隧道盾构始发端头加固采用C15素混凝土地下连续墙,终孔深度按入中风化岩1m控制,始发洞门处水泥搅拌桩为四边形咬合,加固体搅拌桩"四边布置"的咬合宽度100mm。

8.4.3 事故过程、分析与处置

1）事故经过及危害

2008年5月19日，赤岗塔站右线隧道开凿洞门时曾有较大涌水。

2008年6月7日，割除洞门处外排钢筋时，洞门中下部的外排钢筋保护层混凝土发生较大水平向变形，向车站始发井内侧鼓出，较大水流夹带粉细砂从混凝土与围岩间缝隙涌出。

2008年7月20日开始掘进后，洞门12点位附近发生涌水。

2008年7月22日下午，正在进行-1环管片拼装时，洞门密封下部涌出大股水砂，在短短30多分钟内，涌水量达300m³，夹带的涌砂量达160m³，涌水涌砂量迅速灌满赤岗塔车站始发井区域的地坑，并漫到车站的其他底板上，如图8-44所示。

图8-44 洞门密封下部出现涌水涌砂[86]

2）事故处理措施

2008年5月和6月始发洞门先后两次发生涌水涌砂事故，施工单位进行了堵漏，但没有采取相应的措施对端头地层进行加固处理。

2008年7月20日开始掘进后，洞门12点位附近发生涌水，施工单位进行了紧急堵砂堵水处理，并于2008年7月21日下午将水堵住。

2008年7月22日下午，盾构掘进至-1环时，洞门密封下部出现较大渗漏。控制住险情后，采用了箱体方案，以钢筋混凝土箱体包裹负环和盾构主机，以处理恢复掘进时洞门涌水涌砂问题。

经过上述处理后，本工程右线于2008年9月17日恢复掘进。盾构完全进洞后，负环管片接缝处有较大的渗水，采用聚氨酯堵塞零环与洞门之间的间隙后，负环管片接缝的渗漏消失。

3）事故原因分析

围护结构与加固体素混凝土墙间、加固体素混凝土墙与岩面间、端头搅拌桩加固体内及加固体与岩面间存在渗水通道是造成开凿洞门出现涌水涌砂的直接原因，上述通道及洞门密封损坏是造成右线始发端头涌水涌砂的直接原因。

端头加固方案自身存在的问题是造成涌水涌砂的主要原因，加固后土体的强度、稳定性、渗透性不能满足要求，为了确保端头加固后盾构始发的顺利进行，无论是加固范围，还是加固效果都必须满足要求，特别是该端头地层条件较差，地层主要为粉砂质泥岩和粉细砂，且地下水丰富，压力较大，为典型的富水砂层盾构始发难点工程，端头加固土体更应该考虑几何尺寸和渗透（止水）性的要求。

（1）该工程盾构始发端头加固采用C15素混凝土地下连续墙，终孔深度按入风化岩1m控制，水泥搅拌桩为四边形咬合。根据现场地质情况判断，素混凝土地下连续墙的终孔高程位于始发洞门中部偏上位置。由于地下连续墙入岩深度较小，且底部存在一定厚度的沉渣，地下连续墙与围岩之间存在泥浆分隔，这些都缩短了地下水绕渗路径，为地下水的渗漏提供了可能的通道。水泥搅拌桩桩间可能存在不咬合现象,也为地下水渗漏提供了通道。

(2)素混凝土地下连续墙直接与水泥搅拌桩接触,两者之间接合不密切,存在渗流通道,方案上没有其他辅助紧密交接咬合措施。

(3)桩底与岩面间存在渗流通道,设计要求水泥搅拌桩桩体进入强风化岩10cm,由于该地层下伏岩层为⑧层,为强风化层,加上搅拌桩本身的特性,无法进入岩层成桩,因此,岩层与砂层界面是加固的薄弱环节。

(4)加固体搅拌桩"四边布置"方案本身的咬合宽度只有100mm,在②$_2$淤泥地层中施工时,由于该地层的可灌性较差,因此下部搅拌成桩质量较差。

8.4.4 初步结论

纵观整个事故的发生与发展过程,有以下两点初步经验教训:

(1)对富水含砂地层认识不够,对水泥搅拌桩地层适应性了解不深,导致设计的地下连续墙和水泥搅拌桩咬合质量差,两者结合不密切,存在渗流通道是本次事故的主要原因。水泥搅拌桩在砂土地层中,下部搅拌成桩质量较差,因此在富水砂土、粉土地层中不建议采用该工法进行端头加固。

(2)施工方风险意识不够,地质补充调查不充分,施工管理不合理直接导致最终事故的发生。施工过程中,2008年5月和6月相继两次出现了洞门漏水漏砂情况,没有引起足够的重视,也没有采取相应的措施和手段对端头地层进行补强堵漏加固处理。

8.5 北京地铁黄村火车站右线到达端头塌方事故

8.5.1 工程概况

1)工程简介

北京地铁大兴线01标段黄村火车站—义和庄站区间工程采用盾构法施工,右线盾构首先从义和庄站始发,左线随后平行施工,左右两线均从黄村火车站站接收盾构。盾构左右两线都采用海瑞克的土压平衡盾构,盾构直径6.25m。黄村火车站站端头处有3条管线,φ300mm污水管道,管顶埋深2.2m,管中心离围护桩2.2m;雨水管沟3.0×1.2m,内径2.0m,管顶埋深1.6m,中心线离围护结构5.2m;6孔电信管道管顶埋深1.8m,离围护桩约7.2m。

2)工程地质与水文地质条件

盾构到达黄村火车站站前100m的土层性质从上至下分别为:

(1)素填土①$_1$层、杂填土①$_2$层。

(2)粉土②层、粉质黏土②$_1$层、粉细砂②$_2$层,土层厚度0.8~6.7m。

(3)粉质黏土③层、粉土③$_1$层、粉细砂③$_2$层、黏土③$_3$层,土层厚度12.9~19.3m。

(4)粉细砂④$_1$层、粉土④$_2$层,土层厚度1.2~9.3m。

(5)粉土⑤$_1$层,土层厚度1.5m。

(6) 圆砾⑥层、粉细砂⑥$_1$层、粉质黏土⑥$_3$层,土层厚度2.0~14.5m。

(7) 粉质黏土⑦层、细砂⑦$_1$层、圆砾⑦$_2$层,土层厚度2.1~7.8m。

隧道断面上部2m及隧道顶部4m范围内的土体均为疏松的粉细砂层,自稳性极差,受外力影响极易塌落。隧道结构主体地基持力层主要为③层粉质黏土和③$_1$层粉土及③$_2$层粉细砂,属中压缩性土。

本区间隧道结构在地下稳定水位以上,因此基本不受地下水的影响,地层情况如图8-45所示。

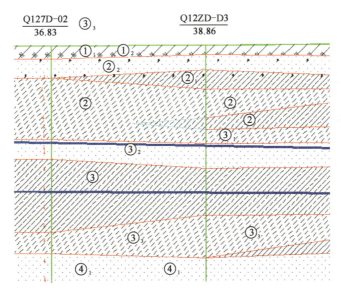

图8-45 黄村火车站前100m局部工程地质剖面图

8.5.2 到达端头加固简介

盾构到达端头除了在洞门处做了φ800mm的围护桩外,并没有在纵向和横向范围对端头土体进行加固处理[93]。

8.5.3 事故过程、分析与处置

1) 事故经过及危害

2009年10月9日下午,破除洞门,等待盾构到达工作井,洞门情况如图8-46所示。

2009年10月9日晚上,刀盘即将顶上围护桩,洞门情况如图8-47所示。

2009年10月10日凌晨,盾构端头井端头区域地表沉降较大,地表混凝土地面开始出现裂缝,裂缝逐渐开始扩展,随后地表出现塌方,形成一个长约3m、宽2.5m、深2m的大坑,如图8-48和8-49所示。同时大量的水和砂涌入盾构接收井内。

2) 事故处置

事故发生后,施工单位立即成立事故应急处理指挥小组,对事故进行抢险,防止事态进一步恶化。首先根据事故的特征,分析发生事故的原因,经探明,主要是盾构掘进过程中端头区

域中污水管断裂,大量污水进入地层,端头地层中存在砂层,砂土遇水后强度急剧降低,发生失稳破坏,大量的水和砂透过洞门围护结构进入到达井,地层损失较大,使得地表出现裂缝和塌方。事故处理过程中主要采取了以下措施:

(1)事故处理时,首先堵水,截断污水管,用水泵将污水抽走,防止污水大量流入地层,造成更大水土流失,防止再次出现塌方。

(2)密切监测地表变形情况,及时采取相应的补救措施。

(3)已经发生的塌方,用混凝土进行回填,确保回填密实,弥补地层损失。

(4)为了确保事故处理完后,盾构到达施工中不会再次出现地下市政管线断裂等事故,将接收井加固区内的污水和雨水管线截断,上游的污水和雨水直接用水泵跨过加固区从上游管井直接导流到下游管井。

图 8-46 破除洞门等待盾构到达

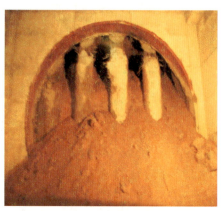

图 8-47 盾构即将到达洞门情况

图 8-48 地表裂缝情况

图 8-49 洞门上方地表塌方情况

3)原因分析

(1)地质因素

盾构端头区域隧道断面上部 2m 及隧道顶部 4m 范围内的土体都为疏松的粉细砂层,自稳性极差,受外力影响极易塌落。盾构到达之前对地层估计不足,没有采取相应的辅助措施。

(2)施工因素

对端头土体没有加固处理,是导致事故的主要原因。虽然该地层中没有地下水,但是端头地层中存在有压力管线,有补水来源,该地层应该视为"盾构有水到达"的情况,因此端头加固必须满足强度和稳定性的要求的同时,还需要考虑几何准则和渗透性的要求。由于地层中还有疏松的粉细砂层,土体的自稳能力差,稍微扰动土体即有可能发生塌方事故。经验欠缺,对端头地层存在有压管线的砂土地层盾构到达风险意识不足,并没有采用相关的辅助措施对地层进行加固,虽然已经知道地层中存在污水管,但是没有采取相关的措施对管线进行保护。

8.5.4 初步结论

车站端头除了ϕ800mm的围护桩外,并没有对端头地层进行其他加固处理,因此盾构到达时发生了塌方事故。从事故的发生过程可知,端头地层中的污水管因老化而爆裂,污水进入端头地层,使得土体的强度和整体稳定性下降,是造成塌方事故的直接原因。此外,尚有以下问题值得我们总结和深思:

本工程虽然端头地层中本身不存在地下水,但是端头地层中有污水管道、雨水方沟等地下水补给来源。因此根据盾构堵水研究分类可知,该类型地层应属于"盾构有水到达"地层,因此设计和施工中端头土体不仅要满足强度与稳定性的要求,还必须要满足"几何准则"和渗透性的要求。

本工程正是由于端头加固施工中对地层判断上的失误导致了工程事故的发生,因此对类似工程的施工,一定要对工程的地层条件与施工环境条件进行重复的调研,同时,应该不断提高施工方工作人员的业务水平和判断能力,及时对设计提出建议,合理规避事故风险。

8.6 北京地铁高米店南站盾构始发塌方事故

8.6.1 工程概况

(1)工程简介

北京地铁大兴线04标段包括高米店南站—枣园站、枣园站—清源路站两个区间隧道,采用盾构法施工,盾构始发井分别位于高米店南站和枣园站南端头,盾构接收井分别位于枣园站和清源路站北端头。该标段采用日本IHI盾构进行隧道施工,盾构直径约6.15m。

(2)工程地质与水文地质条件

高米店南站盾构始发端头地层为素填土、粉土、粉质黏土、细砂、卵石层。盾构开挖断面范围土体主要为细砂、卵石和圆砾。详细的土体分布情况如图8-50所示。

本段钻探深度内揭露的地下水为第四系孔隙潜水,主要赋存于卵砾石层中,本次勘察共1个钻孔测得地下水稳定水位埋深25.4m,高程14.58m。由于地下水现状稳定水位埋深相对较大,一般在结构底板下8~10m,对地铁施工不会造成不良影响。

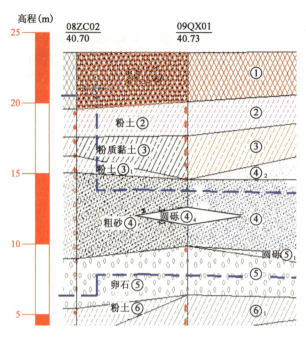

图 8-50　始发端头地质剖面图[95]

8.6.2　始发端头加固简介

为保证盾构安全顺利始发,根据设计图纸要求,对高米店南站左线盾构始发端头地层采用旋喷加固法进行加固。盾构始发端头横向加固范围为隧道上下和两侧各 3m,如图 8-51 所示;始发端头纵向加固范围为 9m,如图 8-52 所示。高米店南站车站洞门外 3m 范围内旋喷桩桩径 ϕ550mm 间距 400mm,其余采用桩径 ϕ550mm 的旋喷桩,间距 600mm,旋喷加固如图 8-53 所示。

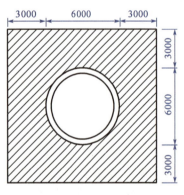

图 8-51　始发端头横向加固示意图
（尺寸单位:mm）

采用旋喷桩对高米店南站盾构始发端头进行加固处理,旋喷桩位及偏差满足高压旋喷桩施工技术规范要求,按设计桩位,顺序钻孔旋喷,保证桩与桩之间的咬合度。进钻压力 3~5MPa,退钻压力 22~30MPa,最高为 32MPa。注浆材料为水泥浆,水灰比为 1.5∶1。

由于工期较为紧张,端头加固工作结束后,施工单位并没有对端头加固效果进行检测。

8.6.3　事故过程、分析与处置

1）事故经过及危害

2009 年 10 月 8 日,北京地铁安全风险管理体系监控平台上第三方监测单位发布了黄色监测预警,大兴线 04 标高米店南站始发井周围地表沉降较大。

次日,盾构咨询组工作人员进行日常巡视,巡视过程中,左线盾构洞门正在破除围护结构,围护桩突然倒塌,造成一名工人受伤,同时洞门上部发生土体坍塌,塌方体高约1.5m,宽约2m,塌方量约5m³。塌方情况如图8-54和图8-55所示。

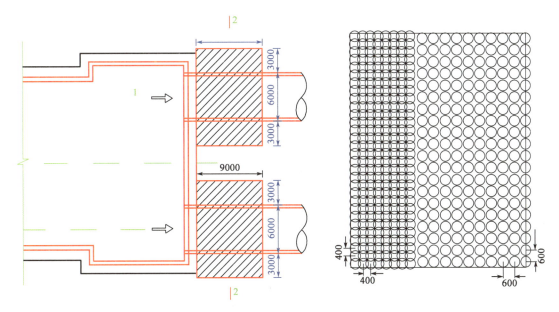

图8-52　始发端头纵向加固示意图
（尺寸单位:mm）

图8-53　旋喷桩布置示意图
（尺寸单位:mm）

图8-54　洞门塌方示意图（一）

图8-55　洞门塌方示意图（二）

2）事故处理措施

事故引起了北京地铁轨道交通建设管理有限公司监控中心、盾构咨询组、施工单位的高度重视,轨道公司要求各方对事故进行紧急处理,防止进一步发生塌方施工,确保盾构能够安全始发。

根据现场塌方的情况,盾构咨询组分析了盾构始发端头地质情况以及设计要求后,提出如下事故处理建议:

经过现场考察、巡视与分析,盾构咨询组认为该塌方是因盾构始发端头加固效果不理想,围护桩破除程序不妥所致,建议施工单位采取挂钢筋网+喷射混凝土+临时支撑进行塌方体上部支护,同时对于为了防止掌子面土体失稳,再次发生塌方事故,建议掌子面正面用喷射混凝土进行土体支护,稳定洞口处土体,确保盾构始发的安全。

3)事故原因分析

(1)地质因素

盾构端头区域隧道断面上部4m及隧道顶部2m范围内的土体都为疏松的粉细砂层,隧道断面下部为卵石,整个掌子面土体自稳性差,如果掌子面支护抗力不足,受外力影响极易塌落。

(2)设计因素

端头加固设计时,加固工法的选择上存在一定问题,在此砂土地层中,旋喷桩加固法地层适应性较差。该盾构始发端头隧道断面区域主要为粉细砂和卵石,由于在砂土层中旋喷桩成桩效果较差,桩体底部很难达到设计的桩径大小,相邻旋喷桩桩体之间搭接效果不理想,而且此端头地层中含有疏松的粉细砂层,土体的自稳能力差,容易失稳。本工程发生塌方事故与加固效果不理想,旋喷桩未能达到理想的加固范围有着直接的关系。如图8-56所示,土体中的旋喷桩的桩径远远小于设计要求,加固效果非常不理想。

(3)施工因素

由于经验欠缺,对砂土地层盾构始发风险防范意识不足,旋喷加固完后没有按照相应的程序对端头加固效果进行检测,围护桩的破除施工不规范等,都是本次事故的诱导因素。

图8-56 旋喷桩加固效果

8.6.4 初步结论

采取旋喷桩加固方式对端头土体进行加固,洞门破除过程中,由于端头加固效果不好,端头加固土体暴露后无法满足强度与稳定性要求,端头土体发生滑移失稳破坏,造成塌方事故。可以说高米店南站始发端头土体加固的方式和方法是不可行的,在砂土地层进行端头加固,经历此番事故,我们总结经验如下:

虽然目前国内盾构法隧道端头加固中旋喷桩加固法被广泛使用,有较为成熟的经验和技术,但是旋喷加固有一定的适用范围,从本工程经验可知,旋喷桩在砂土地层中加固效果不好,旋喷桩桩体底部成桩质量较差,桩体无法形成搭接,对于自稳能力较差的砂土,旋喷加固应该谨慎使用。

如果已经采用旋喷加固法对端头进行了加固施工,则必须采取相关的工艺对加固效果进行检测,一旦发现加固效果无法满足设计要求,或者无法保证盾构安全的始发或到达,则应立即采取其他工法对端头土体进行二次加固补强,直至满足要求。

8.7 广州地铁高增站—新机场南站盾构到达事故[84]

8.7.1 工程概况

(1) 工程简介

广州市轨道交通 3 号线北延段高增站—新机场南站盾构区间线路曾南北走向,盾构从高增路站向北穿过大片农田,穿越机场后花园生态公园后拐入机场高速,在高速路中间绿化带穿行 600m 后,到达区间明挖吊出工作井,并与已施工完成的机场线试验段贯通,连接新白云机场站。

(2) 工程地质与水文地质条件

岩土工程勘察报告显示,盾构到达端头区域地质主要为: ③$_2$ 冲积—洪积中粗砂层、④$_1$ 冲积—洪积土层及局部③$_3$ 冲积—洪积砾砂层,如图 8-57 和表 8-3 所示。

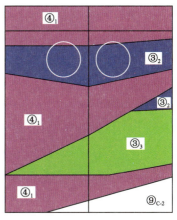

图 8-57 到达端头地质剖面图[84]

该端头地层地下水丰富,地下水位埋深较浅,位于隧道顶板以上。

高增站—新机场南站区间盾构到达端头工程地质和水文地质条件 表 8-3

层 号	地层名称	厚度(m)	特 征 描 述	渗透系数(m/d)
①	人工填土	3.5	主要为粉质黏土、中粗砂等	0.5
③$_2$	中粗砂	6	级配较差、饱和、呈松散状,局部中密状	7
④$_1$	粉质黏土	7	可塑、冲积~洪积而成,以黏粒为主、质较纯、含少量细、粉砂	0.005
③$_3$	砂砾岩层	3	级配较差、饱和、呈松散状,局部中密状,石英颗粒较大	6

8.7.2 到达端头加固简介

盾构到达端头采用三轴深层搅拌桩+单排两管旋喷桩的加固方案。三轴深层搅拌桩直径为 ϕ850mm,密排咬合 250mm。加固范围为:纵向为围护结构外侧 10m,横向为 25m。其中纵向 10m,横向 21m 的加固区域中旋喷桩桩底达到隧道底部以下 4m,隧道顶 3m 至隧道底部 4m 范围为强加固区,隧道顶 3m 至地面范围为弱加固区,水泥掺入量减半;地下连续墙与三轴搅拌桩之间间隙为 400mm,两管旋喷 ϕ600mm 密排咬合 200mm,旋喷桩桩底加固深度与三轴搅拌桩一样深,如图 8-58 所示,两种旋喷桩详细的施工工艺如下:

(1) 三轴搅拌桩施工工艺

到达端头加固过程中三轴搅拌机采用两搅两喷的方式,施工时成桩的顺序如图 8-59 所示,图中阴影部分为重复套钻,以保证墙体的连续性和接头的施工质量。主要施工参数详见表 8-4。

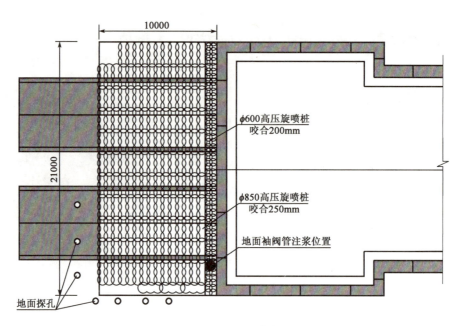

图 8-58 端头加固平面示意图[84]（尺寸单位：mm）

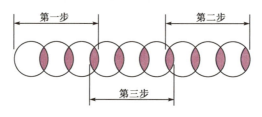

图 8-59 三轴钻进施工步骤图[84]

三轴搅拌桩施工主要技术参数　　　　　表 8-4

序号	主要技术项目	参数指标	序号	主要技术项目	参数指标
1	水泥掺入比	22%	5	下沉速度	<80cm/min
2	水灰比	1.0~1.5	6	提升速度	<80cm/min
3	泵送压力	0.8~1.2MPa	7	水泥浆液的相对密度	1.37~1.50
4	泵送流量	230L/min	8	无侧限抗压强度	≥1.0MPa

本工程采用 32.5 级水泥，水泥浆在搅拌桶中按规定的水灰比配制拌匀后排入存浆桶，再由 2 台泥浆泵抽吸加压后经过输浆管压至钻杆内注浆孔。为了保证供浆压力，供浆平台距离施工地点 50m 左右为宜。水泥浆液的相对密度严格控制在 1.37~1.50。开动灰浆泵，待纯水泥浆到达搅拌头后，在桩底部分适当持续搅拌至少 5min，确保水泥土搅拌桩底与土体充分搅拌均匀，达到较高的强度；按设计要求的速度提升搅拌头，边注浆、边搅拌、边提升，使水泥浆和原地基土充分拌和，直至提升到离地面 50cm 处或桩顶设计高程后再关闭灰浆泵。

三轴搅拌桩加固28d后,从搭接部位进行抽芯,抽芯率高,整体性好,芯样如图8-60所示。

(2) 双管旋喷桩施工

盾构到达井端头加固先进行三轴搅拌桩加固施工,然后对加固体与地下连续墙之间施作一排双管旋喷桩。施工参数如表8-5所示。

工程实践证明:两管旋喷桩设定的参数总体与端头地质相适应,成桩实测达到$\phi 600mm$的要求,但由于旋喷桩设备每进尺1.5m需拆除或安装一节钻杆,成桩垂直度和搭接都存在管理漏洞,最终导致加固土体整体性效果一般。

图8-60 端头加固抽芯检测芯样[84]

双管搅拌桩施工主要技术参数　　　　表8-5

序　号	项　目	参　数	序　号	项　目	参　数
1	压缩空气压力	0.5~0.7MPa	4	水灰比	1:1
2	注浆压力	20~27MPa	5	提升速度	6~12
3	注浆速度	40~70L/min	6	旋转速度	8~12

8.7.3　事故过程、分析与处置

1) 事故经过及危害

左线盾构隧道全长1620.672m(共1080环),在1074环处盾构刀盘顶上到达井围护结构。2009年5月17日前,已经完成水平探孔施工,探孔显示端头加固体中没有出现渗水。

左线盾构掘进至1043环时,施工单位判断按照当前推进速度,刀盘顶上围护结构大约需要3d,组织工人开始破除洞门围护结构,保留最后一层钢筋及保护层,洞门破除工作于5月18日完成。随后开始安装橡胶帘布和接收托架等,进行盾构始发准备工作。

2009年5月20日凌晨,左线隧道完成1073环管片安装,离洞门保护钢筋距离约0.8m,洞门钢筋发生变形后,停止掘进,并且对1071环管片进行全面补充浆液。现场巡视过程中发现洞门加固体左上角渗出一股小水,并发现墙间止水的旋喷桩由于搭接咬合效果差,塌落约半方带砂的破碎加固体,如图8-61所示。

2009年5月20日,工程完成橡胶帘布的安装工作;并进行双液浆封堵加固体与隧道管片之间的空隙,注浆量约2m³。

2009年5月21日凌晨3点盾构刀盘顶上钢筋时,洞门下方涌出一股直径约8cm的清水,如图8-62所示,盾构的同步注浆浆液也随着水流流出,盾构停止掘进,安排割断洞门钢筋。5月21日中午11点完成钢筋网切割作业。

图8-61 旋喷桩加固效果图

2009年5月21日中午12点,盾构恢复推进至1076环后,盾构右下方涌出的水变浑浊并带有大量粉细砂,如图8-63所示。为让盾构尽快与洞门密封结合,拼装完管片后继续推进1077环,直到洞门密封完全裹住盾构前体。

2009年5月21日21点恢复双液浆堵水工作。在盾构与洞门下半部之间的间隙间压注混凝土,通过压注混凝土将涌水从洞门与橡胶帘布的右中部流出并变成清水。在完成压注混凝土后,左线隧道内反复对第1073、1074、1075整环补充注入双液浆,随着盾构管片衬砌背后的流水通道减少,水流量也减少。

图8-62 割除钢筋钳渗漏清水[84]

图8-63 割筋后涌砂情况[84]

2009年5月22日14点从1076环采用同步注浆,部分同步注浆浆液和水从洞门前方流出,但是大约20min后,停止流水冒浆。

为了防止地下水再次透过浆液进入洞门,当1075环无法注入双液浆后,停止施工2d,待浆液凝固达到一定强度后再继续施工。地面上也对洞门右边连续墙与加固体之间采用袖阀管注浆,注入$4m^2$浆液来填充盾构前体与洞门结构之间的缝隙和加固体与围护结构的缝隙。

2009年5月24日,盾构恢复向前推进,调整了同步注浆的配合比。原配合比中$0.7m^3$浆液中,水泥∶膨润土∶粉煤灰∶砂∶水为80∶80∶240∶500∶320,调整后,比例为120∶80∶200∶500∶320。连续推进三环后,同步注入双液浆;1080环完成后,停机对1076、1077、1078、1079环进行补注双液浆,水灰比为0.5∶1,浆液与水玻璃原液比为1∶1。恢复盾构推进,不再发生渗水现象,橡胶帘布局部位置出现"跑浆",盾构安全进站。涌水涌砂事件发生后,地层损失较为严重,工程技术人员已意识到地表可能会发生沉降或塌方等事故,因此沿着加固体右侧及后方1072环位置钻孔7个,深度约3m,用浆液进行回灌。

2009年5月26日,盾构接收井端头东侧(对应墙间止水位置)的施工便道(围挡内的交通疏通一条高速通道)经过混凝土车和吊机反复碾压后路面塌陷露出"空洞",如图8-64和图8-65所示,迅速回灌流动性较好的$30m^3$混凝土,再埋管注入约6t水泥浆,才算安全完成盾构进站工作。

图8-64 到达端头东侧地面出现的空洞[84]

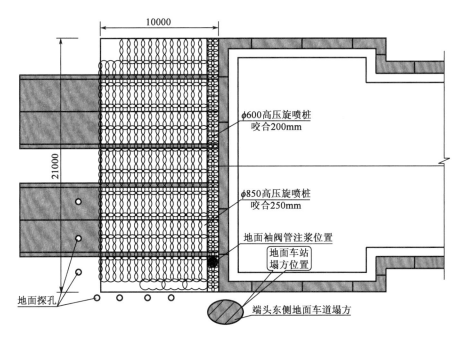

图 8-65　盾构到达施工地面塌方位置示意图[84]（尺寸单位：mm）

2）事故处理措施

上文详细叙述了事故的处理过程，针对加固体后方的水源，主要采用同步注浆浆液和二次补浆孔补注双液浆进行封堵，通过封堵加固体内 5 环管片的空隙，使水压力降低，同步注浆浆液流动性和凝固后强度较好，逐渐起到止水的作用。

针对桩间渗水，采取地面袖阀管注浆加固和填充，封堵水流通路。对于路面塌方，首先采用流动性较好的混凝土回填，然后注浆，减小地表变形和沉降。

3）原因分析

（1）地质因素

由岩土工程勘察报告可知，到达端头隧道断面区域主要为③$_2$ 中粗砂层，级配较差、饱和，呈松散状，局部中密状，渗透系数较大，约 7m/d。地下水水位位于隧道顶板以上。该工程为全断面富水砂土地层盾构到达，属盾构到达施工中地层条件较差的情况，端头加固质量较难保证，施工操作不当很容易发生涌水涌砂、塌方、淹井等工程事故。

（2）设计因素

端头加固设计中采用三轴深层搅拌桩 + 单排两管旋喷桩加固的方案。纵向加固 10m，横向加固 21m，加固深度为达到隧道底部以下 4m。三轴深层搅拌桩直径为 ϕ850mm 密排咬合 250mm，两管旋喷 ϕ600mm 密排咬合 200mm。

以上设计参数选取基本都满足设计要求，但是对本工程端头地层来说旋喷桩加固方法的选择上不甚合理，隧道全断面砂层，从以往的盾构施工经验可知，旋喷桩和搅拌桩在砂层中使用时，由于桩体的垂直度、底部搭接咬合度很难满足设计要求，特别对于有水砂层，桩间存在渗流通道，很容易发生透水、塌方等事故。

(3) 施工因素

① 右线盾构安全到达,端头加固抽芯检测结果满足设计要求等两方面的原因导致施工单位忽略了左线到达风险的存在,各方面到达准备工作不够细致。

② 从洞门破除到盾构进站,历时 3d,端头加固土体暴露时间过长,土体稳定性较低,增大发生滑移破坏的概率。

8.7.4 初步结论

从整个事故发生的过程来看,设计的端头加固方法存在一定问题,同时施工单位在风险认识上的不足也间接上导致事故的发生。

本次事故端头加固方法的选取不当与事故的发生有着直接的关系,富水砂层中,由于桩体垂直度和咬合度较难保证,因此,旋喷和搅拌桩加固很难取得较好的加固效果,加固体之间常常因此加固体搭接不良存在渗透通道,从而导涌砂涌水、地表塌陷事故的发生。

今后在端头加固方法的选择上,一定要充分调研端头地层情况与端头加固工法的特点后,选择地层适应性好的加固方法,保证盾构始发与到达的顺利实施。

8.8 广州地铁人和站盾构到达事故

8.8.1 工程概况

(1) 工程简介

本盾构区间从广州市白云区人和镇秀水综合市场的北端中间风井始发,向北延伸,沿途通过科达家用电器厂、广州南国工业园等厂房、河流住宅楼区,然后向西北方向到人和镇华通广场的人和站。右线里程范围 YCK-21-709.8 ~ YCK-23-273.9,全长 1520.264m,左线里程范围 ZCK-21-701.99 ~ ZCK-23-273.9,全长 1530.707m。

(2) 工程地质与水文地质条件

盾构到达端头地质剖面图(图 8-66)显示从上至下的地层分别为:①人工填土层、④$_1$ 粉质黏土层、③$_1$ 砂砾层、④$_1$ 粉质黏土层、③$_3$ 粉细砂层、⑨泥质粉砂岩等微风化层。该处砂层厚 11m,标准贯入度 $N = 12 \sim 17$。隧道主要穿越 ③$_3$、④$_1$ 号地层,砂层含水量丰富,主要以地下承压水为主,地下水位高程 12.33m。

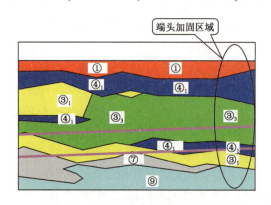

图 8-66 盾构到达端头地质剖面图[84]

8.8.2 端头加固简介

本区间盾构到达端头加固按原设计方案采用旋喷桩+搅拌桩,即 ϕ600mm 双管旋喷桩,咬合 150mm,单轴搅拌桩 ϕ600mm 密排咬合 100mm 加固处理。考虑到本端头砂层较厚、含水量丰富等诸多不利因素,经施工单位提出并经过有关专家研究决定对原设计方案改由三轴搅拌桩加固+外包旋喷桩加固方案实施。即采用 $\phi 850$mm 密排咬合 250mm 三轴搅拌桩+外包旋喷桩加固处理。2008 年 9～10 月按照新方案完成了端头三轴搅拌桩施工,端头加固的剖面和平面布置图如图 8-67、图 8-68 所示,三轴搅拌桩主要技术参数,如表 8-6 所示。

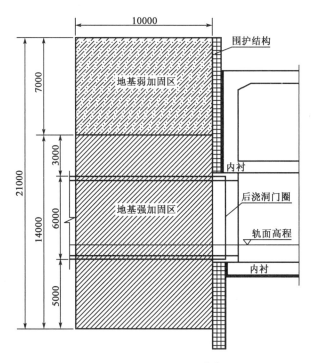

图 8-67　盾构到达端头加固范围剖面[84](尺寸单位:mm)

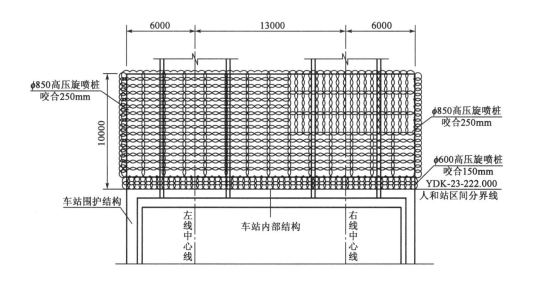

图 8-68　盾构到达端头加固平面图[84](尺寸单位:mm)

三轴搅拌桩施工主要技术参数表[84]　　　　表 8-6

序　号	技术参数项目	参　数　指　标	序　号	技术参数项目	参　数　指　标
1	水泥掺入比	22%	6	提升速度	<80cm/min
2	供浆流量	23L/min	7	搅拌方式	四搅四喷
3	浆液配比	水：水泥 = 1：1	8	无侧限抗压强度	≥0.8MPa
4	泵送压力	0.8 ~ 1.2MPa	9	水泥浆的相对密度	1.50 ~ 1.55
5	下沉速度	<100cm/min			

经过在加固体搅拌桩咬合处抽芯检查，芯样完整性较好，采取率达到95%以上，颜色均匀一致，桩芯成浅灰色，如图 8-69 和图 8-70 所示。

 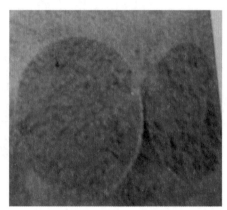

图 8-69　搅拌桩咬合处芯样[84]　　　　图 8-70　芯样断面图[84]

2009 年 5 月 16 日按期完成端头加固体外包旋喷桩施工。5 月 30 日按照预先确定的水平取芯平面布置图实施水平钻孔，如图 8-71 所示，确认加固体旋喷桩加固效果。钻孔 5、6、7、8、10、11、14、15、16、17、18 先后发现少量涌水涌砂的现象，并立即组织人员进行水平注浆堵水。经研究初步判断加固体三轴搅拌桩与旋喷桩接缝处，旋喷成桩效果差，因此采取水平渐进式注浆方式补充加固，补充探孔位置如图 8-72 所示。

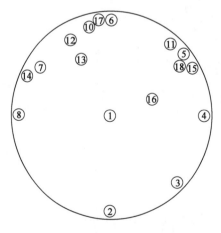 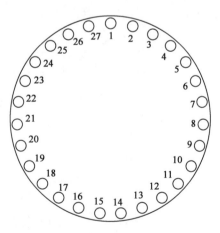

图 8-71　水平取芯钻孔位置示意图[84]　　　　图 8-72　水平注浆钻孔示意图[84]

2009年7月22日完成水平渐进式注浆，7月21、22、23日再次对加固体进行水平抽芯和垂直抽芯的确认，钻孔和芯样照片如图8-73～图8-76所示[84]。

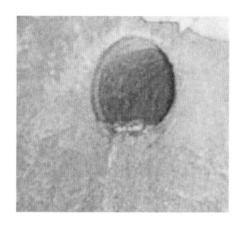

图8-73　取芯钻孔流清水[84]

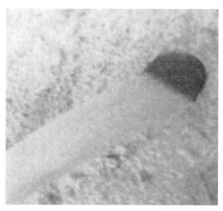

图8-74　取芯钻孔大量涌水[84]

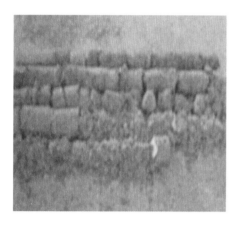

图8-75　钻孔取芯芯样[84]

图8-76　钻孔取芯芯样[84]

8.8.3　事故过程、分析与处置

1）事故经过及其危害

经过抽芯确认后于7月24日开始破除洞门第一层钢筋，当洞门破除一半时，洞门顶点水平探孔流出水砂，于是立即停止洞门破除，同时向土舱内注入7m³膨润土，地面通过两根袖阀管注入2t丙烯酸，并注入双液浆(13t水泥)，前盾2点位置注入9桶聚氨酯后，经检查未发现洞门漏水漏砂现象。

7月29日上午10点，割除最后一层钢筋，无漏水漏砂现场。

7月29日下午15点，排除刀盘按钮失效故障后，转动刀盘，水砂大量流出。项目部立即决定将盾构刀盘快速顶到密封系统位置，因大量砂土流出压住锁压板的钢丝绳，当刀盘顶住橡胶帘布时，钢丝绳立即断裂，19点20分完成钢丝绳更换工作，收紧洞门密封包住盾构前体。

2) 事故处理措施

当盾构右线洞门破除完毕后,盾构重现启动推出过程中发生大量水砂涌出的事故,参建各方立即研究处理方案,主要进行以下应急抢险措施:

(1) 盾构迅速推出洞门,并用钢丝绳箍紧前体,保证水和砂不流出。

(2) 立即在盾构旁边钻孔,埋设袖阀管注入双液浆,注入量以压力维持稳定为准。

(3) 立即增加钻机和注浆机,紧贴暗渠处设置一排注浆孔,孔深6m,孔距2m左右,发现有空洞的立即注浆,没有空洞的可以兼做监测点使用。

(4) 加强监测工作,特别是电线杆的倾斜,另外增加几个深层土体监测孔,深度1m以上,半小时反馈一次监测成果。

(5) 盾构中的径向注浆孔首先注入双液浆,由10点位置附近逐步向目前渗漏点最大的4点注入,注浆压力不宜太大,当压力上升快时即可转移注入点。双液浆注入后再次注入聚氨酯。

(6) 同步注浆持续注入,压力不宜高,增加水泥用量,缩短初凝时间至4h左右,但要注意注浆系统不要堵塞。

通过分析以上的一系列迅速而有效的措施,盾构实现了安全出洞,周边地面没有发生塌方,监测结果稳定,险情及时排除。

3) 原因分析

通过事后分析,本次险情事件发生主要有以下原因:

(1) 未调查清楚端头加固周边的地下暗渠分布、走向情况,并缺少对该地层复杂性认识。

(2) 加固体三轴搅拌桩与车站围护结构的间隙处理不当,旋喷桩加固效果较差,底部桩体间咬合不够,形成较大的渗水通道。

(3) 虽然用水平渐进性注浆对端头土体进行补充注浆,但是由于施工控制方面的原因,未能达到理想的效果,同时在没有对补充水平加固效果完全确认的情况下提前结束对洞门下半部分的加固,对可能存在的风险认识不足。

(4) 盾构到达过程过于匆忙,现场管理不到位,应急处理不及时。

(5) 洞门密封压板的钢丝绳吊环位置不当,基本设在压板中间,盾构在到达过程中,收紧压板时会动钢丝绳产生较大拉力;另外,钢丝绳的直径过小(12mm),加上盾构刚出洞时钢丝绳过早收紧,在洞门渣土堆压下无法及时放松钢丝绳,从而造成盾构刚一进入帘布压板,钢丝绳就由于绷紧而拉断,险情进一步扩大。

8.8.4 初步结论

通过本次右线到达涌水涌砂事故使我们清醒地认识到某些方面的不足,通过认真分析,总结出以下一些经验与教训。

(1) 端头加固地质条件、地下水丰富、周边建筑物及构筑物和地下管线分布等施工环境因素是端头加固的基础资料,应及时、准确进行收集,并根据相关资料制订针对性的措施。

(2) 在富水砂层进行旋喷桩施工,成桩质量差,特别是底部桩体间搭接咬合效果差,造成损失大,建议今后此类地层中慎用。

(3) 本标段的实践表明:三轴搅拌桩在本工程砂层中进行的端头加固比较成功,建议在今后类似地层和工程条件下采用三周搅拌桩施工,但要注意搅拌桩与接收井围护结构接口处的堵水处理。

(4)破除洞门后未及时清理干净渣土,环板钢丝不宜过早收紧,应该在盾构刀盘被帘布板包住后再收紧钢丝绳比较稳妥且钢丝绳的直径要不小于22mm,处于适当位置。

(5)编制的盾构到达接收方案应急抢险技术措施要细致,现场应急物质准备充分。破除洞门墙要排查盾构注浆设备、运输设备等。

本章上述实例表明:盾构始发与到达的端头加固,在最为复杂的地层条件下,应充分考虑各种地层和环境因素,严格做到端头加固体应满足的四项要求(亦称四项基本原则)——强度、稳定性、渗透性和几何准则。

上述的许多资料来源于广州轨道交通建设监理有限公司,在此表示衷心感谢!

第9章 盾构端头加固成功案例分析

9.1 深圳地铁2号线土建2202标盾构始发与到达端头加固

9.1.1 工程概况

(1) 工程简介

深圳地铁2号线土建2202标段位于深圳市南山区,主要包括两站两区间:沙河东站、科技园站、沙河东站—世界之窗站区间、科技园站—沙河东站区间。两区间大部分采用盾构法施工,在沙河东站—世界之窗站区间有500m为矿山法隧道。本节主要介绍科技园站端头盾构始发、沙河东站东端头盾构始发以及沙河东站西端头盾构到达的端头加固情况。2202标的位置关系情况如图9-1所示。

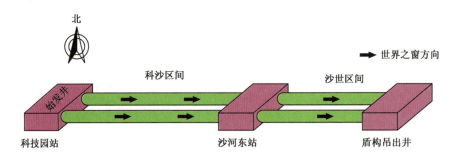

图9-1 深圳地铁2号线土建2202标工程位置关系图[96]

(2) 工程地质与水文地质条件

科技园站盾构始发端头从上到下依次为素填土、人工填石、淤泥质黏土、粗砂、黏土、粗砂、砾质黏性土。盾构隧道顶板处主要为砂层,土层分布如图9-2所示。地下水位距离地表约4.2m。

沙河东站盾构始发与到达端头处地层中从上到下依次为素填土、人工填石、淤泥质黏土、砾砂、砾质黏性土。除右线始发端头隧道掌子面局部范围内夹有黏土,沙河东站盾构隧道始发与到达端头地层中几乎为全断面砂层。该地层地下水主要有两种类型:一是松散土层孔隙潜水,二是基岩裂隙水。地下水位埋深为4.8m。该区间段为大沙河下游入海口段,入海口河水受海洋潮汐影响,涨落潮水位差约为1~2m,地层情况如图9-3和图9-4所示[96]。

9.1.2 端头加固方案

根据岩土工程勘察资料,科技园站、沙河东站端头隧道拱顶和拱底均位于砂层中,原设计方案采用高压旋喷桩进行端头加固,根据高压旋喷桩的特点与技术现状,结合以往旋喷桩在砂层中的施工经验,旋喷桩用在砂土地层中加固时,旋喷桩桩体的垂直度、桩体底部成桩效果均很难达到设计要求。富水砂土地层中,桩体搭接咬合效果不好会在加固体中间形成水的渗流通道,容易引发涌水涌砂、塌方等工程事故。

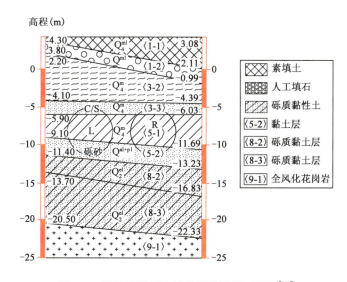

图 9-2　科技园站盾构始发端头地质剖面图[96]

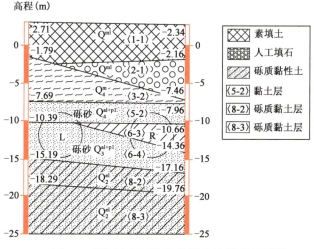

图 9-3　沙河东站盾构始发端头地质剖面图[96]

基于以上因素,借鉴其他项目成功经验,经过仔细分析与论证,对比各种端头加固方法的优缺点后,决定变更端头加固设计方案。变更后本工程端头加固采用以水平前进式深孔注浆为主,旋喷桩和素混凝土桩以及降水为辅的注浆加固方案。各个端头拟采用以下设计方案:

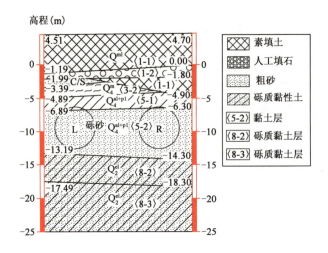

图 9-4　沙河东站盾构到达端头地质剖面图[96]

(1) 科技园站盾构始发端头加固方案

科技园站盾构始发端头加固拟采用洞内全断面水平前进式深孔注浆为主,地面两排 $\phi600mm$ 的三重管旋喷桩加固为辅的端头加固方案对始发端头土体进行加固处理,水平注浆加固中浆液进入土体后主要是劈裂、挤密以及渗透作用,通常以劈裂和挤密为主。水平注浆管采用 $\phi42mm$,壁厚 $3\sim4mm$ 的无缝钢管或焊管,盾构隧道全断面一共布置了 31 个注浆孔,各个注浆孔中注浆管的长度与角度如下:1 号和 5 号注浆管埋设角度为 79°53′,长度 6.09m;2 号和 4 号注浆管埋设角度为 83°37′,长度 6.04m;3 号注浆管埋设角度为 86°11′,长度 6.01m;19 号~22 号注浆管的埋设角度为 75°57′,长度 4.12m;23 号~27 号注浆管的埋设角度为 53°7′,长度 2.5m;6 号~18 号和 28 号~31 号注浆管的埋设角度为 0°,长度 6m。

全断面水平前进式深孔注浆法注浆管纵向布置深度约为 6m,在注浆压力的作用下,浆液进入土中逐渐向外挤密、扩散与渗透,按照以往的施工经验,一般能保证纵向 9m 的加固范围,由于注浆孔沿着掌子面周围布置,根据扩散原理,一般能保证上部和左右两侧 3m 的加固范围,同时由于注浆管设置了向下的角度,因此下部 3m 的加固范围也应该保证。

为了进一步保证堵水和补强的要求,避免单一加固方法由于施工操作上的失误出现加固薄弱区域,从而引发涌砂涌水、塌方等工程事故,因此地面采用三重管旋喷加固,配合水平前进式深孔注浆加固,起到补强堵漏的作用(实际上这个措施是在水平注浆实施前已经进行了的措施)。水平注浆和地面旋喷桩加固情况如图 9-5 和图 9-6 所示。

(2) 沙河东站(东端头)盾构始发端头加固方案

根据盾构始发工作井的结构形式以及端头土体的工程地质条件和水文地质条件,沙河东站东端头洞内采用全断面水平前进式深孔注浆加固,加固方案同科技园站水平前进式深孔注浆加固方案,如图 9-5 所示;地面加固采用两排直径为 1m 的 C15 素混凝土桩,桩间采用三重管旋喷桩加固止水,并辅以地面降水,如图 9-7 所示。

(3) 沙河东站(西端头)端头加固方案

沙河东站西端(盾构到达端头)由于距基坑 2m 处有一条南北走向的管线无法迁改,

为了确保端头土体强度、稳定性以及渗透性的要求,同时为了保证不损坏地下管线,地面加固采用 1 排直径为 1m 的 C15 素桩和桩间旋喷加固为辅,同时洞内全断面水平前进式深孔注浆为主的施工方案进行端头加固,地面如图 9-8 所示,水平前进式深孔注浆加固方案如图 9-5 所示。

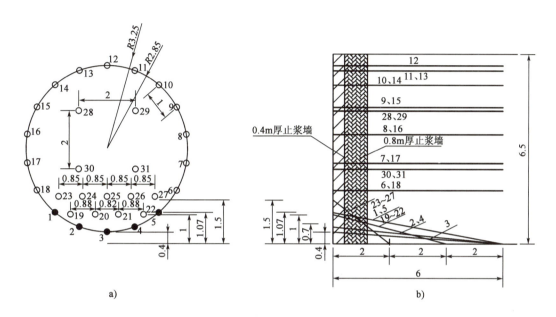

图 9-5 洞门水平注浆加固示意图(尺寸单位:m)
a)水平注浆孔布置图;b)水平注浆孔侧面图

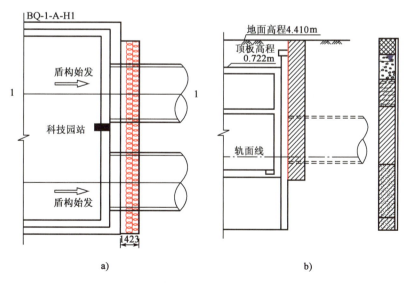

图 9-6 科技园站端头地面旋喷加固方案(尺寸单位:mm)
a)盾构始发端头加固平面图;b)1-1 剖面图

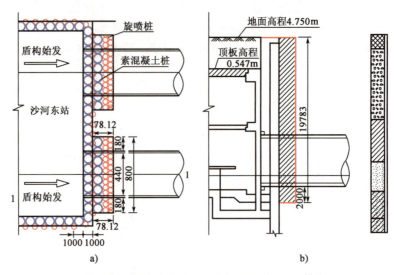

图 9-7 沙河东站盾构始发端头地面加固设计(尺寸单位:mm)

a)盾构始发端头地面加固平面图;b)1-1 剖面图

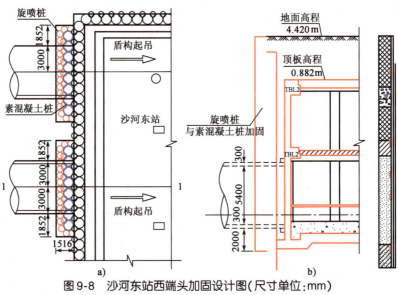

图 9-8 沙河东站西端头加固设计图(尺寸单位:mm)

a)盾构到达端头加固平面图;b)1-1 剖面图

9.1.3 端头加固主要施工工艺

9.1.3.1 旋喷桩加固

由深圳地铁 2 号线地质勘察报告可知,盾构隧道断面范围内地层中主要为砾砂,地下水埋深较浅,为了保证端头土体加固效果,保证土体加固后能有较高的强度和较好的止水效果,地面采用三重管旋喷注浆固技术,以辅助洞门处的水平前进式深孔注浆加固。

三重管旋喷加固施工参数的选取直接关系到加固效果的好坏,在本次施工中主要参数选取如表 9-1 所示。

三重管注浆加固参数　　　表9-1

参数	注浆压力 (MPa)	水压 (MPa)	气压 (MPa)	供浆量 (m³/min)	供水量 (L/min)	供气量 (m³/min)	提升速度 (cm/min)	转速 (r/min)
数值	0.5~4	20~30	0.7	70~150	80~120	1~3	5~15	4~10

9.1.3.2 水平前进式深孔注浆加固

1) 工艺流程

水平前进式深孔注浆加固的施工流程如图 7-21 所示，具体操作与施工如下：

(1) 施工准备

正式开始注浆加固之前，首先应该做好施工准备工作，选好主要机械设备，如 YT-24~28 风动凿岩机、ZTGZ-120/150 型注浆泵等，同时必须准备好其他各种必备材料。对注浆泵进行试运转，并对操作人员进行上岗培训。按每循环使用量配齐所有注浆材料。对注浆施工人员进行技术交底、技术培训以及安全教育。

(2) 导向管加工

导向管长度 70cm，采用内径为 65mm，壁厚 3.5mm 钢管加工而成。一端焊接内径为 65mm 的法兰盘，另一端端头植于掌子面上。植入深度约为 30cm，止浆墙施工后埋入 30cm，最终外露 10cm。

(3) 浆液配置

浆液的配制是水平前进式深孔注浆加固的关键，本工程中水平前进式深孔注浆采用水泥和水玻璃双液浆，水泥浆配比为 1:0.75，水玻璃浓度 30~35°Bé。水泥和水玻璃的体积比为 3:1，具体配比根据注浆时的具体地质状况和压力变化情况以及需要的注浆凝结时间等因素进行调节。原则上，开始先注单液水泥浆，如果注浆压力上不去且浆液用量大，则逐步改用双液浆，以达到注浆压力控制要求。

(4) 导向管、止浆墙施工

注浆工作开始之前，按注浆角度和位置布设图，在连续墙内进行导向管开孔施工。开孔直径为 120mm，采用钻孔取芯机进行施工，钻孔深度 30cm。用快干水泥植入导向管，待快干水泥凝固后，在连续墙外侧立模，浇筑 30cm 的 C30 混凝土作为止浆墙。

(5) 钻孔、注浆

①采用风动凿岩机从止浆墙上埋设的导向管进行钻孔，成孔直径 50mm。

②钻孔过程中若遇到涌水、涌砂现象，则立即将注浆软管与盲板连接，用螺栓与导向管法兰盘连接后注入水泥水玻璃双液浆。如未出现涌水、涌砂等现象，则钻深 8m 后进行注浆。

③根据注浆断面的结构形式和浆液进入土层后可能的扩散运动方式，为了保证加固范围，主要按照以下顺序进行注浆管的布置和注浆的施工，12→13→11→14→10→15→9→16→8→17→7→16→6→1→5→2→4→3→19→20→21→22→23→24→25→26→27→28→29→30→31，28、29、30、31 作为检查孔，具体注浆管布置位置如图 9-5 所示。

注浆前应进行注浆试验，确定最佳的注浆压力、扩散半径、单孔注浆量及合适的浆液配合比。按注浆要求安设注浆设备，注浆管路和制作注浆泵站。关闭孔口阀门，开启注浆泵，进行管路压水试验，如有泄漏及时检修，试验压力等于注浆终压。然后将注浆泵吸管放入浆液中（吸头有 D80 滤网包紧），进行正式注浆。注浆时，采取低压力中流量注入，注浆过程中压力逐步上升,流量逐渐减少,当压力升至注浆终压时,继续压注 5min,即可结束注浆。注浆时通过控制注浆压力控制注浆量。当注浆压力较小,而注浆量较大时增大水泥浆的浓度,直至终压达到 3~4MPa,持续注浆至设计孔位深度。钻杆钻进时,注意保护管口不受损、变形,以便与注浆管路连接。

2) 主要技术措施

(1) 导向钢管外插角必须严格照图施工,保证注浆管外插角度,小导管外插角一般取 5°~15°,处理坍体时可适当加大。

(2) 小导管顶进钻孔长度不小于 90% 管长,钢管尾部外露足够长度。

(3) 注浆前在地下连续墙外侧浇筑 30cm 止浆墙封闭洞门以防漏浆。

(4) 各孔注浆时间隔进行,以保证浆液扩散效果。

(5) 严格控制注浆配合比及凝结时间,初选配合比后,用凝结时间控制调整配合比,并测定凝结体的强度,选定最佳配合比。

(6) 严格控制注浆压力,终压必须达设计要求,保持稳压时间,保证浆液渗透范围。注浆完成后要检验注浆效果,在隧道开挖后可检查注浆固结体厚度,如达不到设计要求时,在注浆时调整注浆参数,改善注浆工艺。

(7) 注浆过程中,专人记录注浆情况,并根据实际情况调整注浆压力、进度,保证注浆效果。

9.1.4 加固质量及效果检测

端头加固时间根据加固方法的不同而异,但一般考虑到加固所需时间、加固体龄期和加固体检测后所需进行的补充加固等因素,端头加固一般需要提前至少 1 个月进行。加固体的检测方法多种多样,科技园和沙河东站主要采用垂直取芯和水平设置探孔的方法检测端头加固体的强度、稳定性及其渗透性。

1) 垂直抽芯检测

在砂层中,垂直抽芯特别要注意加固体连续性和整体性是否良好,要求抽芯率在 90% 以上。抽芯位置一般选取在桩间咬合部位,抽芯数量按规定选取,且每个端头不应少于 2 根。现场取芯施工情况如图 9-9 所示。

2) 水平抽芯检测

沿洞门圈加固体范围内打数个水平探孔,观察渗水情况。探孔数量不少于 6 个,中间和四周均布。现场取芯施工情况如图 9-10 所示。

图 9-9 垂直取芯施工

图 9-10 水平取芯施工

本工程对三个端头分别进行了垂直和水平抽芯检测,结果表明三个端头加固效果良好,加固土体的强度、稳定性和渗透性均能满足设计要求,具备盾构始发和到达条件。以科技园站始发端头为例,介绍端头加固效果检验和评定的具体情况。

首先,从外观上可以初步判定端头土体加固效果,如图9-11和图9-12所示,加固前,科技园站始发端头土体强度稳定性较差,打开探孔出现涌砂涌水现象。加固后,整个掌子面如一面混凝土墙体,强度和稳定性较好。

图9-11　加固前科技园站始发端头地层情况
a)端头水平探孔涌水涌砂;b)端头土体条件

图9-12　加固后科技园站始发端头地层情况
a)加固后掌子面情况(一);b)加固后掌子面情况(二)

其次,按要求进行抽芯检测。科技园站始发端头垂直和水平抽芯芯样如图9-13和图9-14所示。对取芯试样进行抗压和渗透性试验,试验得出的无侧限抗压强度和渗透系数(平均值)如下:

(1)左线端头:无侧限抗压强度$q_u = 1.21 \text{MPa}$,渗透系数$K = 1 \times 10^{-9} \text{cm/s}$。

(2)右线端头:无侧限抗压强度$q_u = 1.25 \text{MPa}$,渗透系数$K = 1 \times 10^{-10} \text{cm/s}$。

a) b)

图 9-13 科技园站始发端头垂直取芯情况

a)垂直抽芯芯样(一);b)垂直抽芯芯样(二)

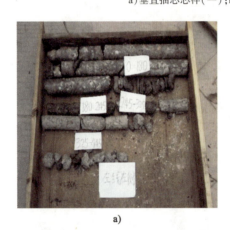 

a) b)

图 9-14 科技园站始发端头水平取芯情况

a)水平抽芯芯样(一);b)水平抽芯芯样(二)

9.1.5 分析和结论

该标段盾构始发与到达端头地层条件较为复杂,端头处盾构隧道几乎为全断面砂层,地下水丰富,地下水位埋深较浅,位于隧道顶板以上,而且该区间段位于大沙河下游入海口段,地下水受海洋潮汐影响,涨落潮水位差约为 1～2m。在如此复杂的工程地质和水文地质条件下,该标段所有端头经过加固处理后,盾构始发与到达非常顺利,均未出现任何安全事故,分析和总结端头加固全过程,以下几点值得借鉴和学习:

(1)施工单位对地层的判断和加固工法的选取至关重要,直接关系到端头加固的效果以及盾构始发与到达的成败。该标段施工单位经验较丰富,对施工区域地层预测准确,熟悉各种端头加固工法的优缺点和地层适应性。深知在砂层中采用旋喷桩加固,地层底部很难保证成桩效果,桩体搭接咬合很难达到设计的要求,容易引发塌方、透水等工程事故。因此果断地否定了旋喷桩加固的方案,改用水平前进式深孔注浆加固为主的方案,避免了事故的发生。

(2)富水砂土地层中,采用以全断面水平前进式深孔注浆加固为主,旋喷、降水为辅的端头加固方案是可行、有效的,能起到很好增强堵漏的效果,加固后的土体满足本书前面章节中多次提到的加固体应满足的强度、稳定性、渗透性和相关的几何准则,且经济效益良好,具有很好的市场推广价值。

9.2 天津滨海轻轨西段 SZn 标段盾构到达端头加固技术

9.2.1 工程概况

(1) 工程简介

天津滨海轻轨西段工程 SZn 标段为大直沽西路站—东兴路站区间工程,区间起讫里程为 DK5+727.4~DK6+601.4,全长为 874m。采用两台盾构同时从东兴路站始发,左线先始发,随后为右线平行跟进施工。左右两线在大直沽西路站接收盾构。区间隧道与车站位置关系如图 9-15 所示。

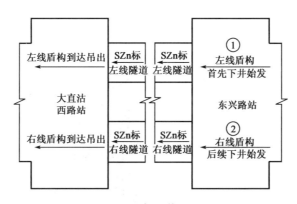

图 9-15 SZn 标段位置平面图

(2) 工程地质与水文地质条件

根据勘察报告,本区段隧道断面主要位于新近沉积层③粉质黏土、粉土、粉砂、第Ⅰ陆相层④黏性土及粉土以及第Ⅰ海相层⑤黏性土及和粉土中,局部在第Ⅱ陆相层⑥粉质黏土中。

隧道洞身围岩属于Ⅰ类围岩类型,围岩土质结构松散,稳定性极差,洞身易发生过大变形,在地下水作用下易产生涌水、流砂等工程地质问题。

该区域地下水丰富,地下水位在盾构隧道顶板以上。

9.2.2 端头加固方案

9.2.2.1 原设计加固方案

大直沽西路站端头井为盾构接收井,端头土体纵向加固范围为沿隧道线路方向 4m,横向加固范围为洞圈周边以外上、下、左、右各 3m,加固方式采用高压旋喷桩,具体情况如图 9-16 和图 9-17 所示。

为了进一步明确隧道基底地层土质情况及其检验端头加固效果,施工单位根据设计接收井端头加固要求完成端头井加固后,在左线洞门距离钢环底部 0.3m 和 0.6m 处各打两个(水平间距为1.5m)探孔,距离钢环底部0.3m的两孔与地下连续墙角度为40°,距离钢环底部0.6m的两孔与地下连续墙角度为65°,图9-18为水平探孔施工情况。

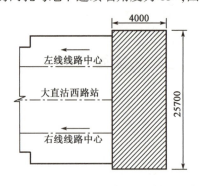

图9-16 大直沽西路站盾构到达纵向加固范围
（尺寸单位:mm）

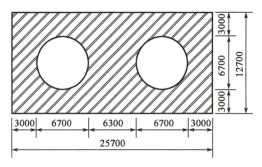

图9-17 大直沽西路站盾构到达横向(径向)加固范围(尺寸单位:mm)

实际钻探结果显示,在钻杆钻至4m左右(加固区外)时,管口流出泥水,主要成分为黏土和粉砂,5~6min后变为黄褐色、黄色的粉砂涌水,且流量快速增大,图9-19为水平探孔涌砂涌水情况。此时,为防止泥砂大量涌出,现场立即停止钻进,紧急安装止水阀门将管口封堵。

图9-18 水平探孔施工情况

图9-19 水平探孔涌砂涌水情况

9.2.2.2 端头加固设计变更

1) 设计变更的原因

大直沽西路站到达端洞身地层为新近沉积层③粉质黏土、粉土、粉细砂,为古河道冲积层的淤泥质土,土质结构松散,稳定性极差,盾构隧道易发生过大变形,在地下水作用下易产生涌砂、流土,在动荷载作用下可能产生振动液化。

盾构在到达施工中存在的风险:盾构到达端土体纵向加固范围为4m,而项目所用盾构设备自身长9.05m,当盾构刀盘掘至洞门处时,盾尾仍在原状土体中,盾尾注浆位置距离土体加固区仍有5m长的距离,洞门直径为6.7m,盾构刀盘开挖直径为6.37m,盾体直径为6.34m,盾身土体在地下水作用下产生的涌水、流砂或液化土体,此时盾尾双液浆无法封堵,在水土压力作用下,极可能通过盾体与加固土体间隙、洞门与盾体空隙涌出洞门,将造成地面大幅沉降、管线破坏、隧道结构下沉,甚至造成已经成形隧道破坏等严重安全、质量事故。若地层中存在承压水从洞门涌出时,甚至会出现路面、地面建筑物、地下管线、成形隧道结构、盾构设备等难以恢复的破坏事故,涌出承压水可能会涌入车站,对车站结构及施工造成极大破坏。

2)变更后加固方案

鉴于本标段盾构到达端地质条件极差,可能出现严重的安全质量事故,经仔细研究和讨论决定采取如下措施:

(1)端头区域地面布设降水井,在盾构到达施工时,出现漏水、涌水时紧急降水。

为减小盾构在到达施工中洞门处出现漏水、涌水、涌泥等情况,引发大的工程事故和风险,在盾构到达端头布设三口降水井,当洞门凿除后出现漏水漏泥等情况时,马上进行降水、减压,减缓洞门水土压力,以便进一步采取相关措施进行加固堵漏,确保盾构到达施工的安全性。

本方案共布置五口降水井,1号、3号降水井距离地下连续墙外边线为5m,距离盾构隧道开挖直径外边线外1m,2号、4号降水井距离地下连续墙外边线10m、距离盾构隧道开挖直径外边线外1m,5号井布置在1~4号井正中间。降水井井口大小为$\phi 600mm$,降水井深度为20m,即穿透隧道基底粉砂层,降水井具体位置如图9-20所示。

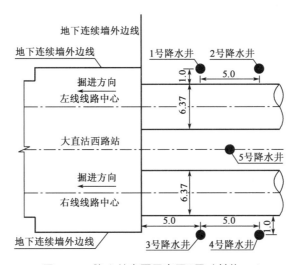

图9-20 降水井布置示意图(尺寸单位:m)

降水井施工安排在水平注浆加固完成之后实施,为确保隧道洞身底部粉砂层的水位能在盾构到达前得到充分降低,尽量不扰动粉砂层顶部土层中的地下水,最大限度控制地表沉降,计划在降水施工中采取如下方法:

①降水井施工过程中做到只在粉砂层部位降水,而其他部位使用不透水井管或井管外侧充填不透水材料。

②降水井抽水安排在盾构到达前3d短期集中降水,采用5.5kW大功率潜水泵放置于井底,根据水位情况,派专人负责抽水,确保粉砂层降水效果。

(2)扩大端头土体纵向加固长度,采取全断面水平前进式双液浆注浆加固方法进行端头土体加固处理,确保盾构安全到达接收井。

因施工工期要求紧,加上地面场地狭小且正在进行紧张的车站主体结构施工和地下密集的管线,计划采用水平前进式深孔注浆施工方案,即在洞门沿直径5.7m的周边和洞门底板以上一定高度内布置钻孔,进行双液注浆,加固洞体四周,使之形成一道帷幕加固体,从而达到止水加固的目的。

本次注浆共布置31个孔。在洞门两侧和上方布置9个孔(1~5号、12~15号孔),间距1.0m,孔深9m;孔身为垂直于洞门布置。在洞门底板以上再布设3层共22个与水平面呈不同夹角的孔(16~31号孔),孔深2.68~9.72m不等。钻孔布置图详见图9-21~图9-25。

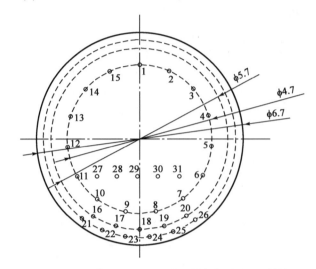

图9-21 端头土体洞门水平注浆孔总布置图(尺寸单位:m)

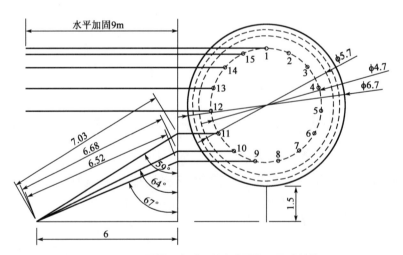

图9-22 1~15号钻孔角度、深度布置图(尺寸单位:m)

9.2.3 水平前进式深孔注浆施工工艺

1)施工准备

根据现场实际情况,焊接搭设钻机平台,如图9-26所示,平台结构为双层工字钢结构;每层平台高度3.2m,其他尺寸根据现场和钻机布置需要而定,要保证平台强度以便立钻打孔,确保施工安全。

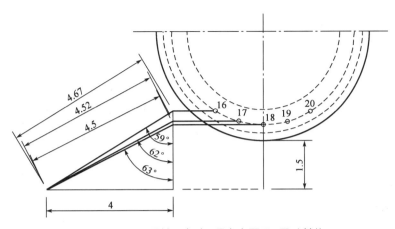

图 9-23 16~20 号钻孔角度、深度布置图(尺寸单位:m)

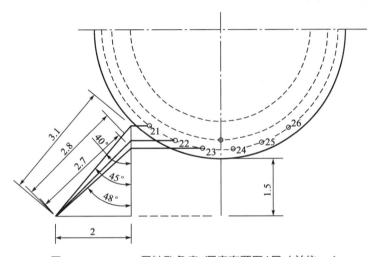

图 9-24 21~26 号钻孔角度、深度布置图(尺寸单位:m)

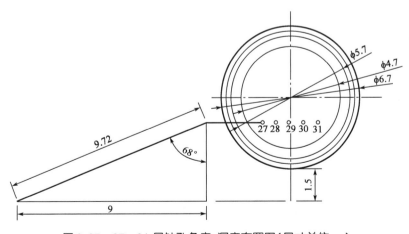

图 9-25 27~31 号钻孔角度、深度布置图(尺寸单位:m)

2) 钻孔布置

按照图 9-21 ~ 图 9-25 所示在掌子面上布置钻孔,布置后的钻孔布置情况如图 9-27 所示。

图 9-26 搭设钻机平台

图 9-27 钻孔布置示意图

3) 孔口埋管及钻孔施工

压浆孔钻孔前,先在孔口位置预埋止水装置管,孔口埋管质量的好坏和钻孔的施工质量,对注浆能否成功起着关键的作用。孔口管采用 φ89mm 无缝钢管预埋,长 0.9m,钻孔机械采用电动空心钻,管口连接法兰,便于安装止水阀,当压浆钻孔时一旦有水涌出就进行封水。

压浆钻孔孔径为 65mm,钻孔时钻杆从预埋钢管中钻入,严格控制钻孔位置和角度达到设计要求。

钻孔注浆施工顺序为:14→15→1→2→3→4→5→6→11→12→13→7→8→9→10→16→17→18→19→20→21→22→23→24→25→26→27→28→29→30→31。

4) 加固范围及钻孔注浆原则

加固范围:隧道断面上半部 6m,下半部 10m,洞门四周 3m 范围。

钻孔注浆原则:按设计钻孔顺序进行钻注,遇水即注,钻一个孔注一个孔,每孔按照要求反复钻注,每次钻注长度不得超过 1m,并且严格控制注浆压力,严格掌握注浆参数并及时调整。

5) 注浆参数选择

(1) 选择双液注浆,水泥浆浓度:水灰比 = 1∶1,水玻璃浆浓度 35°Bé,水泥浆∶水玻璃 = 1∶1。

实际注浆过程中根据进浆量变化及压力的变化可适当调浓或调稀一级,以确保施工质量,施工过程中做好施工记录。

(2) 注浆压力:注浆终压设计值根据地面隆起情况取 3 ~ 5MPa,注浆时要严格控制注浆压力,防止地面隆起破坏地表结构。根据现场实际情况,可适当调整注浆压力。

(3) 浆液扩散半径:$R = 3 ~ 5m$。

(4) 注浆结束标准:按设计达到注浆压力,在注浆设计终压下,持续 30min,并且进浆量明显减少。1 ~ 20 号、27 ~ 31 号孔达到终压设计值即可;21 ~ 26 号孔达到终压设计值且多孔检查均不出水即可。

(5) 封闭死角注浆：在检查探孔不出水后，在洞门底部紧贴地下连续墙按45°方向进行死角探水封闭注浆。

6) 钻孔注浆设备和布置

(1) 钻孔注浆设备

① 采用 KQJ-100 型电动潜孔钻和 YT90 潜孔钻各 1 台。

② 采用 27GZ60/120 型注浆泵 2 台（25MPa，注浆量 $0.48\text{m}^3/\text{min}$）。

③ 普通搅拌机 2 台。

(2) 注浆站的布置

浆液搅拌罐布置于地表适当位置，搅拌好的浆液用管路输送到作业场所。注浆泵布置于洞口作业面附近，以便于操作及观察注浆压力作业面情况。

9.2.4 端头加固质量检测

(1) 水平注浆加固完成后两天内，为确保注浆加固效果，打开注浆加固预留阀门，结果阀门处并未出现漏泥漏水情况，因此初步判断，水平注浆加固效果较好。

(2) 在洞门范围内未钻孔部位加钻水平孔取芯，在洞门的上部和中部各取两组芯样，在洞门下部取三组芯样。

外观上，水平抽芯芯样整体性和连续性均较好，基本满足设计要求。同时对所取芯样进行压缩试验和渗透性试验，试验得出芯样的平均无侧限抗压强度 $q_u = 1.66\text{MPa}$，渗透系数 $K = 1 \times 10^{-9}\text{cm/s}$，两者都满足设计要求。

因此，从以上两点可以得出，水平注浆加固效果良好，加固后到达端头土体能满足施工对土体强度、稳定性以及渗透性的要求。

9.2.5 分析和结论

图 9-28 和图 9-29 分别为加固后破除洞门掌子面土体的实际情况和盾构刀盘露出后土体的情况。该工程经历了一次端头加固失败，在调整加固方案后，盾构顺利地到达接收井。经历整个施工过程后，对比变更前后端头加固方案，得出以下几点结论：

(1) 及时变更端头加固方案是正确的，变更后的端头加固方法与端头地层的适应性好。

(2) 采用原设计进行端头加固后出现了涌砂涌水，主要存在以下几点不足：

第一，端头加固方法选取不合理，旋喷加固不太适用于加固具有深度较大的富水砂层，深度超过一定范围后，桩体底部成桩效果一般，很难达到设计的搭接咬合要求，容易形成渗漏通道，发生涌水涌砂事故。

第二，端头加固范围不足，纵向加固范围只有 4m，盾构主机长约 9.05m，在地下水丰富的地层中，端头加固范围远远不能满足"几何准则"的要求。

(3) 实践证明，水平前进式深孔注浆工法完全适用于加固地下水丰富的砂土类地层，注浆工法充分发挥了劈裂和挤密的作用，端头土体改良效果好，加固后端头土体形成了一道很好的止水帷幕，能起到很好的堵水效果，确保盾构安全地到达。

图9-28 洞门破除情况

图9-29 盾构即将进入车站

9.3 广州地铁3号线北延段10标人和站盾构到达端头加固

9.3.1 工程概况

(1)工程简介

广州地铁3号线北延段贯穿广州南北,南起广州东站,北至新白云机场,共设11座车站,全长30.9km。土建10标为人和站—矮岗站区间,区间长度2434m,为地下方案,线路南起人和站。人和站位于G106国道下,向北经人和镇合龙庄、积阴庄后到达机场高速公路东侧的矮岗站。

区间隧道采用盾构法施工,盾构隧道拟用两台盾构由矮岗站以南明挖段南端始发向南掘进,过中间风井明挖段,到达人和站接收。

(2)工程地质与水文地质条件

人和站到达井从上而下地层分布主要为人工填土层〈1〉、冲积~洪积土层〈4-1〉、冲积~洪积中粗砂层〈3-2〉、砂砾层〈3-3〉、冲积~洪积土层〈4-1〉,如图9-30所示。

盾构隧道顶板到地面的距离大约为10m,地下水稳定水位埋深为0.00~6.10m,平均埋深为2.90m。地面为106国道的路面,洞门处为人和车站的围挡,地下管线已迁移。

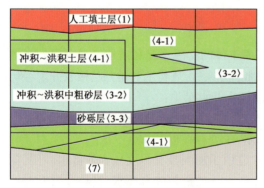
图9-30 人和站端头地质剖面图

9.3.2 端头加固方案

人和站到达端采用了水平前进式深孔注浆加固方案,右线吊出井端头水平加固于2009年6月15日开始,至7月28日完成,共用568.1t水泥,85.25t水玻璃。

水平前进式深孔注浆的加固原理:打孔后安装注浆孔口管,由孔口管向地层内进行注浆,浆液通过孔口注浆管后进入地层(流砂层、粉质黏土层、黏土层等),浆液在地层中向四周扩散,起到劈裂、挤密和渗透的作用,从而使松散富水砂层或黏土层变为密实的坚固地层,达到堵水的目的。

加固方案设计:沿洞门圈周边布设水平钻孔23个,如图9-32空心圆孔,环向间距0.7m;洞门下部布设斜孔19个,如图9-31所示实心圆孔,对底部注浆加强。水平钻孔深度为10m,斜孔深度如图9-32所示。

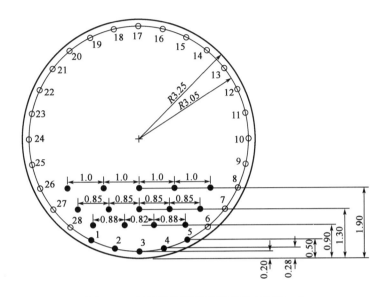

图9-31 注浆孔布置平面图(尺寸单位:m)

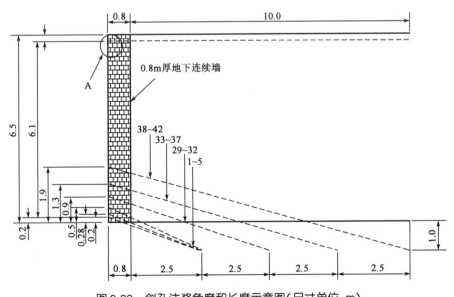

图9-32 斜孔注浆角度和长度示意图(尺寸单位:m)

9.3.3 加固质量检测

水平注浆加固施工完成后,对人和站端头加固体进行了垂直、水平抽芯和水平探孔检测,查看加固体有无明水与流砂、加固体的连续性及注浆扩散半径,加固体检测项目及数量如表9-2所示[84]。

端头加固体检测项目及数量　　　　　　　　表9-2

序　号	检测项目	检测方法	检测频率	检测数量
1	连续性及扩散半径	钻芯(垂直)	—	5
2	有无明水与流砂	探孔(水平)	每洞门不少于8个,1个抽芯	9

1)垂直取芯检测[84]

垂直取芯孔位布置如图9-33所示,垂直钻孔深度约为地表以下17m。原计划取5点,实际取芯4点,检测点Y5处因堆放有注浆用水泥未能取芯。具体各个检测点芯样的情况如下:

(1)检测点Y1:10.6~11.3m为水泥胶结体,11.3~12m为松散砂层夹杂水泥胶结体,12~13.2m为水泥胶结体,13.2~14.5m为有一定联结性和强度的砂柱,14.5~15.3m为水泥胶结体,如图9-34所示。

(2)检测点Y2:8.4~12.4m为水泥胶结体夹杂有砂砾,12.4~15.2m为柱状水泥固化砂块,如图9-35所示。

(3)检测点Y3:8.3~10.8m水泥胶结体,10.8~14.5m松散砂层中间夹杂破碎水泥胶结体,14.5~15.1m水泥胶结体,15.1~15.6m水泥胶结体,15.6~16.2m水泥胶结体,如图9-36所示。

(4)检测点Y4:8.3~8.8m为粗砂,10~11.2m为破碎水泥块,11.2~12.6m为有一定联结性和强度的砂柱,12.6~13.5m为破碎水泥胶结体,13.5~14.8m为破碎水泥胶结体,14.8~15.3m为水泥胶结体,如图9-37所示。

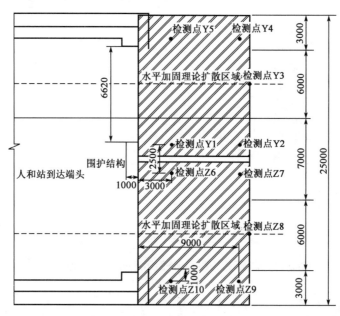

图9-33　人和站端头加固体垂直抽芯检测点布置图(尺寸单位:mm)[84]

图 9-34 Y1 点抽芯芯样照片[84]

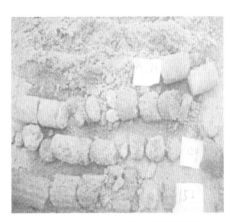

图 9-35 Y2 点抽芯芯样照片[84]

图 9-36 Y3 点抽芯芯样照片[84]

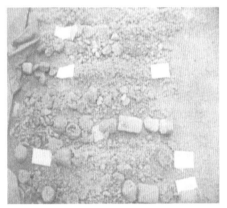

图 9-37 Y4 点抽芯芯样照片[84]

2) 水平取芯和探孔检查[84]

现场施工过程中水平取芯和水平探孔的孔位布置如图 9-38 所示,水平探孔深度进入加固体不少于 2.5m,水平取芯深度 4m。

水平取芯点 R0:0~0.8m,连续墙;0.8~1.4m,较完整水泥柱;1.4~2.5m,较完整水泥柱,局部破碎;2.5~4.0m,水泥柱破碎,如图 9-39 所示。

检查各个探孔情况发现,R1、R2 探孔局部出现渗水,主要为清水,呈滴漏状,不连续。

因为第一次水平探孔见水,为了进一步了解加固体的质量,对 9 个水平探孔加深,加深探孔出水情况见表 9-3。然后对 9 个水平探孔进行注浆补强,在注浆压力为 3MPa 左右的情况下,各孔注浆量均不大,注浆量如表 9-3 所示。

2009 年 8 月 5 日,又增加了 6 个补充水平探孔,如表 9-4 所示。

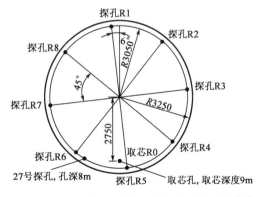

图 9-38 端头井水平探孔检测点布置示意图[84]
(尺寸单位:mm)

2009年8月6日,召开了端头加固体质量分析会,同意右线盾构掘进加固体。

图 9-39 R0 点抽芯芯样照片[84]

水平加深探孔出水及注浆的统计表　　　　　　　　　　　　表 9-3

孔号	漏水位置(m)	探孔深度(m)	水流量描述	现在状况
R1	2.5	10	清水,1指头粗	注入 0.3m³
R2	3.5	10	清水,滴流	注入 0.5m³
R3		10	无水	注浆少许
R4	3	10	浊水,水大,流出 0.3m³ 砂子	注入 0.3m³
R5		9	无水	封孔
R6		10	无水	封孔
R7	3.5	10	清水,滴流	注 0.9t 水泥
R8	3	10	清水,滴流	封孔
R0		10	无水	作为检查孔

水平探孔出水及注浆统计表　　　　　　　　　　　　表 9-4

序号	孔号	漏水位置(m)	探孔深度(m)	水流量描述	现在状况
1	C1	12~13 之间	7	清水,滴流	未封孔
2	C2	15~16 之间	7	清水,滴流	未封孔
3	C3	18~19 之间	7	清水,1指头粗	未封孔
4	C4	19~20 之间	7	清水,1指头粗	未封孔
5	C5	21~22 之间	7	清水,滴流	未封孔
6	C6	24~25 之间	7	清水,滴流	未封孔

9.3.4 经验与教训

1) 成功经验

由于参建各方对本标段盾构到达的风险非常重视,从加固方案的选择、加固效果的检验到

各环节的验收都进行了认真细致的工作,有以下几点经验值得借鉴:

(1)各方重视,各单位领导现场指挥,及时解决存在的问题。

(2)应急准备充分,应急反应及时有效。各种应急材料和设备都提前准备,同时,还对可能发生渗漏或塌陷的部位(如刀盘上方、暗渠位置等)提前埋设注浆管,以备不时之需。在破除洞门过程中发生漏水漏砂,施工单位果断封模浇筑洞门,事后证明措施正确,反应及时防止了事态进一步恶化,为注浆加固赢得了时间。

(3)抓住了重点节点工序验收。由于本次盾构到达风险很大,把盾构到达节点工序验收由一次改为三次。第一次在盾构进入加固体之前,主要检验加固效果是否满足盾构到达要求,经过各方及专家认可满足盾构出洞要求后,才同意盾构进入加固体,否则继续加固;第二次在盾构到达洞门、破除连续墙之前,主要检验盾构土舱内是否有漏水漏砂,破除洞门是否安全;第三次在洞门混凝土破除完毕、割除洞门最后一排钢筋之前,主要检查洞门密封系统、盾构导台、接受台架是否安装到位,其他应急措施是否到位等,验收合格后才允许盾构推出洞门。

2)应当吸取的教训

本次右线盾构出洞时出现的漏水漏砂险情最终得到了排除,没有对周边环境造成影响,但从加固方案的选择和处理过程来看,还有许多需要认真总结的地方,主要表现在:

(1)在深圳地铁的端头加固中,采用水平渐进式加固方案已经取得了成功,并积累了丰富的经验,全断面砂层中采用这种加固形式在广州没有先例,以往只在一些局部断面砂层或岩土层采用过。可以说在广州地区同类地层是第一次采用这种加固形式,因此,加固过程也是一个不断探索完善的过程。

(2)纵观各种端头加固方法,全断面水平前进式深孔注浆法用在富水砂土地层中,有众多优点,但是也存在一些缺点,由于该工法对于施工技术人员要求较高,同时由于注浆自身技术缺陷,施工时可能存在加固盲区,因此当地层条件较为复杂时,适当增加水平注浆孔,减小注浆孔之间的间距,使得浆液扩散范围能够相互衔接咬合,增加端头加固的保险性和安全性。

(3)水平渐进式注浆加固中,浆液主要起到劈裂和挤密土体的作用,渗流作用较小,注浆后,有的地方是胶结的水泥脉,有的地方是挤密的砂,当地下水头较高时,在盾构施工扰动下,未胶结的地方易出现新的水力通道,漏水的概率很大,因此当地层条件特别复杂,地下水压力很大时,建议和旋喷桩、搅拌桩、降水等其他加固工法配合使用。

9.4 北京地铁大兴线01标黄村火车站盾构到达端头加固

9.4.1 工程概况

1)工程简介

北京地铁大兴线01标为黄村火车站站至义和庄站,区间隧道起止里程为DK14+874.500~DK16+746.9,左线隧道长1863.462m,右线隧道长1872.057m。黄村火车站—义和庄站区间隧道工程采用盾构法施工,右线首先从义和庄始发,左线随后平行施工,然后双线均在黄村火车站站接收盾构。2009年10月9日右线到达黄村火车站,从右线盾构接收情况来看,盾构隧道上方为2~2.5m的粉细砂层,在刀盘顶到围护桩前,有大量的溃砂现象,这种溃砂会造成地面大量塌陷,引起端头井上方的雨水、污水及电力管线发生断裂,致使溃水发生,详细情况见第8.5节事故分析。

2) 工程地质与水文地质条件

盾构到达黄村火车站站前100m的土层性质从上至下分别为:

(1) 素填土①$_1$层、杂填土①$_2$层。

(2) 粉土②层、粉质黏土②$_1$层、粉细砂②$_2$层,土层厚度0.8~6.7m。

(3) 粉质黏土③层、粉土③$_1$层、粉细砂③$_2$层、黏土③$_3$层,土层厚度12.9~19.3m。

(4) 粉细砂④$_1$层、粉土④$_2$层,土层厚度1.2~9.3m。

(5) 粉土⑤$_1$层,土层厚度1.5m。

(6) 圆砾⑥层、粉细砂⑥$_1$层、粉质黏土⑥$_3$层,土层厚度2.0~14.5m。

(7) 粉质黏土⑦层、细砂⑦$_1$层、圆砾⑦$_2$层,土层厚度2.1~7.8m。

部分地段洞顶位于粉细砂③$_2$,隧道结构主体地基持力层主要为③层粉质黏土和③$_1$层粉土及③$_2$层粉细砂,属中压缩性土。

本区间隧道结构在地下稳定水位以上。

根据右线盾构接收的实际状况,接收端隧道断面上部2m及隧道顶部4m范围内的土体都为疏松的粉细砂层,自稳性极差,受外力影响极易塌落。

3) 端头场地情况

端头井附近有3条管线,ϕ300mm污水管道,管顶埋深2.2m,管中心离围护桩2.2m。雨水管沟3.0m×1.2m,内径2.0m。管顶埋深1.6m,中心线离围护结构5.2m,6孔电信管道管顶埋深1.8m,离围护桩约7.2m,详细位置分布如图9-40所示。

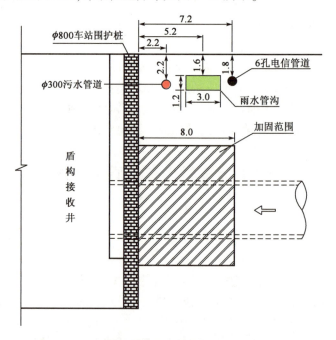

图9-40 到达端头地下管线剖面图(尺寸单位:m)

右线盾构到达施工,造成污水管线断裂,目前接收井加固区内的污水和雨水管线已经截断,上游的污水和雨水直接用水泵跨过加固区从上游管井直接导流到下游管井。

9.4.2 端头加固方案设计

1) 原设计加固方案

盾构接收时,洞口段地层须预先进行加固以保证盾构到达的安全。加固后的地层应具备良好的均匀性和自立性。此次盾构到达端头原计划地面采用旋喷注浆加固。地基加固强度指标:无侧限抗压强度为 0.8MPa 左右,渗透系数小于 $1 \times 10^{-8} cm/s$。

设计加固范围为盾构隧道顶、底、左、右各 3.0m,加固宽度 12m,深度 12m,纵向加固长度 8m,具体的加固范围如图 9-41 所示。

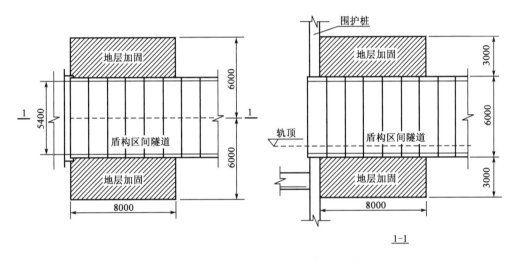

图 9-41 盾构到达端头加固范围示意图(尺寸单位:mm)

由于受改移到加固区内的雨水、污水和电信管线的影响,从地面采用常规的旋喷加固方式已经不可行,根据现场的实际情况只能从加固区外侧采用斜向旋喷的方式对加固区进行加固,如图 9-42 所示。此种加固方式受管线位置影响造成管线正下方形成一定的加固盲区,加固效果减弱。为此根据右线盾构接收的教训必须要对左线盾构接收加固区进行补强加固处理。加固方式为从洞门圈内的掌子面采用水平前进式注浆方式对管线下方土体进行补强加固。

2) 变更后加固设计方案

(1) 变更设计的原因

根据右线盾构到达的实际情况,左线盾构到达存在以下问题:

①到达端头区域雨水、污水管线复杂且与管线改移图存在差异,水源难控。

②隧道顶部 2m 及洞门圈上方 4m 范围内土体为粉细砂层,厚度较大,土体的自稳性很差,极易塌落;由于管线原因,端头井加固效果较难保证,常规的加固工法实施难度大,而且现场土质情况很复杂,对端头加固工法要求较高。

③右线盾构到达洞门的大面积土体塌方对左线端头洞门上方土体产生了扰动,二次沉降较大。

④根据右线塌方现场土体查看,现场车站施工前的管线改移后回填土压实效果极差,再次沉降可能会导致更大面积土体塌方。

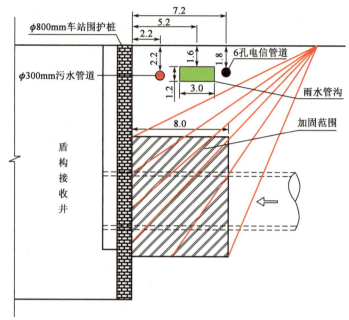

图9-42　端头井斜向加固及旋喷桩加固示意图(尺寸单位:m)

为解决以上问题,施工单位经过多方了解和实地考察,综合比较分析,借鉴其他项目成功经验,最终采用封闭洞门,在洞内全断面进行水平小导管注浆的施工方案对端头进行加固。

该方案注浆加固原理是:封闭洞门,成孔后安装注浆孔口管,由孔口管向内进行注浆,整个注浆过程是在一个封闭体系中进行的,浆液通过孔口注浆管进入封闭状态的被注地层(流砂层、粉质黏土层、黏土层等),通过注浆泵产生的压力,使浆液在被注地层中向四周扩散,达到充填、挤压、密实的作用,从而使松散(含水)砂层或黏土层变为密实的坚固地层,达到注浆堵水的目的。

水平小导管注浆加固与高压旋喷桩、搅拌桩的根本区别在于旋喷桩和搅拌桩是打孔后在孔内旋喷、搅拌,孔口是敞开的,孔口返浆后视为成桩,其范围和成桩体积受压力影响变化较大,属于后退式注浆法;而小导管注浆加固是在一个封闭体系中进行注浆,而且采用前进式注浆加固法。

目前,端头小导管加固方案应用较多,天津、深圳、广州各地均有成功经验。

(2)变更设计后的加固方案

本次水平小导管注浆加固的纵向加固范围沿隧道轴线方向8m,横向加固范围为隧道中心线外各6.0m即12m宽。地层深度范围:隧道中心线向上6m,向下4m,即整个洞门范围及洞门圈顶部向上3m,洞门圈底部向下1m。加固设计如图9-43和图9-44所示。

如图9-45所示,小导管水平注浆分两部分进行。第一部分在洞门圈底部向上1m,沿洞门圈周边布设钻孔,然后在钻孔内插入小导管注浆,钻孔直径50mm,小导管注浆孔直径42mm,注浆孔间距25cm,入土深度8m,露出20cm长度与洞门圈焊接,角度向上8°~15°。第二部分在洞门圈底部1m向上、沿洞门圈内桩间土打入直径42mm的小导管,注浆孔间距50 cm,入土深度 8m,角度向上 8°~15°,共计注浆钻孔 103 个。

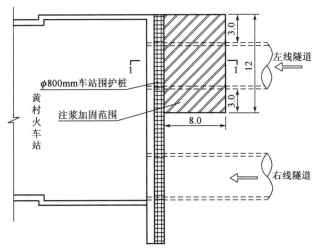

图 9-43 水平注浆加固平面图(尺寸单位:m)

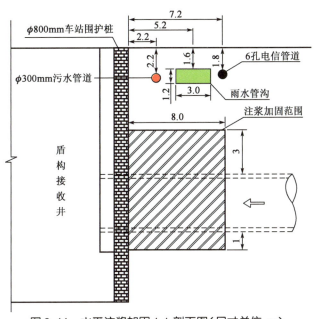

图 9-44 水平注浆加固 1-1 剖面图(尺寸单位:m)

9.4.3 端头加固方案实施情况

9.4.3.1 施工准备

(1)配齐钻机、搅拌机、注浆泵、管路、储浆桶,各种应急材料。主要机械设备包括:YT-24~28 风动凿岩机、ZTGZ-120/150 型注浆泵。

(2)对注浆泵进行试运转,并对操作人员进行上岗培训。

(3)按每循环使用量配齐所有注浆材料。

(4) 对注浆施工人员进行技术交底、技术培训以及安全教育。

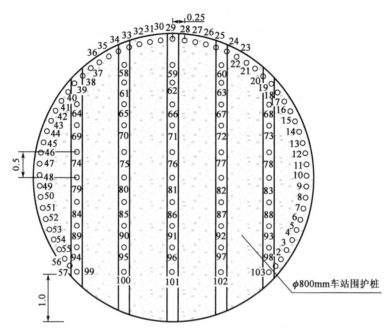

图 9-45　洞门钻孔布置示意图(尺寸单位:m)

9.4.3.2　施工过程

根据实际施工进度,盾构推进至第 1544 环时刀盘到达围护桩,为了防止隧道结构上方及洞门上方土体从桩间坍塌,在盾构刀盘未到达围护桩前,先不进行破桩,盾构带压推进,在已完成的车站主体结构内,先在整个洞门圈桩间土范围内挂网喷 20cm 混凝土面层,待面层达到一定强度后,沿洞门周边向需要加固的土体内全断面施作小导管钻孔和斜孔,利用机器成孔后,然后向孔内插入注浆管开始注浆;双液浆在砂层中扩散与周边孔注浆区域相互渗透融合,在洞门周边固化形成桶状加固体,满足盾构到站掌子面不坍塌、不漏水、涌砂的安全要求。具体的施工过程如下:

1)洞门加固

在进行小导管注浆施工前,先在整个洞门圈桩间土范围内挂网喷射 20cm 厚混凝土面层,然后进行如下操作:

(1) 首先凿出桩间土,厚度 20cm,然后开始沿整个桩身竖向范围以间距 40cm 凿出桩身混凝土,向桩内凿出厚度 10cm 即保证桩体围护桩主筋向内有 5cm 空隙,同时凿出围护桩主筋至少 3 根,保证 3 根桩主筋内部有 5cm 空隙,使桩体露出的钢筋要满足围护桩平面网喷混凝土横向钢筋伸进围护桩主筋内部压网焊接的要求。

(2) 然后沿桩间土挂网,先将 $\phi20mm$ 钢筋打入桩间土 0.5m,末端做成弯钩,直接挂在网片上,钢筋竖向间距 0.5m;再用 $\phi20mm$ 钢筋横向压网,并将 $\phi20mm$ 钢筋伸进围护桩已凿出的 3 根主筋内部,同时焊接,$\phi20mm$ 钢筋横向焊接间距为 40cm,最后喷射第一层混凝土,厚度 10cm。

(3) 待第一层网喷达到一定强度后,再在洞门桩间土挂网喷第二层混凝土面层,厚度10cm,具体做法同第一层,具体如图9-46和图9-47所示。

(4) 网喷时,在即将钻孔注浆的洞门圈四周预留好钻孔,此处部位混凝土面层厚度较薄。

(5) 凿出围护桩混凝土过程中,首先利用大锤及簪子慢慢凿出,遇到特硬混凝土部分方可利用汽钻或风镐凿出,不能将桩外部混凝土全部凿出。

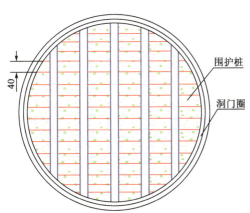

图9-46 左线盾构到达洞门凿桩图
(尺寸单位:cm)

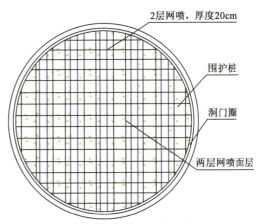

图9-47 左线盾构到达洞门网喷平面图

2) 导向管加工

导向管长度8m,采用外径42mm、壁厚3.5mm的钢管加工而成,一端焊接内径 $\phi25mm$ 的外丝,另一端端头植于掌子面上,植入深度为7.5~7.8m,外露20~50cm与洞门圈焊接。

3) 钻孔、注浆

(1) 钻孔:采用风动凿岩机沿洞门圈周边进行钻孔,成孔直径 $\phi50mm$。钻杆顶进时,注意保护管口不受损、变形,以便与注浆管路连接。

(2) 按设计顺序依次对每个钻孔进行注浆,其原则是:第一部分小导管是每打完一根钢管,然后拔出钢管插入注浆管后立刻注浆;第二部分是先打入钢管,然后边向土外拔管边注浆,注完浆后开始进行下个注浆孔施工。同时,在钻孔地层有砂有水时,不管长度多少,出砂出水就注。依此往复循环,直至设计终孔为止。注浆顺序如下:

30→29→31→28→32→27→33→26→34→25→33→24→34→23→35→22→36→21→37→20→38→19→39→18→40→17→41→16→42→15→43→14→44→13→45→46→12→47→11→48→10→49→9→50→8→51→7→52→6→53→5→54→4→55→3→56→2→57→1→58→59→60→61→62→63→64→65→66→67→68→69→70→71→72→73→74→75→76→77→78→79→80→81→82→83→84→85→86→87→88→89→90→91→92→93→94→95→96→97→98→99→100→101→102→103。

钻孔布置详见图9-43~图9-45。

(3) 注浆时,严格控制浆液浓度及压力,根据压力变化,及时调整浆液浓度,直到达到设计终压为止。原则上,开始只注单液水泥浆,如果注浆压力上不去且浆液用量大,则逐步改用双液浆,以达到注浆压力控制要求。采取低压力中流量注入,注浆过程中压力逐步上升,流量逐渐减少,当压力升至注浆终压时,继续压注5min,即可结束注浆。注浆时通过控制注浆压力控制注浆量。当注浆压力较小,而注浆量较大时增大水泥浆的浓度,直至终压达到 0.3 ~ 0.6MPa,持续注浆至设计孔位深度。

(4)注浆参数。

注浆扩散距离为 1~2m。已有的实践经验证明,加固土体在设计的洞门圈以外达到 1.0~1.5m 是完全有保障的,同时也满足土体加固的要求。

注浆浆液浓度:水泥浆水灰比为 0.5∶1,水玻璃浓度为 20~25°Bé,水泥浆和水玻璃的体积比为 3∶1。注浆终压为 0.3~0.6MPa。

安装注浆泵站等设备。注浆前,先关闭孔口阀门,开启注浆泵,进行管路压水试验,如有泄漏及时检修,试验压力等于注浆终压,然后将注浆泵吸管放入浆液中(吸头有 D80 滤网包紧),进行正式注浆。

9.4.3.3 技术要点

(1)导向钢管外插角必须严格照图施工,保证注浆管,外插角度。
(2)注浆前在洞门圈内挂网喷混凝土使其成为止浆墙封闭注浆的浆液以防漏浆。
(3)各孔注浆时,间隔进行,以保证浆液扩散效果。

9.4.4 端头加固质量检测

(1)竖向抽芯检测。根据加固体抽芯情况,目测判断加固体强度可否满足设计要求,是否连续;试验判断加固体强度、抗渗性能。在砂层中,特别要注意加固体连续性和整体性是否良好。每个端头 2~4 根。

(2)小导管抽芯检测。沿洞门圈内加固体范围内打 9 个小导管探孔,观察渗水情况。

9.4.5 分析与结论

有了右线盾构到达施工塌方事故的教训后,左线盾构到达施工相对而言更为谨慎。经过专家反复论证,采用全断面水平深孔注浆法对到达端头土体进行加固,整个加固过程严格按照设计要求进行,并对加固效果进行了检测。实践证明水平深孔注浆加固技术用于加固砂土地层可以取得较好的加固效果,能够保证盾构顺利地到达。对于以后类似地层盾构始发与到达端头加固具有较好的借鉴意义。

9.5 广州地铁 3 号线北延段施工 10 标人和站接收井端头加固

9.5.1 工程概况

(1)工程简介

人和站位于白云区人和镇交通要道——G106 国道之下,两侧建筑物大多为 2~5 层的商住楼房,距基坑 25~30m。施工中必须做好交通疏解,在车站主体施工完毕后,再分别施工两侧出入口,工期紧张。

人和站北端扩大端头区段设计为 10 标盾构吊出井,左右线两台盾构均在此到达终点接收。

（2）工程地质与水文地质条件

人和站到达端头从上而下地层分布主要为①、④₁、③₁、③₂、③₃、④₁、⑦、⑧。右线隧道掘进范围内主要③₂中粗砂层和③₃砂砾层,左线隧道掘进范围内主要是③₃砂砾层。③₂中粗砂层和③₃砂砾层地质情况描述如下：

③₂冲积~洪积中粗砂层（Q_4^{al+pl}）：呈灰白色、灰黄色、灰色等,组成物主要为中砂、粗砂、砾砂,含少量黏粒。局部为圆砾、卵石,呈稍密~中密状,局部为松散状或密实状,标贯击数13~17击,平均15击。本层分布较广泛,且厚度较大,钻孔揭露厚度为7.9m。

③₃砾砂层：呈灰色、浅灰色、灰白色、黄色等,组成物主要为砾砂及圆砾,含黏粒,级配较差,饱和,呈稍密~密实状,局部松散状。标贯实测击数为15~22击,平均19击。本层局部有分布,层厚1.3~6.0m。

9.5.2 原设计端头加固简介

原设计盾构从人和站到达端头吊出,端头地层采用 φ600mm@450mm 水泥土搅拌桩结合外包 φ800mm@600mm 旋喷桩进行加固。端头土体纵向加固长度 10m,宽度 25m,深度 19.043m,其中实桩 12m（隧道及其上下各3m）。隧道顶埋深 10.043m。

9.5.3 原设计施工难点和解决办法

1）旋喷桩加搅拌桩端头加固难点

（1）成桩质量不易保证。设计旋喷桩及搅拌桩加固深度为 19.043m,从地勘资料分析,加固桩施工范围地层标贯高达 16~28击,尤其是隧道底部标贯击数最高。加固深度大则成桩质量不易控制,土层标贯值较高,搅拌桩难以实施。

（2）交通疏解影响作业场地。人和站位于 G106 国道道路正下方,车站主体结构施工之后还要继续施工车站出入口,由于交通疏解的需要,人和站每次只能提供半幅场地用于端头加固施工,桩基作业面狭小,施工组织极为不便,地面加固施工工期难以控制。

（3）对环境污染较大,现场文明施工较难保持。旋喷桩、搅拌桩施工,产生大量泥浆、渣土和污水,对周边环境污染严重。

2）解决方法

为解决以上问题,通过多方了解和实地考察,综合比较分析,提出采取"全断面水平深孔注浆方案"。该方案设计思路是：在已完成的吊出井主体结构内,沿洞门周边向需要加固的土体内,全断面施作水平钻孔和斜孔,一边钻孔一边注浆加固地层并进行堵水,逐段推进注浆加固到设计深度,满足盾构到站出洞掌子面不坍塌、不漏水涌砂的安全要求。

目前,端头水平加固方案应用较多,天津、深圳、广州各地均有成功经验。

3）施工方案对比

两方案的优缺点比较如表 9-5 所示。

两个方案成本、工期优缺点比较 表 9-5

项 目	预案设计加固方案	水平加固方案
工期	2009年5月1日—7月31日,共3个月,施工工期较长	2009年5月1日—6月30日,共2个月,工期短
成本	107万元	与预案设计加固方案相近,略低
质量	加固深度大则成桩质量不易控制,土层标准贯入值高则搅拌桩难以实施;成桩质量不易保证	水平加固在工程中的应用相对较少,注浆前应进行注浆试验,确定最佳的注浆压力、扩散半径、单孔注浆量及合适的浆液配合比
环境	(1)占用作业场地大,影响交通; (2)排渣、排污量大,对环境污染较大,现场文明施工较难保持	(1)工作面小,与人和站平行施工相互干扰小; (2)排污量很小,对环境污染小,现场文明施工容易保持
安全	大型设备,安全注意事项多	设备相对简单,安全容易保证

9.5.4 水平加固方案

1)端头加固设计

(1)洞门土体的加固设计。洞门土体加固强度能保证洞门破除后、盾构到达时的土体稳定,且盾构能够顺利切割加固土体。

(2)洞门加固土体的抗渗性能。加固体的抗渗性能要考虑地下水位的高低,地下水的流速,土体的粉粒、砂粒、砾石的含量等。如果抗渗性能不佳,同样会造成严重的涌砂、涌水现象(特别是水+砂+压力同时存在的情况下更加危险)。

(3)洞门加固范围。盾构到达的洞门加固范围必须保证一定的加固体长度、宽度和高度,确保土体的强度和止水需要。此次加固长度定为10m,基本满足几何准则的要求。

2)端头加固方案

根据现场地质资料,人和站端头隧道拱顶和拱底均位于③$_2$和③$_3$砂层中,原设计端头采用旋喷桩加固止水和提高土体强度,根据实际施工经验,旋喷桩在砾砂质中,旋喷效果不能完全保证端头区砂体止水和稳定要求。借鉴其他项目成功经验,人和站端头加固方案采用洞内全断面水平前进式深孔注浆的施工方案。导向管采用内径65mm、壁厚3.5mm的无缝钢管或焊接管,注浆角度和长度为:1号和5号的埋设角度为83°89′,长度为10.057m;2号和4号的埋设角度为86°17′,长度为10.22m;3号的埋设角度为87°71′,长度为10.01m;19号和22号的埋设角度为84°29′,长度为6.68m;23号和27号的埋设角度为65°75′,长度为3.65m;6~16号和28~31号的埋设角度为0°00′,长度为10m。详细情况如图9-48和图9-49所示。

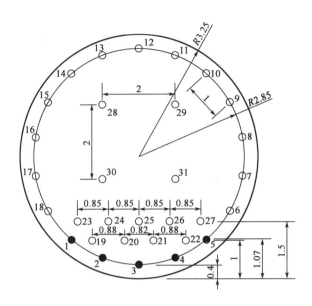

图 9-48 水平注浆管布置示意图(尺寸单位:m)

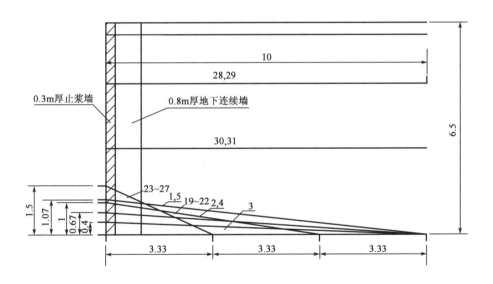

图 9-49 注浆管布置侧面图及注浆管埋设角度图(尺寸单位:m)

9.5.5 分析和结论

如图 9-50 所示,2009 年 2 月 10 日,盾构安全到达人和站接收竖井。施工单位及时变更端头加固设计,将原有的旋喷桩和搅拌桩加固改为全断面水平前进式深孔注浆加固,确保了盾构的顺利到达。

图 9-50　盾构进入人和站接收竖井

9.6 本章小结

本章的各个工程实例表明:采用水平前进式深孔注浆加固地层,均能满足盾构始发与到达端头加固设计的要求,即端头加固土体具有一定的强度、稳定性、渗透性,同时,在有水＋砂＋压力共同存在的条件下,还要充分考虑几何准则的要求,这时几何准则的要求也是最基本的要求,且不可掉以轻心!但是,水平前进时深孔注浆方案也有其缺点,那就是在隧道覆土较浅(如小于10m)时,由于注浆压力较大,容易造成地面隆起,目前对这种条件下的地面隆起尚没有根本的解决方法。但是,天津、广州和深圳的经验表明,如果隧道覆土厚度大于17m 的话,这种地层隆起现象会得到有效控制,如果盾构隧道埋深在25m 以上,地面隆起现象会很小。因此,水平前进时深孔注浆方法仍然有待于进一步深化和发展。特别需要注意的是,水平前进式深孔注浆地层加固法,一般会将地层加固得比较密实,此时,在盾构刀盘进入加固体之前,必须确保盾构的开挖直径大于盾壳外径,否则会出现盾壳向外挤压加固土体,甚至将加固土体挤出裂缝,进而导致出水涌砂的严重后果。

第10章 盾构平衡始发与到达技术

10.1 概述

随着城市中心盾构施工条件越来越复杂,地下水越来越丰富,近些年来,盾构始发与到达依然是盾构施工的高风险点,特别是在地下水丰富(水压大、水量多)、土体自稳性差的地层中进行盾构始发和到达作业,相关事故常有发生。其主要原因在于本书前面章节论述的盾构始发到达技术与工艺,对复杂地层、敏感环境、有限地面空间的不适应性。传统盾构始发与到达技术与工艺,以地层加固 + 洞门环板密封装置为主,其不适应性体现在以下几个方面:

(1)在隧道埋深较深或在富水砂层中,始发与到达端头地层加固效果很难保证。
(2)目前钻孔检查方法难以准确判断加固体的局部缺陷。
(3)由于地下管线多、改迁困难等原因可能造成不具备地面加固条件。
(4)始发与到达端头邻近建(构)筑物,特别是地下室、铁路、河涌、文物、军事区等造成加固施工无足够的场地。
(5)采用水平冷冻法或全方位高压喷射工法(MJS工法)进行地下水平加固时,可能受到地下作业空间的限制,并且费用和工期显著增加,水平前进式注浆法除外。
(6)盾构端头洞门密封装置工作环境差,破损率高,耐压能力低。

是否能够采用合理的技术措施与工艺平衡洞门结构外的水土压力,防止盾构始发与到达中出现漏水、漏砂,甚至涌水、涌砂的情况,确保盾构始发和到达安全?答案是肯定的,这就是盾构平衡始发和平衡到达的工法,主要方式有三种:回填式平衡始发与到达、先隧后站式始发与到达、密闭式钢套筒平衡始发与到达。

平衡始发与到达最好有可切削围护结构、洞门特殊注浆工艺、外凸式洞门圈梁等设计配合。在没有采用可切削围护结构的条件下,先隧后站的平衡始发与到达方式几乎无法实施,其他平衡始发与到达方式是可行的,但需另有辅助措施如素混凝土地下连续墙或(和)冷冻法来保证凿除洞门的安全。

本章重点介绍平衡始发与到达工法,其中密闭钢套筒方式是重点,也就是盾构施工钢套筒始发与到达技术,包括了平移过站和调头等内容,同时也对可切削围护结构、洞门特殊注浆工艺和外凸式洞门圈梁做了说明,最后介绍了不可切削围护结构的处理方式。

10.2 回填式平衡始发与到达技术

10.2.1 回填式平衡始发技术

根据始发地层情况确定采用平衡法始发方案,先对盾构始发井进行优化,始发井结构尺寸在满足盾构组装空间前提下进行设计,后侧施工反力墙代替反力架,围护结构在洞门处采用玻璃纤维筋施工,始发井底板上施工混凝土导台替代钢托架,在盾构组装调试完成后,拼装(负环)管片,(负环)管片与反力墙之间应采取措施连接,例如施工一堵抗渗墙密闭管片与反力墙间的缝隙,以确保盾构始发的密封性。当密封措施完成后即可对始发井内进行回填,先用干砂回填至盾构顶部以上,在确保填砂密实后施工素混凝土板,最后回填水至基坑外地下水位高程,盾构建立平衡条件,从而完成盾构密闭平衡始发,如图10-1所示。图10-2为回填式平衡始发流程图,图10-3为盾构常规始发流程图,可对比两者的区别。

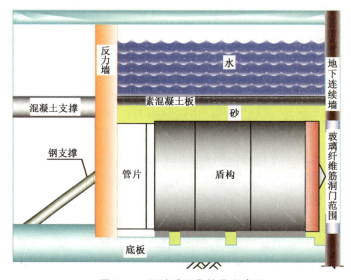

图10-1 回填式平衡始发示意图

10.2.1.1 回填方式研究

(1)回填材料与工艺

平衡施工技术的关键点就是平衡,通过对始发井的回填达到内外平衡,一般采用复合回填材料,即采用多种材料组合进行回填。先对盾构工作井范围回填湿润状态的中砂,回填至盾构壳体以上至少1m。然后结合基坑腰梁的位置,于中砂顶部浇筑30cm厚的混凝土板,浇筑过程中特别应注意振捣密实混凝土与腰梁连接处,连接处可适当加厚至50cm,中部适当摊薄。采用混凝土板主要是将底部回填细砂稳住并压实,可避免掘进过程中刀盘上细砂过度流失导致整个平衡系统破坏,即使盾构前端回填砂出现过度流失,但在上部压力均匀作用下其他部位的细砂也可以均匀补上,不会出现局部坍塌的现象。当混凝土浇筑完成达到初凝强度后,即可向基坑内灌水,回灌水位高度应与基坑外地下水位齐平,以保证基坑内外水土压力平衡。

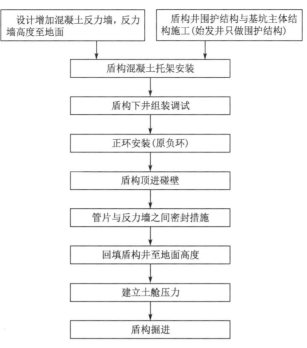

图 10-2 盾构回填式平衡始发流程图

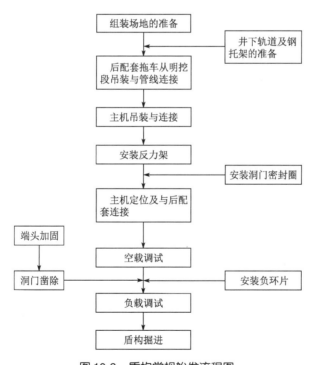

图 10-3 盾构常规始发流程图

(2) 回填材料对始发推力及扭矩的影响

盾构的推力为盾构外表的土压产生的摩擦阻力、管片与盾尾内面的摩擦阻力、后方台车的牵引力及前方阻力之和。回填式平衡始发相比常规始发时推力的变化主要是增加了回填材料作用于壳体上的摩擦力，即盾构外表土压产生的摩擦阻力。由于最后回填采用的是中砂，底部还有混凝土导台，盾构外表摩擦阻力大小与盾构在常规掘进状态下盾构外表摩擦阻力大小类似，在此不再赘述。

10.2.1.2 混凝土与钢构件的预埋

1) 混凝土导台设计

采用回填式平衡始发时，始发井范围内隧道采用永久管片拼装，作为隧道的一部分，不再重新开挖，所以对于盾构托架改用混凝土导台(若考虑始发后需开挖，可采用钢托架)。混凝土导台在盾构下井组装前浇筑完成，到龄期后盾构方可放置，导台坡度可根据线路坡度进行调整，盾构放置上去后轴线必须与管道中心线一致。

盾构组装有焊接与插销两种：采用焊接组装的盾构在作业时需要在壳体底部预留施工作业槽，作业槽的尺寸需满足焊工对壳体焊接的作业空间；采用插销的盾构不需要预留工作槽。对于切割的盾构在托台施工时根据前、中、后盾体的长度关系预留宽600mm、距离盾构主体深700mm的沟槽，用于盾构主体拆解。混凝土导台设置如图10-4和图10-5所示。

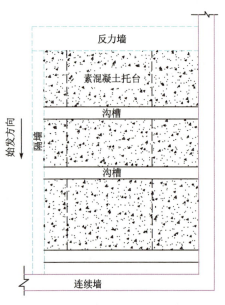

图10-4 混凝土导台平面图　　图10-5 混凝土导台立面图(尺寸单位：mm)

导台与盾构主体的接触面为90°的圆弧面。为了防止导台面过于粗糙，在导台施工完成后，测量人员根据理论值进行高程测量，并拉线控制导台面的坡度和弧度，以指导施工人员进行导台面的抹面施工，如图10-6所示。

根据现场施工盾构壳体质量，对导台受力情况进行分析。例如盾构质量为315t，长度为8.02m，采用Solid65单元建立有限元模型，如图10-7所示。考虑盾构质量对底座混凝土的影响，混凝土的受力计算结果如图10-8所示。盾构静置于导台上时，导台最大应力为7.347kPa。考虑盾构移动产生的动荷载及回填材料荷载，托台可选择C25混凝土。

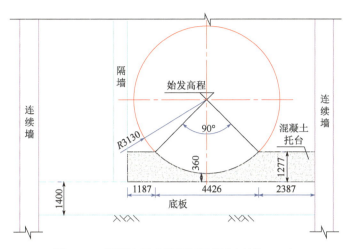

图 10-6 混凝土导台横断面图(尺寸单位:mm)

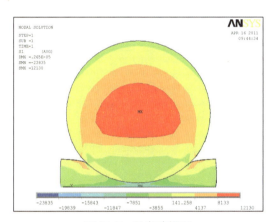

图 10-7 导台建模图   图 10-8 导台受力计算图

在小半径曲线始发施工中,导台可根据需要施工成为弧形托台,满足盾构带铰接开度组装始发的需要。

2)反力墙设计

在常规始发施工过程中,采用钢结构反力架为盾构始发提供反力。由于现在采用密闭始发,改用反力墙为盾构始发提供反力。在平衡始发施工过程中反力墙要满足与负环管片拼装搭接及提供反力的强度要求,所以在反力墙施工中预留内径5400mm孔洞,反力墙预埋环形钢环与管片拼装,同时设置反力支撑。

(1)墙体设计原则

在常规的始发中,以反力架为界,前面为盾构壳体,后面为盾构后备台车,盾构井与中间段是连通的。但在回填式平衡始发施工中,设计反力墙不仅提供反力,还将盾构井与中间段分隔开。所以,在反力墙受力计算时,墙体的强度要满足盾构掘进反力要求及回填后水土压力的作用。

(2)反力墙支撑

在始发掘进时盾构的推力较大,为确保始发,须加大反力墙的可靠和稳固性,在基坑支撑施工和主体结构施工时对反力墙的支撑和锚固必须进行相关优化：

①反力墙上部可与第二道支撑和腰梁预留钢筋进行锚固连接。

②底板施工时预留钢筋，供反力墙的下部锚固连接，并利用盾构工作井底板和始发井正常段底板的高差 h，将反力墙下部受力反作用于底板高差段。

③在支撑平面布置上，均须考虑反力墙的端部受剪力，可将八字撑的斜撑靴改为直接垂直撑在反力墙与隔墙的连接部位（始发方向），短斜撑撑在反力墙与隔墙的连接部位（始发反方向），同时在始发反方向反力墙的第二层支撑增加几道钢支撑，如图 10-9 所示。

④为防止盾构始发时反力墙的两侧剪力过大，还可在反力墙两侧各增加钢管支撑，作用在反力墙的中部位置，如图 10-10 ~ 图 10-12 所示。

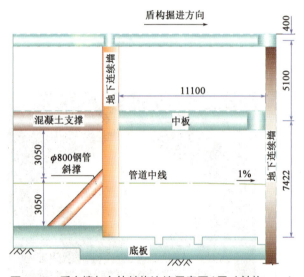

图 10-9　反力墙与主体结构连接示意图（尺寸单位：mm）

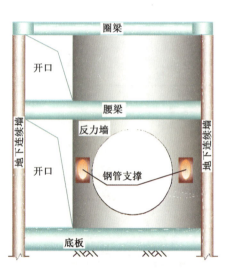

图 10-10　钢管支撑在反力墙的位置示意图

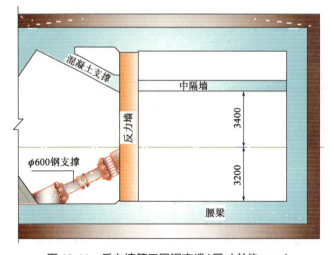

图 10-11　反力墙第二层钢支撑（尺寸单位：mm）

图 10-12　钢管支撑照片

（3）环形钢环

为了保证反力墙与管片的连接，在反力墙与第一环管片连接位置预埋外径 6000mm、内径

5400mm 的环形钢环。钢环中焊接净空为 0.2m×0.2m×0.12m 的钢箱用于短螺栓连接管片和反力墙。钢箱沿钢环 36°布置,共 10 个。钢环分为三等份,以便于运输。钢环在反力墙钢筋绑扎完后通过测量精确定位,倾斜角度与盾构姿态相适应,利用焊接连接筋与反力墙钢筋笼固定,如图 10-13 所示。

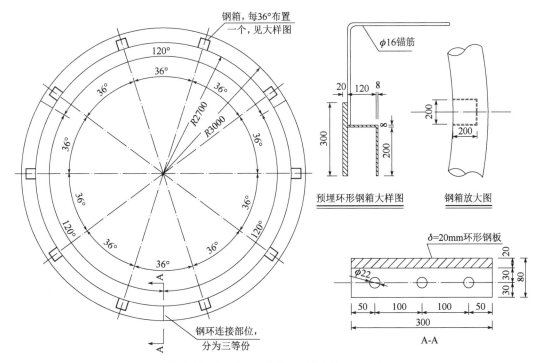

图 10-13 预埋钢环大样图(尺寸单位:mm)

10.2.1.3 管片与反力墙接缝处理

在盾构组装调试及负环安装完成后对始发井进行回填,回填前管片与反力墙连接处密封性十分重要,密封效果直接影响施工质量和安全。回填过程中回填材料及回填方式的选择是回填式平衡始发能否顺利实现的关键,且盾构始发由于没有限位装置,始发过程中摩阻力太小可能导致盾构发生扭转,所以在回填过程中务必保证填充的密实性。

盾构将拼装好的第一环管片整环慢慢推出,将第一环管片与预埋钢环用纵向螺栓连接,纵向螺栓为短螺栓,穿过管片纵向螺栓孔和预埋钢箱连接牢固,并将管片后壁与反力墙预埋钢环的空隙用混凝土填实。管片与反力墙的连接密封效果好坏直接影响回填式平衡始发安全,同时是整个密闭始发过程中最薄弱环节,所以一定要预先处理好。

为了保证永久负环与反力墙连接的密封防水效果,安装完第一、二环管片后,采用浇筑抗渗混凝土防渗墙进行封堵,沿管片周边布置。防渗墙有一定的厚度,且能保证与反力墙接触厚度的需要。在防渗墙施工过程中,防渗墙与反力墙和管片的两道接缝处各设置遇水膨胀止水条,同时采用无缝灌浆材料进行接缝止水处理,如图 10-14 所示。防渗墙施工如图 10-15 所示。

10.2.1.4 盾构始发控制技术

在盾构回填式平衡始发掘进施工过程中要控制好各项盾构施工参数,特别是在回填区域中掘进时,回填砂极为敏感,受扰动过大很容易出现坍塌,应尽可能保持平衡井内的平衡,泥水平衡盾构在掘进过程中主要参数控制如下:

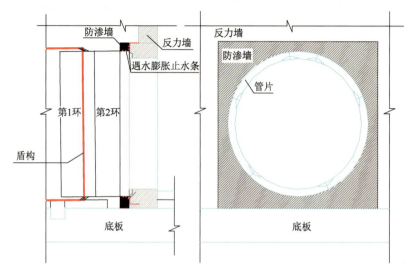

图 10-14 防渗墙密封示意图

图 10-15 防渗墙施工照片

1)掘进速度控制

(1)保持匀速、平顺,千斤顶推进速度控制在 10mm/min 以下。

(2)密切关注盾构参数,防止盾构扭转。

2)盾构姿态控制与连续墙的切削

(1)盾构尽量平缓掘进,严禁进行大幅度的纠偏动作。

(2)利用切刃慢慢磨耗壁体。

(3)注意切刃扭力及液压马达温度。

3)测量控制

在盾构回填式平衡始发掘进期间,盾构姿态和管片姿态必须保证每环一测,并及时将人工测量的结果反馈至中央控制室。地面监测要实时持续进行,监测数据要及时传达。

10.2.2 回填式平衡到达技术

盾构到达前,首先在到达端头设置一个四周密闭的盾构到达井,到达井围护结构洞门范围处采用玻璃纤维筋混凝土,确保盾构可在不凿除洞门的前提下进入到达井内。在到达井内施工混凝土导台代替钢结构托架,在洞门内外侧分别施工素混凝土连续墙与洞门端墙,增加洞门与管片的搭接,在盾构进入到达井前对到达井进行回填,当盾构完全通过洞门后对盾尾管片进行补浆,管片与洞门接缝处理完成后,对到达井重新开挖,整个平衡到达完成。

10.2.2.1 混凝土与钢构件的预埋

由于采用回填到达,盾构在进入到达井后,盾构一直保持掘进状态,若采用钢托架,容易造成刀盘卡死,影响盾构掘进,所以在平衡到达中一般均采用现浇混凝土导台代替钢托架,混凝土导台可被刀盘切削,不影响掘进,同时满足盾构停放承载力要求。根据基坑内的隧道线路设计,调整导台坡面的倾斜角度,保证盾构到达后,盾构放置在导台上角度与设计角度一致。

采用焊接组装的盾构在拆解时需要在壳体底部预留施工作业槽,作业槽的尺寸满足焊工对壳体切割的作业空间,采用插销组装的盾构不需要预留工作槽。对于切割的盾构,在导台施工时根据前、中、后盾体的长度关系预留宽600mm、距离盾构主体深700mm的沟槽,用于盾构主体拆解。混凝土导台设置如图10-16和图10-17所示。

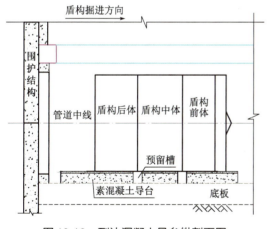

图10-16 到达混凝土导台纵剖面图

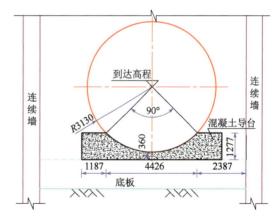

图10-17 到达混凝土导台横断面图
(尺寸单位:mm)

导台与盾构主体的接触面为90°的圆弧面。为了防止导台面过于粗糙,在导台施工完成后,测量人员应根据理论值进行高程的测量确认,并拉线控制导台面的坡度和弧度,以指导施工人员进行导台面的抹面施工。

对于盾构到达掘进施工,由于盾构刀盘直径大于壳体,为防止盾构到达时盾构姿态难以控制或出现"磕头"现象,以致损坏导台,到达掘进的导台弧面半径大于壳体直径,使得盾构到达掘进按设计轴线到达时壳体与导台尚有一层薄砂。实际施工中盾构井清理后没发现到达掘进刀盘铲掉导台的现象,证明壳体与托台有一层薄砂这一措施有利于盾构姿态的控制。

10.2.2.2 回填方式

回填式平衡到达的回填方式与回填式平衡始发类似,如图10-18所示,不再赘述。

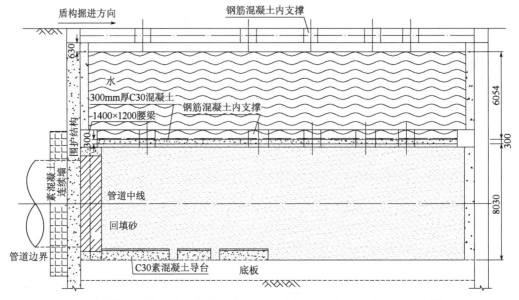

图 10-18 盾构回填式平衡到达井填砂、混凝土浇筑、灌水剖面示意图(尺寸单位:mm)

10.2.2.3 接缝处理

在回填式平衡到达施工中,洞门连接处是到达最为薄弱的环节,故拼装管片与洞门的间隙处理尤为重要,在盾构进入到达井后,对回填部分重新进行开挖,在挖到洞门处时,若管片与洞门处存在通道,则也会产生涌水涌砂现象。在洞门接缝处理措施中,只有通过盾构同步注浆及管片二次补浆来密封管片与洞门间的间隙。

1) 增加搭接长度

为了保证管片与洞门的搭接密封性,可采用增加搭接长度。为了保证施工效果,又不影响主体结构,采用洞门连续墙外增加一堵素混凝土连续墙及洞门内侧施工一洞门端墙的方法。通过增加搭接长度,即使管片与洞门处存在透水通过,由于距离较长,可以提供注浆临时封堵的条件,有效阻止水和砂涌出,保证到达后开挖的安全性,如图10-19所示。

2) 管片壁后注浆

在端头增加素混凝土连续墙、围护结构和洞门处安装的三环管片预先在 A、B、C 块上每块管片钻取两个孔,安装注浆管和逆止阀,加上管片的吊装孔,每环管片共有 16 个注浆孔,用于洞门处加强注浆处理之用。

利用洞门后三环管片之前预留的注浆孔对围护结构和端墙与管片搭接处进行全环加强注浆施工,以形成一个密封的注浆体,阻截基坑外的地下水砂。加强注浆施工分三个压力区,由外至内分别为高压注浆区(0.7MPa)、中压注浆区(0.5MPa)及低压注浆区(0.2MPa)。建议采用特殊的无缝灌浆材料进行注浆,该浆液具有无收缩、流动性好、强度高等特点,其示意图如图10-20所示。

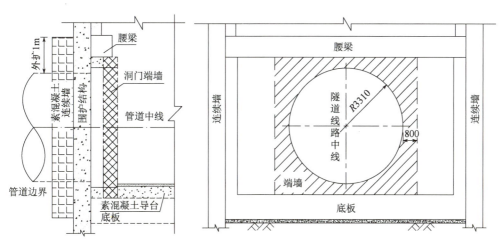

图 10-19　外加连续墙与端墙示意图（适用于 Φ6260mm 盾构）（尺寸单位：mm）

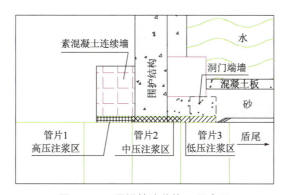

图 10-20　洞门处注浆施工示意图

3）洞门处密封防水效果的检验

为了对洞门处注浆密封防水效果进行检验，以摸清洞门处漏水通道的情况，充分利用每环管片预留的 15 个孔，在每个注浆区域以跳孔的方式进行注浆，先利用 6 个注浆孔进行注浆，然后打开相邻注浆孔的逆止阀查看漏水情况，以验证注浆的效果：

（1）如孔内较干燥或只有少许渗水情况，则判断注浆效果为优良，进行下一区域的加强注浆。

（2）如孔内有少量流水（约为孔径的 1/5）情况，则利用其余开孔继续进行补充注浆和验证程序。

在洞门加强注浆施工，洞门密封防水效果得到保证后，方可进行到达井的抽水、清砂。但不得一次性将水抽干，需再次对洞门的漏水通道情况进行检验。

10.2.2.4　到达控制技术

1）掘进速度控制

（1）盾构在快碰到连续墙前，推进应尽量保持匀速、平顺，千斤顶推进速度控制在 10mm/min 以下。

（2）在盾构抵达端头连续墙前，掘进速度应逐步降低，在掘进连续墙的过程中，盾构推进速度应控制在 3mm/min 左右,刀盘转速为 0.8~1r/min。

(3) 盾构设备进入工作井回填区域,以尽量减少对井内土体扰动为原则控制盾构掘进参数,同时应密切关注盾构设备施工参数,防止盾构机体扭转。

(4) 在到达掘进时盾构推力和扭矩以刀盘转速和掘进速度来控制。

2) 盾构姿态控制与连续墙的切削

(1) 盾构在到达盾构工作井时,盾构操作手应注意控制好盾构姿态,盾构设备机体及切刃面与壁体尽可能保持垂直方向进入,使盾构设备整体尽量平缓掘进,严禁进行大幅度的纠偏动作,以保证盾构能够平缓到达。

(2) 盾构刀盘碰上连续墙后应缓慢前进,利用切刃慢慢磨耗壁体,直到盾构完全无法再前进或油压过高或壁体产生破裂。

(3) 注意切刃扭力及液压马达温度。

(4) 盾构在到达井内推进时需慢速转动刀盘。

3) 注浆控制

盾构在到达掘进前必须保证每环注浆量达到理论值的 130% 以上。盾构在碰壁环掘进时,二次注浆初凝时间改为 20s,对连续墙后三环 16 个注浆点都要注浆,并尽量多注浆,注浆压力控制在 0.7MPa 以下。

由于到达时地下水压力较大,洞门处管片与两幅连续墙间间隙的浆液易被水压冲散,形成渗水通道,需确保洞门后 3 环管片的同步注浆与二次补充注浆的填充密实性,达到密封防水效果。

4) 测量控制

在盾构到达掘进期间,盾构姿态和管片姿态必须保证每环一测,并及时将人工测量的结果反馈至值班经理和中央控制室。地面监测要实时持续进行,监测数据要及时传达共享,必要时调整盾构掘进参数。

10.2.2.5 先隧后井控制技术

常规回填式盾构到达在盾构井施工完成后进行,在局部特殊情况下(到达工作井尚未完成)要进行先隧后井施工,在这种情况下,需要进行特殊设计。

先隧后井法采用非常规的盾构隧道施工顺序为:盾构到达前先施工完成主体围护结构→盾构接收→井或者车站主体基坑开挖支护到盾构底部→拆除管片→盾构吊出→主体结构施工。

(1) 支撑体系调整

在基坑开挖过程中,支护体系要求每开挖 5m 左右需设置一道支撑,盾构井洞门高度为 6.62m(以外径 6m 隧道为例),考虑上下预留空间高度,洞门上一道支撑与底板间高差至少有 8m 左右,在洞门范围内必然需设置一道支撑体系。在常规的隧道基坑中,一般先做好基坑,盾构再到达,但是在先隧后井施工中,由于基坑开挖时盾构已通过洞门处,且后面连接有管片,这样导致洞门处的腰梁被管片断开,其支撑体系必然会受到影响,如图 10-21 所示。

对于洞门范围内的支撑体系若不进行施作,必然会引起围护结构变形,同时围护结构变形也会影响到成型隧道管片。所以对洞门范围内的支撑结构,在施工过程中将对其进行优化,将洞门范围内腰梁于洞门处断开,洞门处的斜撑改为斜板撑,具体如图 10-22 和图 10-23 所示。

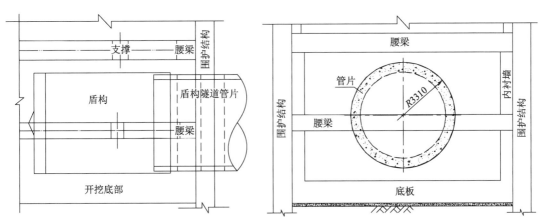

图 10-21 腰梁与成型管片关系示意图(尺寸单位:mm)

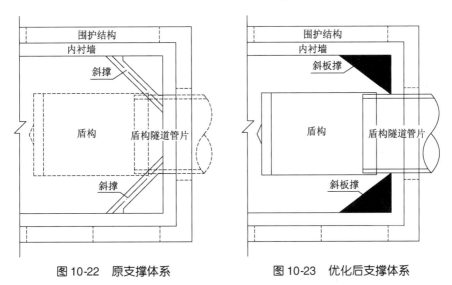

图 10-22 原支撑体系　　　图 10-23 优化后支撑体系

(2) 支撑体系加固

为使洞门范围内支撑体系的受力合理,确保其整体性,盾构隧道在洞门处的最后一环管片为特殊环管片,特殊环管片沿各块管片纵向分为五等份,在钢筋笼外表面共焊接三道宽为 300mm 的弧形钢板,三道弧形钢板布置图如图 10-24 和图 10-25 所示。

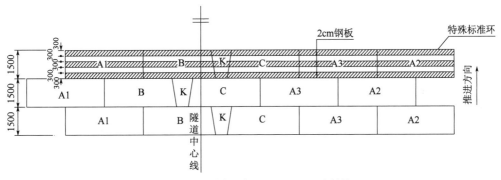

图 10-24 特殊管片衬砌布置展开图(尺寸单位:mm)

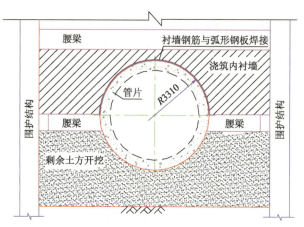

图 10-25　优化后支撑体系(尺寸单位:mm)

采用先隧后井(或站)技术极大地规避了盾构施工风险,保证了周围建(构)筑物的安全,扩大了回填式盾构到达施工法的适用范围,缩短建设周期,减少资源浪费。

(3) 底板高程调整

采用先隧后井或站技术,可以避免常规盾构到达时由于施工托台及盾构接收装置引起的底板高程降低,可根据实际需要进行底板高程设计。

10.2.3　盾构回填平衡式始发与到达案例

10.2.3.1　广州市西江引水工程——输水管线干线(佛山小塘立交段)盾构工程

1) 工程概况

广州市西江引水工程——输水管线干线(佛山小塘立交段)盾构工程位于佛山南海区与三水区交界位置处,采用盾构法和明挖法进行施工,盾构段起点在广茂铁路以南,位于广茂铁路与北江大堤之间,盾构段自南向北穿越广茂铁路、G321国道、广三高速公路和珠二环高速公路后,终点接入位于小塘立交东侧的远景预留中途提升泵站内,全长约2.4km。

整个小塘立交段盾构共分为2段,第一段为广茂铁路~广三高速南侧(即图10-26的盾构接收井~始发井1),长约1.11km;第二段为广三高速南侧~珠二环东侧(即图10-26的始发井1~始发井2),长约1.27km。

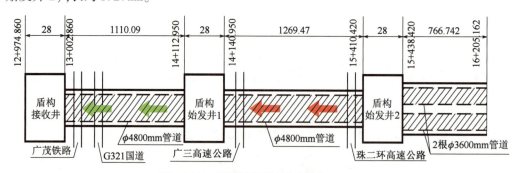

图 10-26　工程示意图(尺寸单位:m)

2) 工程地质与水文地质条件

盾构隧道洞身范围为第四系全新统海陆交互相堆积③$_1$粉质黏土层、③$_3$粉砂层、含泥细砂层、③$_4$含泥（中）细砂层，隧道底部为第四系更新统海陆交互相堆积含泥（中）粗砂层④$_3$，属于软弱地层。覆土厚度为7m左右，稳定水位埋深为2.20~2.80m，高程为1.52~2.16m，地下水位高，地层稳定性差。

盾构始发和到达时产生涌砂、涌水的原因是井体内外存在水头差，外侧的饱和砂在压差的作用下突破管片外侧与洞门间的孔隙渗入井内。采取措施，消除端头掘进时的水头差，将始发和到达过程转化为正常掘进过程，即可彻底避免该类险情的发生。

3) 回填式平衡始发与到达施工

(1) 工程特点

①洞门范围采用玻璃纤维筋混凝土替代钢筋混凝土，始发井的底板采用混凝土导台替代钢托架。

②回填料：在盾构工作井范围采用砂、混凝土及水三层进行回填。

③在反力墙与管片连接处采用密闭防水措施等技术，使始发回填井内外水土压力达到平衡，实现了针对软弱地层的回填式盾构平衡始发施工，使盾构始发等同于常规掘进施工，减少端头加固，降低施工风险，节约成本、缩短工期。

(2) 始发回填井的尺寸控制

始发回填井的尺寸按"井的尺寸"和"洞门轴线底高程"两项指标内容进行控制：

①井的宽度应比盾构直径>2m，井的长应比盾构总长>3m。

②洞门轴线底高程应高于井的底板70cm以上。

③始发回填井深度应大于两倍隧道外轮廓直径。

(3) 玻璃纤维筋混凝土替代钢筋混凝土

盾构始发洞门范围采用玻璃纤维筋混凝土替代钢筋混凝土，有利于盾构自行切割，降低了穿越洞门的难度和风险。

(4) 回填式平衡技术要点

回填式平衡技术的关键包括水压力平衡和壳体扭矩平衡。通过对始发井的回填达到内外平衡，回填材料是关键。回填材料若采用单一的材料，存在一定的局限性，所以采用了多种材料组合进行回填，如图10-27和图10-28所示，最终回填完水至地下水位高程时的照片如图10-29所示。

回填式平衡计算时需要注意的问题如下：

①在回填材料对始发推力及扭矩的计算中，与回填始发相比，常规始发时推力主要增加了回填材料作用于壳体上的摩擦力。

②在壳体扭矩计算中，盾构平衡始发过程中盾构壳体应保证不会因为盾构外表摩擦阻力过小而发生壳体旋转。

③反力墙：采用反力墙为盾构始发提供反力。在平衡始发施工中反力墙要满足与负环管片拼装搭接及提供反力的强度要求。所以在反力墙施工中预留内径5400mm孔洞，反力墙预埋环形钢环与管片拼装，同时设置反力支撑。

(5) 管片与反力墙接缝处理

盾构始发的防渗处理如图10-15所示，本工程盾构到达现场照片如图10-30所示。

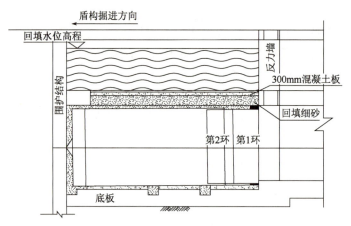

图 10-27 三层式回填示意图

图 10-28 完成第二道支撑后回填 0.5m 厚混凝土封闭层

图 10-29 基坑灌水至地下水位高程平衡井内外水压

10.2.3.2 广州轨道交通 7 号线 1 标工程

(1) 工程概况

本标段线路始自于广州南站西广场，线路与规划的 7 号线并行下穿广州南站西广场后，再下穿钟三路地下人行通道，之后下穿广州南站内河涌、上跨七号线韦涌站—广州南站正线区间，再下穿韦涌、石壁涌、海怡大桥桥桩至到达口，后经 U 形槽段、地面线段进入大洲车辆段，其盾构始发如图 10-31 所示。

图 10-30 盾构回填式平衡到达后开挖实景图

(2) 工程特点

由于本工程盾构始发井是既有结构，已完成施工，围护结构采用钢筋混凝土连续墙，故始发之前必须进行洞门凿除和钢筋切除作业。由于此盾构井埋深较浅，只有约 12m 深，单层结构，同时，入段线为急曲线始发（曲线半径 $R = 250m$），盾构无法满足垂直端墙进洞，需开铰接出洞，为了确保安全，且保证盾构能尽快始发，入段线始发计划采用平衡始发工艺。平衡始发的工序较简单,且盾构井相互独立,容易回填,风险相对较小。

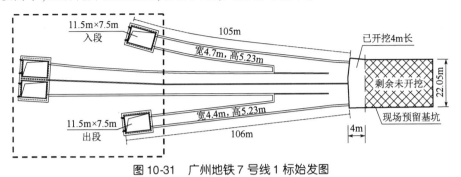

图 10-31　广州地铁 7 号线 1 标始发图

(3) 工程施工要点

回填始发采用现浇 C30 素混凝土导台,同时根据在基坑内的隧道线路设计,掘进方向始发线路存在 20‰ 的坡度。考虑到盾构始发的姿态,导台设计为倾斜的坡面,使得导台顶面的坡度与始发坡度一致。由于入段线盾构始发为曲线始发,考虑到盾构组装需在直线导台上完成,盾构组装完成后始发前需打开铰接,为保证导台对盾构的曲线导引,且考虑到导台浇筑的精度,混凝土导台半径为 3230mm,保证导台与盾构壳体之间有 100mm 空隙,后期盾构施工中空隙采用导轨安装及填砂。导台一共分 4 块,每块导台都是相同尺寸独立的直线导台,导台沿始发轴线摆放,形成一个曲线走势。

导台施工时,应根据前、中、后盾体的长度关系预留宽 930mm,用于焊接盾构主体。同时考虑后期盾构需顶升焊接,1 号~3 号导台需预留千斤顶放置孔位,如图 10-32~图 10-34 所示。

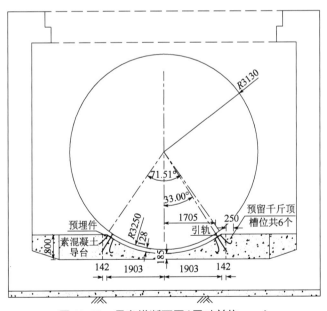

图 10-32　导台横断面图(尺寸单位:mm)

导台与盾构主体的接触面为 72°的圆弧面。为了防止导台面过于粗糙,在导台施工完成后,测量人员根据理论值进行高程测量,并拉线控制导台面的坡度和弧度,指导施工人员进行导台面的抹面施工。

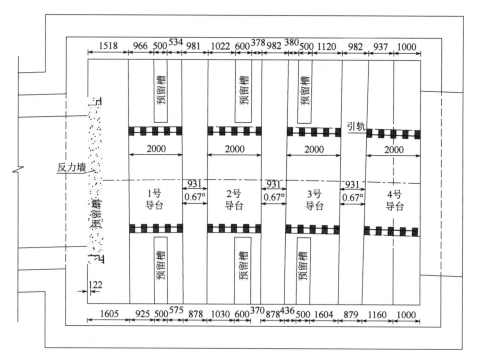

图 10-33 导台平面图(尺寸单位:mm)

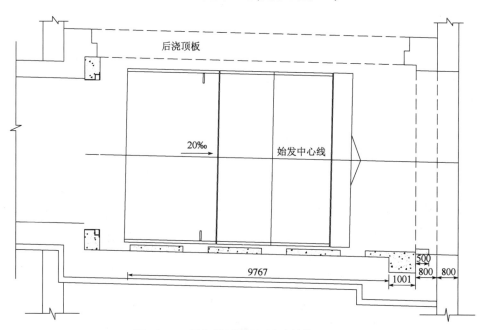

图 10-34 导台纵剖面图(尺寸单位:mm)

为保证盾构在铰接打开情况下顺利沿曲线偏转行走,在混凝土导台两侧,底部 66°范围焊接钢轨,轨道安装需要精确定位,轨道安装半径为 3130mm,与壳体等径,轨道 1 根/m,共设置 16 根,如图 10-35 所示。

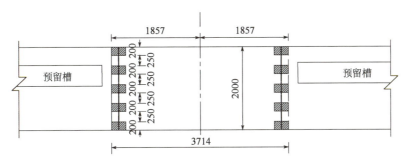

图 10-35　导轨安装示意图(尺寸单位:mm)

采取回填式始发/到达施工措施,采用弧形导台,确保盾构曲线始发带铰接开度正常施工,保证了盾构始发与到达安全。

10.3　密闭式钢套筒平衡始发与到达技术

密闭式平衡始发与到达技术是通过设计制造一种盾构密闭始发与到达装置,使其与洞门连接,盾构在装置内形成一个密闭空间,可以有效平衡洞门结构外的水土压力,确保盾构进、出洞过程中不出现漏水、漏砂等情况的发生,可确保盾构安全进、出洞。

密闭式平衡始发与到达技术的主要内容有以下 7 项:盾构密闭始发与到达接收装置设计制造及安装技术、盾构密闭始发与到达接收装置的试压检测技术、盾构密闭始发与到达接收装置内模拟土层回填技术、密闭式平衡始发与到达装置的防变形技术、密闭式平衡始发技术、密闭式平衡到达技术、盾构密闭始发与到达接收装置的拆解技术。

10.3.1　盾构密闭始发与到达接收装置设计制造及安装技术

1)盾构密闭始发与到达接收装置组成

盾构密闭始发与到达接收装置由壳体、后端盖、反力调节装置、顶推托轮组、前后左右支撑等组成。盾构密闭始发与到达接收装置本身要具有足够的刚度、强度和密闭性,如图 10-36 所示。

a)

b)

图 10-36　密闭始发与到达装置

a)始发装置;b)到达装置

2）盾构密闭始发与到达接收装置的优点

盾构密闭始发与到达接收装置全部采用钢结构，结构牢固，具有足够的刚度和强度。盾构密闭始发与到达接收装置的连接采用高强螺栓，安装快捷方便。在该装置的各部分连接处采用橡胶垫密封，并喷涂玻璃胶，保证盾构密闭始发与到达接收装置的密闭性。盾构密闭始发与到达接收装置接收完盾构后，拆解方便，对该装置进行稍微的修复后即可以在下次盾构始发或到达时重复使用，具有较好的经济性。

3）盾构密闭始发与到达接收装置的安装流程(以始发为例)

(1)盾构密闭始发装置的安装流程如图10-37所示，实际工程照片如图10-38所示。

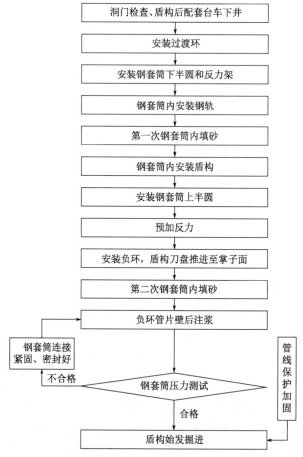

图10-37 盾构密闭始发装置的安装流程图

(2)精确测量盾构密闭始发与到达接收装置的位置，确保盾构密闭始发与到达接收装置与洞门的关系满足盾构安全始发的要求。

(3)在壳体内侧加焊钢管斜撑，防止壳体吊装下井过程中发生变形。壳体安装完成后将钢管切除。

(4)盾构密闭始发与到达接收装置的壳体与壳体、壳体与后端盖连接处加装密封垫，采用高强螺栓连接。

(5)盾构密闭始发与到达接收装置与洞门连接处采用焊接，在焊缝冷却后进行无损探伤检测。

(6)盾构密闭始发与到达接收装置安装完成后,在所有连接处喷涂密封胶,确保盾构密闭始发与到达接收装置的密封性。

(7)盾构密闭始发与到达接收装置的斜撑采用 $\phi500$mm 的圆钢管,钢管斜撑与车站底板的预埋钢板和反力调节装置进行焊接,在焊缝冷却后进行无损探伤检测。

10.3.2 盾构密闭始发与到达接收装置的试压检测技术

1)检测方法

盾构密闭始发与到达接收装置安装完成后,要对该装置的密封性和耐压性能进行试压检测,如图 10-39 所示。检测方法如下:

(1)在盾构密闭始发与到达接收装置的壳体正上方安装一个压力表和一根进水管,在壳体周边和壳体与洞门连接处安装百分表,在后端盖(到达接收装置)正前方安装一个百分表。

(2)向盾构密闭始发与到达接收装置内加水至壳体 3/4 处,停止加水,继续向盾构密闭始发与到达接收装置内加气,同时记录压力表和各百分表的数值,盾构密闭始发与到达接收装置内的压力达到 0.5MPa 时停止加压。

图 10-38 盾构密闭始发装置安装完成

图 10-39 密封性和耐压性检测

2)检测要求

盾构密闭始发与到达接收装置密封性和耐压性的检测要求如下:

(1)盾构密闭始发与到达接收装置在 0.5MPa 的压力下不漏水、不漏气。

(2)盾构密闭始发与到达接收装置在 0.5MPa 的压力下壳体变形量小于 3mm。

(3)盾构密闭始发与到达接收装置在 0.5MPa 的压力下壳体与洞门连接处变形量小于 3mm。

(4)盾构密闭到达接收装置在 0.5MPa 的压力下后端盖变形量小于 2mm。

10.3.3 盾构密闭始发与到达接收装置内模拟土层回填技术

(1)盾构密闭始发与到达接收装置内的回填料要尽量模拟土层,回填料主要为含砂粒的

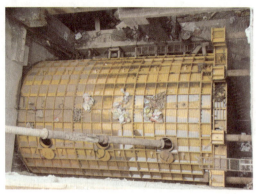

图 10-40 盾构密闭始发与到达接收装置回填口

黏土。

(2) 在地面设置一个漏斗，用一根皮管与盾构密闭始发与到达接收装置的回填料口连接，将回填料直接从漏斗输送至盾构密闭始发与到达接收装置内，如图 10-40 所示。

(3) 为了确保盾构密闭始发与到达接收装置内的回填料密实均匀，回填过程中要在三个回填料孔分别填充，保证分配均匀，填充过程分阶段进行，填至一定高度时需要进行平整密实，平整后再继续填料直至完全充满整个盾构密闭始发与到达接收装置。

10.3.4 密闭式平衡始发与到达装置防变形技术

(1) 盾构密闭始发装置的壳体与反力调节装置采用高强螺栓连接，在盾构始发过程中，盾构密封始发装置的壳体与反力调节装置的连接处受力最大。反力调整装置由反力架和螺杆千斤顶组成，反力架采用"井"字结构形式，"井"字框架采用工字钢组焊而成，中间间隔 500mm 增加钢板筋板。反力架采用左右分半的型式，连接端面采用高强度螺栓连接紧固。在反力架与管片相邻的一侧，均匀设置了双排螺杆千斤顶，螺杆千斤顶采用单独加工制作，螺杆与顶杆撑托配套加工制作，撑托底部是平面，与反力架的平面相接触，增大了接触面积，而且撑托内部与螺杆可以相对活动，撑托主要用于防止螺杆顶推过程中受力不均匀的情况。

在盾构始发推进前，将反力调节装置的螺杆千斤顶拧紧，给盾构密闭始发装置提供一个预应力，防止盾构启动时盾构密闭始发装置与反力调节装置的连接处和盾构密闭始发装置与洞门小套筒连接处发生变形，如图 10-41 所示。在盾构始发推进过程中，观察盾构密闭始发装置与反力调节装置连接处的变形情况和盾构密闭始发装置与洞门小套筒连接处焊缝的变形情况，适时调节螺杆千斤顶，确保盾构进洞安全。

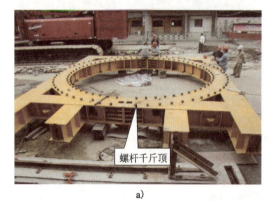
a)

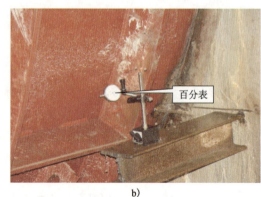
b)

图 10-41 防变形装置

(2) 盾构密闭始发与到达装置安装完成后，在盾构密闭始发与到达装置的壳体左右两边采用钢三脚架加固支撑，钢三脚架采用工字钢固定，工字钢顶在车站围护结构侧墙上，固定钢三脚架，钢三脚架与盾构密闭始发装置的壳体之间加入楔形木块，在盾构始发过程中，敲紧楔形木块,确保盾构密闭始发装置的壳体不发生纵向变形。

10.3.5 密闭式平衡始发技术

10.3.5.1 密闭式平衡始发密闭封堵技术

1)洞门内安装小套筒

在施作车站(或竖井)围护结构的侧墙时,在洞门范围内预埋小套筒,小套筒厚度为5cm,长度为侧墙的厚度。在盾构始发井内,盾构密闭始发装置的前端壳体与小套筒采用焊接连接,焊缝冷却后对焊缝进行无损探伤检测,确保焊缝质量。在盾构始发时,密闭始发装置与小套筒的连接焊缝是受力薄弱点,需在焊缝连接处四周设置位移传感器(通常采用百分表),监测焊缝的位移变化。

2)盾构密闭始发装置内填料密闭封堵

(1)为保证负环管片与反力调节装置连接处的密封效果,在安装完负环第一、第二环管片后,通过填料口向盾构密闭始发装置内填充抗渗混凝土(一般可采用C30、S10),形成一道厚度为50cm、长度为50cm的防渗墙。

(2)在防渗墙施工完成后,通过填料口向盾构密闭始发装置内填充模拟地层的泥砂,填充密实。在填料过程中为了将填料输送至盾构密闭始发装置内,需要从地面引一条输送管道至盾构密闭始发装置上,采用一条管路连接,地面设置一个漏斗,将填料直接从漏斗输送至盾构密闭始发装置内。为了将盾构密闭始发装置内的泥砂密实均匀,填料过程中要在三个填料孔分别依次或同时填充,保证分配均匀,填充过程分阶段进行。填料过程中如果出现输送不够顺畅时,可以采用冲水方式,将填料冲下去,水进入盾构密闭始发装置内与填料混合后,还可以起到将填料密实的作用。

3)注浆密封

在填料完成后,通过盾构的同步注浆和二次注浆系统对管片外进行注浆密封。注浆封堵采用水泥水玻璃双液浆,水泥浆和水玻璃浆分开同时注入管片后的间隙内,与填充的泥砂混合,迅速发生反应形成具有一定强度的凝固体堵住管片与盾构密闭始发装置和盾构与盾构密闭始发装置之间的间隙,阻止洞门外的泥砂涌进车站或始发井内。

在盾构始发掘进过程中,每环均补充双液浆,在注浆过程中适当增加注浆量,注浆量多少根据注浆压力控制。

10.3.5.2 密闭式平衡始发盾构防磕头技术

(1)为确保盾构在始发掘进过程中不出现磕头情况,在盾构密闭始发装置的壳体前端内侧设置2条或3条工字钢托轨,高度为10cm,焊接在壳体底部。

(2)在洞门圈底部施作一道混凝土导墙,导墙采用C40混凝土浇筑,导墙高度为10cm,与盾构密闭始发装置内的托轨齐平。

10.3.5.3 密闭式平衡始发盾构掘进技术

1)盾构破除玻璃纤维筋混凝土洞门掘进技术

(1)刀具检查

在施作车站或始发井围护结构时,洞门范围内的连续墙采用玻璃纤维筋替代钢筋,盾构启动后可直接切削玻璃纤维筋连续墙施工。盾构刀盘切削玻璃纤维筋连续墙主要依靠刀盘的滚刀和刮刀,所以盾构刀盘上的所有滚刀和刮刀加焊耐磨焊条,在盾构启动前,对所有的滚刀和刮刀进行紧固检查,确保盾构顺利切削破除玻璃纤维筋连续墙后能正常掘进施工。

(2)参数设置

为了减小盾构始发过程中对玻璃纤维筋连续墙的直接作用力,盾构的总推力控制在 $300\sim500t$ 之间(对6m直径的盾构而言),盾构的掘进速度控制在 $3\sim5mm/min$,刀盘转速控制在 $0.8\sim1.0r/min$,泥浆密度控制在 $1.15\sim1.25g/cm^3$(对泥水平衡盾构而言),泥浆黏度控制在 $25\sim30s$(对泥水平衡盾构而言),气压设定按所处地层实际情况计算设定(对泥水平衡盾构而言)。

(3)始发时盾构姿态控制

为了防止盾构始发时出现磕头现象,要求盾构的机头高于设计线路轴线,呈略抬头向上姿势。在盾构始发掘进过程中,盾构刀盘破除玻璃纤维筋连续墙时会产生较大的扭矩,有可能导致盾构壳体产生扭转,因此在盾构始发掘进过程中要降低刀盘转速、减小盾构贯入度并控制好盾构姿态,要求中心线偏差控制在 ±2cm 以内。同时,在盾构掘进过程中还可以通过刀盘正反转来调整和防止盾构机壳体发生扭转。根据盾构的测量系统,可以测得盾构壳体的扭转角度,扭转角度要求控制在 $-0.5°\sim+0.5°$ 范围内,确保盾构按照设计线路掘进施工。

(4)加强盾尾注浆

在盾构始发过程中,盾尾注浆采用水玻璃和水泥砂浆组成的双液浆,按盾尾注浆压力进行控制,确保盾构密闭始发装置和管片之间的间隙填充密实。在盾构始发掘进过程中,每环均须补充双液浆,补充注浆量以注浆压力来控制。

2)盾构破除玻璃纤维筋连续墙后的始发掘进技术

(1)参数设置

盾构破除玻璃纤维筋连续墙后,盾构的掘进参数需根据始发端头的地质条件做出相应调整。

严格按照设定参数推进,推进速度、刀盘转速及推力进一步减小,气压设定值要与盾构密闭始发装置内的设定值相一致(对泥水平衡盾构而言);刀盘转动前,要与盾构密闭始发装置外部人员进行联系,确认人员及设备安全,测量监测人员就位后,才能启动盾构刀盘开始掘进。盾构在盾构密闭始发装置内掘进过程中,要确保与外界的实时联系,密切观察盾构密闭始发装置的变化情况,一旦发现装置的变形量超量或有渗漏时,必须立即停止掘进,及时采取补救措施。

(2)姿态控制

在盾构始发过程中除严格按照预先设定参数进行掘进施工外,盾构姿态应控制在 ±2cm 以内,机头呈略向上趋势,确保盾构不出现磕头现象。

(3)加强测量监控

盾构始发掘进过程中加大测量频率,并复核控制点,确保盾构进洞的姿态正确;在盾构始发掘进前布置监测点,在端头连续墙、地面及周围建(构)筑物布置沉降监测点,测量频率至少每天1次;车站或竖井围护结构及盾构密闭始发装置、洞门周围布置变形监测点,并测量初始值。盾构始发掘进过程中进行实时监测,并将测量数据及时反馈给盾构操作人员,确保盾构始发进洞的施工安全。

10.3.6 密闭式平衡到达技术

10.3.6.1 盾构进入盾构密闭到达接收装置的掘进技术

盾构在盾构密闭到达接收装置内掘进,属于特定空间内的盾构掘进,要根据其特殊工况提前设定盾构掘进参数。在掘进时要时刻与盾构密闭到达接收装置的观察人员联系,控制好盾构的姿态和各掘进参数,保证盾构按照设计线路接收。否则,盾构可能会与盾构密闭到达接收装置发生碰撞破坏。

(1)盾构进入盾构密闭到达接收装置内的掘进操作流程如图10-42所示。

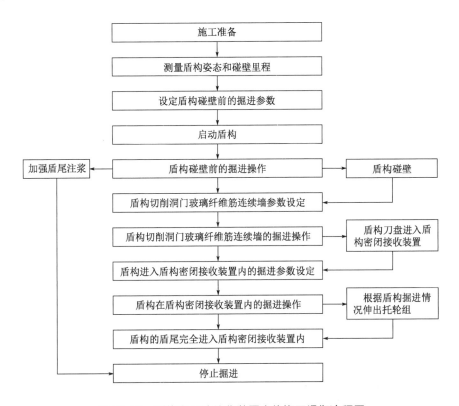

图10-42 盾构在到达接收装置内的施工操作流程图

(2)盾构刀盘启动前对盾构的姿态、洞门连续墙位置进行人工复测,根据测量数据确定盾构刀盘的碰壁里程和盾构接收的正确姿态,以此选定合理的盾构掘进参数。

(3)盾构碰壁前的掘进。

①参数设置

为了减小到达推进对洞门混凝土连续墙的直接作用力,提前减小盾构的推进速度、刀盘贯入度及刀盘转速,压力设定(土压力或泥浆压力)按所处地层实际情况计算。

②接收时姿态控制

为了防止盾构接收时出现磕头而导致盾构上不了接收装置的现象,要求盾构机头高于轴线,呈略抬头向上姿势。

③加强盾尾注浆

盾尾注浆采用水玻璃和水泥砂浆组成的双液浆,注浆量为理论注浆量的1.5倍以上,按注浆压力控制,确保开挖面和管片之间的间隙填充密实。在盾构接收掘进过程中,每环均补充双液浆,补浆量以注浆压力控制。

(4)盾构进入盾构密闭到达接收装置内的掘进操作。

①参数设置

严格按照预先设定参数推进,推进速度、刀盘转速及推力进一步减小,压力(土压或泥水压力)设定值要与盾构密闭到达接收装置内的设定值相一致;刀盘转动前,要与盾构密闭到达接收装置外部人员进行联系,确认人员及设备安全,测量监测人员就位后,才能开始启动刀盘开始盾构掘进。盾构在盾构密闭到达接收装置内掘进过程中,要确保与外界的实时联系,密切观察盾构密闭到达接收装置的变形情况,一旦发现装置的变形量超量或有渗漏时,必须立即停止掘进,及时采取补救措施。

②盾构进密闭到达接收装置时的姿态控制

必须以实际测量的盾构密闭到达接收装置安装中心线为准控制盾构姿态,要求中心线偏差控制在±2cm以内。

③防磕头技术措施

盾构在进入盾构密闭到达接收装置内之后,要注意姿态控制和接收装置顶推托轮组的适时调整。在刀盘通过第一个托轮组之后,即刻将第一组托轮顶起,根据原来标定的零位,将托轮顶出,并根据测量数据进行适当调整,以保证托轮顶起盾体为原则,确保盾构不出现磕头情况。

(5)加强测量监控。

盾构到达掘进过程中加大测量频率,并复核控制点,确保盾构到达的姿态正确;在盾构到达前布置监测点,在端头连续墙、地面及周围建筑物布置沉降监测点;在围护结构及盾构密闭到达接收装置、洞门周围布置变形监测点,并测量初始值。盾构到达过程中进行实时监测,切实做到信息化施工。

10.3.6.2 盾构到达施工过程中的密闭封堵技术

在盾构切削进入洞门时,盾构的开挖直径比管片外径大,这样造成管片外侧与开挖土体间存在间隙,形成透水漏砂的通道,必须通过注浆或注聚氨酯及时填充,阻止外侧的泥砂涌进站或井内。

(1)注入聚氨酯

盾构掘进至盾体上预留的注酯孔位于端头素混凝土连续墙时停机,通过盾体预留的注酯孔向外注聚氨酯,聚氨酯与盾体外的地下水反应形成聚合物膨胀填充满盾体与素混凝土连续墙之间的空隙,阻止素混凝土连续墙外的地下水进入站或井内,防止在拆除盾构密闭始发与到达接收装置时漏水、漏砂现象的发生,这是封堵的第一步。

(2)注浆封堵

盾构到达的注浆封堵采用水泥—水玻璃双液浆,水泥—水玻璃浆液分开同时注入管片后的间隙内,迅速发生反应形成具有一定强度的凝固体堵住管片与开挖面之间的间隙,阻止外侧的泥砂涌进隧道内。

在盾构到达掘进过程中,每环均补充双液浆,在盾尾通过素混凝土连续墙后,要在盾尾部位的管片后注双液浆,注浆量以注浆压力控制,直到盾尾稍微漏浆为止。时刻检查盾构密闭到达接收装置是否有漏浆、变形等情况,如有漏浆或者形变过大等情况发生,可以采取调低压力(土压或泥水压力),减小推速等措施。

(3)封堵密闭效果检查

封堵密闭效果的检查方法主要有两种。一是在盾构壳体推到位并完成盾尾封堵作业后,停机状态下观察盾构内液位的变化情况,如果液位不发生变化则说明封堵效果良好,外部的泥水不能进入壳体内。如果液位迅速变化,则要继续补双液浆或注聚氨酯至液位稳定不再变化为止。二是在盾构壳体推到位并完成盾尾封堵作业后,打开盾构密闭到达接收装置底部的排浆管,排出剩余的浆液后,观察排浆管漏水、漏砂的情况。如果排完浆后没有水或砂流出,则说明封堵效果良好,外部的泥水不能进入壳体内。如果排完浆后继续有水或砂流出,则封堵效果不佳,要继续补浆或注聚氨酯至排浆管没有水或砂流出为止。

10.3.7 盾构密闭始发与到达接收装置的拆解技术

(1)盾构密闭始发与到达接收装置上半部分的拆解流程。

在盾构顺利始离或到达盾构密闭始发与到达接收装置内,进行严格的洞门封堵之后,拆解盾构密闭始发与到达接收装置之前先要对结构内的管片进行补充注浆,确认注浆密实之后,方可进行拆解。对于盾构始发而言,建议在盾构施工至少50环以后,选择适当时机进行始发密闭装置的拆解工作。拆解流程如图10-43所示。

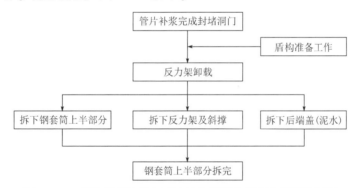

图10-43 盾构密闭始发与到达接收装置上半部分拆解流程图

(2)盾构密闭始发与到达接收装置卸压。

盾构完全进入盾构隧道或密闭到达接收装置内之后,完成洞门封堵和盾构设备的处理准备。对于泥水平衡盾构,在洗仓工作结束后,将环流系统土舱压力进行缓慢降低,降压过程中注意观察气仓内液位变化,以判断洞门处是否漏水。如无明显异常,待土舱压力降至常压后,打开盾构密闭始发与到达接收装置外侧的排浆管,将盾构密闭始发与到达接收装置内水排空,然后关上球阀,等待约2h后,再次对盾构密闭始发与到达接收装置内进行排水,并测定排水量,如无异常,则说明洞门处漏水不大,可以进行拆解,如水量过大,必须对洞门管片继续补浆,直至不再漏水。

(3)拆下钢支撑、反力架和斜撑及后配套装置。

10.3.8 盾构密闭始发与到达接收成功案例

10.3.8.1 广州地铁 2、8 号线南浦站—洛溪站盾构区间工程

1) 工程概况

广州地铁 2、8 号线的 2 号线盾构 3 标位于广州市番禺区,包括南浦站—洛溪站、南浦站—南会区间中间风井两个区间。下面主要介绍洛溪站到达端头密闭接收装置拆解工作的成功案例。

2) 工程地质与水文地质条件

洛溪站到达端头洞门范围所处地层从上到下依次为:①人工填土层(厚度1.1m)、②$_{1A}$海陆交互沉积淤泥层(厚度2.5m)、②$_2$淤泥质砂层(厚度1.9m)、③$_2$中粗砂层(厚度2.9m)、③$_1$粉细砂层(厚度0.9m)、③$_2$中粗砂层(厚度0.5m),且该到达洞门距离珠江支流——三枝香水道仅约300m,地下水丰富,如图10-44所示。

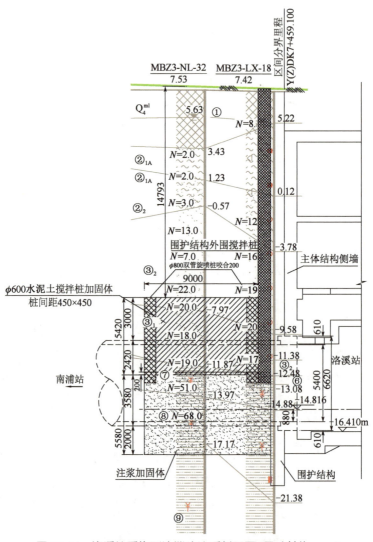

图 10-44 洛溪站盾构到达端头地质剖面图(尺寸单位:mm)

3) 接收方式变更

原设计方案中,该端头采用水泥土搅拌桩、旋喷桩和地面注浆进行加固。后经研究对设计方案进行修正,决定增加加固范围,并紧贴车站原连续墙加设一道素混凝土连续墙。经过对洛溪站南到达端地质条件以及场地移交等情况的综合考虑,拟变更洛溪站南到达端头加固施工方案,原因如下:

(1) 对加固范围地下管线的探测,发现原加固方案范围内有地下管线,但管线迁改十分困难,地面加固困难,这是城市经常发生的情况。

(2) 洛溪站进行车站结构施工,工期紧张,端头加固施工的场地移交滞后,即使能够从地面加固,加固施工的工期也受到了严重限制。

(3) 加固深度太大,从地面采用搅拌桩和旋喷桩加固施工质量难以保证,漏水、涌砂等风险不能完全消除。

综合考虑以上因素,为了增加到达洞门破除时的安全性需要对原方案进行变更,使用了盾构密闭接收装置的到达接收施工技术。

4) 变更后盾构到达接收方案

由于管线迁改、场地移交等问题,无法按原方案实施,而且从地面加固方案因加固深度太深无法完全确保加固体质量,也存在较大风险,所以为确保盾构安全到达,拟对原方案进行变更,即采用地面加固+接收钢套筒的方案,变更后的方案如下:

(1) 地面加固

在洛溪站紧靠洞门围护结构连续墙外侧施工一道1200mm厚素混凝土连续墙;宽度为隧道中心线左右各4m,加固体深度从隧道底以下2m至地面。然后在素混凝土连续墙两端各施工2根$\phi 800$mm双管旋喷桩咬合200mm,与原车站围护结构及新施作素混凝土连续墙各咬合200mm。加固范围平面、断面如图10-45所示。

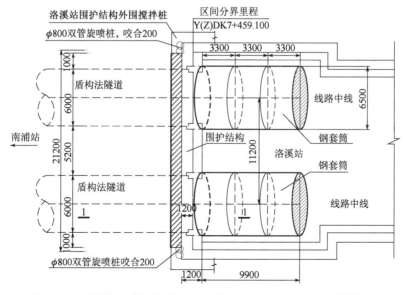

图10-45 洛溪站南端头加固+钢套筒平面布置示意图(尺寸单位:mm)

（2）接收钢套筒

接收钢套筒是一端开口的桶状结构，整个钢套筒结构分为壳体、后端盖、反力架、托架及洞门橡胶板（盾尾刷）和前后左右支撑组成。壳体部分长9900mm，内径6500mm，分三段，每段3300mm，每段又分为上下两半圆，均加焊法兰端面并用螺栓连接，中间用橡胶板密封，钢套筒与洞门环板之间采用螺栓连接，如图10-46所示。

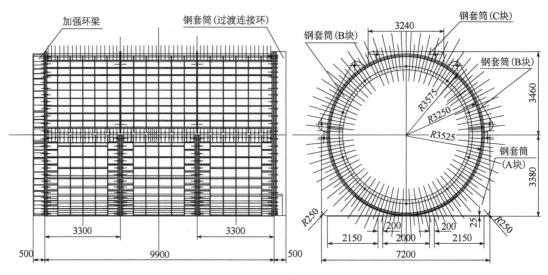

图10-46 接收钢套筒示意图（尺寸单位：mm）

5）盾构到达施工流程

盾构到达前至少一个月完成素混凝土连续墙施工，以使盾构到达前混凝土达到强度要求。盾构碰素混凝土连续墙之前完成钢套筒制作并运至施工现场。

安装钢套筒，进行钢套筒填满砂石混合料并加满水封闭试压等工作，确保接收装置的密闭性没有问题。盾构向前推进，穿过素混凝土连续墙加固体以及车站围护和主体结构，进入长9900mm的密封钢套筒。待盾构完全进入密封钢套筒后，先对盾尾后5环管片的补充注浆，确保隔断端头与钢套筒的水力联系，然后排空钢套筒内泥浆（泥水平衡盾构，如果是土压平衡盾构，则是排空仓内渣土），打开加料孔试水，最后拆解密封钢套筒吊出盾构。

通过采用钢套筒密闭接收装置，保证左右线盾构安全到达出洞，且未对地面和周边建筑物造成不良影响。

10.3.8.2 佛山城市轨道交通3号线工程土建工程3201标工程

1）工程概况

本工程位于佛山市顺德区，包含大墩站明挖车站、大墩站—东平站区间（以下简称大东区间）以及东平站—湾华站区间（以下简称东湾区间）三个单位工程，其中大—东区间长1011.62m，东—湾区间长2789.254m。

大东区间盾构施工盾构从大墩站始发向东平站掘进并需于2017年7月15日前双线下穿通过广佛环线东平站。

综合考虑施工条件、施工进度以及下穿广佛环线工期节点，将东平站作为大东区间的盾构始发站,盾构由东平站向大墩站掘进,到达大墩站后拆解吊出再转运至东平站进行第二次始发向湾华站掘进。

由于东平站车站 C 区南端主体结构施工已封顶,并且原设计没有预留盾构井,因此只能考虑车站 B 区北端头作为盾构始发井。北端正在施工,待北端车站底板完成后,盾构从东平站北端头吊装下井,经过过站作业,将盾构移动到南端头始发,如图 10-47 所示。

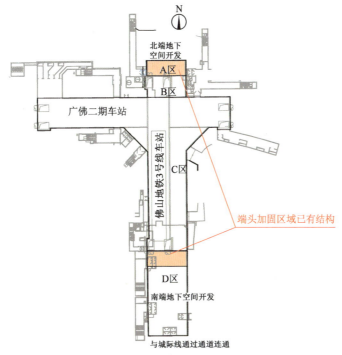

图 10-47　东平站平面图

由于大墩站—东平站区间大里程端头位于东平站 D 区主体结构下方,已不具备端头加固施工条件,因此结合密闭平衡始发的技术优势,现决定大东区间盾构采用密闭钢套筒始发技术进行盾构始发。

盾构携带钢套筒过站始发:拟用密闭钢套筒平衡始发工法,在东平站西端头,将盾构安装在钢套筒内,钢套筒与盾构一起移动过站,到南端头与洞门连接、固定,通过一定的工艺,实现平衡始发,盾构携带钢套筒过站始发平纵面图如图 10-48 所示。

2)盾构携带钢套筒过站适应性分析

东平站已经建成,为满足盾构携带钢套筒过东平站的需求,对密闭钢套筒进行改装。首先根据盾构组装好的重心位置,在钢套筒底部安装 6 个"小坦克","小坦克"可根据需要,90°方向旋转,方便平移和直移。同样根据盾构组装好的重心位置,在钢套筒左右两侧安装 6 个顶升千斤顶,用于顶升钢套筒,移动"小坦克"行走的槽形轨道,如图 10-49 所示。

3)过站要点

(1)采用"藏入式"平移装置和"步履式"移动模式

盾构和钢套筒结合在一起总质量约 535t,属于大吨位移动运输,设备与车站底板混凝土之间将产生很大的摩阻力,另外,一般盾构洞门底至底板面的净空仅有 60cm 左右,为此密闭平衡装置改造的核心思路为:滑动摩擦改为滚动摩擦,减小移动负担,自动切换模式,提升工序转换效率;采用"藏入式"平移装置解决空间限制问题。

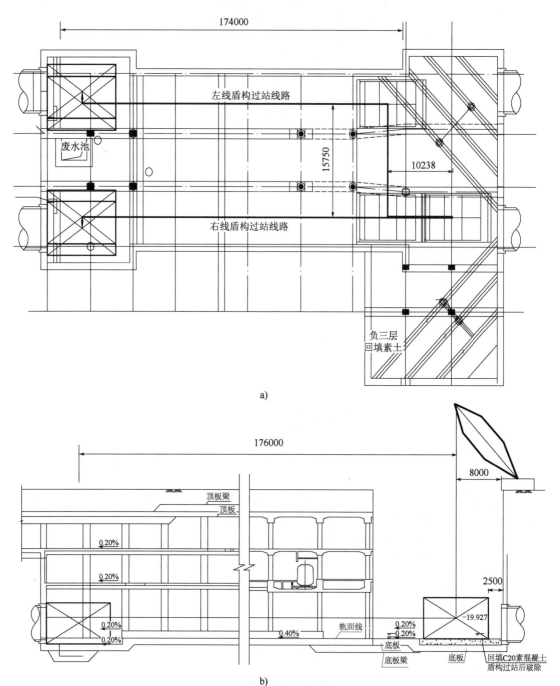

图 10-48　盾构携带钢套筒过站平剖面图(尺寸单位:mm)

a)平面图;b)剖面图

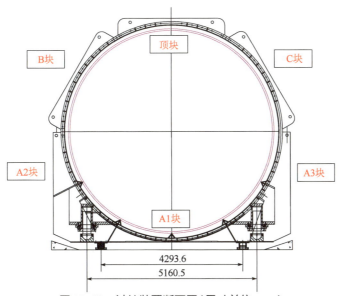

图 10-49 过站装置断面图(尺寸单位:mm)

① 套筒平移装置设计

减小平移时钢套筒与地面之间的摩擦力:在钢套筒下方设置"藏入式"循环滚钢式水平移动装置,然后将"小坦克"置于导向槽中,最后将导向槽与地面接触。选用滚动方式过站。根据盾构和钢套筒的整体质量对钢套筒进行改造:在钢套筒底部左右两侧各安装 3 个循环滚钢式水平移动装置,钢套筒后方设置 2 个 100t 的水平千斤顶,如图 10-50 和图 10-51 所示。

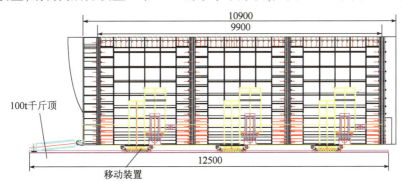

图 10-50 钢套筒改造后的侧视图(尺寸单位:mm)

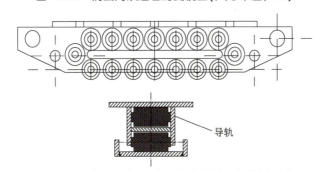

图 10-51 循环滚钢式水平移动装置和导轨断面图

②工序转换机械化

将钢套筒后方设置的水平千斤顶与导向槽采用铰接方式连接在一起,当千斤顶达到极限行程后将盾构钢套筒整体抬升,然后在千斤顶缩回的同时带动导向槽一起缩回,通过不断推进、顶升、收回循环操作形成了"步履式"移动模式,此方法与原盾构过站工艺中人工移动、就位导向槽相比大大加快了工序转换效率,这种步履移动模式如图10-52所示。

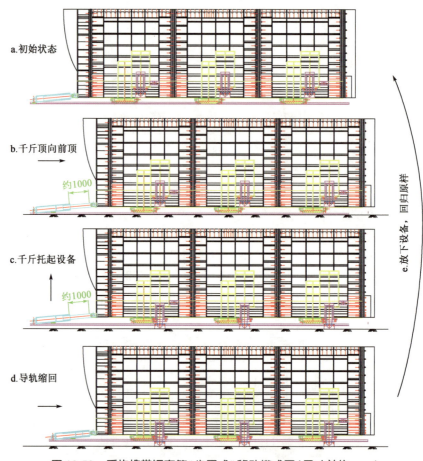

图10-52 盾构携带钢套筒"步履式"移动模式图(尺寸单位:mm)

③既有结构保护装置

在盾构携带钢套筒移动过程中,其边角可能会蹭碰到既有车站结构表面,造成混凝土刮落,为了保护混凝土结构,在钢套筒两侧设置滚轮,轮面突出钢套筒边10mm,并设置橡胶垫,可对车站既有结构混凝土面进行保护,如图10-53所示。

(2)盾构携带钢套筒整体过站施工流程和操作方法

通过对以往盾构过站和钢套筒始发施工经验的总结,对本次施工过程技术、设备、质量、安全管理等方面进一步细化,在此基础上进行了设备的部分改进,形成了一套完整的盾构携带钢套筒过站的施工方法,包括施工准备、施工参数、套筒与盾构的连接方式等内容。

①平移设备的选择

对于盾构+钢套筒,其强度、刚度均需满足要求,对所有焊缝需进行探伤检测,尽量选择周转次数少、原本改造少的钢套筒或者新制造的钢套筒。

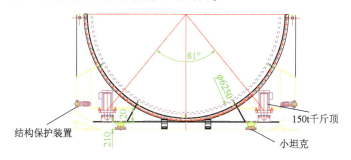

图 10-53　改造后的钢套筒立面图(尺寸单位:mm)

②现场准备

设备平移前,在平移线路净空范围内不得有任何障碍物,钢筋头需予以切除,孔洞需回填,并尽量保持结构平整;需在现场准备一套液压工作站以保证设备上的液压千斤顶能同步工作。

根据盾构和钢套筒的整体质量对盾构始发井口底板面进行布置;清理始发井口底板淤泥,在始发井口底板铺设 ϕ200mm H 型钢,横竖间隔一定距离叠放,其中在滑动钢槽的区域要堆放较密。在轨道下方的 H 型钢要加肋板加强,叠放 5 层,共 1000mm,钢支墩高度 200mm,即叠放 5 块,钢支墩按 400mm×400mm×200mm 制作,如图 10-54 所示。

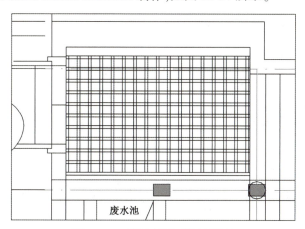

图 10-54　端头铺设型钢平面图

③平移套筒的工作参数

为了减少对设备的负担,钢套筒平移的速度不宜过快,速度宜控制在 3m/h 左右,千斤顶行程不宜过大,1m 左右即可。

④套筒与盾构之间的连接方式

套筒与盾构之间的间隙内回填带水的中粗砂,其两者的连接方式如图 10-55 所示。

通过应用本技术对钢套筒和盾构进行整体过站,一方面,提高了盾构过站的效率,缩短了工期;另一方面,降低盾构始发造成涌水涌砂的风险,提高了站内人员施工的安全性,减免了抢险对施工工期的耽误,节约施工成本。盾构过站和钢套筒始发分别如图 10-56 和图 10-57 所示。

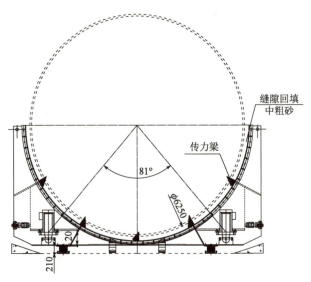

图 10-55　套筒与盾构连接方式示意图(尺寸单位:mm)

图 10-56　盾构过站

图 10-57　钢套筒始发

10.3.8.3　孟加拉国卡纳普里河底隧道工程

1)工程概况

孟加拉国吉大港卡纳普里河底隧道项目位于孟加拉国吉大港市郊区卡纳普里河入海口位置,连接卡纳普里河东西两岸,西岸起点与规划的沿海公路(Coastal Road)相接,路线自西向东沿原有的海滨路(Sea Beach Road)布设,然后以隧道形式依次下穿卡纳普里河至吉大港东岸,在东岸出隧道后迅速抬升以高架桥形式从 KAFCO 和 CUFL 之间的空地穿过,然后上跨 KAF-CO 化肥厂传送带至东岸陆地落地,以路基形式南下,终点与 Banskhali Sarak Road 相接,线路全长 9265.971m。

卡纳普里河隧道项目设计为单层双向四车道,隧道在河底采用东西并行、分离式盾构隧道。行车道板下设置线路走廊和应急逃生通道,隧洞间设置 3 处联络通道。盾构段右线里程为 YK2+400～YK4+850，长度为 2450m；左线里程为 ZK2+399.34～ZK4+841.8，长度为 2442.5m，如图 10-58 所示。

图 10-58　卡纳普里河隧道项目平面布置图

2）钢套筒接收及调头施工

（1）施工概况

①开挖直径 12.12m 的气垫式泥水平衡盾构从卡纳普里河西岸工作井左线始发（常规基座）。

②到达东岸工作井后套筒接收。

③平移、调头转体后二次始发（半套桶/全套桶）；盾构掘进至西岸右线套筒接收，割套筒拆机。工作步骤为：接收→平移、转体→调头→始发。

（2）重点与难点

①坡度 3.995%，盾体总长 14m，首尾高度差达到了 559.3mm。

②在接收井内盾构转体，如何实现转体的中心为套筒的几何中心。

③由于盾体前后高差大，如何解决平衡下降或顶升的同步问题。

（3）施工要点

①在整个接收井铺满钢板；测量放线，将调整 3.995% 的坡度用的支墩安装就位并固定；基座就位后固定，安装套筒上部各部件，组装套筒，如图 10-59 所示。

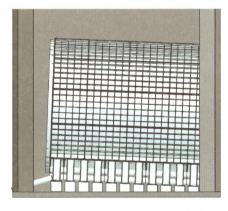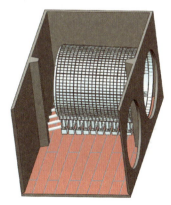

图 10-59　钢套筒安装示意图

②盾构进入套筒，完成盾构接收工作，如图 10-60 所示。

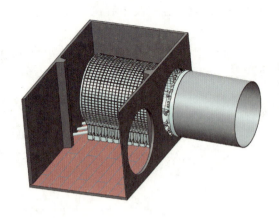

图 10-60　钢套筒接收示意图

③10~250t 和 12~150t 活塞杆下行触地,将带盾构的套筒整体顶升起来,拆除调整坡度用的支墩调整水平,为平移转体等动作做准备,活塞杆收回,套筒底板与接收井地面接触,套筒平移,如图 10-61 所示。

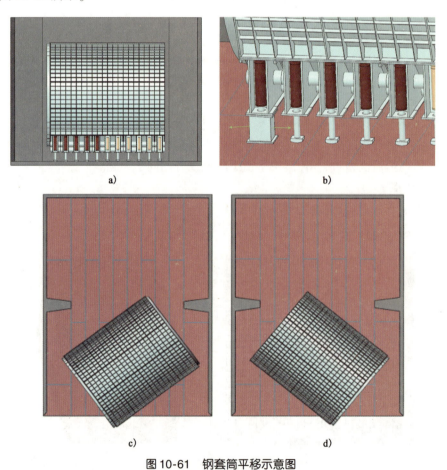

图 10-61　钢套筒平移示意图

④钢套筒转体到要求位置后各油缸下行触地,按坡度放置各支墩后调整盾构姿态,进行二

次始发,如图 10-62 所示。

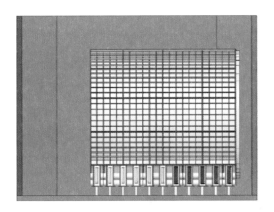

图 10-62　钢套筒二次始发示意图

通过采用钢套筒密闭接收装置,保证盾构安全到达接收井并转体后二次始发,确保工期及安全。

10.4　可切削式围护结构的研究

10.4.1　可切削材料及相关施工技术的引进

SEW 工法采用纤维增强发泡型聚氨酯(Fiber-reinforced Foamed Urethane,简称 FFU)材料替代洞门围护结构处钢筋混凝土内的钢筋,使盾构在始发与到达通过洞门时,盾构刀盘能够直接对围护结构进行切削,避免等待洞门围护结构凿除的过程,从而使盾构安全快速地通过洞门,显著提高盾构施工安全水平。

为了有效降低盾构始发风险,减少施工成本,将洞门范围内的钢筋混凝土中的钢筋用 FFU 材料代替,作为围护结构的一部分,在基坑开挖和施工过程中承受土压力,即 SEW 连续墙围护结构。

SEW 工法中,在洞门处采用 FFU 材料代替钢筋混凝土材料,此种材料本身抗拉强度大,可以代替钢筋混凝土作为围护结构的一部分来承受基坑开挖过程中的土压力。为了对围护结构设计以及盾构对该材料的切削性能做出准确的技术判断,需要对材料的各项性能进行了解,并通过计算验证 FFU 材料是否满足基坑开挖过程中的强度要求。

根据洞门周围土体特性,利用专门的设计软件,通过计算确定 FFU 材料的尺寸、FFU 材料与洞门范围外钢筋笼接头形式,对洞门 SEW 连续墙的受力性能进行验算,符合要求后,方可进行现场施工。

由于 FFU 材料与连续墙钢筋笼的连接,只是用 FFU 材料代替其中部分钢筋笼的钢筋,不影响整个连续墙的整体稳定性,且满足原设计的抗倾覆、抗隆起以及抗管涌稳定性的验算。根据 SEW 工法原理,即在盾构隧道始发洞门范围内,用 FFU 材料代替地下连续墙钢筋混凝土中的钢筋,充分利用 FFU 材料较高的抗拉强度,代替钢筋混凝土作为围护结构的一部分来承受基坑开挖过程中的土压力。

10.4.1.1 SEW 连续墙施工

(1) 钢筋笼制作与安装

由于连续墙钢筋笼中洞门范围内为 FFU 材料,重量相对钢筋差别很大,且采用一次性吊装入槽的形式,施工难度大。同时,洞门中心为 FFU 材料,若钢筋笼偏差较大,则可能会发生 FFU 侵入洞门的现象,因此在钢筋笼安装时,必须确保起吊精度。FFU 材料钢筋笼及其吊装入位照片分别如图 10-63 和图 10-64 所示。

图 10-63 FFU 材料的钢筋笼吊装照片

图 10-64 FFU 材料的钢筋笼吊装入位照片

(2) 混凝土浇筑

混凝土浇筑过程中,考虑到 FFU 材料尺寸为 650mm×600mm,嵌入在钢筋笼中后,FFU 材料之间的间隙为 440mm,与槽壁之间的距离只有 100mm,洞门附近占用部分空间,不利于混凝土的浇筑。为在 FFU 材料底部增加混凝土填充的密实性,在条形 FFU 材料中跳开插入混凝土导管,并增加导管的长度。在 FFU 位置适当放慢浇筑速度,浇筑速度控制在 5m/h。当混凝土位置到 FFU 底部时拆管,埋管深度为 2m,然后每根导管开始均匀浇筑。控制每次浇筑量,浇筑速度放慢,频繁量测每条 FFU 材料两侧混凝土浇筑高度,保证混凝土高度均匀上升,防止钢筋笼移位。图 10-65 为基坑开挖过程中 SEW 连续墙照片,图 10-66 为基坑施工完成后的 SEW 连续墙照片。

图 10-65 基坑开挖过程中 SEW 连续墙照片

图 10-66 基坑施工完成后 SEW 连续墙照片

10.4.1.2 SEW 施工中泥水平衡盾构掘进典型问题

1）产生泡沫导致堵管

（1）现象

在泥水平衡盾构掘进过程中，泥浆池内产生大量的泡沫，导致抽泥泵堵塞、泥浆无法循环，为了保证环流系统顺畅，多次停机清理泡沫。

（2）原因分析

当盾构刀盘切削 FFU 连续墙时，产生的切削碎片除了较大的碎片，同时也有 FFU 小粉末产生。由于小粉末的形状复杂多样，在水中搅拌时，很多气泡会附着在粉末上产生泡沫，在泥浆池中产生大量的泡沫，泥浆输送泵停止工作，导致盾构掘进中断。

（3）对策

对于泥水平衡盾构始发切削 FFU 材料时产生大量泡沫的现象，并通过试验研究，选取合适的去泡沫剂，有效降低了泡沫的产生量，保证了泥水平衡盾构环流通畅和盾构成功始发。

2）FFU 材料大块破裂导致堵管

（1）现象

在盾构对 FFU 连续墙进行切削的过程中，通过多次开仓检查，发现大块 FFU 材料和大块混凝土块，由于不能随泥浆一同排出，容易造成环流系统的堵塞，如图 10-67 所示。

图 10-67 长条形 FFU 碎片

（2）原因分析

①当盾构刀盘切削 SEW 连续墙时，肯定要切削到 FFU 构件及其间的混凝土，与 FFU 构件具有高度韧性相比，混凝土压缩强度高，脆性大，易破碎。因此，随着切削作业的进行，混凝土先于 FFU 构件破裂，FFU 构件变薄时，刀具回转方向的反作用力减少，FFU 横向折断，产生棒状 FFU 碎片，图 10-68 为 FFU 杆状材料破碎原理示意图。

②盾构工程左线隧道始发线路坡度达 55‰，而 FFU 材料预埋时为竖直状态，从而使得盾构刀盘与 FFU 材料间形成夹角，刀盘与 FFU 材料的接触为点接触（而非面接触），FFU 构件在切削结束时处于悬臂状态，故 FFU 材料更容易破裂，FFU 连续墙表面盾构切削轨迹如图 10-69

所示。

(3) 对策

① 提高 FFU 构件与混凝土间的黏着力,使其合成一体易于切削,例如可将盾构掘进方向的 FFU 侧面设计成凹凸状。

② 针对泥水平衡盾构排泥口及排泥管堵塞问题,为防止 FFU 构件的大块碎片及混凝土块在排泥管中造成堵塞,在盾构附近设置一个采石箱。采石箱内装有一定大小的滤网,使得大块 FFU 材料难以通过;在刀盘的背面安装一个搅拌棒,搅动聚集在土舱内下部的混凝土块,防止堵塞排泥口。

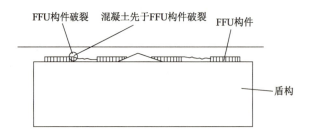

图 10-68　杆状 FFU 材料破碎原理示意图

图 10-69　FFU 连续墙掌子面刀盘切削轨迹

10.4.2　可切削材料的再创新

10.4.2.1　玻璃纤维筋使用的提出

针对 SEW 工法及 FFU 材料在施工中出现的前述不足,经研究后得出使用玻璃纤维钢筋材料替代钢筋,能够有效地解决前述问题,保证施工进度和安全。

玻璃纤维筋是一种人造无机纤维材料,具有良好的防火、隔热、耐辐射等特性;其抗剪强度为 50～60MPa,具有良好的切削性能;抗拉强度达到 2000MPa,为钢筋的 2 倍以上;目前已采用玻璃纤维筋的规格主要在 3～32mm,与钢筋直径规格相当;热膨胀性能与混凝土比较接近,可与混凝土良好黏接。

玻璃纤维筋与 FFU 材料相比,有如下优势:

（1）玻璃纤维筋直径规格和钢筋相当，采用玻璃纤维筋比 FFU 材料制作钢筋笼更简便，洞门范围与钢筋部分搭接处理更方便。

（2）玻璃纤维筋密度是水的约 2.6 倍，使用体积远小于 FFU 材料，在钢筋笼下井及组装、混凝土浇筑过程中，钢筋笼上浮的可能性较小。

（3）采用玻璃纤维筋制作的钢筋笼，间隙相对采用 FFU 时更大，浇筑混凝土时，更容易使连续墙内被混凝土有效填充密实，提高了连续墙的密实度和抗渗性。

（4）玻璃纤维筋单位面积相对较小，在盾构通过时，更容易被盾构刀盘切断切碎，降低了泥水平衡盾构泥水循环系统堵管的可能性，提高了盾构的通过效率和安全性。

10.4.2.2 玻璃纤维筋连续墙的设计

盾构平衡始发、到达施工技术在围护结构洞门范围的钢筋混凝土中采用玻璃纤维筋代替钢筋。玻璃纤维筋（Glass Fiber-reinforced Polymer，简称 GFRP）作为一种新材料，抗拉强度高，还具有良好的电绝缘性、磁绝缘性、耐久性和耐腐蚀性，是很好的钢筋替代品。

1）围护结构配玻璃纤维筋设计基本原则

玻璃纤维的弹性模量和延性较低，其与混凝土的黏结性能也与普通钢筋有区别，因此，钢筋混凝土结构计算和设计方法已不能适用于玻璃纤维筋混凝土结构，必须对普通钢筋混凝土构件的抗弯、抗剪设计理论和相应的计算公式进行修正。

GFRP 筋与钢筋最大的差异就是它的弹性模量小，是典型的脆性材料，在断裂前应力—应变曲线均表现出明显的线性关系。

在选择 GFRP 筋设计强度时，仿照钢筋混凝土结构设计规范，引入一个强度折减系数，一般取为 0.8，以提高结构的安全性。玻璃纤维筋配筋设计主要参照美国混凝土委员会规范"Guide for the Design and Construction of Structural Concrete Reinforced with FRP Bars"（ACI 440），同时参照我国《混凝土结构设计规范》（GB 50010—2010）以及《纤维增强复合材料建设工程应用技术规范》（GB 50608—2010）的设计公式。其计算方法与传统的计算方法一致，即计算出围护结构内力包络图，然后对围护结构的抗弯承载力和抗剪承载力，按照玻璃纤维筋的特征进行计算和检验。

2）抗弯设计

进行抗弯强度设计时引入了以下 5 个基本假设：

（1）截面应变保持平面。

（2）不考虑混凝土的抗拉强度。

（3）混凝土的最大可压缩应变为 0.0033。

（4）玻璃纤维筋在破坏前，其抗拉强度是线弹性的。

（5）混凝土和玻璃纤维筋存在良好的黏结性能。

为保证结构安全，应满足乘以一个折减系数后构件的设计抗弯强度值大于荷载乘以分项系数后计算得出的弯矩值，即应满足：

$$\phi M_n \geqslant M_u \tag{10-1}$$

式中：M_n——最大弯矩设计值；

M_u——理论抗弯强度；

ϕ——弯矩强度折减系数。

ρ_f 为截面配筋率。ρ_{fb} 为平衡配筋率,即平衡纤维筋配筋比。当 $\rho_f \leqslant \rho_{fb}$ 时,$\phi = 0.55$;当 $\rho_{fb} < \rho_f < 1.4\rho_{fb}$ 时,$\phi = 0.3 + 0.25 \times \dfrac{\rho_f}{\rho_{fb}}$;当 $\rho_f \geqslant 1.4\rho_{fb}$ 时,$\phi = 0.65 \sim 0.70$,根据工程安全和经济性取值。

为避免构件发生混凝土受压破坏,需使配筋率不低于平衡纤维筋配筋比,即需要 $\rho_f > \rho_{fb}$。GFRP 筋增强混凝土构件的配筋率可由式(10-2)计算:

$$\rho_f = \frac{A_{gf}}{b \times d} \tag{10-2}$$

式中:A_{gf}——单位宽度玻璃纤维筋总面积;

b——截面宽度;

d——玻璃纤维筋的名义直径。

根据 ACI 440 规范,平衡纤维筋配筋比由式(10-3)计算:

$$\rho_{fb} = 0.85 \times \beta_1 \times \frac{f'_c \times E_f \times \xi_{cu}}{f_{fu} \times (E_f \times \xi_{cu} + f_{fu})} \tag{10-3}$$

式中:f'_c——根据我国国标立方体标准抗压强度转化为 ACI 规范规定的圆柱体抗压强度;

f_{fu}——玻璃纤维筋的抗拉强度设计值;

E_f——玻璃纤维筋的抗拉弹性模量;

ξ_{cu}——混凝土的极限压应变;

β_1——混凝土受压区等效应力高度与中心轴高度的比值。

β_1 的取值为:

(1) 当 $f_c > 56\text{MPa}$ 时,$\beta_1 = 0.85$;

(2) 当 $28\text{MPa} < f_c < 56\text{MPa}$ 时,$\beta_1 = 0.85 - \dfrac{f_c - 28}{7 \times 0.05}$;

(3) 当 $f_c < 28\text{MPa}$ 时,$\beta_1 = 0.65$。

理论抗弯强度 M_n 可由式(10-4)计算得出:

$$M_n = \rho_f \times f_f \times \left(1 - \frac{0.59 \times \rho_f \times f_f}{f_c}\right) \times b \times d^2 \tag{10-4}$$

式中,f_f 为纤维补强筋应力,由式(10-5)计算得出,并应小于玻璃纤维筋的抗拉强度设计值 f_{fu}。

$$f_f = \sqrt{\left[\frac{(E_f \times \xi_{cu})^2}{4} + \frac{0.85 \times \beta_1 \times f' \times E_f \times \xi_{cu}}{\rho_f}\right]} - 0.5 \times E_f \times \xi_{cu} \tag{10-5}$$

选择好破坏模式和 GFRP 筋设计强度后,就可以进行 GFRP 筋配筋替换计算了。为确保玻璃纤维筋混凝土构件的安全,还应通过计算选择 GFRP 筋和钢筋的搭接长度,一般该搭接长度根据工程安全和经济性取值为 $1.3l_d$ 或 $40d$，l_d 为锚固长度，d 为钢筋的直径。

3）抗剪设计

GFRP 筋混凝土构件中，混凝土部分的抗剪能力由式(10-6)计算：

$$V_{cf} = \frac{E_f V_c}{E_s} \tag{10-6}$$

式中：E_f——GFRP 筋弹性模量；

E_s——钢筋弹性模量；

V_c——无腹筋梁的斜截面承载力。

GFRP 筋部分抗剪能力为：

$$V_f = \frac{A_y \sigma_y d}{s} \tag{10-7}$$

构件所需抗剪箍筋数量 A_y 和间距 s 计算公式为：

$$\frac{A_y}{s} = \frac{V_u - \varphi V_c f}{\varphi \sigma_y d} \tag{10-8}$$

式中：V_u——荷载产生的外表面极限剪力荷载；

φ——常数，可取 0.85；

d——截面有效高度。

与钢筋混凝土结构类似，为防止发生斜拉破坏，GFRP 筋混凝土结构的箍筋配筋率应大于最小配筋率，由式(10-9)给出：

$$A_{fmin} = \frac{50bs}{\sigma_y} \tag{10-9}$$

由式(10-9)可见，最小配筋率与混凝土强度无关。

10.4.2.3 玻璃纤维筋连续墙施工

1）玻璃纤维筋笼加工

(1) 按照图纸进行玻璃纤维筋笼的加工，仔细确认玻璃纤维筋的长度、对应的高程，防止搭接处的钢筋过长而伸入玻璃纤维筋区域。玻璃纤维筋与钢筋采用锁扣绑扎，玻璃纤维筋范围内横向筋与纵向筋及拉接筋等绑扎均采用扎丝绑扎。

(2) 横纵向及拉结玻璃纤维筋、连接锁扣在工厂按照设计型号、长度制作好，并在工厂进行玻璃纤维筋及锁扣连接抗拉试验，要求连接部位抗拔强度大于钢筋抗拉强度。玻璃纤维筋及连接锁扣经过检验合格后，方可进场安装。

(3) 玻璃纤维筋绑扎时应牢固，防止脱落、松散。

(4) 绑扎完的玻璃纤维筋笼，应根据实际情况确定两边是否安装工字钢接头。如果玻璃纤维筋笼一侧的槽段已经浇筑混凝土，则该侧不安装工字钢；反之则安装工字钢。

(5) 玻璃纤维筋与工字钢接头无需直接连接，只需要将玻璃纤维筋插入工字钢接头内即可。

(6) 如两侧均有工字钢接头，则在笼底面每隔2m用一条 φ32mm 的钢筋连接两侧的工字钢，起到加强骨架作用，在吊装时网住玻璃纤维筋，避免因玻璃纤维筋过于柔软导致玻璃纤维筋笼变形。

(7) 如单侧或两侧均无工字钢接头，则将玻璃纤维筋范围内钢筋桁架加强，确保其稳定性。图10-70是玻璃纤维筋笼的加工安装图，图10-71是其安装后的照片。

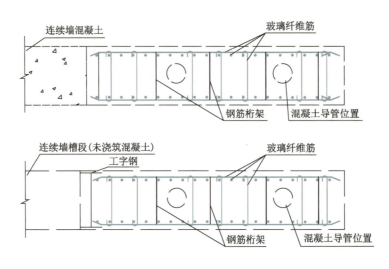

图 10-70　玻璃纤维筋笼加工安装图

2) 玻璃纤维筋笼吊装下井

(1) 合理选用吊装设备，玻璃纤维筋笼采用一次成型、整体吊装入槽的吊装方式。

(2) 玻璃纤维筋笼起吊时，注意加固好吊点，吊点应根据笼的重心设置，防止起吊过程中玻璃纤维筋笼出现变形、扭曲、失衡、倾斜等现象，不能产生不可恢复的变形。

(3) 起吊方法采用主、副两台吊机配合进行，整体起吊、翻身，如图10-72所示。

图 10-71　玻璃纤维筋安装完成后照片

图 10-72　玻璃纤维筋笼吊装

(4)玻璃纤维筋笼入槽过程中,将设定洞门范围内的钢筋桁架和工字钢接头等非玻璃纤维筋材料全部割除。

(5)玻璃纤维筋笼入槽后应仔细确认其高程和水平位置及垂直度,尽可能减小玻璃纤维筋范围中心与洞门中心的偏差,避免钢筋或工字钢接头进入洞门范围内。

3)水下混凝土浇筑

(1)通过导管浇筑混凝土,浇筑过程中须确保混凝土面均匀同步上升,根据槽段宽度选用不同数量的导管,均匀布置,同步浇筑。混凝土浇筑速度不宜过快,以免玻璃纤维筋笼被混凝土抬升浮起。

(2)玻璃纤维筋连续墙。

玻璃纤维筋以高强玻璃纤维为增强材料、合成树脂为基体材料,并掺入适量辅助剂,经拉挤、缠绕而成的复合材料,易切割、施工方便,热膨胀系数与钢材相比更接近水泥,因此与混凝土结合握裹力更强。其脆性大及耐磨性差保证了盾构刀具能顺利通过连续墙。由于每条玻璃纤维筋都由数百根甚至上千根单丝组成,所以在刀盘切削连续墙时,能将纤维筋切断磨碎带出土舱,如图10-73和图10-74所示。

图10-73 玻璃纤维

图10-74 玻璃纤维筋

(3)玻璃纤维筋应用的问题及对策。

①泥水平衡盾构排泥口堵塞

a.现象:洞门范围采用玻璃纤维筋,盾构刀盘直接切削围护结构洞门,在此过程中对盾构进行监控发现推力及扭矩均正常,但因GFRP筋为脆性材料,剪力过大时形成小部分的成片剥落,以致GFRP筋堵塞泥水平衡盾构的排泥口,造成切口水压周期性地波动。

b.对策:掘削GFRP筋洞门时需密切关注各项盾构参数的变化,并需经常检查和清理采石箱。

②盾构参数异常,有剧烈振动

a.现象:盾构刀盘掘削到钢筋,造成盾构推力和扭矩异常,基坑出现颤动。出现此问题的原因可能是钢筋笼入槽定位的平面位置与高程出现偏差或加固GFRP筋的竖向钢筋桁架切割时掉入底部等。

b. 对策：

（a）施工过程中加强玻璃纤维筋笼的平面位置与高程偏差的控制，保留真实、准确的原始测量数据，以备复核。

（b）适当增大洞门 GFRP 筋范围，洞门圈边界外扩 1m。

（c）密切关注盾构施工参数，施工中如果参数异常，则立即停机保压，分析清楚原因后方可继续掘进，以免盲目施工对基坑造成危害。

③混凝土强度过高

a. 现象：围护结构连续墙混凝土强度等级为 C30，但实际施工中掘进较为困难，推力达到 1000t 甚至以上，混凝土试块的抗压强度报告显示达到了 80MPa。

b. 对策：将洞门范围的混凝土采用低强度等级，经试验研究采用 C20 混凝土取得了较好的应用效果。

④盾构刀盘切削金属构件

a. 现象：明显出现刀盘切削连续墙钢筋等钢构件，导致刀具损坏、甚至刀盘变形等其他不利工况。

b. 对策：掘进前需对洞门圆周四个准线的点位凿除连续墙的混凝土保护层，直至露出钢筋，确认洞门范围是否存在钢筋。如发现存在钢筋的现象，则应对附近的点位进行复查，确认钢筋侵入洞门的范围、长度等，以便及时微调盾构掘进曲线，确保盾构施工安全、顺利。

10.5　盾构平衡始发与到达的特殊注浆技术

盾构平衡始发与到达施工完成以洞门封堵施工完成为目标，洞门施工风险性较大，为确保洞门管片切除及洞门施工过程中的安全，主要从两个方面进行：①外凸式洞门设计，经设计验算后将洞门设计为外凸式洞门，避免管片拆除影响洞门范围内水土不平衡；②洞门特殊注浆技术。

10.5.1　无缝灌浆材料的性能特点

无缝灌浆材料是以高强度材料作为骨料，以水泥作为结合剂，辅以高流态、微膨胀、防离析等物质配制而成。在施工现场加入一定量的水，搅拌均匀后即可使用的一种流动型无收缩水泥基灌浆材料，应满足下列要求。

（1）用途

①应用于水下潮湿地区的灌浆施工。

②适用于咸水和淡水区域的施工。

③自流动灌浆。

④适用于大型机械底座、桥梁支柱和混凝土梁柱的固定。

⑤填充砌块墙的凹陷间缝。

（2）性能特点

①在水下正常硬化凝固。

②高抗压强度(超过65MPa)。
③在硬化过程中产生微膨胀补偿混凝土的收缩现象。
④流动性高,适合泵送施工。
⑤硬化速度快,在25℃下硬化时间小于2h。
⑥不含氯化物,避免对钢筋和螺栓的腐蚀。
⑦工厂预制,加水搅拌即可。

(3)基本性能参数(表10-1)

无缝灌浆材料基本性能参数   表10-1

项　　目	性　能　参　数
颜色	灰色
成分	硅酸盐水泥、惰性骨料、级配砂和其他化学添加剂
最大粒径	2.0mm
密度	2.2g/cm³
施工时间	约20min
耗用率	约1.80kg/(m²·mm)
产出率	每包产品25kg,加水19%可产出14L的浆料,71包产品产出1m³的浆料

(4)执行标准
①ASTM C 827(24h自由膨胀率测试标准)。
②ASTM C 1090(3~28d自由膨胀率测试标准)。
③ASTM C 939(流动锥测试标准)。
④ASTM C 953(硬化时间测试标准)。
⑤ASTM C 940(流浆测试标准)。
⑥BS 6319:Pt 2 (抗压强度测试标准)。
⑦BS 1881:Pt 124 (氯化物含量测试标准)。

(5)物理性能参数(表10-2和表10-3)

无缝灌浆材料物理性能参数   表10-2

龄　　期	抗压强度(N/mm²)	
	淡水中养护	咸水中养护
1d	>12	>10
3d	>30	>25
7d	>45	>40
28d	>65	>55
项目	性能参数	
24h膨胀率(根据ASTM C 827)	>0.3%	

续上表

项目	性能参数
28d膨胀率(根据 ASTM C 1090)	<0.4%
流动度(根据 ASTM C 939)	50s
抗压强度(根据 BS 6319：Pt 2)	>8N/mm^2
氯化物含量(根据 BS 1881：Pt 124)	0

(6)横向流动度(表10-3)

横向流动度(20℃)　　　　　　　　　　表10-3

横向流动深度(mm)	灌浆水位高度(mm)	
	100	250
10	300	1000
30	1400	3000
50	3000	>3000
100	>3000	>3000

10.5.2　水泥混凝土砂浆与无缝灌浆材料的性能对比

无缝灌浆材料相比于水泥混凝土砂浆锚固材料具有如下优点：

(1)强度高

普通砂浆和混凝土的抗压强度一般为20~45MPa，无法长期承受重压，因此不适合结构性锚固，而无缝灌浆材料不但能在水中凝固，强度可达到65MPa左右，在咸水中亦可以达到55MPa，更适合用于结构性锚固。

(2)无收缩

混凝土和普通水泥砂浆容易产生收缩开裂，特别是在有机械运动时更容易对基材形成震动，更容易使水泥混凝土砂浆结构从开裂处破坏，从而起不到永久锚固的作用。无缝灌浆材料采用先进生产工艺，通过成熟的产品配方，精选优质水泥、骨料、粉状聚合物以及其他化学添加剂进行均匀搅拌配制而成，产品性能优越，质量稳定，绿色环保，该产品到施工现场后加水搅拌即可使用，简单方便。该产品在施工过程中不产生收缩变形，具有独特的二次膨胀性能：1d的膨胀率达到0.3%，确保了材料在不收缩的同时也不因为膨胀率太高而导致锚固件周围基材的破坏，28d膨胀率小于0.4%，材料仍有微膨胀作用，使锚固件与基材更能紧密的结合，而此后的膨胀与收缩基本平衡，从而保证了灌浆材料的使用耐久性。

(3)流动性好，施工效率高

流动度高，加水搅拌后即可倒入需要填充的孔洞中，无缝灌浆自动填充密实锚固对象，便于施工,施工效率高;另外无缝灌浆材料施工完 3d,强度已达到 30MPa 左右,锚固的机械和场地可投入使用,而普通的水泥混凝土砂浆通常需要硬化 28d 才能达到较高强度和完成收缩,才能投入使用。

(4)结构密实,起到永久锚固的作用

因无缝灌浆材料流动度高,能填充很小的缝隙,使结构更加密实,而水泥与混凝土因流动性很差,较小的缝隙流不进去,造成结构内部的空隙,降低水泥混凝土砂浆的强度。

(5)抗渗性强

无缝灌浆材料讲究颗粒级配,大颗粒填充大孔隙,小颗粒填充小孔隙,流动性好,使结构更加密实,抗渗性更强,能更好地保护所锚固的螺栓、钢筋等不受水的浸蚀而被腐蚀的现象。

在盾构平衡始发与到达施工中,均采用了无缝灌浆材料及其施工技术,在平衡始发施工过程中,对负环与反力墙的接缝采用了该注浆材料;在平衡到达施工中,在管片与洞门搭接的最后几环管片壁后注浆也采用了该注浆材料,效果良好。

10.6 围护结构不能直接切削时的处理措施

在前述盾构平衡式密闭始发与到达施工中,应用前提是盾构洞门采用可切削材料,但是洞门采用非直接切削材料(钢筋混凝土、半钢半纤)的情况下,平衡始发与到达施工需采取措施处理。

1)钢筋混凝土连续墙

当洞门范围内的连续墙混凝土含有钢筋时,会对盾构施工产生以下两种影响:

(1)滚刀无法将钢筋切断,但将钢筋周围混凝土碾碎,导致钢筋与混凝土脱落,当刮刀碰到钢筋后无法进行切削,同时刀盘容易被钢筋卡住,若钢筋直径较小,盾构还可以将其拉断,但钢筋直径较大且数量多时,就会导致盾构扭矩达到上限,形成卡机。

(2)滚刀将钢筋碾断时,会出现较长条的钢筋掉进土舱内,长条的钢筋进土舱后,不断地累积下去在排渣口处形成钢筋网,影响盾构排渣的正常运行;若钢筋只有一头碾断,另一头还连在连续墙上时,也是会将刀盘卡住。故在通常盾构始发时往往先要进行洞门凿除,需先将钢筋切除。直接凿除洞门风险较大,故常规经过设计验算后可在紧贴基坑围护结构外侧施工一道素混凝土连续墙,以满足结构受力,再分段凿除围护结构钢筋后,盾构直接切削素墙。

一字形素混凝土地下连续墙稳定性验算无法通过时,采用分块凿除+回填置换的方法破除钢筋混凝土连续墙。图 10-75 为增加素混凝土连续墙,图 10-76 为分块凿除+回填置换洞门范围内的钢筋混凝土连续墙。

2)MJS 工法简介

在场地具备地面加固条件,也可考虑采用冷冻或 MJS 法垂直加固。如地面无场地条件,可使用水平冷冻法加固或水平 MJS 加固施工,以满足凿除洞门时土体整体稳定的要求。

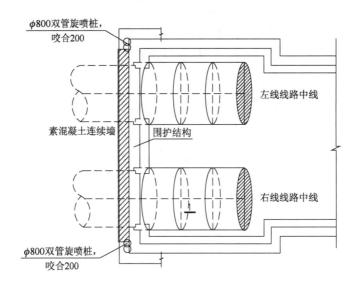

图 10-75　增加素混凝土连续墙(尺寸单位:mm)

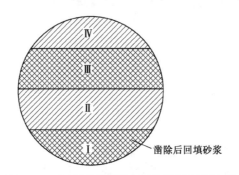

图 10-76　洞门分块凿除回填置换及其顺序图

MJS(Metro Jet System)工法又称全方位高压喷射工法,其主要特点是:通过监测喷射点附近地层压力变化,反馈控制特有的排浆管阀门泄压或保压,控制地层沉降和隆起;同时还具有高标贯土层中大桩径、垂直施工大深度、水平施工长距离、倾斜施工高精度、管道排浆零污染的特点。

MJS 工法的施工工艺特点包括:

(1)可以"全方位"进行高压喷射注浆施工

MJS 工法可以进行水平、倾斜、垂直各方向、任意角度的施工。特别是其特有的排浆方式,使得在富水地层、需进行孔口密封的情况下进行水平施工变得安全可行。图 10-77 是不同角度下的 MJS 工法施工示意图。

(2)桩径大,桩身质量好

喷射流初始压力达 40MPa,流量 90～130L/min,使用单喷嘴喷射,喷射流能量大,作用时间长,稳定的同轴高压空气保护和对地内压力的调整,使得 MJS 工法成桩直径较大,可达 2～2.8m。由于直接采用水泥浆液进行喷射,其桩身质量较好,如图 10-78 所示。

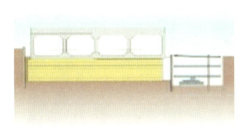

a)

b)

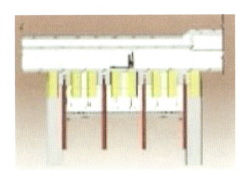

c)

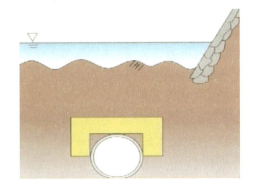

d)

图 10-77 不同角度下的 MJS 工法施工示意图
a) MJS 水平施工；b) MJS 倾斜施工；c) MJS 垂直施工；d) MJS 水下施工

图 10-78 不同角度下 MJS 工法形成的加固桩
a) 垂直施工改良体; b) 倾斜施工改良体; c) 水平施工改良体

(3) 对周边环境影响小,超深施工有保证

传统高压喷射注浆工艺产生的多余泥浆是通过土体与钻杆的间隙,在地面孔口处自然排出。这样的排浆方式往往造成地层内压力偏大,导致周围地层产生较大变形、地表隆起。同时在加固深处的排泥比较困难,造成钻杆和高压喷射枪四周的压力增大,往往导致喷射效率降低,影响加固效果及可靠性。MJS 工法通过地内压力监测和强制排浆的手段,对地内压力进行调控,可以大幅度减少施工对周边环境的扰动,并保证超深施工的效果。

(4) 泥浆污染少

MJS 工法采用专用排泥管进行排浆,有利于泥浆集中管理,施工场地文明程度高。同时对地内压力的调控,也减少了泥浆"窜"入土壤、水体或者地下管道的现象。

广州地铁 9 号线 3 标盾构下穿武广高铁施工中,采用水平 MJS 加固,在盾构隧道顶部形成隔离桩,确保了盾构安全通过,是一个成功的案例。

10.7 北京地铁8号线三期天桥站—永定门外站区间盾构钢套筒接收施工

1）工程概况

天桥站—永定门外站区间（以下简称天—永区间）设计起点里程为右K33+381.443，终点里程为右K35+006.963，全长1625.52m。区间平面自天桥站南行，下穿永定门街心公园，侧穿先农坛体育场，从永定门及永定门桥西侧绕避通过，下穿护城河、京津城际框构桥、14号线永定门外站后，止于永定门外大街的北京地铁8号线的永定门外站。区间平面线路中心间距为11~17m，区间纵断面为V形坡，最大纵坡为24.122‰，最小曲线半径$R=350$m，区间隧道顶部覆土埋深为10.2~29.3m。区间于右K33+790.100~右K33+838.800处设区间风井一座，承担盾构施工期间始发、接收、出土、管片吊装等施工阶段功能，于右K34+134.000（不带泵房）和右K34+526.000（带泵房）处设置两处联络通道，区间平面布置如图10-79所示。

图10-79 天—永区间平面位置示意图

天—永区间盾构接收段位于永定门外大街上，盾构下穿14号线永定门外站2号风道后抵达接收端头，该2号风道距离盾构接收端大约7m，此处右线隧道与左线隧道的净距为12m，如图10-80所示。计划的盾构接收流程如图10-81所示，其模型图如图10-82所示。

2）工程地质与水文地质条件

（1）工程地质条件

区间拟建线路在地质构造单元上处于丰台凹陷，地貌单元位于金沟河古道及漯水古道交替冲洪积影响形成的阶地及其间台地上。区间隧道顶部埋深为16.9~29.3m，盾构主要

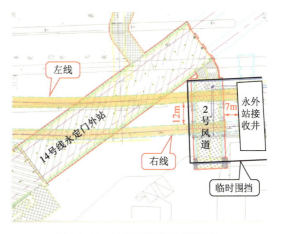

图10-80 盾构接收端头平面图

穿越地层为⑥粉质黏土层和⑦卵石层,局部地段穿越⑦$_2$细砂、中砂层等。图10-83为区间风井—永定门外站左线盾构隧道地质纵断面图。

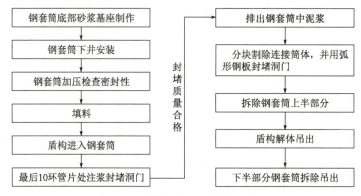

图10-81 盾构钢套筒接收施工流程图

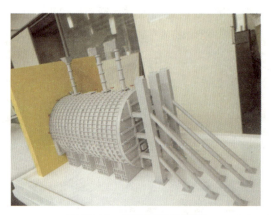

图10-82 钢套筒接收模型

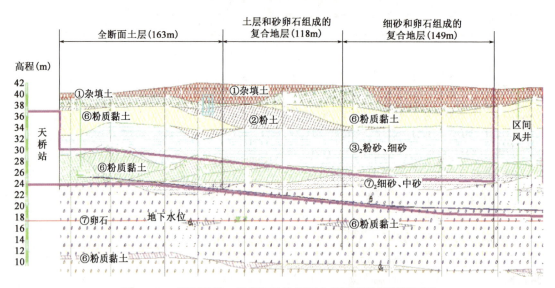

图10-83 区间风井—永定门外站区间左线隧道地质纵断面图

卵石层⑤的主要特征为:杂色,密实,一般粒径 2～6cm,最大粒径不大于 15cm,中粗砂充填率约 35%。⑥粉质黏土层的主要特征为:褐黄色,很湿,可塑,局部夹粉细砂、粉土或黏土薄层,覆土埋深约为 26m。盾构接收段的地质纵剖面图如图 10-84 所示。

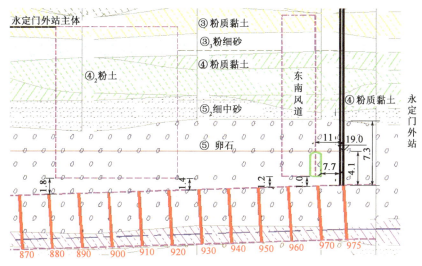

图 10-84　接收端地质纵断面图(尺寸单位:m)

(2)水文地质条件

永定门外站接收端盾构隧道底部埋深 31.7m,地下水位埋深 22.5m,高于拱底约 9.2m,最大水土压力达 0.3MPa。隧道周围为富水砂卵石层夹粉质黏土层,隧道断面上部为卵石层⑤,下部为粉质黏土层⑥,厚 2.55m。

3)工程风险分析

(1)工程自身风险如表 10-4 所示。

天—永区间工程自身风险一览表　　　　　　　　　　　　表 10-4

风险工程名称	位置范围	风险基本描述	风险工程等级
盾构始发、接收端加固（天桥站端）	K33+381.443～K33+387.443	盾构法断面穿越地层包括③₃粉细砂、④粉质黏土、④₂粉土、⑤卵石、⑤₂细中砂、⑥粉质黏土、⑦卵石、⑦₂细中砂、⑦₃粉细砂；盾构埋深 18.8～32m；地下水为层间潜水③,位于结构底上方 0～15.54m	自身二级

(2)工程环境风险如表 10-5 所示。

天—永区间环境风险工程一览表　　　　　　　　　　　　表 10-5

序号	风险工程名称	位置范围	风险基本描述	风险工程等级
1	盾构区间下穿 2600mm×2300mm 热力管沟	K33+395.531	热力管沟截面尺寸 2.6m×2.3m,埋深 5.28m,距离盾构结构顶距离约 2.4m。区间结构主要位于③₃粉细砂层、④₂粉土层,无地下水	环境一级

续上表

序号	风险工程名称	位置范围	风险基本描述	风险工程等级
2	盾构区间下穿2000mm×2350mm电力管沟	K33+414.169	电力管沟截面尺寸2.0m×2.35m。电力管沟覆土5.94m，距盾构法区间顶部约2m。区间结构主要位于③$_3$粉细砂层、④$_2$粉土层，无地下水	环境二级
3	盾构区间下穿ϕ1200mm上水管线	K33+420.960	上水管线直径1.2m。上水管线覆土2.15m，距盾构法区间顶部约6.8m。区间结构主要位于③$_3$粉细砂、④$_2$粉土层；无地下水	环境二级
4	盾构区间近邻2000mm×1700mm污水管线	K33+381.448~K33+885.045	2m×1.7m污水管与区间走向平行，距右线中线约4.5m，距左线中线约11.5m，距离盾构区间顶部约6.26m，其覆土厚度为1.73~2.0m。区间结构主要位于④$_2$粉土、④粉质黏土；无地下水	环境三级
5	盾构区间左线近邻2000mm×2000mm电力管线	K33+409.705~K33+492.000	电力管沟截面尺寸2m×2m，位于区间东侧，其覆土厚度2.72~6.77m，距左线中线水平距离约8.2m。区间结构主要位于④$_2$粉土、④粉质黏土、⑤$_2$细中砂，无地下水	环境三级
6	盾构区间下穿ϕ1550mm雨水管线	K34+718.390	雨水管直径ϕ1550mm，埋深4m，距离盾构顶部10.8m。区间结构主要位于⑤卵石层，无地下水	环境三级
7	盾构区间下穿地铁14号线永定门外站东南风道	K34+983.011~K34+996.811	地铁14号线永定门外站东南风道与盾构顶部最小距离为3m。区间结构主要位于⑤卵石层。地下水为层间潜水③，潜水③位于结构底上方约8.43m	环境一级

盾构接收端头与周边风险源的平面位置关系如图10-85所示。

永定门外站北侧盾构接收端地下连续墙外皮距离14号线永外站东南风道(PBA工法施工)初期支护结构外皮净长7.2m，距离永定门外站配电箱7.8m。周边管线均为带压管线，盾构井接收段中部、暗挖通道底部均存在粉细砂等稳定性较差地层，易发生流砂、管涌、坍塌等现象，并可能导致结构失稳和管线开裂渗漏，对结构自身及周边环境造成较大影响，同时地下水位无法降至盾构隧道底部以下，且受地铁14号线东南风道的影响，永定门外站盾构接收端头不满足常规盾构接收端加固范围的要求。

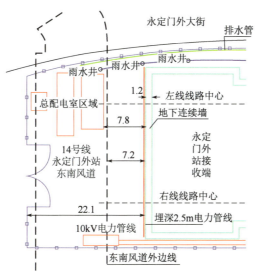

图 10-85 区间盾构接收端平面图(尺寸单位:m)

4) 风险工程应对措施

(1) 对策 1：钢套筒接收

由于永定门外站盾构接收部位水土压力最大处达到将近 0.3MPa，地下水位无法降至盾构隧道底部以下。同时，受地铁 14 号线东南风道的影响，永定门外站盾构接收端头不能满足常规盾构端头加固范围的要求，故采用密闭钢套筒接收技术进行盾构接收工作。该方式通过在钢套筒内建立密闭的空间和内部填充 M5 砂浆平衡掌子面的水土压力来保证施工安全。

接收端头地下连续墙设计厚度为 1.2m，混凝土强度等级为 C35。考虑到盾构接收采用密闭钢套筒技术，故将接收端头地下连续墙配筋设计为玻璃纤维筋，以便刀盘能直接切削地下连续墙进入钢套筒。接收洞门范围内地下连续墙竖向钢筋直径为 36mm，横向钢筋直径为 30mm，拉结筋直径为 14mm。使用的盾构设备的具体参数如表 10-6 所示。

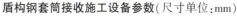

盾构钢套筒接收施工设备参数(尺寸单位:mm) 表 10-6

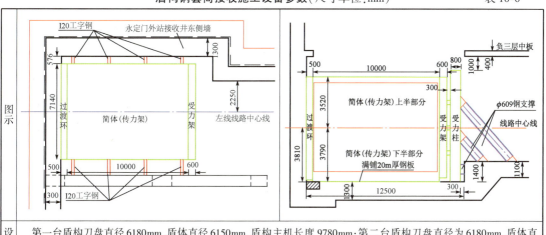

设备参数：第一台盾构刀盘直径 6180mm，盾体直径 6150mm，盾构主机长度 9780mm；第二台盾构刀盘直径为 6180mm，盾体直径 6150mm，盾构主机长度 9800mm。结合永定门外站盾构接收井尺寸，为确保盾构顺利进入钢套筒，设计钢套筒筒体长度 10m，过渡环长度 0.5m，钢套筒设计耐压 0.5MPa

续上表

图示	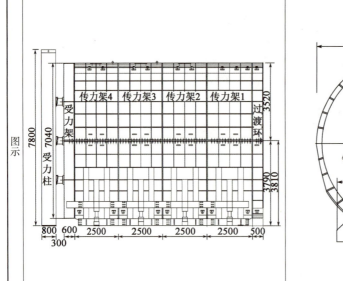 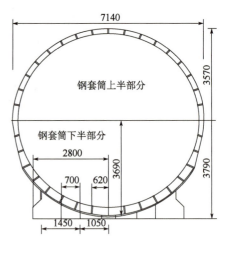
设备参数	钢套筒由过渡环、筒体、受力架、受力柱等主要构件组成,其中筒体由 4 节传力架组成,每节传力架分为上、下两部分。钢套筒的设计内径 6780mm,外径 7140mm,其中受力架长度 600mm
图示	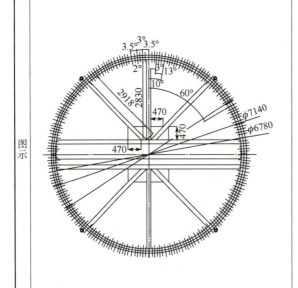 
设备参数	过渡环是将钢套筒筒体与洞门预埋钢环进行连接的构件,过渡环外径 7140mm,内径 6780mm,长度 500mm,洞门钢环与过渡环采用焊接连接,钢套筒筒体与过渡环采用 M36×65、10.9 级螺栓连接。在过渡环的 2、4、8、10 点位置设有 4 个观测孔(带球阀),用来检查后期洞门封堵注浆效果

续上表

图示	 
设备参数	钢套筒筒体外径7040mm,内径6700mm,总长10000mm,整个筒体分为四段,每段又分为上、下两部分,筒体材料用28mm厚的Q235A钢板,每段筒体的外周焊接纵、环向筋板形成网状以保证筒体刚度;上、下两段连接处以及两段筒体之间均采用M30×90、8.8级螺栓连接,中间加3mm厚橡胶垫,以保证钢套筒密封效果
图示	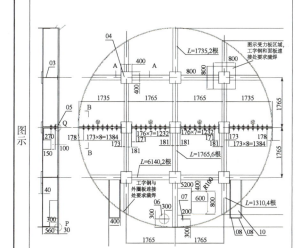 
设备参数	受力架为平面盖,材料用30mm厚的Q235A钢板,平面环板上加焊2道横向I56a工字钢和3道竖向I56a工字钢,工字钢连接处共焊接9块400mm×400mm×40mm的钢板作为受力板,用来将盾构推力传递至受力柱及支撑系统。受力架边缘法兰与钢套筒端头法兰采用M30×130、8.8级螺栓连接

续上表

图示	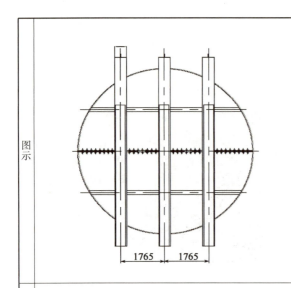 
设备参数	受力柱布置在受力架后方，通过头部支撑柱和楔块与受力架进行连接，受力柱共有 3 根，其截面尺寸 800mm×500mm，采用 16mm 厚钢板焊接加工制作而成，单根长度 7800mm。受力柱与车站底板预埋件之间采用 ϕ609mm 钢支撑作为支撑系统

（2）对策 2：接收端头局部加固与部分凿除地下连续墙

盾构接收端头地下连续墙实测回弹强度达到 56~60MPa。刀盘在切削如此高强度地下连续墙过程中存在因刀盘磨损严重而导致开挖直径变小、盾体被卡死的风险。为降低盾构接收风险，需对地下连续墙部分厚度（70cm）进行先期凿除，为确保地下连续墙凿除施工期间安全，设计采用打设两排 C20 混凝土素桩+地表垂直注浆加固的方法对接收端地层进行加固，如图 10-86 所示。

（3）对策 3：既有管线的保护

针对盾构接收端邻近的地下管线，采取以下保护措施：

①盾构到达接收前对场区范围内既有管线进行详查，确切掌握各管线类型、管径、材质、接头形式、埋置深度、建成年代、产权单位、使用现状等信息，并对重要管线的倾斜、挠曲、接头错位等初始值进行记录。

②影响地层加固的管线改移施工时，选用具有足够强度、刚度的管材，管线接头具有足够的抗变形、抗渗漏能力。管线四周土体应回填密实，必要时可对管线及管井地基进行加固处理。

③应与管线产权单位就管线保护措施达成一致。

④加强对管线变形和渗漏情况的监测，管线测点布置在管井及管线接头处，或对位移变化敏感的部位。管线测点优先固定于管体，当现场操作确有难度时，可用地表沉降测点代替。

⑤管线变形控制值根据管线详查及评估结果确定。当无法取得确切数据时，根据《北京市轨道交通工程建设安全风险技术管理体系（试行）》执行。

⑥进场后对工程周边一倍洞深范围内管线进行彻底调查，并将调查情况反馈相关单位，以确认保护方案。

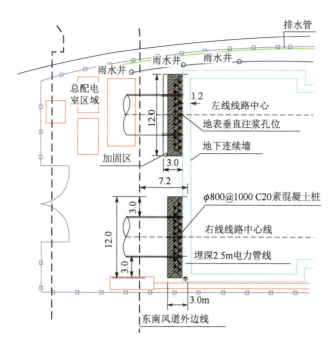

图 10-86 天—永区间盾构接收端头地层加固图(尺寸单位:m)

⑦当管线变形量过大时,应主动采取以下措施,保证管线安全:

a. 对管线变形过大区域进行注浆,同时加强管线观测,根据监测情况调整注浆压力、材料、部位及注浆量等,以主动控制管线变形。

b. 及时联系管线产权单位,对变形过大或已破坏部位进行抢修。

5)监控量测

(1)监测对象、项目及精度

针对本次盾构到达接收施工,监测对象、所用仪器、监测项目及精度如表 10-7 所示。

监测仪器、项目及精度   表 10-7

序号	类别	监测对象	监测项目	监测仪器	监测精度
1	周边环境	地铁 14 号线永定门外站东南风道	建(构)筑物沉降及差异沉降	水准仪	1.0mm
			建(构)筑物倾斜	倾角仪	0.01°
2		2600mm×2300mm 热力管线、2000mm×1700mm 污水管线、ϕ1550mm 雨水管线、2600mm×1800mm 热力管线、ϕ1000mm 雨水管线等地下管线	地下管线沉降及差异沉降	水准仪	1.0mm
3		周边及上方道路地表	道路地表沉降	水准仪	1.0mm

(2)监测频率及周期

本次盾构到达接收施工的监测频率及周期如表 10-8 所示。

监测频率与周期　　　　　　　　　　　　　　　　　　　　　　　　　　　　　　表 10-8

序号	监测对象	监测项目	现场监测频率	现场监测周期
1	地铁 14 号线永定门外站东南风道	建(构)筑物沉降	(1)矿山法施工 ① 开挖面距前方监测断面：$L\leq 2B$ 时，1 次/d；$2B<L\leq 5B$ 时，1 次/2d。 ② 开挖面距后方监测断面：$L\leq 2B$ 时，1 次/d；$2B<L\leq 5B$ 时，1 次/2d；$L>5B$ 时，1 次/(3~7d)。 (2)盾构到达施工 ① 开挖面前方：$5D<L\leq 8D$ 时，1 次/(3~5d)；$3D<L\leq 5D$ 时，1 次/2d；$L\leq 3D$ 时，1 次/d。 ② 开挖面后方：$L\leq 3B$ 时，1 次/d；$3D<L\leq 8D$ 时，1 次/(1~2d)；$L>8D$ 时，1 次/(3~7d)；监测数据趋于稳定后，1 次/(15~30d)	监测点布置完成后，对所有的监测项目进行连续三次独立的观测，判定合格后取其平均值作为监测项目的初始值。矿山法隧道二次衬砌施工后，可结束支护结构的监测工作；盾构法隧道完成贯通、设备安装施工后，可结束管片结构的监测工作；支护结构监测结束后，且周围岩土体和周边环境变形趋于稳定后，可结束监测工作。本工程中，判断变形是否稳定可依据《建筑变形测量规范》(JGJ 8—2016)相关内容，即当最后 100d 的沉降速率小于 0.01~0.04mm/d 时可认为已经进入稳定阶段。变形稳定后，即可向建设单位发出《停止监测申请》，建设单位批准后停止监测
2	2600mm×2300mm 热力管线、2000mm×1700mm 污水管线、φ1550mm 雨水管线、2600mm×1800mm 热力管线、φ1000mm 雨水管线等地下管线	地下管线沉降及差异沉降		
3	隧道上方道路、地表	道路、地表沉降		

注：1. B 为隧道直径或跨度(m)；L 为开挖面与监测断面的水平距离(m)。
　　2. 以下特殊情况应当加密监测频率：① 关键工序施工(如拆撑)时；② 当监测值及变形速率均超过控制值时；③ 巡视发现周边环境对象或自身结构稳定性出现问题时；④ 场地条件变化较大时。

(3)控制指标

依据设计文件给出的各监测对象控制值进行本次盾构到达施工的监控量测控制，如表 10-9 所示。

盾构到达施工监控量测控制值　　　　　　　　　　　　　　　　　　　　　　　　表 10-9

序号	监测对象	监测项目	判定内容	控制值
1	盾构区间沿途道路、地表	道路、地表沉降	地表沉降绝对沉降量	(1)市政道路累计变化量：人行道 20mm，车行道 15mm。 (2)市政道路沉降变化速率：2mm/d。 (3)普通地表累计变化量：30mm。 (4)普通地表沉降变化速率：3mm/d
2	2600mm×2300mm 热力管线、2000mm×1700mm 污水管线、φ1550mm 雨水管线、2600mm×1800mm 热力管线、φ1000mm 雨水管线等地下管线	地下管线沉降地表沉降	地下管线沉降绝对沉降量	(1)累计变化量：有压力 10mm，无压力 20mm。 (2)速率：2mm/d。 (3)差异沉降：0.25%
3	地铁 14 号线永定门外站东南风道	建(构)筑物沉降、差异沉降、结构倾斜	建筑物沉降绝对变化值、结构倾斜相对变化值	(1)结构水平位移：3mm。 (2)结构沉降：4mm

6）实施过程及风险管控

（1）接收过程。表 10-10 和表 10-11 给出了左线盾构到达接收施工进度情况。

左线盾构接收施工进度统计表　　　　　表 10-10

日　　期	图　　示	工程进度说明
2017 年 7 月 8 日		左线盾构向南准备接收和地面硬化
2017 年 7 月 10 日		左线盾构掘进第 966 环土舱上部压力逐渐由 0.08MPa 升至最高 0.25MPa，造成螺旋输送机喷涌严重，经及时通知盾构司机关闭螺旋输送机闸门停止掘进，待研究制订防喷涌措施后再恢复掘进
2017 年 7 月 18 日		左线向南盾构完成接收

右线盾构接收施工进度统计表　　　　　　　表 10-11

日　　期	图　　示	工程进度说明
2017 年 8 月 7 日		右线盾构向南准备接收，场地内已完成硬化
2017 年 8 月 16 日		右线盾构向南接收，盾构推进阻力大，缓慢推进
2017 年 8 月 22 日		右线盾构向南完成钢套筒内接收

（2）主要措施落实情况及效果。

整个钢套筒安装过程的重要施工步序如下：

①筒体现场组装,下部筒体框架与底板上满铺的2cm厚钢板面满焊,焊接完成后再采用I20工字钢将下部筒体框架与车站侧墙顶紧,另外一侧与车站中立柱顶紧,以免盾构进钢套筒接收时钢套筒发生横向移动。

②过渡环现场组装。在过渡连接板的2、4、8、10点(钟表点位)位置设置4个观测孔(带球阀),用来检查洞门密封质量。

③砂浆基座施工。为防止盾构进入钢套筒后发生栽头现象,剐蹭到钢套筒底部,须在钢套筒底部60°范围内浇筑15cm厚的C20砂浆基座,如图10-87所示。砂浆基座在钢套筒下井前预先在各传力架内施作。

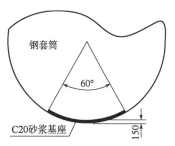

图10-87 钢套筒底部砂浆基座
(尺寸单位:mm)

④钢套筒下井安装。为了方便钢套筒的安装及移动,在钢套筒下井前,需在盾构接收井铺设2cm厚的钢板,钢板间采用段焊焊接,钢板铺设面积为12.5m×16m。钢套筒安装完成后由测量人员对中心线进行复测,确认无误后,再将洞门钢环与过渡连接板进行焊接连接。

⑤钢套筒密封性检查。出厂前,应对钢套筒的真圆度、焊缝、密封性质量进行严格监造管理,并进行厂内验收。进场及现场填料使用前,必须对钢套筒安装质量进行复检。

⑥填料。钢套筒检查完毕后,向钢套筒内填料,先填充中粗砂至钢套筒约2/3高度处,后采用惰性浆液(膨润土、粉煤灰)填充满钢套筒。为了将填料输送至钢套筒内,需要从地面引一条输送管道至钢套筒上,采用一条直径为609mm的管路连接,地面设置一个漏斗,将填料直接从漏斗输送至钢套筒内。填料过程中如果出现填料输送不够顺畅时,可以采用冲水方式,将填料冲下去。

⑦盾构到达掘进。在盾构到达前80环时,对各控制点进行一次复核测量,确保控制点精确无误。根据接收洞门中心测量结果,有计划地对盾构掘进方向进行纠偏工作,推进纠偏严格按照小量多次的原则进行,使盾构水平姿态控制在±15mm以内,垂直姿态控制在+10~+20mm。在最后50m推进过程中,严格进行盾构姿态和管片姿态的复核工作,确保隧道轴线准确,保证盾构安全进入洞门钢环。

⑧洞门封堵施工。盾构接收掘进过程中,洞门封堵质量是影响到钢套筒安全拆除的一个重要因素,直接关系到盾构接收的成功与否,为了保证洞门封堵的质量,安全拆除钢套筒,须采取以下措施对接收洞门进行封堵:

a. 盾构掘进时同步注浆及二次注浆施工严格按照技术交底进行,填充好施工间隙。

b. 盾构进入钢套筒到位后,须对最后10环管片进行整环二次注浆(至少对每环均布5个点位进行注浆),二次注浆采用水泥—水玻璃双液浆,双液浆配合比水:水泥=1:1(质量比);水泥浆:水玻璃=1:1(体积比),二次注浆压力控制在3~5bar。

c. 洞门封堵注浆完成后,须对最后10环管片的所有点位进行开孔检查,确认无水无砂后,再打开钢套筒过渡环上预留的检测孔球阀,观察出水量,若水量较大,则继续通过管片注浆孔注浆,直至打开球阀无水流出后,方可割除过渡环并拆解钢套筒。

d. 通过计算确定到达环管片的环数与位置,使到达环管片尾端在预埋钢环范围内,到达环管片外侧提前预埋背负钢板,背负钢板与洞门钢环之间用弧形钢板焊接,具体操作为:注浆封堵完毕及检查合格后,可开始割除过渡环,割除长度以 0.5~1m 为单位,每割除一块,就封堵一块弧形钢板。

上述措施的具体落实效果如图 10-88 所示。

图 10-88

图 10-88 盾构钢套筒到达接收主要措施落实效果

a)反力架支撑预埋钢板;b)钢套筒组装;c)钢套筒吊装下井;d)钢套筒井下平移;e)测量定位;f)过渡环焊接;g)钢套筒就位;h)钢套筒密封性检测;i)底部砂浆垫层;j)钢套筒回填;k)洞门封堵;l)盾构及钢套筒吊出

7)左线盾构接收的问题与对策

天—永区间左线盾构接收过程中曾发生螺旋输送机喷涌的问题。

(1)现象

当左线盾构掘进至第 966 环,推进油缸行程至约 1556mm 时,盾构刀盘完全穿越地下连续墙(剩余50cm,人工破除了70cm)。此时地下水可通过地下连续墙与盾体间空隙流入土舱,土舱上部土压力逐渐由0.08MPa升至最高0.25MPa,造成螺旋输送机喷涌现象出现。盾构司机关闭螺旋输送机闸门停止掘进,待研究制订防喷涌措施后再恢复掘进。

(2)原因分析

①永定门外站盾构接收端地层为超深富水砂卵石地层,盾构顶部理论水土压力达0.2MPa,盾构刀盘切削完地下连续墙后,地下水会沿着盾体与地下连续墙之间空隙流入土舱,形成一部分水压力。

②永定门外站左线接收端头存在一个平面尺寸为6m×3m的集水池,该集水池一直处于蓄水和排水状态,有部分抽上来的地下水又渗流至地层中,导致盾构接收端地层被浸泡软化,局部位置有存在水囊的可能,在盾构刀盘切削地下连续墙过程中,受扰动和土压的影响,渗水通道被打通,导致盾体上方部分水土沿着渗水通道流失至后方管片与地层间的空隙。

③盾构接收前对该集水池位置未引起足够重视,没对集水池的现状做过认真调查和分析,未提前采取应对措施。

图10-89 盾构土舱压力

④在选择钢套筒内回填料时考虑不周全,回填的惰性浆液配比不合理,导致盾构进入钢套筒时浆液尚未达到预期强度,不能在钢套筒内建立有效土压平衡,如图10-89所示。

(3)应对措施

①立即采取停机措施,关闭螺旋输送机闸门,在距盾尾后方6~8环管片位置进行双液注浆,施作止水环,阻止地下水流入钢套筒内。

②对永定门外站左线接收端头的集水池进行回填处理,并将抽排地下水位置改至基坑东侧的雨水井内,防止抽排的地下水再次渗入地层。

③恢复掘进后,将盾构土舱压力逐步降低至0.05~0.08MPa,确保土舱压力与背后的水压力平衡即可。

(4)初步结论

①盾构接收前须对接收端头的周边环境和管线情况进行详细调查,尤其是带水带压的管线,并评估其对盾构施工的影响,提前制订应对措施。

②选择钢套筒内回填材料前,应进行多组对比试验,确保回填材料的初凝时间和强度能满足盾构掘进要求,正式回填前还应对回填材料进行抽检。

③盾构刀盘进入钢套筒前应安排专人对接收端头地表进行巡视监测,提早发现地表异常,可减小后期施工风险。盾构进入钢套筒后应密切关注土舱压力的变化,一旦发生土舱压力突变须立即采取停机措施分析原因。

8) 右线盾构接收的问题与对策

(1) 现象

右线盾构刀盘刀具在切削剩余50cm厚、单轴抗压强度60MPa的地下连续墙后,刀盘磨损严重,导致盾构在钢套筒内掘进过程中出现推力大、速度小、螺机喷涌等不利情况,掘进第972环过程中,在推力增加到25000kN的情况下依然没有推进速度,且刀盘扭矩仅有1500~2500kN·m。针对以上异常现象,采取了停机和止水措施。右线盾构切削地下连续墙的参数如表10-12所示。

右线盾构刀盘切削地下连续墙主要掘进参数　　　　　　　　　表10-12

环　号	推力 (kN)	刀盘扭矩 (kN·m)	推进速度 (mm/min)	上部土压力 (MPa)	备　注
966	16000	2800	50	0.13	切削地下连续墙之前
967	17900	2300	5	0.10	
968	18900	3700	6	0.07	
969	19000	4000	7	0.08	
970	19500	3600	4	0.06	
971	21000	3600	5	0.06	
972	23000	2800	3	0.06	

(2)原因分析

①盾构接收过程中,永定门外站北端接收端头地下水位位于隧道顶部以上约3~4m,导致地下连续墙被盾构刀盘磨穿后,地下水从地下连续墙与北端侧墙缝隙进入土舱,引发螺旋输送机喷涌。

②右线盾构刀盘刀具在切削50cm厚的高强度地下连续墙混凝土后,周边保径刀已经磨损严重,导致盾构刀盘开挖直径比盾体直径还小,摩阻力大增,推进困难。

③刀盘进入钢套筒后平均掘进速度约4~5mm/min,无法建立有效土压,导致地下水有充分时间流入土舱,进而形成螺旋输送机喷涌。螺旋输送机喷涌发生后,大量浮浆流入拼装区域,导致清泥工作量大大增加,影响盾构掘进效率,并形成了喷涌—清泥—喷涌的恶性循环,盾构刀盘切削填仓砂浆如图10-90所示。

图10-90　右线盾构刀盘刀具切削砂浆困难

(3) 应对措施

①从前盾盾壳上预留的注入球阀往地层中注入磷酸—水玻璃化学浆液,以切断地下水与土舱的联系通道。

图 10-91　右线盾构刀盘增设周边保径刀位置图

②由于周边保径刮刀磨损严重,为确保开挖直径,在刀盘周边增加 6 把先行刀作为保径刀使用,确保开挖直径比盾体直径大 3～4cm。增加刀具的焊接位置如图 10-91 所示。

③前盾犁刀位置砂浆凿除

考虑前盾上保护盾尾外置同步注浆管的犁刀高度比盾体直径外放了 12cm,导致盾构在套筒内掘进过程中,钢套筒内回填砂浆对犁刀的阻力较大,为消除该部分阻力,在确保止水效果的前提下,拟对前盾犁刀对应位置的钢套筒筒体进行割除,并将该范围内的回填砂浆(约 25cm 厚)进行凿除,消除该阻力。

(4) 初步结论

①重视盾构刀盘刀具的配置和对磨损情况的研判,确保盾构刀盘刀具的切削能力满足掘进要求。

②钢套筒进场时应在过渡环位置预留注浆球阀,作为应急注浆止水用。

③采用低强度砂浆作为回填料时,应提前对回填砂浆的强度进行检测,防止回填砂浆强度过大,影响盾构掘进。

10.8　北京地铁 8 号线三期永定门外站—木樨园桥北站区间盾构钢套筒接收施工

1) 工程概况

北京地铁 8 号线三期永定门外站—木樨园桥北站盾构区间(以下简称永—木区间)线路出 8 号线永定门外站南端头,沿永定门外大街向南敷设至木樨园桥北站北端的盾构平移横通道及盾构吊出井,区间左线总长为 547.552m。区间平面线间距 11.7～18.0m,最小平面曲线半径 450m。区间纵向为单面坡,坡度为 2‰→9.008‰→24.17‰,轨面高程 10.47～18.96m,地面高程 39.30～41.80m,隧道覆土厚度 15.3～25.2m,其平面布置如图 10-92 所示。由于永定门外站南端头管线众多,没有地面加固条件,盾构始发采用钢套筒全密闭始发工艺。

2) 盾构始发方案确定

永定门外站南侧设计加固范围内存在热力小室及热力管沟、φ1400mm 雨水管、φ1600mm 雨水管、联通管线等,影响端头加固的施作,此外端头井距离挡边线仅 6.5m,设计加固长度为 12m,端头加固操作区长度不能满足要求。受上述条件制约,盾构始发采用全套筒密闭始发方式,即在盾构始发端头安装钢套筒,盾构安装在钢套筒内,然后在钢套筒内填充惰性材料,通过钢套筒密闭的空间提供平衡掌子面的水土压力,盾构在钢套筒内实现安全始发掘进。在盾构始发端头具备条件后进行始发套筒下井、盾构下井、盾构套筒内组装、盾构及套筒平移、盾构组装调试以及套筒始发的各项准备工作,盾构套筒始发施工流程如图 10-93 所示。

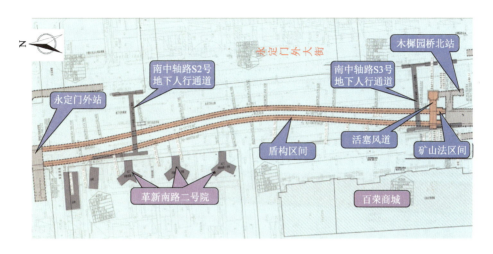

图 10-92　永定门外站—木樨园桥北站区间平面位置示意图

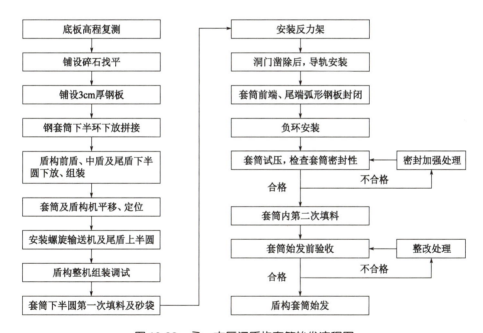

图 10-93　永—木区间盾构套筒始发流程图

3)工程地质与水文地质条件

(1)工程地质条件

本次勘探最大孔深 58m 深度范围内所揭露地层,按成因年代分为人工堆积层及一般第四纪冲洪积层两大层,按地层岩性进一步分为 8 层。各地层自上而下依次为:

①人工堆积层:①杂填土层。

②一般第四纪冲洪积层:③粉质黏土层、③$_2$ 粉土层、③$_3$ 粉细砂层、④粉质黏土层、④$_2$ 粉

土层、⑤卵石层、⑥粉质黏土层、⑦卵石层。盾构穿越的地层条件如图 10-94 所示。

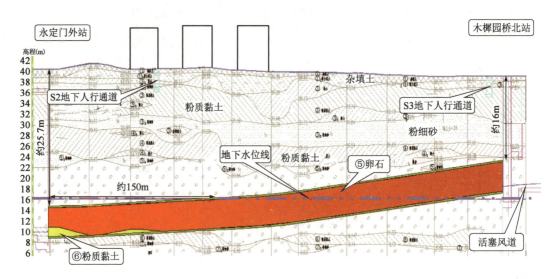

图 10-94　永定门外站—木樨园桥北站盾构区间地质纵断面图

(2) 水文地质条件

盾构始发端地层主要赋存有三层地下水,地下水类型分别为上层滞水(1)、潜水(2)及层间潜水(3),盾构始发端位于层间潜水(3)以下约 1m。层间潜水(3):含水层岩性主要为⑤卵石层、⑦卵石层及⑨卵石层,水位高程为 16.36~16.52m,水位埋深为 22.80~23.77m,观测时间为 2012 年 12 月。该含水层由于⑥黏性土大层的存在而表现有一定的承压性,主要接受侧向径流及越流补给,以侧向径流和人工开采的方式排泄。

4) 风险分析

(1) 自身风险

区间盾构钢套筒始发施工为自身二级环境风险。盾构始发区段,隧道位于卵石层中,地下水位于拱顶以上 1m,地层不稳定,盾构未建立土压平衡,不安全因素多。盾构钢套筒全密闭始发的密闭性、形变、反力架的形变、端头加固等均为始发阶段盾构参数控制的重要参考依据。

(2) 环境风险

始发端头南侧加固范围内存在 2200mm×1500mm 热力管沟及热力小室、ϕ400mm 雨水管、ϕ1600mm 雨水管、ϕ400mm 中水管。盾构始发与周边风险源的平面的位置关系如图 10-95 所示。

5) 风险工程对策

(1) 对策 1:端头加固控制措施

为确保地下连续墙凿除及盾构始发施工期间的安全,盾构始发端采用两排 C20 混凝土素桩及地表垂直注浆的方法对端头地层进行一定范围的加固。混凝土素桩直径为 0.8m,桩间距 1m,两排素桩呈梅花形布置,如图 10-96 所示。

(2) 对策 2:洞门凿除控制措施

洞门采用人工凿除,凿除施工前先在端墙上按设计尺寸画出洞门轮廓线,将洞门划分为 9

部分,凿除时按编号顺序先下后上、先中间后两侧(这是一个特殊的作业,先两边后中间、先下后上的凿除顺序最为合适)进行作业,凿除深度经确定为整体凿除40cm,中心鱼尾刀最深位置凿除70cm,如图10-97所示。

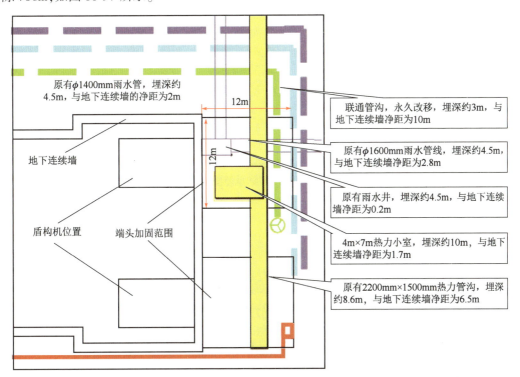

图10-95　永定门外站—木樨园桥北站区间盾构始发端头风险源平面位置关系图

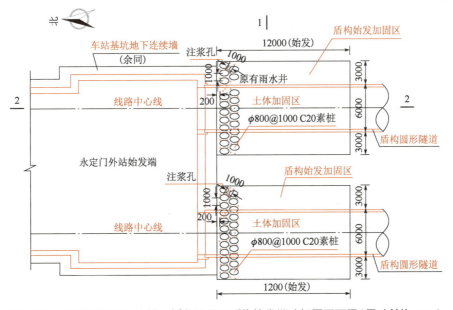

图10-96　永定门外站—木樨园桥北站区间盾构始发端头加固平面图(尺寸单位:mm)

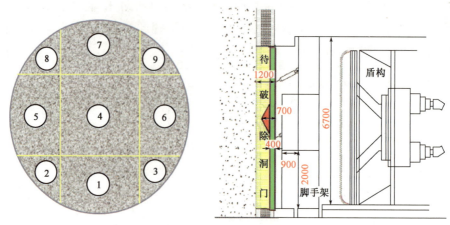

图 10-97　盾构始发洞门凿除示意图(尺寸单位:mm)

(3)对策 3:始发套筒前段密封控制

①墙缝密封

在主体结构侧墙与地下连续墙接触面上存在渗漏隐患,整个环缝用快干水泥封闭,然后利用埋设的注浆管进行聚氨酯注入。

②套筒与洞门钢环过渡环密封

钢套筒与洞门环板之间设置过渡连接环板,环板宽度 200mm,直径与筒体相同,厚 20mm,与套筒直接焊接,并进行焊缝质量检测,确保焊接质量。此外,在过渡环外侧设置加筋肋板,肋板高度 150mm,宽度 150mm,厚度 20mm,弧向间距 600mm。

(4)对策 4:套筒尾部密封

钢套筒尾部距离反力架为 16cm,首先在反力架上焊接内径 5.3m,外径 6.9m,厚度 2cm 的钢环,通过 14cm 宽,2cm 厚环板将套筒尾部与反力架上钢环进行焊接密封,然后将负 9 环端部靠紧在反力架钢环上,中间设置密封止水条,实现套筒尾部密闭。

(5)对策 5:始发套筒密闭性控制

①钢套筒压力测试合格后,盾构方能在钢套筒内进行始发掘进。

②洞门凿除完成后将地下连续墙和主体结构之间缝隙注入止水胶。

③管片三次复紧,防止出现接缝渗漏。

④反力架结构进行加强处理,确保套筒始发期间不变形。

(6)对策 6:钢套筒变形预防

①钢套筒安装前需对洞门预埋环板进行检查,必要时须植筋加固。

②钢套筒、反力架制作前进行严格的受力计算;盾构始发掘进前对安装好的成套装置进行压力测试,压力测试合格后方能进行盾构始发掘进。

③对钢套筒与洞门环板连接处、反力架、钢套筒法兰连接处及筒体本身进行观测,根据可能出现的不同情况采取针对性措施。

(7)对策 7:盾构扭转预防

①盾构推进前用弧形钢板将反力架与钢套筒焊接密封,焊接完成后,拼装负环管片,通过钢套筒预留的注浆孔进行惰性浆液的注入。

②试验确定惰性浆液配比,尽量加大浆液中砂含量,增大对盾体摩擦力,防止盾构扭转,材料配合比如表 10-13 所示。

填充材料配合比　　　　表 10-13

材料或参数	膨润土(kg/m³)	粉煤灰(kg/m³)	细砂(kg/m³)	水(kg/m³)	稠度(cm)	密度(g/cm³)
数值	71.5	430	890	340	9.8~10.3	1.79

③穿越地下连续墙期间,刀盘正转与反转结合,减小盾构滚动角,推力控制在 1200t 以内,掘进速度不大于 5mm/min,转速控制在 1r/min 以下。

④加强对盾构扭矩的监控,扭矩不大于 2000kN·m(具体以现场情况确定),一旦发生突变,立刻停止掘进,并研讨对策。

⑤掘进过程中加强对钢套筒的监测,严格控制钢套筒变形。

(8)对策 8:盾构穿越地下连续墙

①优化刀具配置,在原有刀具基础上,增设 190mm 高度先行刀作为专门切削地下连续墙设计刀具,最外周三个轨迹共计 14 把刀采用切混凝土先行刀加强处理措施。

②严格控制盾构穿越期间各项参数,特别是推力、贯入度、扭矩等,确保掘进状态良好。

③做好渣土改良添加剂的注入,减小刀具磨损。

(9)对策 9:试掘进的掘进参数选取

根据计算及在北京类似地层施工经验,永定门外站盾构钢套筒始发段掘进参数选取如表 10-14 和表 10-15 所示。

永定门外站左线始发段拟订掘进技术参数　　　　表 10-14

序号	区段(m)	土压力(bar)	推力(kN)	扭矩(kN·m)	推进速度(mm/min)	刀盘转速(r/min)	注浆压力(bar)	每环注浆量(m³)	备　注
1	0~10	1.0~1.8	<20000	<2500	5~30	1.0~1.2	1.5~2.5	4.5~7	套筒始发区
2	10~100	1.0~1.8	<32000	<4000	20~50	0.8~1.0	1.5~2.5	5~7	正常掘进区

永定门外站右线始发段拟订掘进技术参数　　　　表 10-15

序号	区段(m)	土压力(bar)	推力(kN)	扭矩(kN·m)	推进速度(mm/min)	刀盘转速(r/min)	注浆压力(bar)	每环注浆量(m³)	备　注
1	0~10	1.0~1.8	<20000	<2500	5~30	1.0~1.2	1.5~2.5	2~3.5	套筒始发区
2	10~100	1.0~1.8	<32000	<4000	20~50	0.8~1.0	1.5~2.5	2~3.5	正常掘进区

(10)对策 10:同步注浆与土体改良

注浆前进行配合比试验,选出最佳配合比,并根据地质情况适时调整配合比;严格控制砂浆的搅拌质量,按水→水泥→粉煤灰→砂→膨润土的顺序投放材料,搅拌均匀,时间充分;注浆要饱满,必要时采用二次注浆补强;同步注浆速度应与掘进速度相匹配,按盾构完成一环 1.2m 掘进的时间内完成当环注浆量(经验公式计算和注浆量取环形间隙理论体积的 1.3~2.0 倍)来确定其平均注浆速度。注浆压力取值为 1.5~2.5bar,注浆量以中交隧道 07 号盾构为例,其刀盘直径为 6290mm,每环管片同步注浆量 4.5~7m³。同步注浆材料参数如表 10-16 所示。

同步注浆材料参数　　　　　　　　　　表10-16

注浆材料	参　　数	备　　注
水泥浆液	水灰比＝1∶1	水泥采用P·O 42.5级
水玻璃	20°Bé	根据凝固时间调整

土体改良材料膨润土、泡沫添加量,对于砂卵石及黏土层,暂定使用浓度为3%～5%的泡沫原液,发泡体积膨胀率一般为8～10倍,泡沫注入率一般为5%～65%,则每环泡沫剂的用量为:

①左线:$V_{卵} = \dfrac{1.2 \times 3.14 \times 3.145 \times 3.145 \times 0.25}{8 \times 0.03} = 38.82\text{L}$。

②右线:$V_{卵} = \dfrac{1.2 \times 3.14 \times 3.085 \times 3.085 \times 0.25}{8 \times 0.03} = 37.36\text{L}$。

每环膨润土浆液用量为:

①左线:$V_{卵} = 1.2 \times 3.14 \times 3.145 \times 3.145 \times 0.12 = 4.47\text{m}^3$。

②右线:$V_{卵} = 1.2 \times 3.14 \times 3.085 \times 3.085 \times 0.12 = 4.30\text{m}^3$。

(11)对策11:始发段的管线保护

针对盾构始发区域的地下管线,采取以下保护措施:

①施工前对场区范围内既有管线进行详查记录,必要时可对管线及管井地基进行加固处理。管线保护措施须与管线产权单位就保护措施达成一致。

②施工过程中加强对管线变形和渗漏情况的监测。管线测点应布置在管井及管线接头处,或对位移变化敏感的部位。管线测点应优先固定于管体,当现场操作确有难度时,可用地表沉降测点代替。

③管线变形控制值,根据管线详查及评估结果确定。当无法取得确切数据时,根据《北京市轨道交通工程建设安全风险技术管理体系(试行)》执行。

④当管线变形量过大时,应主动采取以下措施,保证管线安全:

a. 对管线变形过大区域进行注浆,同时加强管线观测,根据监测情况调整注浆压力、材料、部位及注浆量等,以主动控制管线变形。

b. 及时联系管线产权单位,对变形过大或已破坏部位进行抢修。

6)监控量测

(1)监测重点分析

盾构始发地段,盾构轴线不易控制,盾构在逐渐建压过程中,地表沉降较难控制;破除端头加固区地下连续墙时易出现漏水、涌水、涌砂,裸露的洞门土体坍塌、涌水、端头地表沉降、坍塌。因此本次盾构始发段监测重点主要有:盾构始发端地表沉降,地下水变化,盾构各项掘进参数及盾构姿态等。

盾构始发端下穿的重要地下管线包括ϕ1600mm雨水管线、2200mm×1500mm热力管沟等管线,受盾构开挖和洞门破除施工影响较大,地下管线变形过大容易引起管线变形、开裂。重点关注隧道上方地下管线的变形情况,尤其雨季施工重点关注新改移的管线监测情况,以及管内水位变化、渗漏等情况。

盾构始发端地表受基坑开挖及盾构隧道掘进多重扰动影响,但基坑周边测点容易破坏占压,保证监测数据的连续性存在难度。

（2）监测对象、项目及精度

监测对象、项目及仪器精度如表10-17所示。

监测对象、项目、仪器及精度　　　　　　　　　　　表10-17

序号	类别	监测对象	监测项目	监测仪器	监测精度
1	周边环境	周边地表	地表沉降	水准仪	1.0mm
2		周边管线	地下管线沉降	水准仪	1.0mm

（3）监测频率与周期

监测频率与周期如表10-18所示。

监测频率与周期　　　　　　　　　　　表10-18

序号	监测对象	监测项目	现场监测频率	现场监测周期
1	周边地表	地表沉降	（1）盾构法施工开挖面前方：$5D<L\leq 8D$时,1次/(3～5d)；$3D<L\leq 5D$时,1次/2d；$L\leq 3D$时,1次/d。（2）盾构法施工开挖面后方：$L\leq 3D$时,1次/d；$3D<L\leq 8D$时,1次/(1～2d)；$L>8D$时,1次/(3～7d)；监测数据趋于稳定后,1次/(15～30d)	施工阶段,监测应贯穿工程施工全过程,满足条件时可结束监测工作。支护结构监测结束后,且周围岩土体和周边环境变形趋于稳定时,可结束监测工作。判断变形是否稳定可依据《建筑变形测量规范》(JGJ 8—2016)相关内容,即当最后100d的沉降速率小于0.01mm/d时可认为已经进入稳定阶段。变形稳定后,即可向建设单位发出《停止监测申请》,建设单位批准后停止监测
2	ϕ1600mm 雨水管线、2200mm×1500mm 热力管线等	地下管线沉降		

注：1. L 为开挖面与监测断面的水平距离(m),D 为盾构隧道直径(m)。

2. 以下特殊情况应适当提高监测频率：①关键工序施工（如人工破除洞门处地下连续墙）时；②当监测值及变形速率均超过控制值时；③巡视发现周边环境对象或自身结构稳定性出现问题时；④场地条件变化较大时。

（4）控制指标

各监测对象控制值如表10-19所示。

各监测项目控制值　　　　　　　　　　　表10-19

序号	监测对象	监测项目	判定内容	控制值
1	周边道路地表	道路地表沉降	地表沉降绝对沉降量	累计 -30～+10mm,速率3mm/d
2	周边地下管线	地下管线沉降	地下管线绝对沉降量	（1）有压力管线:10mm,沉降速率2mm/d（2）无压力管线: -20～+10mm,沉降速率3mm/d

7）专家咨询

针对本次盾构钢套筒始发,专门进行了专家咨询,形成专家意见如下：

（1）优化钢套筒填充物配合比。

(2)进一步优化钢套筒的尾部密封型式。

(3)钢套筒过渡环应预留注浆孔,必要时进行注浆密封。

(4)严格对钢套筒密封效果进行检查。

(5)盾构始发阶段处于上坡路线,应严格控制盾构始发姿态。

(6)钢套筒预留注浆孔。

针对上述专家建议,优化了钢套筒填充物配比,钢套筒下半圆填充中粗砂,上半圆填充惰性浆液,具体配合比如表10-20所示。

钢套筒填充物材料配合比　　　　表10-20

材料或参数	膨润土 （kg/m³）	粉煤灰 （kg/m³）	细砂 （kg/m³）	水 （kg/m³）	稠度 （cm）	密度 （g/cm³）
数值	71.5	430	890	340	9.8~10.3	1.79

8)实施过程及风险管控

(1)施工过程

永—木区间始发工作面位于地下水位以下1.2m,为保证盾构安全始发,采用全密闭钢套筒始发工艺。始发总耗时约75d,安装钢套筒35d,盾构组装40d,工程进度情况如表10-21所示。

施工进度统计表　　　　表10-21

日期	施工进度	图示
2017年7月17日	盾构左线始发钢套筒组装	
2017年9月19日	左线盾构始发,负环拼装	

续上表

日 期	施工进度	图 示
2017年9月25日	右线盾构始发,机组及钢套筒拼装	
2017年10月30日	右线盾构正在套筒始发,负环拼装	

(2)主要措施落实情况及效果

①始发套筒密闭性控制措施落实情况及效果

施工工程中严格按照风险对策进行了落实,但是在实际施工中,由于钢套筒密闭系统受钢套筒设计的限制,始发过程中,钢套筒横向接缝及纵向接缝处出现渗漏较多,如图10-98所示。

②钢套筒变形及盾构扭转的预防措施落实情况及效果

为了监测钢套筒结构变形情况与反力架位移情况,分别在过渡环与洞门钢环连接处设置百分表1,在钢套筒第二、第三节连接处设置百分表2,反力架横撑处设置百分表3,百分表现场布置如图10-99所示。

图10-98 钢套筒始发出现渗漏水

图10-99 钢套筒百分表现场安装

根据百分表监测数据分析,盾构全套筒密闭始发过程中,钢套筒与反力架变形速率都在0.1mm/d以内,满足结构变形的使用要求,盾构始发安全可控。

③穿越地下连续墙期间的应对措施落实情况及控制效果

盾构左右线顺利穿越地下连续墙,未出现异常情况。

④同步注浆质量保证措施落实情况及控制效果

盾构始发掘进过程中,同步注浆及二次注浆效果比较理想,盾构区间隧道周边地表及地下管线等沉降变形得到有效控制,始发掘进过程中未出现监测预警。

9)监测与分析

(1)监测预警统计

本次盾构钢套筒始发段,周边地表及地下管线沉降未出现监测预警。

(2)不同施工阶段变形监测分析

①地表沉降监测分析

图10-100为盾构始发DB-05沉降监测断面沉降变形时程曲线。自2017年9月9日左线负环拼装开始,至10月2日盾构左线始发完成且数据稳定后,地表沉降累计最大值为-1.7mm(监测点DB-05-06)。盾构始发端地表沉降主要发生在盾构右线始发过程中,自2017年11月8日至2017年11月18日,盾构右线始发完成,地表沉降累计变形最大值为-8.4mm(监测点DB-05-06),右线始发过程中,测点平均变形速率为-0.53mm/d;之后监测数据趋于平稳。盾构始发过程中地表沉降无监测预警。图10-101为本次始发端头典型断面地表沉降监测点布置图。

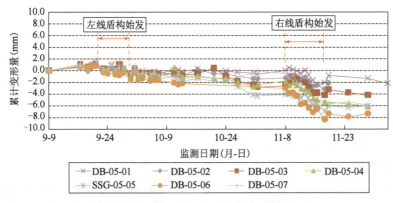

图10-100 典型地表沉降监测点变形曲线

②管线沉降监测分析

图10-102为盾构始发端2200mm×1500mm热力管线RLG-06监测断面沉降变形时程曲线,该监测断面管线沉降规律同地表沉降规律,主要沉降发生在盾构右线始发过程中,右线始发完成且数据稳定后,热力管线累计沉降最大值为-3.8mm(监测点RLG-06-03),盾构始发过程中管线沉降无监测预警。

10)风险管控总体评价

本次盾构钢套筒始发过程较为顺利,始发过程中周边环境变形较小,其中左线始发引起周边沉降变形最大值约-2mm;右线始发引起周边环境阶段沉降变形最大值约-6mm,盾构始发未引起周边环境变形监测预警。始发过程中,盾构掘进参数平稳正常,掘进姿态良好,无风险巡视预警。

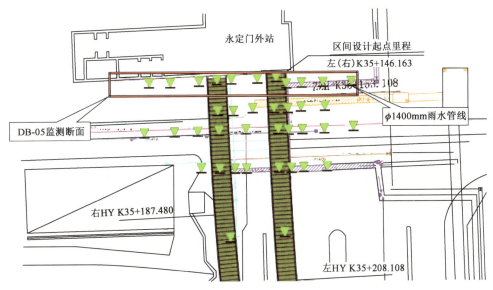

图 10-101　盾构始发端头典型地表沉降监测点平面布置图

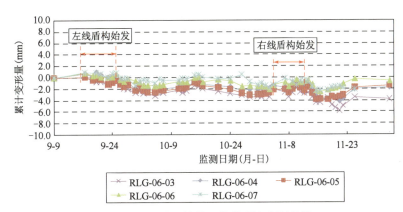

图 10-102　典型管线沉降监测点变形曲线

11)初步结论

(1)对于人口、车流量密集区域等环境复杂条件下的盾构始发施工,采用全套筒密闭始发技术,大大减少了端头加固工程量,无须进行征地拆迁、管线改移等施工,避免了富水砂卵石地层中端头加固质量难以保障的难题。

(2)为了减小盾构钢套筒的振动以及增大盾构握裹力,应合理填充惰性浆液,同时在始发过程中增设管片固定装置,避免负环管片下沉等现象。

(3)管片密封处应进行封堵处理,避免出现渗浆、漏浆等情况,导致建压失败,掌子面失稳。

参 考 文 献

[1] 陈馈,洪开荣,吴学松.盾构施工技术[M].北京:人民交通出版社,2009.
[2] 江玉生,杨志勇,蔡永立.盾构/TBM 隧道施工实时管理信息系统[M].北京:人民交通出版社,2007.
[3] 袁大军.中国矿业大学(北京)盾构/TBM 培训班内部资料[Z].2007.
[4] 杨宏强.中国矿业大学(北京)盾构/TBM 培训班内部资料[Z].2008.
[5] 江玉生.中国矿业大学(北京)盾构/TBM 培训班内部资料[Z].2008.
[6] 张凤祥,傅德明,杨国祥,等.盾构隧道施工手册[M].北京:人民交通出版社,2005.
[7] 傅德明.我国隧道盾构掘进机技术的发展现状[J].地下工程技术,2003.
[8] 张照煌,李福田.全断面隧道掘进机施工技术[M].北京:中国水利水电出版社,2006.
[9] 刘建航.盾构法隧道[M].北京:中国铁道出版社,1991.
[10] 张凤祥,朱合华,傅德明.盾构隧道[M].北京:人民交通出版社,2004.
[11] 周文波.盾构法隧道施工技术及应用[M].北京:中国建筑工业出版社,2004.
[12] 陶龙光,巴肇伦.城市地下工程[M].北京:科学出版社,1996.
[13] 谭雪.地铁区间隧道盾构选型及其适应性评估[D].徐州:中国矿业大学,2010.
[14] 张庆贺,朱合华,庄荣.地铁与轻轨[M].北京:人民交通出版社,2003.
[15] 崔玖江.隧道与地下工程修建技术[M].北京:科学出版社,2005.
[16] 夏明耀,等.地下工程设计施工手册[M].北京:中国建筑工业出版社,1999.
[17] 中国建筑工业出版社.地铁及地下工程建设风险管理指南[M].北京:中国建筑工业出版社,2007.
[18] 北京市轨道交通建设管理有限公司.安全风险技术管理体系(试行)[Z].2008.
[19] 陈丹,袁大军,张弥.盾构技术的发展与应用[J].现代城市轨道交通,2005(5):25-29.
[20] 孙钧,侯学渊.地下结构[M].北京:科学出版社,1991.
[21] 朱合华.地下建筑结构[M].北京:中国建筑工业出版社,2005.
[22] 日本土木学会.隧道标准规范(盾构篇)及解说[M].朱伟,译.北京:中国建筑工业出版社,2011.
[23] 尹旅超,等.日本隧道盾构新技术[M].武汉:华中理工大学出版社,1999.
[24] 王洪新,傅德明.土压平衡盾构平衡控制理论及试验研究[J].土木工程学报,2007(5):61-68.
[25] 徐芝纶.弹性力学[M].北京:人民教育出版社,1979.
[26] 吴家龙.弹性力学[M].北京:高等教育出版社,2001.
[27] 张庆贺,唐益群,杨林德.隧道建设盾构进出洞施工技术研究[J].地下空间,1994,14(2):110-119.
[28] 施仲衡.地下铁道设计与施工[M].西安:陕西科学技术出版社,2006.
[29] 吴韬,韦良文,张庆贺.大型盾构出洞区加固土体稳定性研究[J].地下空间与工程学报,2008,4(3):477-483.
[30] 吴韬.大型盾构进出洞施工技术及加固土体受力机理分析[D].上海:同济大学,2006.

[31] 韦良文.泥水平衡盾构隧道施工土体稳定性分析与实验研究[D].上海:同济大学,2007.
[32] 陈仲颐,周景星,王洪瑾.土力学[M].北京:清华大学出版社,1994.
[33] 陈希哲.土力学地基基础[M].北京:清华大学出版社,2004.
[34] 施建勇.Soil Mechanics[M].北京:人民交通出版社,2004.
[35] 龚晓南.土力学[M].北京:中国建筑工业出版社,2002.
[36] 李广信.高等土力学[M].北京:清华大学出版社,2004.
[37] 钱家欢,殷宗泽.土工原理与计算[M].北京:中国水利水电出版社,1993.
[38] 黄传志.土体极限分析理论与应用[M].北京:人民交通出版社,2007.
[39] 周小文,濮家骝,包承钢.砂土中隧洞开挖稳定机理及松动土压力研究[J].长江科学院院报,1999,16(4):9-14.
[40] 周小文,濮家骝.砂土中隧洞开挖引起的地表沉降试验研究[J].岩土力学,2002,23(5):559-563.
[41] 毛昶熙.渗流计算分析与控制[M].2版.北京:中国水利水电出版社,2003.
[42] 三木五三郎.日本土工试验法[M].北京:中国铁道出版社,1985.
[43] 廖红建,赵树德.岩土工程测试[M].北京:机械工业出版社,2007.
[44] 林宗元.岩土工程试验监测手册[M].北京:中国建筑工业出版社,2005.
[45] 南京水利科学研究院土工研究所.土工试验技术手册[M].北京:人民交通出版社,2002.
[46] 何满潮.工程地质数值法[M].北京:科学出版社,2006.
[47] 刘波,韩彦辉.FLAC原理、实例与应用指南[M].北京:人民交通出版社,2005.
[48] 侯公羽,刘波.岩土加固理论数值实现及地下工程应用[M].北京:煤炭工业出版社,2008.
[49] 彭文斌.FLAC3D实用教程[M].北京:机械工业出版社,2008.
[50] Itasca Consulting Group, Inc. FLAC(Fast Lagrangian Analysis of Continue) User Manuals (Version 5.0)[Z].2005.
[51] Itasca Consulting Group, Inc. FLAC3D(Fast Lagrangian Analysis of Continue in 3 Dimensions) User Manuals (Version 2.1)[Z].2002.
[52] 唐辉明,晏鄂川,胡新丽.工程地质数值模拟的理论与方法[M].武汉:中国地质大学出版社,2001.
[53] 赖剑明,白云.盾构顶管进出洞洞口土体破坏机理的三维非线性有限元分析[J].岩土工程师,1994,6(1):11-15.
[54] 程展林,吴忠明,徐言勇.砂基中泥浆盾构法隧道施工开挖面稳定性试验研究[J].长江科学院院报,2001,18(5):53-55.
[55] 朱合华,丁文其,李晓军.盾构隧道施工力学形态模拟及工程应用[J].土木工程学报,2000,33(3):98-103.
[56] 丁春林,朱世友,周顺华.地应力释放对盾构隧道围岩稳定性和地表沉降变形的影响[J].岩石力学与工程学报,2002,21(11):1633-1635.
[57] 李峋,张子新,张冠军.泥水平衡盾构开挖面稳定模型试验研究[J].岩土工程学报,

2007,29(7):1074-1079.
[58] 王敏强,陈宏胜.盾构推进隧道结构三维非线性有限元仿真[J].岩石力学与工程学报,2002,21(2):228-232.
[59] 朱伟,秦建设,卢廷浩.砂土中盾构开挖面变形与破坏数值模拟研究[J].岩土工程学报,2005,27(8):897-902.
[60] 杨洪杰,傅德明,葛修润.盾构周围土压力的试验研究与数值模拟[J].岩石力学与工程学报,2006,25(8):1652-1657.
[61] 秦建设.盾构施工开挖面变形与破坏机理研究[D].南京:河海大学,2005.
[62] 刘建航,侯学渊.基坑工程手册[M].北京:中国建筑工业出版社,1997.
[63] 曾国熙,等.地基处理手册[M].北京:中国建筑工业出版社,1988.
[64] 龚晓南.地基处理手册[M].3版.北京:中国建筑工业出版社,2008.
[65] 朱庆林,等.旋喷注浆加固地基技术[M].北京:中国铁道出版社,1984.
[66] 刘钟.旋喷桩特性及复合地基研究[R].北京,1985.
[67] 叶书麟.地基处理[M].北京:中国建筑工业出版社,1988.
[68] 中华人民共和国住房和城乡建设部.建筑地基处理技术规范:JGJ 79—2012[S].北京:中国建筑工业出版社,2013.
[69] 韩选江,等.水泥加固上海软土工程性能的试验研究[C]//第三届全国地基处理学术讨论会论文集.杭州:浙江大学出版社,1992.
[70] 郭忠新,等.岩土工程治理手册[M].沈阳:辽宁科技大学出版社,1993.
[71] 宁建国,黄新.固化土结构形成及强度增长机理试验研究[J].北京航空航天大学学报,2006.
[72] 张作琚.基岩劈裂灌浆的主要特点[C]//中国水利水电科学研究院论文集,1988.
[73] 蔡胜华,黄智勇,董建军,等.注浆法[M].北京:中国水利水电出版社,2006.
[74] 运国玺.静压注浆技术在地下洞室加固工程中的应用[J].中州煤炭,2005(3).
[75] 朱新华,石雷.中深孔注浆技术在饱和富水砂层浅埋暗挖地道中的应用[J].铁道标准设计,2005(4).
[76] 谷拴城,朱彬.注浆封堵在渗漏涌水治理中的应用[J].矿山压力与顶板管理,2005(1).
[77] 郭忠新,等.岩土工程治理手册[M].沈阳:辽宁科技大学出版社,1993.
[78] 沈季良.建井工程手册(四)[M].北京:煤炭工业出版社,1986.
[79] 崔云龙.简明建井工程手册[M].北京:煤炭工业出版社,2003.
[80] 崔海涛,周晓敏,苏立凡.地铁隧道水平冻结压力的监测与分析[J].煤炭科学技术,1999,27(11):31-33.
[81] 路卫国,郭圣山,林稚华.广州地铁建设中冻结工法的应用分析[J].西部探矿工程,2004(1):108-109.
[82] 翁豪杰,陈明雄.冻结技术在城市地下工程中的应用[J].煤炭科学技术,1997,25(7):51-53.
[83] 马芹永.人工冻结法的理论与施工技术[M].北京:人民交通出版社,2007.
[84] 米晋生,钟长平,王晖.盾构施工典型案例汇编(内部资料)[Z].广州,2010.

[85] 王晖. 南京地铁2号线中和村站—元通站区间盾构进站塌方事故的报告(内部资料) [R]. 2007.

[86] 竺维彬, 鞠世健. 地铁盾构施工风险源及典型事故的研究[M]. 广州:暨南大学出版社, 2009.

[87] 王晖. 关于南京地铁2号线油坊桥站—中和村站区间盾构始发事故的报告(内部资料) [R]. 2007.

[88] 竺维彬, 鞠世健. 复合地层中的盾构施工技术[M]. 北京:中国科学技术出版社, 2005.

[89] 竺维彬, 鞠世健, 史海欧. 广州地铁3号线盾构隧道工程施工技术研究[M]. 广州:暨南大学出版社, 2007.

[90] 中铁隧道局集团有限公司. 天津海河"共同沟"刘庄桥隧道工程实施性施工组织设计(内部资料) [Z].

[91] 李治国, 周明发, 王海, 等. 海河共同沟隧道盾构始发端头注浆堵水加固技术[C] // 第八届海峡两岸隧道与地下工程学术与技术研讨会论文集, 2009.

[92] 曹思诚, 谢雪, 王海. 软土地层盾构过河端头加固水平注浆的应用[J]. 建设科技, 2009(2):37-40.

[93] 北京住总集团有限责任公司. 北京地铁大兴线01标段黄村火车站—义和庄站区间实施性施工组织设计(内部资料) [Z]. 2007.

[94] 北京住总集团有限责任公司. 黄村火车站站盾构到达端头加固方案(内部资料) [Z]. 2009.

[95] 北京市政路桥集团有限公司. 北京市轨道交通大兴线工程04标段盾构始发(接收)井土体加固方案(内部资料) [Z]. 2009.

[96] Muller-Kirchenbauer H. Stability of slurry trenches in inhomogeneous subsoil[C] // Proceedings of the International Conference on Soil Mechanics and Foundation Engineering. Tokyo, 1977:125-132.

[97] Buhan P, Cuvillier A, Dormieux L, et al. Face stability of shallow circular tunnels driven under the water table: a numerical analysis [J]. International Journal for Numerical and Analytical Methods in Geomechanics, 1999(23):79-95.

[98] Broms B B, Bennermark H. Stability of clay at vertical openings[J]. Journal of the Soil Mechanics and Foundations Division, 1967, 96(1):71-94.

[99] Peck R B. Deep excavations and tunneling in soft ground[C] // Proceedings of the 7th International Conference on Soil Mechanics and Foundation Engineering. Mexico City, 1969:225-290.

[100] Peck R B, Hendron A J. et al. State of the art of soft ground tunneling[C] // 1972.

[101] Egger P. Deformation at the face of the leading and determination of the cohesion of the rock mass[J]. Journal of Tunneling and Underground Space Technology, 1980(4):313-318.

[102] Chambon P, Corte J F. Shallow tunnels in cohesionless soil: stability of tunnel face [J]. Journal of Geotechnical Engineering, 1994, 120(7):1148-1165.

[103] Broeer W. Tunnel face stability & new CPT applications [M]. Netherlands: Delft University Press, 2001.

[104] Vermeer P A, Bonnier P Q, Moller S C. On a smart use of 3D-FEM in tunneling[C]// The 8th International Symposium on Numerical Models in Geomechanics. Italy, 2002.

[105] Abdul H S. Three-dimensional face stability analysis of shallow circular tunnels[C]// International Conference on Geotechnical and Geological Engineering. Melbourne, 2000.

[106] Davis E H, Gunn M J, et al. The stability of shallow tunnels and underground openings in cohesive material[J]. Geotechnique, 1980, 30(4): 397-419.

[107] Leca E. Analysis of NATM and shield tunneling in soft ground[D]. Vrginia: Vrginia Polytechnic Institute and State University, 1990.

[108] Sloan S W, Assaddi A. Stability of shallow tunnels in soft ground: predictive soil mechanics [C]// Proceedings of Wroth Memorial Symposium. Oxford, 1992: 644-663.

[109] Komiya K, Shimizu E, et al. Earth pressure exerted on tunnels due to the subsidence of sandy ground[C]// Proceedings of Geotechnical Aspect of Underground construction in soft ground. 2000: 397-402.

[110] Ghaboussi J, Hansmire W H, Parker H W. Finite element simulation of tunnelling over subways[J]. Journal of Geotechnical Engineering, 1983, 109(3): 318-334.

[111] Romo M P, Diaz M C. Face stability and ground settlement in shield tunneling [C]// The 10th International Conference on Soil Mechanics and Foundation Engineering. 1981: 357-359.

[112] Chaffois S, Lareal P, Monnet J. Study of tunnel face in a gravel site[C]// 1988.